经典传家

经典回到生活　阅读从心开始

经典传家

『经典传家』丛书遴选了清代《四库全书》的精华，而且每一种书在注释、译文、解读等方面做了大量的、扎实的工作。

——傅璇琮

国学就是中国人的学问。『经典传家』是一套非常适合大众阅读的国学经典丛书。国学的传承和发展迫切需要好的大众读本。

——毛佩琦

《四库全书》浩如烟海，真正的必读经典就这百余部。

——任德山

国学是相互通融的，切忌断章或是割裂。今人只有从《周易》等原始经典入手，才能真正找到进入国学的门径。

——刘君祖

经典传家系列丛书

图解名家批注论语

朱熹等 注疏

崇贤书院 释译

黄山书社

《名家批注论语》阅读指南

名家注释大集合

贴近、深入《论语》，尽可能再现原汁原味的《论语》，保持经典的原意和韵味。

选字注音，轻松诵读

将原文中的生僻字、古今异读字加以注音标示，使文章诵读无碍，更好地融入当时当地的人物、事件中。

名家集注

- 精选历代名家注疏。
- 增进对《论语》的理解和感悟。

版画插图

- 精选上百幅版画插图。
- 版画细致，古朴雅致。
- 画面生动，与文章相互辉映。

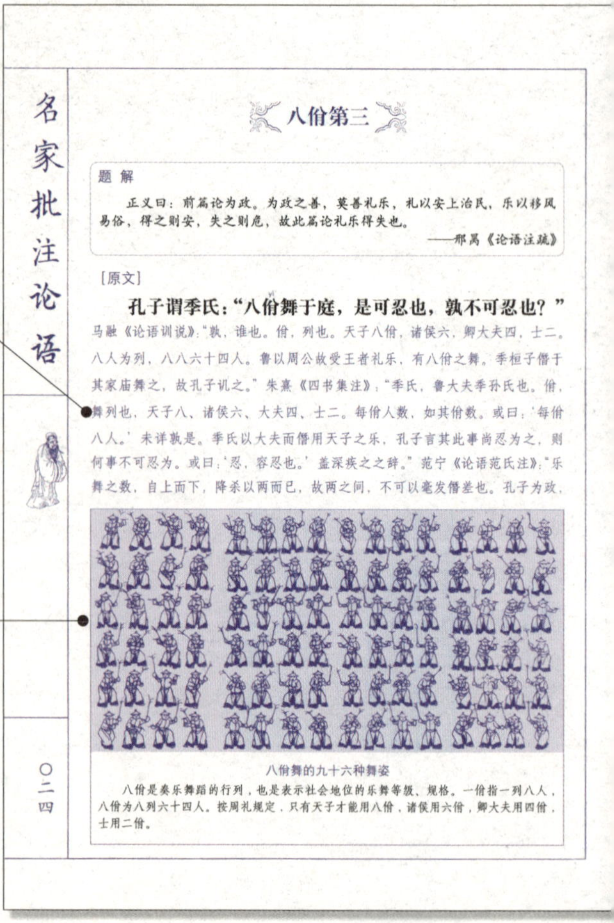

名家批注论语

八佾第三

题解

正义曰：前篇论为政。为政之善，莫善礼乐，礼以安上治民，乐以移风易俗，得之则安，失之则危，故此篇论礼乐得失也。

——邢昺《论语注疏》

[原文]

孔子谓季氏："八佾舞于庭，是可忍也，孰不可忍也？"

马融《论语训说》："孰，谁也。佾，列也。天子八佾，诸侯六，卿大夫四，士二。八人为列，八八六十四人。鲁以周公故受王者礼乐，有八佾之舞。季桓子僭于其家庙舞之，故孔子讥之。"朱熹《四书集注》："季氏，鲁大夫季孙氏也。佾，舞列也，天子八、诸侯六、大夫四、士二。每佾人数，如其佾数。或曰：'每佾八人。'未详孰是。季氏以大夫而僭用天子之乐，孔子言其此事尚忍为之，则何事不可忍为。或曰：'忍，容忍也。'盖深疾之之辞。"范宁《论语范氏注》："乐舞之数，自上而下，降杀以两而已，故两之间，不可以毫发僭差也。孔子为政，

八佾舞的九十六种舞姿

八佾是奏乐舞蹈的行列，也是表示社会地位的乐舞等级、规格。一佾指一列八人，八佾为八列六十四人。按周礼规定，只有天子才能用八佾，诸侯用六佾，卿大夫用四佾，士用二佾。

〇二四

《名家批注论语》阅读指南

译文通俗，辅助理解

全书采用通俗的现代白话文加以翻译，排除古文困扰，保证理解无误。

版画插图丰富文章表达

精选与文章内容相关的版画插图，在充分挖掘文章内涵的基础上，突出阅读的趣味性。

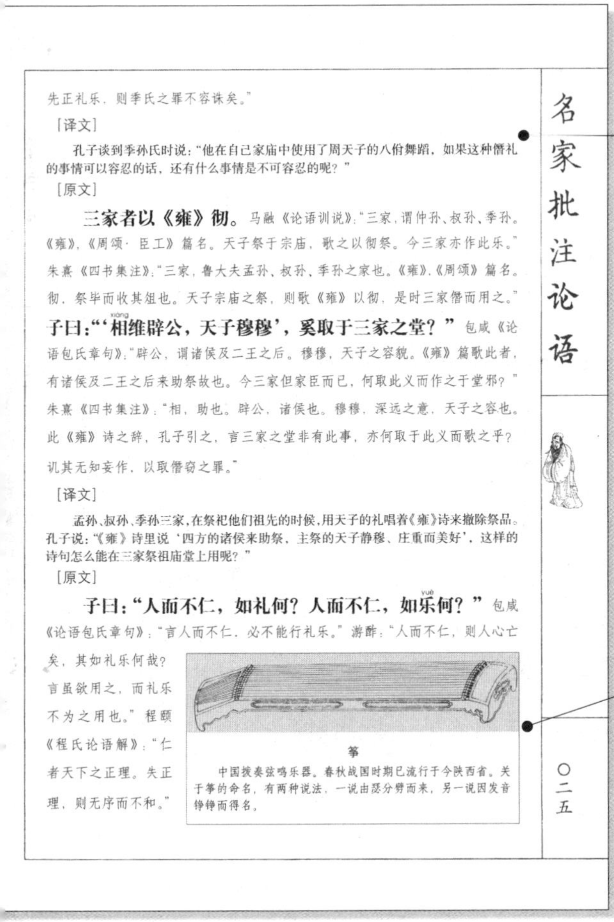

先正礼乐，则季氏之罪不容诛矣。”

[译文]

孔子谈到季孙氏时说：“他在自已家庙中使用了周天子的八佾舞蹈，如果这种僭礼的事情可以容忍的话，还有什么事情是不可容忍的呢？”

[原文]

三家者以《雍》彻。 马融《论语训说》：“三家，谓仲孙、叔孙、季孙。《雍》，《周颂·臣工》篇名。天子祭于宗庙，歌之以彻祭。今三家亦作此乐。”朱熹《四书集注》：“三家，鲁大夫孟孙、叔孙、季孙之家也。《雍》，《周颂》篇名。彻，祭毕而收其俎也。天子宗庙之祭，则歌《雍》以彻，是时三家僭而用之。”

子曰：“‘相(xiàng)维辟公，天子穆穆’，奚取于三家之堂？” 包咸《论语包氏章句》：“辟公，谓诸侯及二王之后。穆穆，天子之容貌。《雍》篇歌此者，有诸侯及二王之后来助祭故也。今三家但家臣而已，何取此义而作之于堂邪？”朱熹《四书集注》：“相，助也。辟公，诸侯也。穆穆，深远之意，天子之容也。此《雍》诗之辞，孔子引之，言三家之堂非有此事，亦何取于此义而歌之乎？讥其无知妄作，以取僭窃之罪。”

[译文]

孟孙、叔孙、季孙三家，在祭祀他们祖先的时候，用天子的礼唱着《雍》诗来撤除祭品。孔子说：“《雍》诗里说‘四方的诸侯来助祭，主祭的天子静穆、庄重而美好’，这样的诗句怎么能在三家祭祖庙堂上用呢？”

[原文]

子曰：“人而不仁，如礼何？人而不仁，如乐(yuè)何？” 包咸《论语包氏章句》：“言人而不仁，必不能行礼乐。”游酢：“人而不仁，则人心亡矣，其如礼乐何哉？言虽欲用之，而礼乐不为之用也。”程颐《程氏论语解》：“仁者天下之正理。失正理，则无序而不和。”

筝

中国拨奏弦鸣乐器。春秋战国时期已流行于今陕西省。关于筝的命名，有两种说法，一说由瑟分劈而来，另一说因发音铮铮而得名。

名家批注论语

〇二五

白话译文

- 通俗易懂，简单明了。
- 生动形象，贴近现实。
- 扫除古文障碍，方便理解。

插图图说

- 阐述插图内容。
- 强化读者阅读、理解。

总序

国学是什么？简单说，就是中国人之所以成为中国人的学问。因此，国学不仅包括数千年积累流传下来的经典，比如“四书五经”、《老子》《庄子》《孙子》《史记》《汉书》、唐诗、宋词，也包含研究中国人思维方式、生活方式、行为方式乃至娱乐方式的各种学问。广言之，国学研究的对象不仅包括文献，也包括实物；不仅包括物质文化遗产，也包括非物质文化遗产，如我国各民族的建筑、服饰、饮食、音乐、绘画、医药、戏曲等等。

国学是不断丰富、不断发展的学问。上面说的从“四书五经”到唐诗、宋词就是一个不断丰富发展的过程。近代以来，国学的研究范围还在不断地扩大，比如敦煌学、甲骨学，是随着有关文物的出土而兴起的；比如红学，是随着文学理论和学术风气的发展变化而兴起和发展的。随着时间的推移和学术的进步，必将有更多的学问被纳入国学研究的范围。

数千年来，中国人做学问形成了自己独特的理论和方法，比如思想理论、史学理论、文学理论，以及训诂学、考据学、音韵学等等。但这些理论和方法并不是一成不变的。比如，在史学研究领域，由于地下文物的出土，王国维等人提出了以地下文物与传世文献相补充互证的“二重证据法”。近代以来，西风劲吹。国人主动借鉴西方学术研究的理论和方法，研究中国学问。王国维借鉴尼采的哲学理论研究中国的文学戏剧，胡适以杜威的实验主义研究中国的“国故”。国学从来没有拒绝外国学问的融合，佛教传入中国后，经过改造，形成了中国独特的佛学、因明学；自明朝末年西学传入中国后，中国的天文学、数学等就已经融入了西学的因素。马克思主义传入中国后，不少人用马克思主义理论研究中国历史文化，它们自然也成为了国学的一部分。因此，国学又是开放的、随时代而进步的。那么，当今我们研究、振兴国学，不允许也不应该倒退，不允许也不应该僵化。

然而，国学又是与西学明显区分的。国学是西学的对应物，是与西学完全不同的学术体系。在近代，西学挟坚船利炮强势进入中国之后，中国人还视自我，对于中国固有之学问的称呼出现了中学、国故学、国粹、国学这样的名称。面对“帝国主义”的强大，中国人自愧不如，一方面拼命地学习、引进西学，另一方面拼命地贬低、抛弃国学。虽然也有一些人，如张之洞为保护中华文化之根本，提出“中学为体，西学为用”，如胡适，提出“整理国故”，以“再造文明”“建立民族自信心”，但其声音终被时代所淹没。国学一再被严重曲解和轻视，造成了中国历史文化的大断裂。也许，这一历史过程是必然的。但回顾过去，中国在走向独立富强的过程中，国学所付出的代价实在太大、太惨重了。

新中国成立后，饱受屈辱的中国人从此站立了起来，民族自信心大大加强，但没有能够及时认识到国学在新时代的重要性，甚至仅存的一点点国学遗产也进一步成为被抛弃的对象。改革开放三十年之后，走向富强的国人终于幡然醒悟，保护和振兴国学逐渐成为全民的共识。一个强大的自立于世界民族之林的国家，必然要有与之相匹配的伟大的民族文化。中国人，从领导者、学术界到普通百姓，都在重新发现国学的现代价值。同时，在走向全球化的进程中，东西方各国也把目光投向了中国。中国学问，中国的一切都在被重新评价。中国不仅为了自身的建设和发展需要从传统文化中汲取智慧，而且也面临着以优秀的中华文化向全人类贡献智慧的责任和挑战。

那么，这套经典传家丛书的编纂就是可喜的，编纂者的初衷和努力就是可敬的。希望这套丛书能发挥点滴作用，如同涓涓细水与千百万有志者的努力一道汇成大潮，去迎接中华民族的伟大复兴！

是为序。

毛佩琦

二〇一五年五月

前言

《论语》是记载孔子及其弟子言行的书。作为中国儒家思想的根本，承载儒学要旨的第一典籍，它以其博大精深的思想，触类旁通的视角，构建了一个影响中国人言行举止的文化体系，两千多年来一直渗透在中华民族的精神当中，在中国经济和社会发展进程中具有举足轻重的地位。说到中国文化，人们首先想到的是儒学，而说到儒学，则不得不提《论语》。

“学而时习之，不亦说乎？有朋自远方来，不亦乐乎？人不知而不愠，不亦君子乎？”强调学习、重视人情、追求君子风范——《论语》开篇就给出为人处事的内容和原则，接下来的诸篇都是在这一基础之上的详细阐述和深入探索。无论是为人还是从政，《论语》本着谦虚、恭谨、认真、求实的态度，顺天敬人，演化万物。由此我们看到一个个生动活泼、可爱非常的人物，一桩桩妙趣横生、惹人注目的轶事：智慧爱仁的孔子，道德高尚的颜回，勇敢诚实的子路，多谋善断的冉有，淡泊逍遥的曾皙，以及丑次同车、世业克昌、农山言志、忠信济水、泰山问政、放鳜知德等等。这些人、这些事为儒家思想的传达和塑造提供了介质，树立了一种实实在在的价值观和理念，读来令人备感亲切和愉快，而这正是儒家最终所倡导和努力达到的中庸、和谐，即所谓“不偏不倚，无过不及，而平常之理，乃天命所当然，精微之极致也”。整部《论语》所呈现的不仅仅是学问，更是一种中国人的生活方式。

治人治世、明德修身——《论语》的用途可以从个人推及社会、国家，可以从民间推广到政界、商界，钱穆说：“《论语》自西汉以来，为中国识字人一部人人必读书。”冯友兰甚至颂《论语》曰：“发愤忘食，乐以忘忧，不知老之将至。”人们从《论语》中学到为人处事的道理，培养豁达清朗的观念，实践知行合一的言行，不断提升着心灵的品质，增强着日常工作、学习的效能。《论语》的言简意赅，谆谆教诲，娓娓而谈，使每一个接触它的人，都不能不为之感染，显示了一套成熟的思想所具有的巨大魅力……如今，《论语》的影响慢慢由中国推向全世界，儒学之风逐渐获得回归和复兴。

为了解析《论语》，自汉代以来，为《论语》作注的注家不断涌现。现在我们所能看到的有名的注作有孔安国（约前156—前74）的《论语孔氏训解》、包咸（前6—65）的《论语包氏章句》、马融（79—166）的《论语训说》、郑玄（127—200）的《论语郑氏注》、陈群（？—237）的《论语陈氏义说》、王肃（195—256）的《论语王氏义说》、何晏（190—249）与孙邕、曹羲、荀𫖮四人合作的《论语集解》、范宁（339—401）的《论语范氏注》、程颐（1033—1107）的《程氏论语解》、朱熹（1130—1200）的《四书集注》等。这些注作及注家的考证、论述是解读论语时不可或缺的重要依据。

此外，《名家批注论语》还对《论语》原文及历代名家注疏做了进一步的解读。众所周知，古代汉语以简为美，但是随着时间的推移及语言的发展变化，后人就会不解先贤文意。我们针对今人阅读经典时所遇到的困惑特别设计了注解方式，其具体内容如下：

首先，全书从“学而第一”到“尧曰第二十”共二十篇，每篇开头设有题解。题解沿用名家论述，主要表达此篇主要内容、思想意旨、章节构成等，让读者在阅读之前对此篇内容有总体的把握，做到成竹在胸，带着满满的信心和期待投入到《论语》的阅读当中。有了题解的提纲挈领，文章阅读起来便可收放自如，读者可以不必拘泥于按部就班、循序渐进。《论语》的思想是自由的，我们也基于这种特性把这份自由充分交给读者。

其次，把历代名家的注疏放回到原文相应的位置上。这样读者可以快速明了原文文意，在历代注疏中穿越历史的长河，还原《论语》的古雅。《论语》其实很简洁，太多的注解反而使其显得庞大、繁杂，这样的对比是对《论语》的忠实，更是对历代人们研究和探寻《论语》精神的彰显和肯定，从中我们可以对《论语》的博大精深和深远影响有更确切、直观的感受，增进对传统文化的感悟和认识，获得对《论语》全面、开放的定位。

再次，对原文中的生僻字、古今异读字标注读音。《论语》是要读出来的，大声朗读才是《论语》自古以来的阅读方式。孔子及其弟子的音容笑貌早已作古，唯一可以模仿的只有他们的声音。让我们以抑扬顿挫的朗读，使往昔儒子书斋中久已断绝的吟诵之声重新响起。

最后，用版画、插图的形式将与孔子有关的故事、人物以及相关背景直观、生动地展现给读者。例如“尼山致祷”讲了孔子母亲颜徵在“祷于尼丘而得孔子”的故事，让我们知道孔子——孔丘名字的来源；又如“妲己害政”讲商纣王宠爱妲己，与妲己荒淫无度，深为世人痛恨，子贡通过纣王的故事来说明君子厌恶处于下品的原因等。这些版画、插图很好地配合了原文所要表达的思想内涵，加深了阅读的趣味性和直观性。

总之，期望《名家批注论语》可以让读者更方便地理解先贤经典，从而汲取古人智慧，传承儒家精神，使国学真正进入现代生活。

目录

学而第一

题解

此为书之首篇，故所记多务本之意，乃入道之门、积德之基、学者之先务也。凡十六章。

——朱熹《论语集注》

[原文]

子马融《论语训说》："子者，男子之通称，谓孔子也。"**曰："学而时**王肃《论语王氏义说》："时者，学者以时诵习之。诵习以时，学无废业，所以为说怿。"**习之，**程颐《程氏论语解》："习，重习也。时复思绎，浃洽于中，则说也。"又曰，"学者，将以行之也。时习之，则所学者在我，故说。"**不亦说(yuè)乎？**朱熹《四书集注》："说，悦同。学之为言效也。人性皆善，而觉有先后，后觉者必效先觉之所为，乃可以明善而复其初也。"**有朋**包咸《论语包氏章句》："同门曰朋。"**自远方来，不亦乐(lè)乎？**程颐《程氏论语解》："以善及人，而信从者众，故可乐。"又曰，"说在心，乐主发散在外。"**人不知而不愠(yùn)，**朱熹《四书集注》："愠，纡问反。愠，含怒意。"尹焞："学在己，知不知在人，何愠之有。"**不亦君子乎？"**朱熹《四书集注》："君子，成德之名。"

[译文]

孔子说："学习以后，能在一定的时候温习它，不也感到很高兴吗？有志同道合的人从远方来，不也感到很快乐吗？别人不理解我，我却不埋怨，不也是一位有教养的君子吗？"

尼山致祷

据《史记》记载，孔子的母亲颜徵在"祷于尼丘而得孔子"。孔子生来头顶中间低四周高，形似尼丘山，所以名丘，字仲尼。

[原文]

有子何晏《论语集解》："孔子弟子有若。"**曰："其**

弃官寻母

此故事出自《二十四孝》，故事讲的是宋朝人朱寿昌，弃官前往陕西寻找母亲，发誓不见母亲永不返乡，终于在同州找到母亲，欢聚而归。孝道，是孔子在《论语》中始终贯穿的思想。在孔子的思想里，一个孝悌的谦谦君子，与一切作奸犯科的事情，就好似风马牛不相及。

为人也孝弟(tì)，朱熹《四书集注》："善事父母为孝，善事兄长为弟。"**而好(hào)犯上者，**朱熹《四书集注》："犯上，谓干犯在上之人。"**鲜(xiǎn)矣；**何晏《论语集解》："鲜，少也。上，谓凡在己上者。言孝弟之人必恭顺，好欲犯其上者少也。"**不好犯上，而好作乱者，**朱熹《四书集注》："作乱，则为悖逆争斗之事矣。此言人能孝弟，则其心和顺，少好犯上，必不好作乱也。"**未之有也。君子务本，**何晏《论语集解》："本，基也。基立而后可成也。"**本立而道生。孝弟也者，**程颐《程氏论语解》："孝弟，顺德也，故不好犯上，岂复有逆理乱常之事？德有本，本立则其道充大。孝弟行于家，而后仁爱及于物，所谓亲亲而仁民也。故为仁以孝弟为本。论性，则以仁为孝弟之本。"**其为仁之本与(yú)！"**何晏《论语集解》："先能事父兄，然后仁道可大成。"朱熹《四书集注》："仁者，爱之理，心之德也。为仁，犹曰行仁。与者，疑辞，谦退不敢质言也。言君子凡事专用力于根本，根本既立，则其道自生。若上文所谓孝弟，乃是为仁之本，学者务此，则仁道自此而生也。"

[译文]

有子说："如果一个人能够孝顺父母、尊敬兄长，却喜欢冒犯上级，这种情况是很少有的；不喜欢犯上，却喜欢造反作乱，这种人从来没有过。君子专心致志于最根本的工作，基本的东西有了，道就由此而产生了。孝顺父母、尊敬兄长，这应该是仁爱的根本吧！"

[原文]

子曰："巧言令色，鲜矣仁！"包咸《论语包氏章句》："巧言，好其言语。令色，善其颜色。皆欲令人说之，少能有仁也。"朱熹《四书集注》："巧，好。令，善也。好其言，善其色，致饰于外，务以悦人，则人欲肆而本心之德亡矣。圣人辞不迫切，专言鲜，则绝无可知，学者所当深戒也。"程颐《程氏论语解》："知巧言令色之非仁，则知仁矣。"

[译文]

孔子说："花言巧语，面目伪善，这样的人，仁德是不可能多的！"

[原文]

曾子马融《论语训说》："弟子曾参。"**曰："吾日三省（xǐng）吾身：为人谋而不忠乎？**朱熹《四书集注》："尽己之谓忠。"**与朋友交而不信乎？**朱熹《四书集注》："以实之谓信。"**传（chuán）不习乎？"**何晏《论语集解》："言凡所传之事，得无素不讲习而传之乎？"朱熹《四书集注》："传，谓受之于师。习，谓熟之于己。曾子以此三者日省其身，有则改之，无则加勉，其自治诚切如此，可谓得为学之本矣。而三者之序，则又以忠信为传习之本也。"尹焞："曾子守约，故动必求诸身。"谢良佐："诸子之学，皆出于圣人，其后愈远而愈失其真。独曾子之学，专用心于内，故传之无弊，观于子思、孟子可见矣。惜乎！其嘉言善行，不尽传于世也。其幸存而未泯者，学者其可不尽心乎！"

不用利口

《史记》记载，汉文帝到上林苑游玩，到虎圈时，询问上林尉苑中兽的圈养情况，上林尉却答不上来，反而是管虎圈的啬夫，讲得清楚、详细。于是，文帝想破格提拔啬夫做上林尉。一旁的张释之连忙以"行动胜于言谈"加以劝谏。文帝听后，放弃了自己的冲动想法。这则故事，也许就是孔子所说"巧言令色"之人的真实写照吧。

[译文]

曾子说："我每天多次反省自己：替别人办事是否尽心尽力了呢？同朋友交往是否真诚呢？老师传授的东西是否复习过呢？"

[原文]

子曰："道千乘（shèng）之国，马融《论语训说》："道，谓为之政教。《司马法》：'六尺为步，步百为亩，亩百为夫，夫三为屋，屋三为井，井十为通，通十为城，城出革车一乘。'然则千乘之赋，其地千成，居地方三百一十六里有畸，唯公侯之封乃能容之，虽大国之赋亦不是过焉。"包咸《论语包氏章句》："道，治也。

千乘之国者，百里之国也。古者井田，方里为井。十井为乘，百里之国，千乘也。融依《周礼》，包依《王制》《孟子》，义疑，故两存焉。”**敬事而信，**包咸《论语包氏章句》：“为国者，举事必敬慎，与民必诚信。”朱熹《四书集注》：“敬者，主一无适之谓。敬事而信者，敬其事而信于民也。”**节用而爱人，**包咸《论语包氏章句》：“节用，不奢侈。国以民为本，故爱养之。”**使民以时。”**包咸《论语包氏章句》：“作事使民，必以其时，不妨夺农务。”

[译文]

孔子说：“治理、领导一个具有千乘兵车规模的大国，就要严肃、认真、谨慎地进行工作，要守信无欺，节约费用，爱护官吏，让老百姓服劳役也不要在农忙时间进行。”

[原文]

子曰：“弟(dì)子入则孝，出则弟(tì)，谨而信，泛爱众，而亲仁。行有余力，则以学文。”马融《论语训说》：“文者，古之遗文。”朱熹《四书集注》：“文，谓诗书六艺之文。”程颐《程氏论语解》：“为弟子之职，力有余则学文，不修其职而先文，非为己之学也。”尹焞：“德行，本也。文艺，末也。穷其本末，知所先后，可以入德矣。”

季札挂剑

《史记》记载，吴王寿梦第四子季札，受吴王阖闾委派出使中原诸国，途经徐国时，遇到徐君，徐君非常喜欢季札的佩剑，季札因为还要出使他国，想等回来时再相送。不料回来时徐君已死。季札凭吊了徐君之墓后，解剑挂在徐君墓前的树上。随从的人不解，季札说是因为当时心里已把佩剑默许给他了。季札坟前挂剑，是古人“言而有信”的一种追求、一种境界。

[译文]

孔子说：“后生小辈在父母跟前就孝顺父母，离开自己的住室，便敬爱兄长，谨慎而且守信，博爱众人，亲近有仁德的人。这样去修行实践之后，如果还有余力，就再在书本文字上下功夫好好学习。”

[原文]

子夏孔安国《论语孔氏训解》：“子夏，弟子卜商也。言以好色之心好贤则善。”**曰：“贤贤易色，事父母能竭其力，事君能致**

其身，孔安国《论语孔氏训解》："尽忠节，不爱其身。"朱熹《四书集注》："致，犹委也。委致其身，谓不有其身也。"**与朋友交，言而有信。虽曰未学，吾必谓之学矣。"**朱熹《四书集注》："四者皆人伦之大者，而行之必尽其诚，学求如是而已。故子夏言有能如是之人，苟非生质之美，必其务学之至。虽或以为未尝为学，我必谓之已学也。"

［译文］

子夏说："对妻子，要重品德，不要重相貌；侍奉父母，能尽心竭力；服侍君主，能豁出生命全力以赴；结交朋友，说话诚恳实在。这样的人即使自谦说没读过什么书，我也肯定要说他已经很有学问了。"

［原文］

子曰："君子不重(zhòng)则不威，学则不固。孔安国《论语孔氏训解》："固，蔽也。言人不能敦重，既无威严，学又不能坚固，识其义理。"朱熹《四书集注》："重，厚重。威，威严。固，坚固也。轻乎外者，必不能坚乎内，故不厚重则无威严，而所学亦不坚固也。"**主忠信。**郑玄《论语郑氏注》："主，亲也。"朱熹《四书集注》："人不忠信，则事皆无实，为恶则易，为善则难，故学者必以是为主焉。"程颐《程氏论语解》："人道惟在忠信，不诚则无物，且出入无时，莫知其乡者，人心也。若无忠信，岂复有物乎？"**无(wù)友不如己者。**朱熹《四书集注》："无、毋通，禁止辞也。友所以辅仁，不如己，则无益而有损。"**过则勿惮改。"**郑玄《论语郑氏注》："惮，难也。"朱熹《四书集注》："勿，亦禁止之辞。惮，畏难也。自治不勇，则恶日长，故有过则当速改，不可畏难而苟安也。"程颐《程氏论语解》："学问之道无他也，知其不善，则速改以从善而已。"

［译文］

孔子说："一个君子如果不稳重，就没有威严，即使读书，所学的也不会牢固。行事应当以忠和信这两种道德为主。不要去与不如自己的人交朋友。有了过错，要不怕改正。"

［原文］

曾子曰："慎终追远，民德归厚矣。"孔安国《论语孔氏训解》："慎终者，丧尽其哀。追远者，祭尽其敬。人君能行此二者，民化其德，皆归于厚也。"朱熹《四书集注》："慎终者，丧尽其礼。追远者，祭尽其诚。民德归厚，谓下民化之，其德亦归于厚。盖终者，人之所易忽也，而能谨之；远者，人之所易忘也，而能追之，厚之道也。故以此自为，则已之德厚；下民化之，则其德亦归于厚也。”

[译文]

曾子说：“对死者的丧葬之礼能慎重地对待，对过世已久的人能不断地追思怀念，这样自然会使社会风俗道德日趋淳厚。”

敦

敦是一种礼器，是专门盛黍、稷、稻、粱等粮食作物的制成品。礼器是中国古代贵族在举行祭祀、丧葬等礼仪活动中使用的器物。礼器种类众多，包括食器（如煮肉盛肉的鼎、盛饭的簋）、酒器（如饮酒器爵，盛酒器尊、壶）、水器（如盥洗器盘、匜）、乐器（如钟、铙）等。

[原文]

子禽问于子贡曰：“夫子至于是邦也，必闻其政，求之与（yú）？抑与之与？”郑玄《论语郑氏注》：“子禽，弟子陈亢也。子贡，弟子，姓端木，名赐。亢怪孔子所至之邦必与闻其国政，求而得之邪？抑人君自原与之为治？”**子贡曰：“夫子温、良、恭、俭、让以得之。夫子之求之也，其诸异乎人之求之与？”**郑玄《论语郑氏注》：“言夫子行此五德而得之，与人求之异，明人君自与之。”朱熹《四书集注》：“温，和厚也。良，易直也。恭，庄敬也。俭，节制也。让，谦逊也。五者，夫子之盛德光辉接于人者也。其诸，语辞也。人，他人也。言夫子未尝求之，但其德容如是，故时君敬信，自以其政就而问之耳，非若他人必求之而后得也。圣人过化存神之妙，未易窥测，然即此而观，则其德盛礼恭而不愿乎外，亦可见矣。学者所当潜心而勉学也。”

[译文]

子禽问子贡道：“我们的夫子每到一国，必然听得到那个国家的政事。这是他有心求来的呢，还是别人主动告诉他的呢？”子贡说道：“我们的夫子是靠温和、善良、恭敬、节俭和谦逊这五种品德来取得的。他老人家获取的方法，大概与别人获取的方法不同吧？”

[原文]

子曰："父在，观其志；父没，观其行； 孔安国《论语孔氏训解》："父在，子不得自专，故观其志而已。父没乃观其行。" **三年无改于父之道，可谓孝矣。"** 孔安国《论语孔氏训解》："孝子在丧，哀慕犹若父在，无所改于父之道。"朱熹《四书集注》："父在，子不得自专，而志则可知。父没，然后其行可见。故观此足以知其人之善恶，然又必能三年无改于父之道，乃见其孝，不然，则所行虽善，亦不得为孝矣。"

[译文]

孔子说："父亲健在的时候，观察他的志向；父亲死了，就要考察他的行为；如果他能长期地遵守父亲生前的行为准则而不加改变的话，就可以说是做到孝了。"

[原文]

有子曰："礼之用，和为贵。先王之道，斯为美，小大由之。 朱熹《四书集注》："礼者，天理之节文，人事之仪则也。和者，从容不迫之意。盖礼之为体虽严，而皆出于自然之理，故其为用，必从容而不迫，乃为可贵。先王之道，此其所以为美，而小事大事无不由之也。" **有所不行，知和而和，不以礼节之，亦不可行也。"** 马融《论语训说》："人知礼贵和，而每事从和，不以礼为节，亦不可行。"程颐《程氏论语解》："礼胜则离，故礼之用和为贵。先王之道以斯为美，而小大由之。乐胜则流，故有所不行者，知和而和，不以礼节之，亦不可行。"

[译文]

有子说："礼的运用，以遇事都能做得恰到好处为可贵。以前的圣明君主治理国家，最可贵的地方也在于此，无论事大事小都按这个原则去做，都以做得恰到好处为目的。但是，倘若遇到行不通的时候，只为求恰当而求恰当，不用一定的制度、规矩去加以制约，

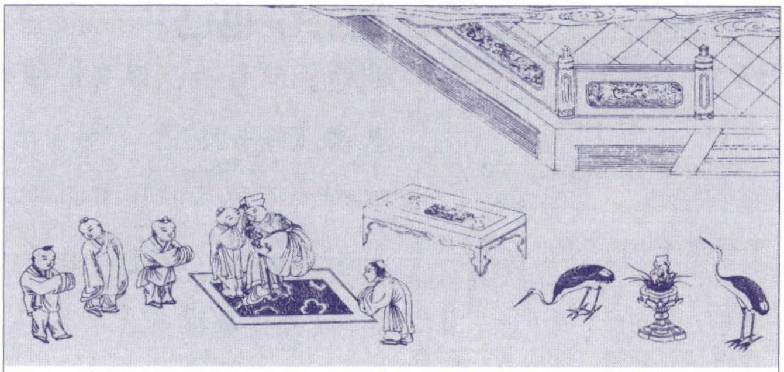

俎豆礼容

孔子赞美西周，以周礼的卫道士自居，他的德政和复礼思想都扎根于此。由于受周围环境和氛围的影响，孔子从小就注意学礼，"为儿嬉戏，常陈俎豆，设礼容"。

也是不可行的。”

[原文]

有子曰：“信近于义，言可复也；何晏《论语集解》：“复，犹覆也。义不必信，信非义也。以其言可反覆，故曰近义。”**恭近于礼，远耻辱也；因不失其亲，亦可宗也。”**何晏《论语集解》：“恭不合礼，非礼也。以其能远耻辱，故曰近礼也。”朱熹《四书集注》：“信，约信也。义者，事之宜也。复，践言也。恭，致敬也。礼，节文也。因，犹依也。宗，犹主也。言约信而合其宜，则言必可践矣。致恭而中其节，则能远耻辱矣。所依者不失其可亲之人，则亦可以宗而主之矣。此言人之言行交际，皆当谨之于始而虑其所终，不然，则因仍苟且之间，将有不胜其自失之悔者矣。”

有子像

有子(前518—？)名若，字子若。春秋时期鲁国人，孔子弟子中的“七十二贤人”之一。有子强识好古，明习礼乐，倡和睦，重礼教。曾提出“礼之用，和为贵”等学说。因其气质形貌酷似孔子，孔子死后，深受孔门弟子敬重。

[译文]

有子说：“讲信用必须符合义，说的话才有可能兑现。对人的态度庄重尊敬，符合礼教，就能不遭受侮辱。依靠的是关系密切的人，也就靠得住了。”

[原文]

子曰：“君子食无求饱，居无求安，郑玄《论语郑氏注》：“学者之志，有所不暇。”朱熹《四书集注》：“不求安饱者，志有在而不暇及也。”**敏于事而慎于言，就有道而正焉，可谓好(hào)学也已。”**孔安国《论语孔氏训解》：“敏，疾也。有道者，谓有道德者。正，谓问事是非。”朱熹《四书集注》：“敏于事者，勉其所不足。慎于言者，不敢尽其所有余也。然犹不敢自是，而必就有道之人，以正其是非，则可谓好学矣。凡言道者，皆谓事物当然之理，人之所共由者也。”尹焞：“君子之学，能是四者，可谓笃志力行者矣。然不取正于有道，未免有差，如杨墨学仁义而差者也，其流至于无父无君，谓之好学可乎？”

[译文]

孔子说："君子吃饭不要求吃饱，居住不要求舒适，做事聪明敏捷，说话谨慎小心，能经常向有道德的人学习以匡正自己的缺点，这样就可以说得上是好学了。"

[原文]

子贡曰："贫而无谄，富而无骄，朱熹《四书集注》："谄，卑屈也。骄，矜肆也。常人溺于贫富之中，而不知所以自守，故必有二者之病。无谄无骄，则知自守矣，而未能超乎贫富之外也。凡曰可者，仅可而有所未尽之辞也。"**何如？"子曰："可也。**孔安国《论语孔氏训解》："未足多。"**未若贫而乐，富而好礼者也。"**郑玄《论语郑氏注》："乐，谓志于道，不以贫为忧苦。"朱熹《四书集注》："乐则心广体胖而忘其贫，好礼则安处善，乐循理，亦不自知其富矣。子贡货殖，盖先贫后富，而尝用力于自守者，故以此为问。而夫子答之如此，盖许其所已能，而勉其所未至也。"**子贡曰："《诗》**《诗·卫风·淇澳》之篇。**云：'如切如磋，如琢如磨。'其斯之谓与？"**孔安国《论语孔氏训解》："能贫而乐道，富而好礼者，能自切磋琢磨。"朱熹《四书集注》："言治骨角者，既切之而复磋之；治玉石者，既琢之而复磨之；治之已精，而益求其精也。子贡自以无谄无骄为至矣，闻夫子之言，又知义理之无穷，虽有得焉，而未可遽自足也，故引是诗以明之。"**子曰："赐也，始可与言《诗》已矣！告诸往而知来者。"**孔安国《论语孔氏训解》："诸，

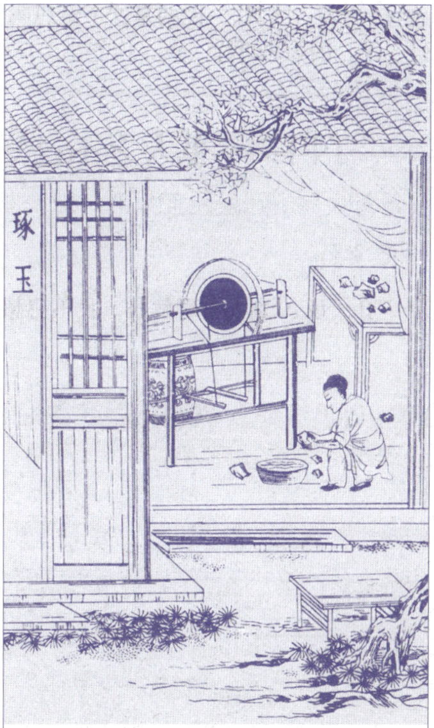

琢玉图

"如切如磋，如琢如磨"说的是琢玉的工艺程序。切，就是把玉料截开；磋，就是对玉料进一步成形修冶；琢，就是雕琢花纹和成器；磨，就是抛光。人云："玉虽有美质，在于石间，不值良工琢磨，与瓦砾不别。"一块好的玉料只有经过琢玉艺人的巧妙构思和鬼斧神工般的琢磨，才能成为一件精美绝伦的艺术珍品。

之也。子贡知引《诗》以成孔子义，善取类，故然之。往告之以贫而乐道，来答以切磋琢磨。”朱熹《四书集注》:“此章问答,其浅深高下,固不待辨说而明矣。然不切则磋无所施，不琢则磨无所措。故学者虽不可安于小成，而不求造道之极致；亦不可骛于虚远，而不察切己之实病也。”

[译文]

子贡说:“虽然贫穷,却不去巴结逢迎；虽然有钱,却不傲慢自大,怎么样？”孔子说：“这样不错了，但是还不够，如果能做到贫穷仍然乐于道德的自我完善，有钱而又爱好礼节就更好了。”子贡说:“《诗经》上说:‘就像对待象牙、骨角、玉石一样，不停地切呀，磋呀，琢呀，磨呀。’说的是这个意思吗？”孔子回答说:“子贡呀，现在可以同你谈《诗经》了！因为告诉你一点，你能举一反三、触类旁通了。”

[原文]

子曰:“不患人之不已知,患不知人也。”尹焞:“君子求在我者，故不患人之不已知。不知人，则是非邪正或不能辨，故以为患也。”

[译文]

孔子说:“别人不理解我，我不犯愁；我担心的是自己不理解别人。”

为政第二

题解

正义曰:《左传》曰"学而后入政",故次前篇也。此篇所论孝、敬、信、勇,为政之德也,圣贤君子为政之人也,故以"为政"冠于章首,遂以名篇。

——邢昺《论语注疏》

[原文]

子曰:"为政以德,譬如北辰,居其所而众星共(gǒng)之。"包咸《论语包氏章句》:"德者无为,犹北辰之不移而众星共之。"朱熹《四书集注》:"政之为言正也,所以正人之不正也。德之为言得也,得于心而不失也。北辰,北极,天之枢也。居其所,不动也。共,向也,言众星四面旋绕而归向之也。为政以德,则无为而天下归之,其象如此。"程颐《程氏论语解》:"为政以德,然后无为。"范宁《论语范氏注》:"为政以德,则不动而化,不言而信,无为而成。所守者至简而能御烦,所处者至静而能制动,所务者至寡而能服众。"

《尔雅音图》中的北极星

北极星,古人称北辰。古人认为紫微宫是天帝居住的地方。"紫微垣"当中有一颗最亮的星,就是北极星。天帝就好比是北极星,光芒万丈,三垣均环绕北极星。因此说"众星共之"。

[译文]

孔子说:"用道德去治理国家,自己就会像北极星那样,安然处在自己的位置上,其他众多的星辰都围绕着它转动。"

[原文]

子曰:"诗三百,孔安国《论语孔氏训解》:"篇之大数。"朱熹《四书集注》:"《诗》三百十一篇,言三百者,举大数也。"**一言以蔽之,**包咸《论语包氏章句》:"蔽,犹当也。"**曰'思无邪'。"**包咸《论语包氏章句》:"归于正。"朱熹《四书集注》:"'思无邪',《鲁颂·駉》篇之辞。凡《诗》

《诗经·豳风·七月》诗意图

豳，古邑名，也作邠，故城在今陕西旬邑县西。周族祖先公刘由邰（今陕西武功西南）迁居于此。《豳风》是豳地一带民歌，共七篇，都产生于西周，是《国风》中最早的诗。

之言，善者可以感发人之善心，恶者可以惩创人之逸志，其用归于使人得其情性之正而已。然其言微婉，且或各因一事而发，求其直指全体，则未有若此之明且尽者。故夫子言《诗》三百篇，而唯此一言足以尽盖其义，其示人之意亦深切矣。”程颐《程氏论语解》：“‘思无邪’者，诚也。”范宁《论语范氏注》：“学者必务知要，知要则能守约，守约则足以尽博矣。经礼三百，曲礼三千，亦可以一言以蔽之，曰‘毋不敬’。”

[译文]

孔子说：“《诗经》三百篇，用一句话去概括它，就是‘思想纯正，没有邪念’。”

[原文]

子曰：“道(dǎo)之以政，孔安国《论语孔氏训解》：“政，谓法教。”**齐之以刑，**马融《论语训说》：“齐整之以刑罚。”**民免而无耻；**朱熹《四书集注》：“道，音导，下同。犹引导，谓先之也。政，谓法制禁令也。齐，所以一之也。道之而不从者，有刑以一之也。免而无耻，谓苟免刑罚而无所羞愧，盖虽不敢为恶，而为恶之心未尝忘也。”**道之以德，**包咸《论语包氏章句》：“德，谓道德。”**齐之以礼，有耻且格。”**何晏《论语集解》：“格，正也。”朱熹《四书集注》：“礼，谓制度品节也。格，至也。言躬行以率之，则民固有所观感而兴起矣，而其浅深厚薄之不一者，又有礼以一之，则民耻于不善，而又有以至于善也。”

[译文]

孔子说：“用行政命令来领导人民，用刑罚来约束他们，人民便只会求得暂时的免于罪过，但不会感到不服从统治是可耻的；用道德来统治人民，用礼教来约束他们，人民便不但有廉耻之心，而且人心归服。”

[原文]

子曰：“吾十有五而志于学，朱熹《四书集注》：“古者十五而入大学。心之所之谓之志。此所谓学，即大学之道也。志乎此，则念念在此而为之不厌矣。”**三十而立，**何晏《论语集解》：“有所成也。”朱熹《四书集注》：“有以自立，则守之固而无所事志矣。”**四十而不惑，**孔安国《论语孔氏训解》：“不疑惑。”朱熹《四书集注》：“于事物之所当然，皆无所疑，则知之明而无所事守矣。”**五十而知天命，**孔安国《论语孔氏训解》：“知天命之终始。”朱熹《四书集注》：“天命，即天道之流行而赋于物者，乃事物所以当然之故也。知此则知极其精，而不惑又不足言矣。”**六十而耳顺，**郑玄《论语郑氏注》：“耳闻其言，而知其微旨。”朱熹《四书集注》：“声入心通，无所违逆，知之之至，不思而得也。”**七十而从心所欲，不踰矩。”**马融《论语训说》：“矩，法也。从心所欲无非法。”朱熹《四书集注》：“从，如字，随也。矩，法度之器，所以为方者也。随其心之所欲，而自不过于法度，安而行之，不勉而中也。”程颐《程氏论语解》：“孔子生而知之也，言亦由学而至，所以勉进后人也。立，能自立于斯道也。不惑，则无所疑矣。知天命，穷理尽性也。耳顺，所闻皆通也。从心所欲，不踰矩，则不勉而中矣。”又曰，“孔子自言其进德之序如此者，圣人未必然，但为学者立法，使之盈科而后进，成章而后达耳。”

[译文]

孔子说：“我十五岁，有志于学问。三十岁，能够自立。四十岁，通达事理而不迷惑。五十岁，明白了什么是天命。六十岁，听到的一切，都能明白贯通，判明是非。七十岁，便随心所欲，不偏离规矩。”

[原文]

孟懿子问孝。孔安国《论语孔氏训解》：“鲁大夫仲孙何忌。懿，谥也。”朱熹《四书集注》：“孟懿子，鲁大夫仲孙氏，名何忌。”**子曰：“无违。”**朱熹《四书集注》：“无违，谓不背于理。”**樊迟御，子告之曰：“孟孙问孝于我，我对曰‘无违’。”**郑玄《论语郑氏注》：“恐孟孙不晓无违之意，将问于樊迟，故告之。樊迟，弟子樊须。”朱熹《四书集注》：“樊迟，孔子弟子，名须。御，为孔子御车也。孟孙，即仲孙也。夫子以懿子未达

大夫师事

《左传》记载，鲁大夫孟僖子去世，临终立下遗嘱，令其二子——南宫敬叔和孟懿子，师事“圣人之后”的“达者孔丘”学礼。

而不能问，恐其失指，而以从亲之令为孝，故语樊迟以发之。”**樊迟曰：“何谓也？”子曰：“生，事之以礼；死，葬之以礼，祭之以礼。”**朱熹《四书集注》：“生事葬祭，事亲之始终具矣。礼，即理之节文也。人之事亲，自始至终，一于礼而不苟，其尊亲也至矣。是时三家僭礼，故夫子以是警之，然语意浑然，又若不专为三家发者，所以为圣人之言也。”

[译文]

孟懿子问：“什么算是孝？”孔子说：“不要违背礼仪。”

一天，樊迟为先生赶车，孔子便告诉他说：“孟孙向我请教孝道，我答复他说‘不要违背礼仪’。”樊迟说：“这是什么意思呢？”孔子说：“父母活着的时候，应按规定的礼节侍奉他们；他们过世了，应按礼的要求安葬他们、祭奠他们。”

[原文]

孟武伯问孝。子曰：“父母唯其疾之忧。”马融《论语训说》：“武伯，懿子之子仲孙彘。武，谥也。言孝子不妄为非，唯疾病然后使父母忧。”朱熹《四书集注》：“武伯，懿子之子，名彘。言父母爱子之心，无所不至，惟恐其有疾病，常以为忧也。人子体此，而以父母之心为心，则凡所以守其身者，自不容于不谨矣，岂不可以为孝乎？旧说，人子能使父母不以其陷于不义为忧，而独以其疾为忧，乃可谓孝。亦通。”

[译文]

孟武伯问孔子怎样是孝道。孔子说：“做父母的只为儿女的疾病担心。”

[原文]

子游孔安国《论语孔氏训解》："子游，弟子，姓言名偃。"**问孝。子曰："今之孝者，是谓能养(yàng)。至于犬马，皆能有养；不敬，何以别乎？"**包咸《论语包氏章句》："犬以守御，马以代劳，皆养人者。一曰：'人之所养，乃至于犬马，不敬则无以别。'《孟子》曰：'食而不爱，豕畜之。爱而不敬，兽畜之。'"朱熹《四书集注》："养，谓饮食供奉也。犬马待人而食，亦若养然。言人畜犬马，皆能有以养之，若能养其亲而敬不至，则与养犬马者何异？甚言不敬之罪，所以深警之也。"

[译文]

子游向孔子请教孝道。孔子说："现在的所谓孝道，只说是能够养活父母就行了。就是狗、马也能够得到人的饲养；没有对父母的敬爱之心，那养活父母与喂养牲畜又有什么区别呢？"

[原文]

子夏问孝。子曰："色难。包咸《论语包氏章句》："色难者，谓承顺父母颜色乃为难。"朱熹《四书集注》："色难，谓事亲之际，惟色为难也。"**有事，弟子服其劳；有酒食，先生馔，**马融《论语训说》："先生，谓父兄。馔，饮食也。"**曾是以为孝乎？"**马融《论语训说》："孔子喻子夏，服劳、先食，汝谓此为孝乎？未孝也。承顺父母颜色，乃为孝也。"朱熹《四书集注》："馔，饮食之也。曾，犹尝也。盖孝子之有深爱者，必有和气；有和气者，必有愉色；有愉色者，必有婉容；故事亲之际，惟色为难耳，服劳奉养未足为孝也。旧说，承顺父母之色为难，亦通。"程颐《程氏论语解》："告懿子，告众人者也。告武伯者，以其人多可忧之事。子游能养而或失于敬，子夏能直义而或少温润之色。各因其材之高下，与其所失而告之，

闻雷泣墓

王裒，魏晋时期人，博学多能。父亲王仪被司马昭杀害，他隐居以教书为业。其母在世时怕雷，死后埋葬在山林中。每当风雨天气，听到雷声，他就跑到母亲坟前，跪拜安慰母亲说："裒儿在这里，母亲不要害怕。"孔子的理论，孝敬父母，"敬"才是第一位的。母亲去世却仍有所"敬"，可以谓之"能养"了。

故不同也。”

[译文]

子夏向孔子请教孝道。孔子说：“子女在父母面前总是和颜悦色，是件不容易的事。遇到事情，由年轻人去操劳；有好吃好喝的，让老年人享受，仅仅是这样，难道就可以认为是孝吗？”

[原文]

子曰：“吾与回言终日，不违如愚。孔安国《论语孔氏训解》：“回，弟子，姓颜名回，字子渊，鲁人也。不违者，无所怪问。于孔子之言，默而识之，如愚。”朱熹《四书集注》：“不违者，意不相背，有听受而无问难也。私，谓燕居独处，非进见请问之时。”**退而省(xǐng)其私，亦足以发。回也不愚。”**孔安国《论语孔氏训解》：“察其退还与二三子说释道义，发明大体，知其不愚。”朱熹《四书集注》：“发，谓发明所言之理。愚闻之师曰：‘颜子深潜纯粹，其于圣人体段已具。其闻夫子之言，默识心融，触处洞然，自有条理。故终日言，但见其不违如愚人而已。及退省其私，则见其日用动静语默之间，皆足以发明夫子之道，坦然由之而无疑，然后知其不愚也。’”

颜回

颜回（前521—前481），春秋末鲁国人，字子渊，亦称颜渊，孔子最得意的弟子。为人谦逊好学，“不迁怒，不贰过”。他异常尊重老师，对孔子无事不从、无言不悦。以德行著称，孔子称赞他“贤哉回也”“回也，其心三月不违仁”。

[译文]

孔子说：“我整天和颜回讲学，他从不提出什么反对意见，像个愚钝的人。等他退下，我暗中观察他私下同别人的讨论，他对我的话很能发挥，可见颜回他不愚钝呀！”

[原文]

子曰：“视其所以，何晏《论语集解》：“以，用也。言视其所行用。”朱熹《四书集注》：“以，为也。为善者为君子，为恶者为小人。”**观其所由，**何晏《论语集解》：“由，经也。言观其所经从。”朱熹《四书集注》：“观，比视为详矣。由，从也。事虽为善，而意之所从来者有未善焉，则亦不得为君子矣。或曰：‘由，行也。谓所以行其所为者也。’”**察其所安。**朱熹《四书集注》："察，则又加详矣。安，所乐也。所由虽善，而心之所乐者不在于是，则亦伪耳，岂能久而不变哉？"**人焉廋(sōu)哉？人焉廋哉？"** 孔安国《论语孔氏训解》："廋，匿也。言观人终始，安所匿其情。"朱熹《四书集注》："焉，何也。廋，匿也。重言以深明之。"程颐《程氏论语解》："在己者能知言穷理，则能以此察人如圣人也。"

[译文]

孔子说："考察一个人为什么去做这件事，再考察他怎样去做，再考察他做这件事时心情是安还是不安。这样，这个人的真面目哪能隐藏得住呢？这个人的真面目哪能隐藏得住呢？"

[原文]

子曰："温故而知新，可以为师矣。" 何晏《论语集解》："温，寻也。寻释故者，又知新者，可以为人师矣。"朱熹《四书集注》："温，寻绎也。故者，旧所闻。新者，今所得。言学能时习旧闻，而每有新得，则所学在我，而其应不穷，故可以为人师。若夫记问之学，则无得于心，而所知有限，故《学记》讥其'不足以为人师'，正与此意互相发也。"

[译文]

孔子说："温习以前学过的知识的时候，能从中有新的发现、新的收获，就可以去做别人的老师了。"

[原文]

子曰："君子不器。" 包咸《论语包氏章句》："器者，各周其用，至于君子，无所不施。"朱熹《四书集注》："器者，各适其用而不能相通。成德之士，体无不具，故用无不周，非特为一才一艺而已。"

[译文]

孔子说："君子不能像一件器具，只有某一特定的用途。"

[原文]

子贡问君子。子曰："先行其言而后从之。" 孔安国《论语孔氏训解》："疾小人多言，而行之不周。"周氏《论语周氏章句》："先行其言者，行之于未言之前；而后从之者，言之于既行之后。"范宁《论语范氏注》："子贡之患，非言之艰而行之艰，故告之以此。"

[译文]

子贡问怎样才是一个君子。孔子说："先实践你想说的，然后再说出来。"

[原文]

子曰："君子周而不比，小人比而不周。" 孔安国《论语孔氏训解》："忠信为周，阿党为比。"朱熹《四书集注》："周，普遍也。比，偏党也。皆与人亲厚之意，但周公而比私耳。君子小人所为不同，如阴阳昼夜，每每相反。然究其所以分，则在公私之际，毫厘之差耳。故圣人于周比、和同、骄泰之属，常对举而互言之，欲学者察乎两间，而审其取舍之几也。"

[译文]

孔子说："君子是用道义团结人，而不是结党营私；小人是相互勾结，而不是团结。"

十侍乱政

十常侍指汉灵帝时操纵政权的十二个宦官。他们都任职中常侍。其首领是张让和赵忠。他们玩弄小皇帝于股掌之中，自己横征暴敛，卖官鬻爵，他们的父兄子弟祸害百姓，无官敢管。这便是小人相互勾结的例证。

[原文]

子曰："学而不思则罔， 包咸《论语包氏章句》："学不寻思其义，则罔然无所得。" **思而不学则殆(dài)。"** 何晏《论语集解》："不学而思，终卒不得，徒使人精神疲殆。"朱熹《四书集注》："不求诸心，故昏而无得。不习其事，故危而不安。"程颐《程氏论语解》："博学、审问、慎思、明辨、笃行五者，废其一，非学也。"

[译文]

孔子说："只知道读书，却不思考，就会遭到蒙蔽而迷惑；只知道空想，却不读书，就会神思疲殆。"

[原文]

子曰："攻乎异端，斯害也已！" 何晏《论语集解》："攻，治也。善道有统，故殊途而同归。异端不同归也。"程颐《程氏论语解》："佛氏之言，比之杨墨，尤为近理，所以其害为尤甚。学者当如淫声美色以远之，不尔，则骎骎然入于其中矣。”范宁《论语范氏注》：“攻，专治也，故治木石金玉之工曰攻。异端，非圣人之道，而别为一端，如杨墨是也。其率天下至于无父无君，专治而欲精之，为害甚矣！”

虎溪三笑

虎溪在庐山东林寺前，相传晋僧慧远居东林寺时，送客不过溪。一日陶潜、道士陆修静来访，与语甚契，相送时不觉过溪，虎辄号鸣，三人大笑而别。后人于此建三笑亭。三种不同的宗教在一起融洽相处，并不是互攻其弊，才是大宗的风范。

[译文]

孔子说：“致力于异端邪说，这就有危害了。”

[原文]

子曰：“由！孔安国《论语孔氏训解》：“弟子，姓仲，名由，字子路。”朱熹《四书集注》：“由，孔子弟子，姓仲，字子路。”**诲女(rǔ)知之乎！知之为知之，不知为不知，是知也。”**朱熹《四书集注》：“子路好勇，盖有强其所不知以为知者，故夫子告之曰：我教女以知之之道乎！但所知者则以为知，所不知者则以为不知。如此则虽或不能尽知，而无自欺之蔽，亦不害其为知矣。况由此而求之，又有可知之理乎？”

[译文]

孔子说：“子路，我教导你怎样求知吧！知道就是知道，不知道就是不知道，这才是真正的知道呀！”

[原文]

子张学干禄。郑玄《论语郑氏注》：“弟子，姓颛孙，名师，字子张。干，求也。禄，禄位也。”朱熹《四书集注》：“子张，孔子弟子，姓颛孙，名师。干，求也。禄，仕者之奉也。”**子曰：“多闻阙疑，慎言其余，则寡尤；**包咸《论语包氏章句》：“尤，过也。疑则阙之，其余不疑，犹慎言之，则少过。”**多见阙殆，慎行其余，则寡悔。言寡尤，行寡悔，**包咸《论语包氏章句》：“殆，危也。所见危者，阙而不行，则少悔。”**禄在其中矣。”**

郑玄《论语郑氏注》:“言行如此,虽不得禄,亦同得禄之道。”程颐《程氏论语解》:“尤,罪自外至者也。悔,理自内出者也。”朱熹《四书集注》:“愚谓多闻见者学之博,阙疑殆者择之精,慎言行者守之约。凡言在其中者,皆不求而自至之辞。言此以救子张之失而进之也。”

[译文]

子张向孔子请教如何求得官职俸禄。孔子说:“多听一听别人的意见,把你觉得可疑的地方暂时放在一边,其余的也要谨慎地谈论,这样就能减少过错;多看一看别人的行事,有怀疑的地方加以保留,其余的也要谨慎地做,这样就能减少懊悔。说话少过失,行动少懊悔,谋官求俸的途径就在这里面了。”

[原文]

哀公包咸《论语包氏章句》:“哀公,鲁君谥。”朱熹《四书集注》:“哀公,鲁君,名蒋。凡君问,皆称孔子对曰者,尊君也。”**问曰:“何为则民服?”孔子对曰:“举直错诸枉,则民服;举枉错诸直,则民不服。”**包咸《论语包氏章句》:“错,置也。举正直之人用之,废置邪枉之人,则民服其上。”朱熹《四书集注》:“错,舍置也。诸,众也。”程颐《程氏论语解》:“举错得义,则人心服。”谢良佐:“好直而恶枉,天下之至情也。顺之则服,逆之则去,必然之理也。然或无道以照之,则以直为枉,以枉为直者多矣,是以君子大居敬而贵穷理也。”

金日磾像

金日磾原为匈奴休屠王太子,后被汉军俘虏,后来赢得了汉武帝的器重,一跃而成为汉朝首屈一指的重臣。金日磾严于律己,对子女管教甚严。两个儿子侍奉皇帝身边,与宫女嬉戏,被金日磾杀死。皇帝知道后甚为悲伤,但在心里更加敬重金日磾。金日磾杀子这件事情虽然在今天看来处理得有些过分,但却反映了他为人谨慎、严于律己的品德。

[译文]

鲁哀公问道:“要做些什么才能让老百姓服从呢?”孔子答复说:“提拔使用正直的人,把他们安排在不正直的人上面,老百姓就服从了;要是把不正直的人提拔出来,放在正直的人上面,百姓就会不服了。”

[原文]

季康子孔安国《论语孔氏训解》:“鲁卿季孙肥。康,谥。”朱熹《四书集注》:“季康子,鲁大夫季孙氏,名肥。”**问:“使民敬、忠以劝,**

如之何？”子曰：“临之以庄则敬，包咸《论语包氏章句》：“庄，严也。君临民以严，则民敬其上。”朱熹《四书集注》：“庄，谓容貌端严也。临民以庄，则民敬于己。”**孝慈则忠，**包咸《论语包氏章句》：“君能上孝于亲，下慈于民，则民忠矣。”朱熹《四书集注》：“孝于亲，慈于众，则民忠于己。”**举善而教不能则劝。”**包咸《论语包氏章句》：“举用善人而教不能者，则民劝勉。”朱熹《四书集注》：“善者举之而不能者教之，则民有所劝而乐于为善。”张敬夫：“此皆在我所当为，非为欲使民敬忠以劝而为之也。然能如是，则其应盖有不期然而然者矣。”

[译文]

季康子问孔子：“要使老百姓敬重、忠诚于上级，勤勤恳恳地做事，应该怎么办呢？”孔子说：“你对百姓态度严肃认真，他们对你自然会敬重；你孝敬老的、慈爱幼小的，他们自然会忠于你；你提拔任用正直善良的人、教导能力不足的人，百姓自然就会勤勉了。”

[原文]

或谓孔子曰：“子奚不为政？”包咸《论语包氏章句》：“或人以为，居位乃是为政。”朱熹《四书集注》：“定公初年，孔子不仕，故或人疑其不为政也。”**子曰：“《书》云：‘孝乎惟孝、友于兄弟，施于有政。’是亦为政，奚其为为政？”**包咸《论语包氏章句》：“孝乎惟孝，美大孝之辞。友于兄弟，善于兄弟。施，行也。所行有政道，与为政同。”朱熹《四书集注》：“《书》，《周书·君陈》篇。《书》云孝乎者，言《书》之言孝如此也。善兄弟曰友。《书》言君陈能孝于亲，友于兄弟，又能推广此心，以为一家之政。孔子引之，言如此，则是亦为政矣，何必居位乃为为政乎？盖孔子之不仕，有难以语

任用三杰

汉高祖刘邦，深知用人为贤之道。三杰即张良、萧何、韩信。

或人者，故托此以告之，要之至理亦不外是。”

[译文]

有人对孔子说：“您为什么不去从政啊？”孔子说：“《周书》上说：‘孝呀，只有孝敬父母，友爱兄弟。把这种风气影响到政治上去。’这也就是参与了政治，为什么只有做官才算参与了政治呢？”

[原文]

子曰：“人而无信，不知其可也。孔安国《论语孔氏训解》：“言人而无信，其余终无可。”**大车无輗，小车无軏，其何以行之哉？”**包咸《论语包氏章句》：“大车，牛车。輗者，辕端横木，以缚轭。小车，驷马车。軏者，辕端上曲钩衡。”朱熹《四书集注》：“大车，谓平地任载之车。輗，辕端横木，缚轭以驾牛者。小车，谓田车、兵车、乘车。軏，辕端上曲，钩衡以驾马者。车无此二者，则不可以行，人而无信，亦犹是也。”

[译文]

孔子说：“做一个人却不讲信誉，我不知道这怎么能行。就像大牛车没有輗，小马车没有軏，这车怎么走得了呢？”

兄弟友爱

唐玄宗与他兄弟诸王，极相友爱，到做了天子，也不改变。少弟薛王名业，曾染疾病，玄宗自己替他煎药，炉内火被风吹起来，烧着玄宗的须，左右惊慌上前救之，玄宗说：“但愿薛王服药，病得痊可，我之须何足惜。”其友爱之切如此。

[原文]

子张问：“十世可知也？”孔安国《论语孔氏训解》：“文质礼变。”**子曰：“殷因于夏礼，所损益，可知也；周因于殷礼，所损益，可知也；**马融《论语训说》：“所因，谓三纲五常。所损益，谓文质三统。”**其或继周者，虽百世，可知也。”**何晏《论语集解》：“物类相召，世数相生，其变有常，故可预知。”朱熹《四书集注》：“三纲，谓君为臣纲，父为子纲，夫为妻纲。五常，谓仁、义、礼、智、信。文质，谓夏尚忠，商尚质，周尚文。三统，谓夏正建寅为人统，商正建丑为地统，周正建子为天统。

三纲五常，礼之大体，三代相继，皆因之而不能变。其所损益，不过文章制度小过不及之间，而其已然之迹，今皆可见。则自今以往，或有继周而王者，虽百世之远，所因所革，亦不过此，岂但十世而已乎！圣人所以知来者盖如此，非若后世谶纬术数之学也。”

[译文]

子张问孔子：“十代以后的事情，可以预知吗？”孔子说：“殷朝沿袭夏朝的礼仪制度，废除了哪些、增加了哪些，现在也可以通过考察知道；周朝对殷朝礼仪制度的沿用，废除了哪些、增加了哪些，也是可以知道的；将来有继周朝而当政的人，就是以后一百代，也是可以预知的呀！”

[原文]

子曰：“非其鬼而祭之，谄也。郑玄《论语郑氏注》：“人神曰鬼。非其祖考而祭之者，是谄求福。”朱熹《四书集注》：“非其鬼，谓非其所当祭之鬼。谄，求媚也。”**见义不为，无勇也。”**孔安国《论语孔氏训解》：“义所宜为而不能为，是无勇。”朱熹《四书集注》：“知而不为，是无勇也。”

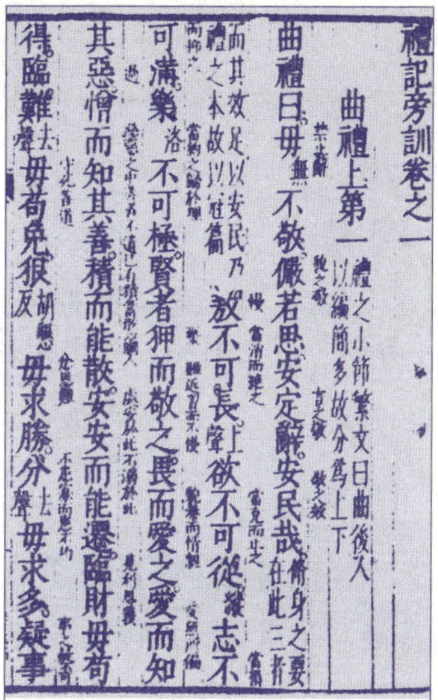
禮記旁訓卷之一
曲禮上第一
曲禮曰毋不敬儼若思安定辭安民哉
敖不可長欲不可從志不
可滿樂不可極賢者狎而敬之畏而愛之愛而知
其惡憎而知其善積而能散安安而能遷臨財毋苟
得臨難毋苟免很毋求勝分毋求多疑事

《礼记》书影

《礼记》是战国至秦汉年间儒家学者解释说明经书《仪礼》的文章选集，是一部儒家思想的资料汇编。内容广博，门类杂多，涉及政治、法律、道德、哲学、历史、祭祀、文艺、日常生活、历法、地理等诸多方面，集中体现了先秦儒家的政治、哲学和伦理思想，是研究先秦社会的重要资料。

[译文]

孔子说：“不是自己祖先的神灵而去祭祀，这是谄媚；眼见应当挺身而出的事情而没有做，这是没有勇气。”

八佾第三

题解

正义曰：前篇论为政。为政之善，莫善礼乐，礼以安上治民，乐以移风易俗，得之则安，失之则危，故此篇论礼乐得失也。

——邢昺《论语注疏》

[原文]

孔子谓季氏：“八佾(yì)舞于庭，是可忍也，孰不可忍也？”

马融《论语训说》：“孰，谁也。佾，列也。天子八佾，诸侯六，卿大夫四，士二。八人为列，八八六十四人。鲁以周公故受王者礼乐，有八佾之舞。季桓子僭于其家庙舞之，故孔子讥之。”朱熹《四书集注》：“季氏，鲁大夫季孙氏也。佾，舞列也，天子八、诸侯六、大夫四、士二。每佾人数，如其佾数。或曰：‘每佾八人。’未详孰是。季氏以大夫而僭用天子之乐，孔子言其此事尚忍为之，则何事不可忍为。或曰：‘忍，容忍也。’盖深疾之之辞。”范宁《论语范氏注》：“乐舞之数，自上而下，降杀以两而已，故两之间，不可以毫发僭差也。孔子为政，

八佾舞的九十六种舞姿

八佾是奏乐舞蹈的行列，也是表示社会地位的乐舞等级、规格。一佾指一列八人，八佾为八列六十四人。按周礼规定，只有天子才能用八佾，诸侯用六佾，卿大夫用四佾，士用二佾。

先正礼乐，则季氏之罪不容诛矣。”

[译文]

孔子谈到季孙氏时说：“他在自己家庙中使用了周天子的八佾舞蹈，如果这种僭礼的事情可以容忍的话，还有什么事情是不可容忍的呢？”

[原文]

三家者以《雍》彻。 马融《论语训说》：“三家，谓仲孙、叔孙、季孙。《雍》，《周颂·臣工》篇名。天子祭于宗庙，歌之以彻祭。今三家亦作此乐。”朱熹《四书集注》：“三家，鲁大夫孟孙、叔孙、季孙之家也。《雍》，《周颂》篇名。彻，祭毕而收其俎也。天子宗庙之祭，则歌《雍》以彻，是时三家僭而用之。”

子曰：“‘相(xiàng)维辟公，天子穆穆’，奚取于三家之堂？” 包咸《论语包氏章句》：“辟公，谓诸侯及二王之后。穆穆，天子之容貌。《雍》篇歌此者，有诸侯及二王之后来助祭故也。今三家但家臣而已，何取此义而作之于堂邪？”朱熹《四书集注》：“相，助也。辟公，诸侯也。穆穆，深远之意，天子之容也。此《雍》诗之辞，孔子引之，言三家之堂非有此事，亦何取于此义而歌之乎？讥其无知妄作，以取僭窃之罪。”

[译文]

孟孙、叔孙、季孙三家，在祭祀他们祖先的时候，用天子的礼唱着《雍》诗来撤除祭品。孔子说：“《雍》诗里说‘四方的诸侯来助祭，主祭的天子静穆、庄重而美好’，这样的诗句怎么能在三家祭祖庙堂上用呢？”

[原文]

子曰：“人而不仁，如礼何？人而不仁，如乐(yuè)何？” 包咸《论语包氏章句》：“言人而不仁，必不能行礼乐。”游酢：“人而不仁，则人心亡矣，其如礼乐何哉？言虽欲用之，而礼乐不为之用也。”程颐《程氏论语解》：“仁者天下之正理。失正理，则无序而不和。”

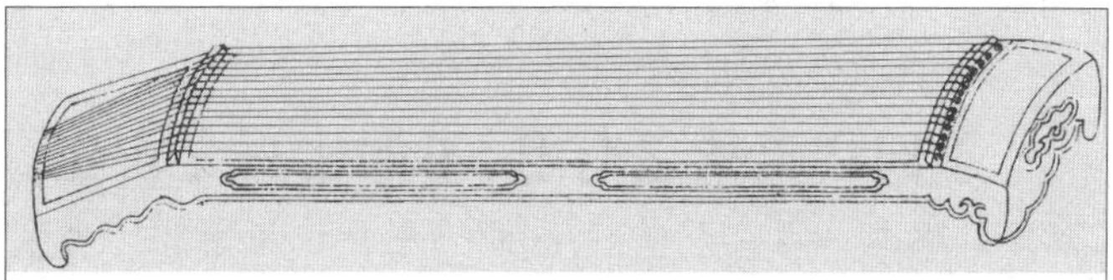

筝

中国拨奏弦鸣乐器。春秋战国时期已流行于今陕西省。关于筝的命名，有两种说法，一说由瑟分劈而来，另一说因发音铮铮而得名。

[译文]

孔子说："做人却没有仁心，礼仪对他有什么意义呢？做人却没有仁心，音乐对他有什么意义呢？"

林放

林放，字子丘，春秋时期鲁国清河（今属山东）人，为比干二十七世孙，传为孔子弟子中的"七十二贤人"之一。

[原文]

林放问礼之本。郑玄《论语郑氏注》："林放，鲁人。"朱熹《四书集注》："林放，鲁人。见世之为礼者，专事繁文，而疑其本之不在是也，故以为问。"**子曰："大哉问！**朱熹《四书集注》："孔子以时方逐末，而放独有志于本，故大其问。盖得其本，则礼之全体无不在其中矣。"**礼，与其奢也，宁俭；丧，与其易也，宁戚。"**包咸《论语包氏章句》："易，和易也。言礼之本意，失于奢，不如俭；丧，失于和易，不如哀戚。"朱熹《四书集注》："易，治也。孟子曰：'易其田畴。'在丧礼，则节文习熟，而无哀痛惨怛之实者也。戚则一于哀，而文不足耳。礼贵得中，奢易则过于文，俭戚则不及而质，二者皆未合礼。然凡物之理，必先有质而后有文，则质乃礼之本也。"

[译文]

林放问孔子什么是礼的本质。孔子说："你的提问十分重要啊！一般的礼仪是与其过分奢侈，不如朴素俭约；就丧礼而言，与其仪节周全，不如真心哀戚。"

[原文]

子曰："夷狄之有君，不如诸夏之亡（wú）也。"包咸《论语包氏章句》："诸夏，中国。亡，无也。"程颐《程氏论语解》："夷狄且有君长，不如诸夏之僭乱，反无上下之分也。"尹焞："孔子伤时之乱而叹之也。亡，非实亡也，虽有之，不能尽其道尔。"

[译文]

孔子说："就连夷狄之国都有君主，不像中原各国，君主已经名存实亡了。"

［原文］

季氏旅于泰山。子谓冉有曰："女(rǔ)弗能救与(yú)？" 马融《论语训说》："旅，祭名也。礼，诸侯祭山川在其封内者。今陪臣祭泰山，非礼也。冉有，弟子冉求，时仕于季氏。救，犹止也。"朱熹《四书集注》："旅，祭名。泰山，山名，在鲁地。礼，诸侯祭封内山川，季氏祭之，僭也。冉有，孔子弟子，名求，时为季氏宰。救，谓救其陷于僭窃之罪。呜呼，叹辞。言神不享非礼，欲季氏知其无益而自止，又进林放以厉冉有也。"**对曰："不能。"子曰："呜呼！曾谓泰山，不如林放乎？"** 包咸《论语包氏章句》："神不享非礼。林放尚知问礼，泰山之神反不如林放邪？欲诬而祭之。"范宁《论语范氏注》："冉有从季氏，夫子岂不知其不可告也，然而圣人不轻绝人。尽己之心，安知冉有之不能救、季氏之不可谏也？既不能正，则美林放以明泰山之不可诬，是亦教诲之道也。"

［译文］

季孙氏要去祭泰山。孔子对冉有说："你不能阻止这件事吗？"冉有回答说："不能。"孔子说："哎呀！难道泰山之神竟比不上林放懂礼吗？"

［原文］

子曰："君子无所争，必也射乎！ 孔安国《论语孔氏训解》："言于射而后有争。"**揖让而升，下而饮(yǐn)，其争也君子。"** 王肃《论语王氏义说》："射于堂，升及下皆揖让而相饮。"朱熹《四书集注》："揖让而升者，大射之礼，耦进三揖而后升堂也。下而饮，谓射毕揖降，以俟众耦皆降，胜者乃揖不胜者升，取觯立

观乡人射

此图描绘了孔子观看乡人射箭的情形。《诗经》说："发彼有的，以祈尔爵。"是说射箭中目标的人，可以叫不中的人喝酒。孔子所说"揖让而升，下而饮"即是他对《诗经》的理解吧。

饮也。言君子恭逊不与人争，惟于射而后有争。然其争也，雍容揖逊乃如此，则其争也君子，而非若小人之争矣。”马融《论语训说》：“多筭饮少筭，君子之所争。”

[译文]

孔子说：“君子没有什么可争的事情。如果有所争，必定是比射箭吧！但先必须互相作揖谦让然后上场，射完后，再互相作揖而后下场，胜者让负者饮酒。这样的争，也是君子之争啊！”

[原文]

子夏问曰：“‘巧笑倩兮，美目盼兮，素以为绚兮。’何谓也？” 马融《论语训说》：“倩，笑貌。盼，动目貌。绚，文貌。此上二句在《卫风·硕人》之二章，其下一句逸也。”朱熹《四书集注》：“倩，好口辅也。盼，目黑白分也。素，粉地，画之质也。绚，彩色，画之饰也。此逸诗也。言人有此倩盼之美质，而又加以华采之饰，如有素地而加采色也。子夏疑其反谓以素为饰，故问之。”**子曰：“绘事后素。”** 郑玄《论语郑氏注》：“绘，画文也。凡绘画先布众色，然后以素分布其间，以成其文，喻美女虽有倩盼美质，亦须礼以成之。”朱熹《四书集注》：“绘事，绘画之事也。后素，后于素也。《考工记》曰：‘绘画之事后素功。’谓先以粉地为质，而后施五采，犹人有美质，然后可加文饰。”**曰：“礼后乎？”** 孔安国《论语孔氏训解》：“孔子言绘事后素，子夏闻而解，知以素喻礼，故曰礼后乎。”**子曰：“起予者商也！始可与言《诗》已矣。”** 包咸《论语包氏章句》：“予，我也。孔子言，子夏能发明我意，可与共言《诗》。”朱熹《四书集注》：“礼必以忠信为质，犹绘事必以粉素为先。起，犹发也。起予，言能起发我之志意。”谢良佐：“子贡因论学而知《诗》，子夏因论《诗》而知学，故皆可与言《诗》。”

庄姜

卫庄公的妻子名庄姜，容貌美丽，膝下无子。《诗经》中“巧笑倩兮，美目盼兮”，就是形容她的美貌的。

[译文]

子夏问道："'有酒窝的脸笑得美啊，黑白分明的眼睛流转得媚啊，洁白的脂粉更增添她的楚楚动人啊。'这三句诗指的是什么呢？"孔子说："你看绘画，不也是先临摹然后再加素色线条进行勾勒吗？"子夏说："那么，礼乐是产生在仁义之后吗？"孔子说道："卜商啊，你真是能启发我的人啊！现在可以同你讨论《诗经》了。"

[原文]

子曰："夏礼吾能言之，杞不足征也；包咸《论语包氏章句》："征，成也。杞、宋，二国名，夏、殷之后。夏、殷之礼，吾能说之，杞、宋之君不足以成也。"朱熹《四书集注》："杞，夏之后。宋，殷之后。征，证也。"**殷礼吾能言之，宋不足征也。文献不足故也，足则吾能征之矣。"**郑玄《论语郑氏注》："献，犹贤也。我不以礼成之者，以此二国之君文章贤才不足故也。"朱熹《四书集注》："文，典籍也。献，贤也。言二代之礼，我能言之，而二国不足取以为证，以其文献不足故也。文献若足，则我能取之，以证君言矣。"

[译文]

孔子说："我能说出夏代的礼，夏的后代杞国就不足以证明了；我能说出殷代的礼，殷的后代宋国就不足以证明了。这是杞、宋两国现有的典籍和贤人不够的缘故，如果它们有足够的典籍和贤人，那我就可以证明它们了。"

[原文]

子曰："禘自既灌而往者，吾不欲观之矣。"孔安国《论语孔氏训解》："禘祫之礼，为序昭穆，故毁庙之主及群庙之主皆合食于太祖。灌者，酌郁鬯灌于太祖，以降神也。既灌之后，列尊卑，序昭穆。而鲁逆祀，跻僖公，乱昭穆，故不欲观之矣。"赵伯循："禘，王者之大祭也。王者既立始祖之庙，又

祭祀时所用的编钟

早在三千五百年前的商代，中国就有了编钟。古代的编钟多用于宫廷的演奏，在民间很少流传，每逢征战、朝见或祭祀等活动时，都要演奏编钟。

推始祖所自出之帝，祀之于始祖之庙，而以始祖配之也。成王以周公有大勋劳，赐鲁重祭。故得禘于周公之庙，以文王为所出之帝，而周公配之，然非礼矣。”朱熹《四书集注》：“灌者，方祭之始，用郁鬯之酒灌地，以降神也。鲁之君臣，当此之时，诚意未散，犹有可观，自此以后，则浸以懈怠而无足观矣。盖鲁祭非礼，孔子本不欲观，至此而失礼之中又失礼焉，故发此叹也。”

[译文]

孔子说：“禘祭的礼，从第一次献酒后，我就不想再看下去了。”

[原文]

或问禘之说。子曰：“不知也。孔安国《论语孔氏训解》：“答以不知者，为鲁讳。”**知其说者之于天下也，其如示诸斯乎！”指其掌。**包咸《论语包氏章句》：“孔子谓或人，言知禘礼之说者，于天下之事，如指示掌中之物，言其易了。”朱熹《四书集注》：“先王报本追远之意，莫深于禘。非仁孝诚敬之至，不足以与此，非或人之所及也。而不王不禘之法，又鲁之所当讳者，故以不知答之。示，与视同。指其掌，弟子记夫子言此而自指其掌，言其明且易也。盖知禘之说，则理无不明，诚无不格，而治天下不难矣。圣人于此，岂真有所不知也哉？”

[译文]

有人向孔子请教关于禘祭的理论。孔子说：“我不知道。知道的人对治理整个天下，就会像把东西摆在这里一样容易吧！”他一面说，一面指着自己的手掌。

[原文]

祭如在，孔安国《论语孔氏训解》：“言事死如事生。”**祭神如神在。**孔安国《论语孔氏训解》：“谓祭百神。”程颐《程氏论语解》：“祭，祭先祖也。祭神，祭外神也。祭先主于孝，祭神主于敬。”朱熹《四书集注》：“此门人记孔子祭祀之诚意。”**子曰：“吾不与(yǔ)祭，如不祭。”**包咸《论语包氏章句》：“孔子或出或病而不自亲祭，使摄者为之，不致肃敬于心，与不祭同。”朱熹《四书集注》：“又记孔子之言以明之。言己当祭之时，或有故不得与，而使他人摄之，则不得致其如在之诚。故虽已祭，而此心缺然，如未尝祭也。”

［译文］

祭祀祖先时，好像祖先真在受祭；祭神的时候，便好像神真的在那里。孔子说："我如果不亲自参加祭祀，祭了就跟不祭没有什么区别。"

［原文］

王孙贾问曰："'与其媚于奥，宁媚于灶。'何谓也？" 孔安国《论语孔氏训解》："王孙贾，卫大夫。奥，内也，以喻近臣。灶，以喻执政。贾，执政者，欲使孔子求昵之，微以世俗之言感动之也。"朱熹《四书集注》："王孙贾，卫大夫。媚，亲顺也。室西南隅为奥。灶者，五祀之一，夏所祭也。凡祭五祀，皆先设主而祭于其所，然后迎尸而祭于奥，略如祭宗庙之仪。如祀灶，则设主于灶陉，祭毕，而更设馔于奥以迎尸也。故时俗之语，因以奥有常尊，而非祭之主；灶虽卑贱，而当时用事。喻自结于君，不如阿附权臣也。贾，卫之权臣，故以此讽孔子。" **子曰："不然，获罪于天，无所祷也。"** 孔安国《论语孔氏训解》："天，以喻君。孔子拒之曰：'如获罪于天，无所祷于众神。'"朱熹《四书集注》："天，即理也，其尊无对，非奥灶之可比也。逆理，则获罪于天矣，岂媚于奥灶所能祷而免乎？言但当顺理，非特不当媚灶，亦不可媚于奥也。"谢良佐："圣人之言，逊而不迫。使王孙贾而知此意，不为无益；使其不知，亦非所以取祸。"

新年十二景之祭灶

祭灶，是一项在我国民间影响很大、流传极广的习俗。旧时，差不多家家灶间都设有"灶王爷"神位。人们称这尊神为"司命菩萨"或"灶君司命"。

［译文］

王孙贾问道："'与其巴结房屋西南角的神，不如讨好灶君司命'，这句话是什么意思呀？"孔子说："不对。若是得罪了上天，祈祷也没有用。"

观周明堂

孔子观看周太庙，四门高墙上面画有尧舜的面容、桀纣的相貌，又有周公抱着成王接受诸侯朝见的图画。孔子对随从的人说："这就是周朝所以兴盛的原因！"

[原文]

子曰："周监于二代，郁郁乎文哉！吾从周。" 孔安国《论语孔氏训解》："监，视也。言周文章备于二代，当从之。"朱熹《四书集注》："监，视也。二代，夏商也。言其视二代之礼而损益之。郁郁，文盛貌。"尹焞："三代之礼至周大备，夫子美其文而从之。"

[译文]

孔子说："周朝的典章制度借鉴了夏、商两代的，它的一切礼乐、制度、文章，是何等精彩完备啊！我主张遵从周代。"

[原文]

子入大庙， 包咸《论语包氏章句》："大庙，周公庙。孔子仕鲁，鲁祭周公而助祭也。"**每事问。或曰："孰谓鄹人之子知礼乎？入大庙，每事问。"** 孔安国《论语孔氏训解》："鄹，孔子父叔梁纥所治邑。时人多言孔子知礼，或人以为，知礼者不当复问。"**子闻之，曰："是礼也。"** 孔安国《论语孔氏训解》："虽知之，当复问，慎之至也。"朱熹《四书集注》："大庙，鲁周公庙。此盖孔子始仕之时，入而助祭也。鄹，鲁邑名。孔子父叔梁纥，尝为其邑大夫。孔子自少以知礼闻，故或人因此而讥之。孔子言是礼者，敬谨之至，乃所以为礼也。"

[译文]

孔子来到周公庙，每件事情都要发问。有人就说："谁说鄹大夫叔梁纥的这个儿子懂礼数呢？他跑进太庙，什么事都要问。"孔子听到这话，说："这正是礼啊！"

[原文]

子曰："射不主皮， 马融《论语训说》："射有五善焉：一曰和志，体和。二曰和容，有容仪。三曰主皮，能中质。四曰和颂，合《雅》《颂》。五曰兴武，与舞同。天子三侯，以熊虎豹皮为之，言射者不但以中皮为善，亦兼取和容也。”**为力不同科，古之道也。”**马融《论语训说》：“为力，力役之事。亦有上中下，设三科焉，故曰不同科。”朱熹《四书集注》：“射不主皮，《乡射》礼文。皮，革也，布侯而栖革于其中以为的，所谓鹄也。为力不同科，孔子解礼之意如此也。科，等也。古者射以观德，但主于中，而不主于贯革，盖以人之力有强弱，不同等也。”杨时：“中可以学而能，力不可以强而至。圣人言古之道，所以正今之失。”

射矍相圃

孔子在矍相圃练习射箭，围观的人很多。他就让子路手执弓箭告知围观的人说：“打了败仗的将军，亡了国的大夫，做事在人后者，不能进来。孝悌好礼，不同于世俗的人可以站在这里。”结果走开的人有一多半。

[译文]

孔子说：“比较射艺，主要不在射穿靶子，因为每个人的力气大小不一样，这是自古以来的道理啊！”

[原文]

子贡欲去告(gù)朔之饩(xì)羊。郑玄《论语郑氏注》：“牲生曰饩。礼，人君每月告朔，于庙有祭，谓之朝享。鲁自文公始不视朔。子贡见其礼废，故欲去其羊。”朱熹《四书集注》：“告朔之礼：古者天子常以季冬，颁来岁十二月之朔于诸侯，

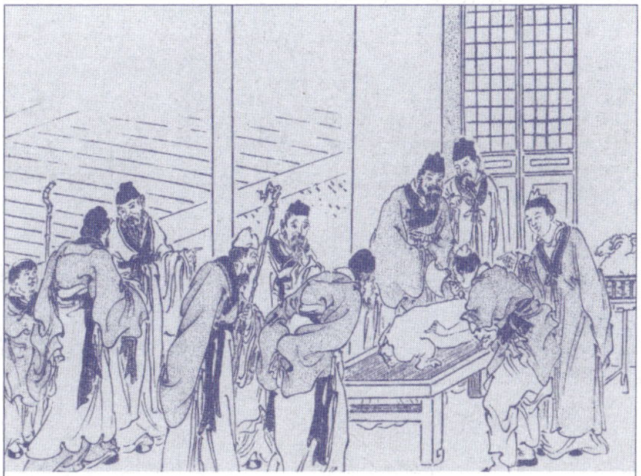

祭祀宰羊

祭祀是向神灵求福消灾的传统礼俗仪式，被称为吉礼。“祭祀”也意为敬神、求神和祭拜祖先。古代用于祭祀的肉食动物叫“牺牲”，指马、牛、羊、鸡、犬、豖等牲畜，后世称“六畜”。六畜中最常用的是牛羊豖三牲。

诸侯受而藏之祖庙。月朔，则以牲羊告庙，请而行之。饩，生牲也。鲁自文公始不视朔，而有司犹供此羊，故子贡欲去之。”**子曰：“赐也，尔爱其羊，我爱其礼。”**包咸《论语包氏章句》：“羊存犹以识其礼，羊亡礼遂废。”朱熹《四书集注》：“爱，犹惜也。子贡盖惜其无实而妄费。然礼虽废，羊存，犹得以识之而可复焉。若并去其羊，则此礼遂亡矣，孔子所以惜之。”

[译文]

子贡要把每月初一告所祭祖庙时宰的那头活羊省去不用。孔子说：“赐呀！你爱惜那一头羊，我却珍惜那种礼制。”

[原文]

子曰：“事君尽礼，人以为谄也。”孔安国《论语孔氏训解》：“时事君者多无礼，故以有礼者为谄。”程颐《程氏论语解》：“圣人事君尽礼，当时以为谄。若他人言之，必曰我事君尽礼，小人以为谄，而孔子之言止于如此。圣人道大德宏，此亦可见。”

[译文]

孔子说：“侍奉君主能一切按照礼节去做的人，有的人却认为他是在谄媚。”

[原文]

定公问：“君使臣，臣事君，如之何？”孔安国《论语孔氏训解》：“定公，鲁君谥。时臣失礼，定公患之，故问之。”**孔子对曰：“君使臣以礼，臣事君以忠。”**朱熹《四书集注》：“定公，鲁君，名宋。二者皆理之当然，各欲自尽而已。”尹焞：“君臣以义合者也。故君使臣以礼，则臣事君以忠。”

[译文]

定公问：“君主使用臣子，臣子侍奉君主，该怎样做呢？”孔子回答道：“君主若能按礼节来使用臣子，臣子便会尽忠侍奉君主。”

覃光佃报国赤忠

覃光佃，宋融州人，一生忠心事君。北宋开宝五年（973），覃光佃中进士。任监察御史，弹劾不畏权贵，对失职的朝廷官员，均呈请皇帝惩办，京师称为“真御史”。后晋升都总管兼劝农使，外筹边策，内肃朝仪，甚得皇帝倚重。

[原文]

子曰："关雎，乐(lè)而不淫，哀而不伤。" 孔安国《论语孔氏训解》："乐不至淫，哀不至伤，言其和也。"朱熹《四书集注》："《关雎》，《周南·国风》诗之首篇也。淫者，乐之过而失其正者也。伤者，哀之过而害于和者也。《关雎》之诗，言后妃之德，宜配君子。求之未得，则不能无寤寐反侧之忧；求而得之，则宜其有琴瑟钟鼓之乐。盖其忧虽深而不害于和，其乐虽盛而不失其正，故夫子称之如此。欲学者玩其辞，审其音，而有以识其性情之正也。"

[译文]

孔子说："《关雎》这首诗，欢乐而不流于放荡，悲哀但不过分伤感。"

雎鸠

《关雎》以雎鸠之雌雄和鸣，来喻夫妻之和谐相处。

[原文]

哀公问社于宰我。 朱熹《四书集注》："宰我，孔子弟子，名予。三代之社不同者，古者立社，各树其土之所宜木以为主也。" **宰我对曰："夏后氏以松，殷人以柏，周人以栗，曰使民战栗。"** 孔安国《论语孔氏训解》："凡建邦立社，各以其土所宜之木。宰我不本其意，妄为之说，因周用栗，便云使民战栗。"朱熹《四书集注》："战栗，恐惧貌。宰我又言周所以用栗之意如此。岂以古者戮人于社，故附会其说与？" **子闻之，曰："成事不说，** 包咸《论语包氏章句》："事已成，不可复解说。" **遂事不谏，** 包咸《论语包氏章句》："事已遂，不可复谏止。" **既往不咎。"** 包咸《论语包氏章句》："事已往，不可复追咎。孔子非宰我，故历言此三者，欲使慎其后。"朱熹《四书集注》："遂事，谓事虽未成，而势不能已者。孔子以宰我所对，非立社之本意，又启时君杀伐之心，而其言已出，不可复救，故历言此以深责之，欲使谨其后也。"

[译文]

哀公向宰我问关于社主的事。宰我回答说："夏代用松木为社主，殷代用柏木，周代

用栗木，用栗木的意思是说使人民因对君主畏惧而战栗。”孔子听到了，说：“事已经做了，就不要再解释了，已经过去的事就不必再劝谏了，已经过去的事情就不要再追究了。”

[原文]

子曰：“管仲朱熹《四书集注》：“管仲，齐大夫，名夷吾，相桓公霸诸侯。”**之器小哉！”**何晏《论语集解》：“言其器量小也。”朱熹《四书集注》：“器小，言其不知圣贤大学之道，故局量褊浅、规模卑狭，不能正身修德以致主于王道。”**或曰：“管仲俭乎？”**包咸《论语包氏章句》：“或人见孔子小之，以为谓之大俭。”**曰：“管氏有三归，官事不摄，焉得俭？”**包咸《论语包氏章句》：“三归，娶三姓女。妇人谓嫁曰归。摄，犹兼也。礼，国君事大，官各有人；大夫兼并。今管仲家臣备职，非为俭。”朱熹《四书集注》：“或人盖疑器小之为俭。三归，台名。事见《说苑》。摄，兼也。家臣不能具官，一人常兼数事。管仲不然，皆言其侈。”**“然则管仲知礼乎？”**包咸《论语包氏章句》：“或人以俭问，故答以安得俭。或人闻不俭，便谓为得礼。”朱熹《四书集注》：“或人又疑不俭为知礼。”**曰：“邦君树塞门，管氏亦树塞门；邦君为两君之好（hào），有反坫（diàn），管氏亦有反坫。管氏而知礼，孰不知礼？”**郑玄《论语郑氏注》：“反坫，反爵之坫，在两楹之间。人君别内外于门，树屏以蔽之。若与邻国为好会，其献酢之礼更酌，酌毕则各反爵于坫上。今管仲皆僭为之，如是，是不知礼。”朱熹《四书集注》：“屏谓之树。塞，犹蔽也。设屏于门，以蔽内外也。好，谓好会。坫，在两楹之间，献酬饮毕，则反爵于其上。此皆诸侯之礼，而管仲僭之，不知礼也。愚谓孔子讥

管 仲

管仲（ ?—前 645）名夷吾，又名敬仲，字仲，春秋时期齐国著名的政治家、军事家，颍上（今安徽颍上）人。管仲少时丧父，老母在堂，生活贫苦，不得不过早地挑起家庭重担。为维持生计，与鲍叔牙合伙经商，后从军，到齐国。几经曲折，经鲍叔牙力荐，为齐国上卿（即丞相），被称为“春秋第一相”，辅佐齐桓公成为春秋时期的第一位霸主。

管仲之器小，其旨深矣。或人不知而疑其俭，故斥其奢以明其非俭。或又疑其知礼，故又斥其僭，以明其不知礼。盖虽不复明言小器之所以然，而其所以小者，于此亦可见矣。”程颐《程氏论语解》：“奢而犯礼，其器之小可知。盖器大，则自知礼而无此失矣。”

［译文］

孔子说：“管仲的气度狭小得很哪！”有人便问：“管仲生活得俭朴吗？”孔子说：“管仲家有三处豪华库府，各项职事都设有专人，从不兼职，这哪里是俭朴呢？”那人又问：“那么，管仲知礼吗？”孔子说：“国君在宫殿大门前立一个屏，管仲家大门外也立一个屏；国君宴请宾客，在堂上有放置酒杯的土几，管仲宴客也设有这样的土几。若说管仲知礼，那还有谁不知礼呢？”

［原文］

子语(yǔ)朱熹《四书集注》：“语，告也。”**鲁大师乐。曰：“乐其可知也：始作，翕如也；**何晏《论语集解》：“大师，乐官名。五音始奏，翕如，盛。”朱熹《四书集注》：“大师，乐官名。时音乐废缺，故孔子教之。翕，合也。”**从**(zòng)**之，纯如也，**何晏《论语集解》：“从读曰纵，言五音既发，放纵尽其音声。纯如，和谐也。”**皦如也，**何晏《论语集解》：“言其音节明也。”**绎如也，以成。”**何晏《论语集解》：“纵之，以纯如、皦如、绎如言。乐始作翕如，而成于三。”朱熹《四书集注》：“从，放也。纯，和也。皦，明也。绎，相续不绝也。成，乐之一终也。”谢良佐：“五音六律不具，不足以为乐。翕如，言其合也。五音合矣，清浊高下，如五味之相济而后和，故曰纯如。合而和矣，欲其无相夺伦，故曰皦如，然岂宫自宫而商自商乎？不相反而相连，如贯珠可也，故曰绎如也，

学琴师襄

鲁昭公十年（前523），孔子二十九岁，向师襄学习弹琴，他长时间练习一支曲子，直到理解了乐曲的内涵，进而领悟到作者是周文王。师襄很佩服，告诉他乐曲名叫《文王操》。

以成。"

[译文]

孔子告诉鲁国的乐师关于音乐的道理，说道："音乐演奏的全部过程是可以感受的。一开始，听众随钟声敲响而精神为之一振；继而八音齐奏，音乐和谐委婉，清越明晰，余音袅袅不绝，音乐就这样完成了。"

[原文]

仪封人请见。郑玄《论语郑氏注》："仪，盖卫邑。封人，官名。"朱熹《四书集注》："仪，卫邑。封人，掌封疆之官，盖贤而隐于下位者也。请见，见之之见。"**曰："君子**朱熹《四书集注》："君子，谓当时贤者。至此皆得见之，自言其平日不见绝于贤者，而求以自通也。"**之至于斯也，吾未尝不得见也。"从者见之。**包咸《论语包氏章句》："从者，弟子随孔子行者，通使得见。"朱熹《四书集注》："见之，谓通使得见。"**出曰："二三子何患于丧乎？天下之无道也久矣，**孔安国《论语孔氏训解》："语诸弟子言，何患于夫子圣德之将丧亡邪？天下之无道已久矣，极衰必盛。"朱熹《四书集注》："丧，谓失位去国，《礼》曰'丧欲速贫'是也。"**天将以夫子为木铎。"**孔安国《论语孔氏训解》："木铎，施政教时所振也。言天将命孔子制作法度，以号令于天下。"朱熹《四书集注》："木铎，金口木舌，施政教时所振，以警众者也。言乱极当治，天必将使夫子得位设教，不久失位也。封人一见夫子而遽以是称之，其所得于观感之间者深矣。或曰：'木铎所以徇于道路，言天使夫子失位，周流四方以行其教，如木铎之徇于道路也。'"

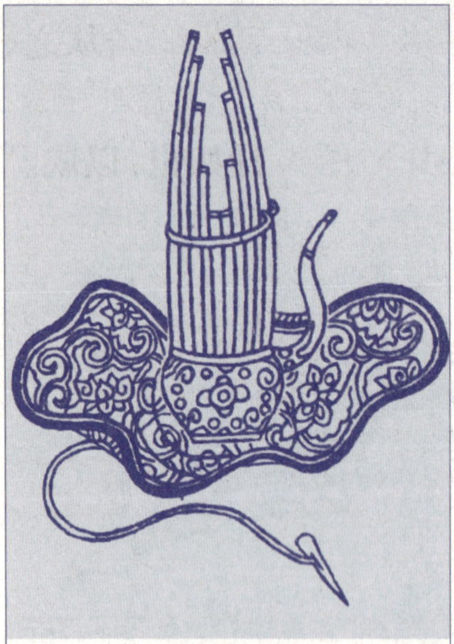

笙

笙，礼乐之器。笙是我国古老的簧管乐器，历史悠久，能奏和声。远在3000多年前的商代，我国就已有了笙的雏形。在出土的殷墟甲骨文中有"和"的记载。"和"即是后世小笙的前身。《尔雅·释乐》记载："大笙谓之巢，小者谓之和。"

[译文]

卫国仪这个地方的封疆官请求拜见孔子，说道："凡是到这个地方的贤人君子，我没有不请求见的。"孔子的学生们领他去见孔子。出来以后，他对孔子的学生们说：“诸位，何必忧虑你们的先生失掉官位呢？天下无道而黑暗的日子已经很长久了，天意将把你们的先生当作木铎来警醒人民、传道于天下呀！”

［原文］

子谓韶：“尽美矣，又尽善也。” 孔安国《论语孔氏训解》：“《韶》，舜乐名，谓以圣德受禅，故尽善。”朱熹《四书集注》：“《韶》，舜乐。美者，声容之盛。善者，美之实也。” **谓武：“尽美矣，未尽善也。”** 孔安国《论语孔氏训解》：“《武》，武王乐也。以征伐取天下，故未尽善。”朱熹《四书集注》：“舜绍尧致治，武王伐纣救民，其功一也，故其乐皆尽美。然舜之德，性之也，又以揖逊而有天下；武王之德，反之也，又以征诛而得天下，故其实有不同者。”程颐《程氏论语解》：“成汤放桀，惟有惭德，武王亦然，故未尽善。尧、舜、汤、武，其揆一也。征伐非其所欲，所遇之时然尔。”

［译文］

孔子评论《韶》乐说：“音律太美了，内容也非常好。”又评论《武》乐说：“音律太美了，但内容上差一点。”

［原文］

子曰：“居上不宽，为礼不敬，临丧不哀，吾何以观之哉？” 朱熹《四书集注》：“居上主于爱人，故以宽为本。为礼以敬为本，临丧以哀为本。既无其本，则以何者而观其所行之得失哉？”

［译文］

孔子说：“居于统治地位而不能宽以待下，行礼的时候不能庄重严肃，遭遇丧事时没有悲痛哀戚，这种人我凭什么看得下去呢？”

里仁第四

题解

正义曰：此篇明仁。仁者，善行之大名也。君子体仁，必能行礼乐，故以次前也。

——邢昺《论语注疏》

[原文]

子曰："里仁为美。郑玄《论语郑氏注》："里者，民之所居。居于仁者之里，是为美。"**择不处(chǔ)仁，焉得知(zhì)？"**郑玄《论语郑氏注》："求居而不处仁者之里，不得为有知。"朱熹《四书集注》："里有仁厚之俗为美。择里而不居于是焉，则失其是非之本心，而不得为知矣。"

孟母三迁

孟子小时候很贪玩，他家原来住在坟地附近，他常常学别人哭拜。母亲认为这样不好，就把家搬到集市附近，孟子又模仿别人做生意。孟母认为也不好，就把家搬到学堂旁边。孟子就跟着学生们学习礼节和知识。孟母认为这才是孩子应该学习的，就不再搬家了。

[译文]

孔子说："能跟有仁德的人住一起才是最好的。如果择身所居而不选择仁，怎能算得上聪明呢？"

[原文]

子曰："不仁者不可以久处约，孔安国《论语孔氏训解》："久困则为非。"朱熹《四书集注》："约，穷困也。"**不可以长处乐(lè)。**孔安国《论

戏举烽火

周幽王烽火戏诸侯，在诸侯中失去仁义。一时的享乐却使得国破命丧，这就是不仁的下场。

语孔氏训解》："必骄佚。"**仁者安仁，**包咸《论语包氏章句》："惟性仁者自然体之，故谓安仁。"**知(zhì)者利仁。"**王肃《论语王氏义说》："知仁为美，故利而行之。"朱熹《四书集注》："利，犹贪也，盖深知笃好而必欲得之也。不仁之人，失其本心，久约必滥，久乐必淫。惟仁者则安其仁而无适不然，知者则利于仁而不易所守，盖虽深浅之不同，然皆非外物所能夺矣。"

［译文］

孔子说："不仁的人不能够长期处于穷困中，也不能长期处于逸乐中。有仁德的人安于仁，聪明人利用仁。"

［原文］

子曰："唯仁者能好(hào)人，能恶(wù)人。"孔安国《论语孔氏训解》："唯仁者能审人之所好恶。"朱熹《四书集注》："唯之为言独也。盖无私心，然后好恶当于理，程子所谓'得其公正'是也。"游酢："好善而恶恶，天下之同情，然人每失其正者，心有所系而不能自克也。惟仁者无私心，所以能好恶也。"

［译文］

孔子说："只有仁德的人才能够喜爱好人，厌恶坏人。"

［原文］

子曰："苟志于仁矣，无恶(è)也。"孔安国《论语孔氏训解》："苟，诚也。言诚能志于仁，则其余终无恶。"朱熹《四书集注》："苟，诚也。志者，心之所之也。其心诚在于仁，则必无为恶之事矣。"杨时："苟志于仁，未必无过举也，然而为恶则无矣。"

［译文］

孔子说："一个人假如存心于仁道，便不会做恶事了。"

[原文]

子曰："富与贵，是人之所欲也，不以其道得之，不处也； 孔安国《论语孔氏训解》："不以其道得富贵，则仁者不处。" **贫与贱，是人之所恶(wù)也，不以其道得之，不去也。** 何晏《论语集解》："时有否泰，故君子履道而反贫，贱此则不以其道得之，虽是人之所恶，不可违而去之。"朱熹《四书集注》："不以其道得之，谓不当得而得之。然于富贵则不处，于贫贱则不去，君子之审富贵而安贫贱也如此。" **君子去仁，恶(wū)乎成名？** 孔安国《论语孔氏训解》："恶乎成名者，不得成名为君子。"朱熹《四书集注》："言君子所以为君子，以其仁也。若贪富贵而厌贫贱，则是自离其仁，而无君子之实矣，何所成其名乎？" **君子无终食之间违仁，造次必于是，颠沛必于是。"** 马融《论语训说》："造次，急遽。颠沛，偃仆。虽急遽、偃仆不违仁。"朱熹《四书集注》："终食者，一饭之顷。造次，急遽苟且之时。颠沛，倾覆流离之际。盖君子之不去乎仁如此，不但富贵、贫贱、取舍之间而已也。言君子为仁，自富贵、贫贱、取舍之间，以至于终食、造次、颠沛之顷，无时无处而不用其力也。然取舍之分明，然后存养之功密；存养之功密，则其取舍之分益明矣。"

因膰去鲁

齐国听说孔子执政，害怕鲁国强盛，于是采用黎弥的计策，选了女乐八十人、马三十驷送给鲁公。鲁公耽于女乐，怠于政事。孔子不忍心自己辞官而宣扬国君的过错，但是鲁君连祭祀的肉也没有按礼的规定分送给大臣们，孔子只好辞官周游列国。

[译文]

孔子说："发财和做官，这是人人所向往的事；但如果不是以正当的途径而变得富贵了，君子是不安于这种富贵的。贫困和低贱，这是人人所厌恶的事；但如果不是以正当的缘由摆脱贫贱，君子是不会去摆脱这种贫贱的。君子如果抛弃了仁，又怎么叫作君子呢？君子没有哪怕一顿饭的工夫背离仁，匆促急遽之时一定与仁同在，颠沛流离之时也一定与仁同在。"

[原文]

子曰："我未见好（hào）仁者，恶（wù）不仁者。好仁者，无以尚之；孔安国《论语孔氏训解》："难复加也。"**恶不仁者，其为仁矣，不使不仁者加乎其身。**孔安国《论语孔氏训解》："言恶不仁者，能使不仁者不加非义于己，不如好仁者无以尚之为优。"朱熹《四书集注》："夫子自言未见好仁者、恶不仁者。盖好仁者真知仁之可好，故天下之物无以加之。恶不仁者真知不仁之可恶，故其所以为仁者，必能绝去不仁之事，而不使少有及于其身。此皆成德之事，故难得而见之也。"**有能一日用其力于仁矣乎？我未见力不足者。**朱熹《四书集注》："言好仁恶不仁者，虽不可见，然或有人果能一旦奋然用力于仁，则我又未见其力有不足者。盖为仁在己，欲之则是，而志之所至，气必至焉。故仁虽难能，而至之亦易也。"**盖有之矣，我未之见也。"**孔安国《论语孔氏训解》："谦不欲尽诬时人言不能为仁，故云为能有尔，我未之见也。"朱熹《四书集注》："盖，疑辞。有之，谓有用力而力不足者。盖人之气质不同，故疑亦容或有此昏弱之甚，欲进而不能者，但我偶未之见耳。盖不敢终以为易，而又叹人之莫肯用力于仁也。此章言仁之成德，虽难其人，然学者苟能实用其力，则亦无不可至之理。但用力而不至者，今亦未见其人焉，此夫子所以反复而叹息之也。"

[译文]

孔子说："我从未见过喜爱仁的人，也未见过厌恶不仁的人。喜爱仁的人，是最好不过了；厌恶不仁的人，他实行仁，只是不使不仁的东西加在自己身上。真有能花一天的时间把力量用在仁上的吗？我没有见过力量不够的。或许有这样的人，但我从未见到过。"

[原文]

子曰："人之过也，各于其党。观过，斯知仁矣。"孔安国《论语孔氏训解》："党，党类。小人不能为君子之行，非小人之过，当恕而勿责之。观过，使贤愚各当其所，则为仁矣。"朱熹《四书集注》："党，类也。"程颐《程氏论语解》："人之过也，各于其类。君子常失于厚，小人常失于薄；君子过于爱，小人过于忍。"尹焞："于此观之，则人之仁不仁可知矣。"

[译文]

孔子说：“民众的过错，总是与他那个集团的人所犯的错误性质是一样的。只需看这人的过错，便可以知道他有没有仁德了。”

[原文]

子曰：“朝闻道，夕死可矣。” 何晏《论语集解》：“言将至死不闻世之有道。”朱熹《四书集注》：“道者，事物当然之理。苟得闻之，则生顺死安，无复遗恨矣。朝夕，所以甚言其时之近。”程颐《程氏论语解》：“言人不可以不知道，苟得闻道，虽死可也。”又曰，“皆实理也，人知而信者为难。死生亦大矣！非诚有所得，岂以夕死为可乎？”

[译文]

孔子说：“早晨懂得真理，就是当晚死去也值得了。”

[原文]

子曰：“士志于道，而耻恶(è)衣恶食者，未足与议也。” 朱熹《四书集注》：“心欲求道，而以口体之奉不若人为耻，其识趣之卑陋甚矣，何足与议于道哉？”程颐《程氏论语解》：“志于道而心役乎外，何足与议也？”

[译文]

孔子说：“一个读书人既然已经立志献身于真理，却又以自己饮食粗劣、衣衫破旧为耻辱，这种人不值得同他讨论道的问题。”

[原文]

子曰：“君子之于天下也，无适也，无莫也，义之与比。” 朱熹《四书集注》：“适，专主也。《春秋传》曰‘吾谁适从’是也。莫，不肯也。比，从也。”谢良佐：“适，可也。莫，不可也。无可无不可，苟无道以主之，不几于猖狂自恣乎？此佛老之学，所以自谓心无所住

入关约法

刘邦得天下，靠的是他严明的法纪，而得天下后却实行的是宽松的治国方针。严与松是依据当时的社会状况而定的。

而能应变，而卒得罪于圣人也。圣人之学不然，于无可无不可之间，有义存焉。然则君子之心，果有所倚乎？”

[译文]

孔子说：“君子对于天下的事情，没有一成不变的主张，也没有一成不变的反对。怎样合理恰当，便怎样去做。”

[原文]

子曰：“君子怀德，孔安国《论语孔氏训解》：“怀，安也。”朱熹《四书集注》：“怀，思念也。怀德，谓存其固有之善。”**小人怀土；**孔安国《论语孔氏训解》：“重迁。”朱熹《四书集注》：“怀土，谓溺其所处之安。”**君子怀刑，**孔安国《论语孔氏训解》：“安于法。”朱熹《四书集注》：“怀刑，谓畏法。”**小人怀惠。”**包咸《论语包氏章句》：“惠，恩惠。”朱熹《四书集注》：“怀惠，谓贪利。君子小人趣向不同，公私之间而已。尹焞：“乐善恶不善，所以为君子；苟安务得，所以为小人。”

[译文]

孔子说：“君子常常惦记道德，小人常常惦记乡土；君子关心法制，小人关心恩惠。”

[原文]

子曰：“放（fǎng）于利而行，孔安国《论语孔氏训解》：“放，依也。每事依利而行。”**多怨。”**孔安国《论语孔氏训解》：“取怨之道。”程颐《程氏论语解》：“欲利于己，必害于人，故多怨。”

[译文]

孔子说：“一切依照利害关系行事，这种人便容易产生怨恨。”

[原文]

子曰：“能以礼让为国乎？朱熹《四书集注》：“让者，礼

题季札墓

季札是吴王寿梦的幼子，有让国之贤。昭公二十七年（前515）作为吴国使者去齐国，儿子死在途中，就按照旅途中的葬仪埋葬在嬴、博之间。孔子看后赞扬说，延陵季子的行为合乎礼的规定。季札死后，孔子游吴，为他的墓题写了“延陵季子之墓”。

之实也。”**何有？**何晏《论语集解》：“何有者，言不难。”朱熹《四书集注》：“何有，言不难也。”**不能以礼让为国，如礼何？”**包咸《论语包氏章句》：“如礼何者，言不能用礼。”朱熹《四书集注》：“言有礼之实以为国，则何难之有，不然，则其礼文虽具，亦且无如之何矣，而况于为国乎？”

[译文]

孔子说：“能够用礼让来治理国家，那还有什么困难呢？不拿礼让来治国，空谈礼仪又有什么意义呢？”

[原文]

子曰：“不患无位，患所以立；不患莫己知，求为可知也。”包咸《论语包氏章句》：“求善道而学行之，则人知己。”朱熹《四书集注》：“所以立，谓所以立乎其位者。可知，谓可以见知之实。”程颐《程氏论语解》：“君子求其在己者而已矣。”

[译文]

孔子说：“不发愁没有职位，只愁自己没有足以胜任的能力。不愁没人知道我，应该追求能使别人知道自己的本领。”

[原文]

子曰：“参乎！吾道一以贯之。”朱熹《四书集注》：“参乎者，呼曾子之名而告之。贯，通也。”**曾子曰：“唯(wěi)。”**孔安国《论语孔氏训解》：“直晓不问，故答曰唯。”朱熹《四书集注》：“唯者，应之速而无疑者也。圣人之心，浑然一理，而泛应曲当，用各不同。曾子于其用处，盖已随事精察而力行之，但未知其体之一尔。夫子知其真积力久，将有所得，是以呼而告之。曾子果能默契其指，即应之速

孝经传曾

曾子陪孔子坐，孔子说：“先王有最高的道德方法治理天下，人民和睦相处，上下没有怨恨，你知道吗？”曾子站起来说：“我很愚笨，怎么知道呢？”于是孔子告诉他天子、诸侯、大夫以及庶人孝的道理，还说：“自天子到庶人，孝无始无终，因而担心不能孝的人从来就没有。”

而无疑也。”**子出。门人问曰：“何谓也？”曾子曰：“夫子之道，忠恕而已矣。”**朱熹《四书集注》：“尽己之谓忠，推己之谓恕。而已矣者，竭尽而无余之辞也。夫子之一理浑然而泛应曲当，譬则天地之至诚无息，而万物各得其所也。自此之外，固无余法，而亦无待于推矣。曾子有见于此而难言之，故借学者尽己、推己之目以著明之，欲人之易晓也。盖至诚无息者，道之体也，万殊之所以一本也；万物各得其所者，道之用也，一本之所以万殊也。以此观之，一以贯之之实可见矣。或曰：‘中心为忠，如心为恕。’于义亦通。”

[译文]

孔子说：“参呀！我的学说可以用一个原则贯穿。”曾子说：“是的。”孔子出去以后，别的学生便问曾参说：“这是什么意思？”曾子道：“先生的学说，就是忠恕罢了。”

[原文]

子曰：“君子喻于义，小人喻于利。”孔安国《论语孔氏训解》：“喻，犹晓也。”朱熹《四书集注》：“喻，犹晓也。义者，天理之所宜。利者，人情之所欲。”程颐《程氏论语解》：“君子之于义，犹小人之于利也。唯其深喻，是以笃好。”

问官郯子

郯子知识渊博，对少昊文化十分通晓。公元前525年郯子朝鲁时，鲁大夫昭子问及少昊氏以鸟名官之故，郯子回答甚为详尽。当时孔子年仅27岁，听到此事后，立即“见于郯子而学之”。可见，孔子十分谦虚好学，见到比自己知识丰富的人，立刻虚心讨教。

[译文]

孔子说：“君子懂得的是义，小人明白的是利。”

[原文]

子曰：“见贤思齐焉，包咸《论语包氏章句》：“思与贤者等。”**见不贤而内自省（xǐng）也。”**朱熹《四书集注》：“思齐者，冀己亦有是善；内自省者，恐己亦有是恶。”

[译文]

孔子说：“看见贤人，应该想着向他看齐；看见不贤的人，就应该自己反省，看有没有跟他一样的毛病。”

[原文]

子曰：“事父母几谏。包咸《论语包氏章句》：“几者，微也。当微谏，纳善言于父母。”朱熹《四书集注》：“此章与《内

包拯断案

包拯是我国北宋时期很有名望的直臣循吏。历史上，包公年少时聪明好学，二十岁就满腹经纶。二十八岁时考中进士，被派去做知县，但包公不肯，他遵循“父母在，不远游”的原则，毅然辞官不做。三十六岁时，父母双亡，包公守孝三年。三十九岁时包公才开始做官，出任天才县知县。

则》之言相表里。几，微也。微谏，所谓‘父母有过，下气怡色，柔声以谏’也。见志不从，又敬不违，所谓‘谏若不入，起敬起孝，悦则复谏’也。”**见志不从，又敬不违，劳而不怨。”**包咸《论语包氏章句》：“见志，见父母志有不从己谏之色，则又当恭敬，不敢违父母意而遂己之谏。”朱熹《四书集注》：“劳而不怨，所谓‘与其得罪于乡、党、州、闾，宁熟谏。父母怒不悦，而挞之流血，不敢疾怨，起敬起孝’也。”

[译文]

孔子说：“子女侍奉父母，如果父母有不对的地方，应当婉转地劝谏，把自己的意见表达出来，父母没有听取的意思，应当照常恭敬，不要触犯他们，虽然忧心，但对父母却不怨恨。”

[原文]

子曰：“父母在，不远游。游必有方。”郑玄《论语郑氏注》：“方，犹常也。”朱熹《四书集注》：“远游，则去亲远而为日久，定省旷而音问疏；不惟己之思亲不置，亦恐亲之念我不忘也。游必有方，如己告云之东，即不敢更适西，欲亲必知己之所在而无忧，召己则必至而无失也。”范宁《论语范氏注》：“子能以父母之心为心，则孝矣。”

[译文]

孔子说：“父母在世时，孩子不出门远行。若不得已要远行，也该有一定的去向。”

[原文]

子曰：“三年无改于父之道，可谓孝矣。”郑玄《论语郑氏注》：“孝子在丧，哀戚思慕，无所改于父之道，非心所忍为。”

［译文］

孔子说："父亲死了，如果他能长期地遵守父亲生前的行为准则而不加改变的话，就可以说是做到孝了。"

［原文］

子曰："父母之年，不可不知（zhì）也。一则以喜，一则以惧。" 孔安国《论语孔氏训解》："见其寿考则喜，见其衰老则惧。"朱熹《四书集注》："知，犹记忆也。常知父母之年，则既喜其寿，又惧其衰，而于爱日之诚，自有不能已者。"

［译文］

孔子说："父母的年纪，不可不时时记在心上，一方面由于他们长寿而高兴，一方面又为他们的日益衰老而忧惧。"

［原文］

子曰："古者言之不出，耻躬之不逮也。" 包咸《论语包氏章句》："古人之言不妄出口，为身行之将不及。"朱熹《四书集注》："言古者，以见今之不然。逮，及也。行不及言，可耻之甚。古者所以不出其言，为此故也。"范宁《论语范氏注》："君子之于言也，不得已而后出之，非言之难，而行之难也。人惟其不行也，是以轻言之。言之如其所行，行之如其所言，则出诸其口必不易矣。"

金人铭背

孔子入后稷庙，见台阶前有铜人，封着嘴，背部铭文写着：这是古代说话谨慎的人。别多说话，多说话就要出错，谨慎小心是幸福的根本，不要认为话多无害，那是惹祸之门。孔子回头对弟子们说："这些话实在又中肯，如果照此实行，就不会因口舌惹祸了。"

［译文］

孔子说："古人不肯轻易许诺，因为他们认为实现不了诺言是可耻的呀！"

［原文］

子曰："以约失之者鲜（xiǎn）矣。" 孔安国《论语孔氏训解》："俱不得中，奢则骄，佚招祸，俭约无忧患。"谢良佐："不侈然以自放之谓约。"尹焞："凡事约则鲜失，非止谓俭约也。”

[译文]

孔子说：“因为用礼对自己进行约束还犯过失的人是很少有的。”

[原文]

子曰：“君子欲讷于言而敏于行。” 包咸《论语包氏章句》：“讷，迟钝也。言欲迟而行欲疾。”谢良佐：“放言易，故欲讷；力行难，故欲敏。”

[译文]

孔子说：“君子说话要谨慎小心，做事则要勤奋敏捷。”

[原文]

子曰：“德不孤，必有邻。” 何晏《论语集解》：“方以类聚，同志相求，故必有邻，是以不孤。”朱熹《四书集注》：“邻，犹亲也。德不孤立，必以类应。故有德者，必有其类从之，如居之有邻也。”

[译文]

孔子说：“有道德的人不会孤单，一定会有人去亲近他。”

[原文]

子游曰：“事君数，斯辱矣；朋友数，斯疏矣。” 何晏《论语集解》：“数，谓速数之数。”程颐《程氏论语解》：“数，烦数也。”范宁《论语范氏注》：“君臣朋友，皆以义合，故其事同也。”

[译文]

子游说：“侍奉君主过于频繁，就会遭受侮辱；与朋友交往过于频繁，就会导致疏远。”

比干

殷商贵族商王太丁之子，名干。商末帝辛纣王暴虐荒淫，横征暴敛，比干至摘星楼强谏三日不去。纣怒曰：“吾闻圣人心有七窍，信有诸乎？”遂杀比干剖视其心。

公冶长第五

题解

此篇皆论古今人物贤否得失，盖格物穷理之一端也。凡二十七章。胡氏以为疑多子贡之徒所记云。

——朱熹《论语集注》

正义曰：此篇大指明贤人君子仁、知、刚、直，以前篇择仁者之里而居，故得学为君子，即下云“鲁无君子，斯焉取斯”是也，故次《里仁》。

——邢昺《论语注疏》

[原文]

子谓公冶长：“可妻也。虽在缧绁之中，非其罪也。”以其子妻之。孔安国《论语孔氏训解》：“公冶长，弟子，鲁人也。姓公冶，名长。缧，黑索；绁，挛也，所以拘罪人。”朱熹《四书集注》：“公冶长，孔子弟子。妻，为之妻也。缧，黑索也。绁，挛也。古者狱中以黑索拘挛罪人。长之为人无所考，而夫子称其可妻，其必有以取之矣。又言其人虽尝陷于缧绁之中，而非其罪，则固无害于可妻也。夫有罪无罪，在我而已，岂以自外至者为荣辱哉？”

子谓南容：“邦有道，不废；邦无道，免于刑戮。”以其兄之子妻之。王肃《论语王氏义说》：“南容，弟子南宫绍，鲁人也，字子容。不废，言见用。”朱熹《四书集注》：“南容，孔子弟子，居南宫。名绍，又名适。字子容，谥敬叔。孟懿子之兄也。不废，言必见用也。以其谨于言行，故能见用于治朝，免祸于乱世也。事又见第十一篇。或曰：‘公冶长之贤不及南容，故圣人以其子妻长，而以兄子妻容，盖厚于兄而薄于己也。’”

[译文]

孔子提到公冶长，说：“可以把女儿嫁给他。虽然他曾坐过牢，但并不是他的罪过呀。”后来就把自己的女儿嫁给了他。孔子提到南容时，说：“国家政治清明时，他不会被抛弃；国家政治黑暗时，他也可免于刑罚。”就把自己的侄女嫁给了他。

[原文]

子谓子贱：孔安国《论语孔氏训解》：“子贱，鲁人，弟子宓不齐。”朱熹《四书集注》：“子贱，孔子弟子，姓宓，名不齐。”**“君子哉若人！鲁无君子者，斯焉取斯？”**包咸《论语包氏章句》：“若人者，若此人

放鲫知德

孔子去卫国，让巫马期观看宓子贱的政绩。巫马期到了单父境内，碰到夜晚打鱼的人，放掉小鱼，只取大鱼，问他为什么这样做，渔人说：“我们长官想让小鱼长大。”巫马期告诉孔子：“宓子贱的道德教化到顶点了，使老百姓暗中做事，都像有厉害的刑罚在身旁。”

也。如鲁无君子，子贱安得此行而学行之？”朱熹《四书集注》：“上斯斯此人，下斯斯此德。子贱盖能尊贤取友以成其德者。故夫子既叹其贤，而又言若鲁无君子，则此人何所取以成此德乎？因以见鲁之多贤也。”

[译文]

孔子评论子贱时说：“这人是个君子啊！如果鲁国没有君子，他从哪里取得这样的好品德呢？”

[原文]

子贡问曰：“赐也何如？”子曰：“女器也。”孔安国《论语孔氏训解》：“言女器用之人。”**曰：“何器也？”曰：“瑚琏也。”**包咸《论语包氏章句》：“瑚琏，黍稷之器。夏曰瑚，殷曰琏。”周生烈《论语周生烈义说》：“簠簋，宗庙之器贵者。”朱熹《四书集注》：“器者，有用之成材。夏曰瑚，商曰琏，周曰簠簋，皆宗庙盛黍稷之器而饰以玉，器之贵重而华美者也。子贡见孔子以君子许子贱，故以己为问，而孔子告之以此。然则子贡虽未至于不器，其亦器之贵者欤？”

[译文]

子贡问孔子道：“您说我这个人怎样？”孔子说：“你就像一件器具。”

子贡问：“什么器具？”孔子道：“宗庙里盛粮食的瑚琏。”

[原文]

或曰：“雍也仁而不佞。”马融《论语训说》：“雍，弟子。仲弓，名。姓冉。”朱熹《四书集注》：“雍，孔子弟子，姓冉，字仲弓。佞，口才也。仲弓为人重厚简默，而时人以佞为贤，故美其优于德，而病其短于才也。”**子曰：“焉用佞？御人以口给，屡憎于人。不知其仁，焉用佞？”**

冉雍

冉雍（前522—？）字仲弓，苿巈（今属山东菏泽）人。为孔子弟子，与冉耕（伯牛）、冉求（子有）皆在“孔门十哲”之列，世称“一门三贤”，当地人称为“三冉”。

孔安国《论语孔氏训解》：“屡，数也。佞人口辞捷给，数为人所憎恶。”朱熹《四书集注》：“御，当也，犹应答也。给，辨也。憎，恶也。言何用佞乎？佞人所以应答人者，但以口取辨而无情实，徒多为人所憎恶尔。我虽未知仲弓之仁，然其不佞乃所以为贤，不足以为病也。再言焉用佞，所以深晓之。或疑仲弓之贤而夫子不许其仁，何也？曰：仁道至大，非全体而不息者，不足以当之。如颜子亚圣，犹不能无违于三月之后；况仲弓虽贤，未及颜子，圣人固不得而轻许之也。”

［译文］

有人说：“冉雍是个仁人，但没有口才。”孔子说：“何必要口才呢？伶牙俐齿地同别人争辩，常常被人讨厌。我不知道冉雍是否可称得上仁，但为什么要有口才呢？”

［原文］

子使漆雕开仕。对曰：“吾斯之未能信。”孔安国《论语孔氏训解》：“开，弟子。漆雕姓，开名。仕进之道未能信者，未能究习。”朱熹《四书集注》：“漆雕开，孔子弟子，字子若。斯，指此理而言。信，谓真知其如此，而无毫发之疑也。”**子说（yuè）。**郑玄《论语郑氏注》：“善其志道深。”朱熹《四书集注》：“开自言未能如此，未可以治人，故夫子说其笃志。”程颐《程氏论语解》：“漆雕开已见大意，故夫子说之。”又曰，“古人见道分明，故其言如此。”

［译文］

孔子叫漆雕开去做官，漆雕开回答说：“我对这事还没有自信。”孔子听后很欢喜。

［原文］

子曰：“道不行，乘桴（fú）浮于海。从我者其由与？”马融《论语训说》：“桴，编竹木大者曰筏，小者曰桴。”朱熹《四书集注》：“桴，筏也。”**子路闻之喜。**孔安国《论语孔氏训解》：“喜与己俱行。”**子曰：“由也好（hào）勇过我，无所取材。”**郑玄《论语郑氏注》：“子路信夫子欲行，故言好勇过我。‘无所取材’者，无所取于桴材。以子路不解微言，故戏之耳。”一曰：“子路闻孔子欲浮海便喜，不复顾望，故孔子叹其勇曰过我。‘无所取哉’，言唯取于己。古字材、哉同。”

[译文]

孔子说：“我的主张在此行不通了。我想乘木排到海外去，可能只有子路一人会跟随我吧！”子路听了非常高兴。孔子说：“由啊！你的勇敢精神超过我，可惜没有其他可取的才能。”

[原文]

孟武伯问：“子路仁乎？”子曰：“不知也。” 孔安国《论语孔氏训解》：“仁道至大，不可全名也。”朱熹《四书集注》：“子路之于仁，盖日月至焉者。或在或亡，不能必其有无，故以不知告之。”**又问。子曰：“由也，千乘(shèng)之国，可使治其赋也，** 孔安国《论语孔氏训解》：“赋，兵赋。”**不知其仁也。”** 朱熹《四书集注》：“赋，兵也。古者以田赋出兵，故谓兵为赋。《春秋传》所谓‘悉索敝赋’是也。言子路之才，可见者如此，仁则不能知也。”**“求也何如？”子曰：“求也，千室之邑，百乘之家，可使为之宰也，** 孔安国《论语孔氏训解》：“千室之邑，卿大夫之邑。卿大夫称家。诸侯千乘。大夫百乘。宰，家臣。”**不知其仁也。”** 朱熹《四书集注》：“千室，大邑。百乘，卿大夫之家。宰，邑长家臣之通号。”**“赤也何如？”子曰：“赤也，** 马融《论语训说》：“赤，弟子公西华。有容仪，可使为行人。”朱熹《四书集注》：“赤，孔子弟子，姓公西，字子华。”**束带立于朝(cháo)，可使与宾客言也，不知其仁也。”**

六桨课船图

[译文]

孟武伯问：“子路算得上仁吗？”孔子说：“不知道。”孟武伯又问一遍，孔子说：“仲由呢，一个具备千乘兵车的大国，可以让他去负责军事。至于他有没有仁德，我可就不知道了。”

孟武伯又问：“冉求怎么样呢？”孔子说：“求呢，一个千户规模的大城，一个具备兵车百辆的大家，可以让他当总管。你问他的仁德，我弄不清。”

孟武伯继续问：“公西赤又怎样呢？”孔子说：“赤呀，国家有宾客往来，可以让他穿着礼服在朝廷上接待应对。仁德嘛，我就不知道了。”

［原文］

子谓子贡曰：“女(rǔ)与回也孰愈？” 孔安国《论语孔氏训解》：“愈，犹胜也。”朱熹《四书集注》：“愈，胜也。” **对曰：“赐也何敢望回。回也闻一以知十，赐也闻一以知二。”** 朱熹《四书集注》：“一，数之始。十，数之终。二者，一之对也。颜子明睿所照，即始而见终；子贡推测而知，因此而识彼。‘无所不悦，告往知来’，是其验矣。” **子曰：“弗如也！吾与女弗如也。”** 包咸《论语包氏章句》：“既然子贡不如，复云吾与女俱不如者，盖欲以慰子贡也。”朱熹《四书集注》：“与，许也。”

公西赤

姓公西，名赤，字子华，亦称公西华。在孔子弟子中，以长于祭祀之礼及宾客之礼著称。

［译文］

孔子对子贡说：“你与颜回哪个强些？”子贡回答说：“我不敢跟颜回比。他呀，听得一件事，就可以推断出十件事；我呢，听到一件事只能推断出两件事。”孔子说：“你确实赶不上他，我和你都不如他。”

［原文］

宰予孔安国《论语孔氏训解》：“宰予，弟子宰我。” **昼寝。** 朱熹《四书集注》：“昼寝，谓当昼而寐。” **子曰：“朽木不可雕也，** 包咸《论语包氏章句》：“朽，腐也。雕，雕琢刻画。” **粪土之墙不可杇也，** 王肃《论语王氏义说》：“杇，镘也。此二者以喻虽施功犹不成。” **于予与(yú)何诛。”** 孔安国《论语孔氏训解》：“诛，责也。今我当何责于女乎？深责之。”朱熹《四书集注》：“朽，腐也。雕，刻画也。杇，镘也。言其志气昏惰，教无所施也。与，语辞。诛，责也。言不足责，乃所以深责之。” **子曰：“始吾于人也，听其言而信其行；今吾于人也，听其言而观其行。于予与改是。”** 孔安国《论语孔氏训解》：“改是，听言信行，更察言观行，发于宰我之昼寝。”朱熹《四书集注》：“宰予能言而行不逮，故孔子自言于予之事而改此失，

宰予

宰予（前522—前458），字子我，亦称宰我，春秋末鲁国人，孔子著名弟子，“孔门十哲”之一。宰予思想活跃，好学深思，善于提问，是孔门弟子中唯一一个敢正面对孔子学说提出异议的人。

亦以重警之也。”范宁《论语范氏注》：“君子之于学，惟日孜孜，毙而后已，惟恐其不及也。宰予昼寝，自弃孰甚焉，故夫子责之。”

［译文］

宰予白天睡大觉，孔子说：“朽烂了的木头不能再雕刻了，肮脏的土墙不能再粉刷了。对于宰予，我还有什么可责备的呢？”孔子又说：“起初我对别人是听了他说的话便相信他的行为；现在对别人，我听了他的话还要考察他的行为。这种态度，我是从经历了宰予的事情以后开始改变的。”

［原文］

子曰：“吾未见刚者。”朱熹《四书集注》：“刚，坚强不屈之意，最人所难能者，故夫子叹其未见。”**或对曰：“申枨。”**包咸《论语包氏章句》：“申枨，鲁人。”朱熹《四书集注》：“申枨，弟子姓名。”**子曰：“枨也欲，焉得刚？”**孔安国《论语孔氏训解》：“欲，多情欲。”朱熹《四书集注》：“欲，多嗜欲也。多嗜欲，则不得为刚矣。”程颐《程氏论语解》：“人有欲则无刚，刚则不屈于欲。”

［译文］

孔子说：“我没有见过刚毅不屈的人。”有人说：“申枨不是吗？”孔子说：“枨嘛，他欲望太多，哪里还能够刚毅不屈？”

［原文］

子贡曰：“我不欲人之加诸我也，吾亦欲无加诸人。”马融《论语训说》：“加，陵也。”**子曰：“赐也，非尔所及也。”**孔安国《论语孔氏训解》：“言不能止人使不加非义于己。”朱熹《四书集注》：“子贡言我所不欲人加于我之事，我亦不欲以此加之于人。此仁者之事，不待勉强，故夫子以为非子贡所及。”程子曰：‘我不欲人之加诸我，吾亦欲无加诸人，仁也；施诸己而不愿，亦勿施于人，恕也。恕则子贡或能勉之，仁则非所及矣。’愚

谓无者自然而然，勿者禁止之谓，此所以为仁恕之别。”

[译文]

子贡说：“我不愿意别人强加于我身上的事，也不愿强加在别人身上。”孔子说：“赐，这不是你所能做到的。”

[原文]

子贡曰：“夫子之文章，可得而闻也；何晏《论语集解》：“章，明也。文彩形质著见，可以耳目循。”朱熹《四书集注》：“文章，德之见乎外者，威仪文辞皆是也。”**夫子之言性与天道，不可得而闻也。”**朱熹《四书集注》：“性者，人所受之天理；天道者，天理自然之本体，其实一理也。言夫子之文章，日见乎外，固学者所共闻；至于性与天道，则夫子罕言之，而学者有不得闻者。盖圣门教不躐等，子贡至是始得闻之，而叹其美也。”

[译文]

子贡说：“先生关于诗书礼乐方面的学问，我们依靠听可以学到。先生关于人性与天道的思想，仅依靠听是学不到的。”

[原文]

子路有闻，未之能行，唯恐有闻。孔安国《论语孔氏训解》：“前所闻未及行，故恐后有闻不得并行也。”朱熹《四书集注》：“前所闻者既未及行，故恐复有所闻而行之不给也。”范宁《论语范氏注》：“子路闻善，勇于必行，门人自以为弗及也，故着之。若子路，可谓能用其勇矣。”

[译文]

子路听到一个道理，如果没能实行，就生怕又听到另一个道理。

猎较从鲁

孔子在鲁国做官，鲁人争夺猎物，孔子也去争夺猎物供祭祀。孟子说：“孔子先用文书规定祭祀所用的器物和祭品，不用别处的食物来供祭祀。”

[原文]

子贡问曰：“孔文子何以谓之文也？”孔安国《论语孔氏训

解》："孔文子，卫大夫孔圉。文，谥也。" **子曰："敏而好学，不耻下问，是以谓之文也。"** 孔安国《论语孔氏训解》："敏者，识之疾也。下问，谓凡在己下者。"朱熹《四书集注》："孔文子，卫大夫，名圉。凡人性敏者多不好学，位高者多耻下问。故谥法有以'勤学好问'为文者，盖亦人所难也。孔圉得谥为文，以此而已。"

[译文]

子贡问道："孔文子凭什么得到'文'的谥号？"孔子说："他聪明而又好学，不以请教比他差的人为可耻，所以他获谥为'文'。"

[原文]

子谓子产，"有君子之道四焉： 孔安国《论语孔氏训解》："子产，郑大夫公孙侨。"朱熹《四书集注》："子产，郑大夫公孙侨。" **其行己也恭，其事上也敬，其养民也惠，其使民也义。"** 朱熹《四书集注》："恭，谦逊也。敬，谨恪也。惠，爱利也。使民义，如都鄙有章、上下有服、田有封洫、庐井有伍之类。"

子产像

子产（？—前522），春秋时期政治家，思想家。姓公孙，名侨，字子产，号成子。出身于郑国奴隶主贵族，郑简公十二年（前544）为卿，二十三年执政，相郑简公、郑定公20余年，卒于郑定公八年。

[译文]

孔子评价子产说："他具备四种符合君子之道的德行：他待人处世很谦恭，侍奉国君很恭敬，养护百姓有恩惠，役使人民合乎情理。"

[原文]

子曰："晏平仲善与人交，久而敬之。" 周生烈《论语周生烈义说》："齐大夫。晏，姓。平，谥。名婴。"朱熹《四书集注》："晏平仲，齐大夫，名婴。"程颐《程氏论语解》："人交久则敬衰，久而能敬，所以为善。"

[译文]

孔子说："晏婴很善于和他人交往。相交愈久，别人愈能尊敬他。"

[原文]

子曰："臧文仲居蔡， 包咸《论语包氏章句》："臧文仲，鲁大夫臧孙辰。文，谥也。蔡，国君之守龟，出蔡地，因以为名焉，长尺有二寸。居蔡，僭也。”朱熹《四书集注》：“臧文仲，鲁大夫臧孙氏，名辰。居，犹藏也。蔡，大龟也。”**山节藻棁（zhuō），**包咸《论语包氏章句》：“节者，栭也。刻镂为山。棁者，梁上楹，画为藻文。言其奢侈。”**何如其知（zhì）也？”**孔安国《论语孔氏训解》：“非时人谓之为知。”朱熹《四书集注》：“节，柱头斗栱也。藻，水草名。棁，梁上短柱也。盖为藏龟之室，而刻山于节、画藻于棁也。当时以文仲为知，孔子言其不务民义，而谄渎鬼神如此，安得为知？《春秋传》所谓作虚器，即此事也。”

琴吟盟坛

孔子出鲁城东门，路过杏坛，拾阶而上，回头对子贡说：“这里是昔日臧文仲誓盟的地方。”睹物思人，孔子拿出琴弹唱说：“暑往寒来春复秋，夕阳西下水东流，将军战马今何在？野草闲花满地愁。”

[译文]

孔子说：“臧文仲将一个大乌龟壳放在一间屋里，这龟室的柱头上刻有山水，梁上的短柱描绘了水草，（将一个放占卜用的乌龟壳的屋子装饰得如此豪华“越礼”）他的才智能怎么样呢？”

[原文]

子张问曰：“令尹子文三仕为令尹，孔安国《论语孔氏训解》：“令尹子文，楚大夫，姓斗名穀，字于菟。”**无喜色；三已之，无愠色。旧令尹之政，必以告新令尹。何如？”子曰：“忠矣。”曰：“仁矣乎？”曰：“未知，焉得仁？”**何晏《论语集解》：“但闻其忠事，未知其仁也。”朱熹《四书集注》：“令尹，官名，楚上卿执政者也。子文，姓斗，名谷於菟。其为人也，喜怒不形，物我无间，知有其国而不知有其身，其忠盛矣，故子张疑其仁。然其所以三仕三已而告新令尹者，未知其皆出于天理而无人欲之私也，是以夫子但许其忠，而未许其仁也。”**“崔子弑齐君，陈**

晏子

晏婴是春秋时期著名的政治家，字平仲，后人称之为晏子，曾在齐灵公（前581—前554）、齐庄公（前553—前548）时为官，在齐景公时（前547—前490）任国相。

文子有马十乘(shèng)，弃而违之。孔安国《论语孔氏训解》：“皆齐大夫。崔杼作乱，陈文子恶之，捐其四十匹马，违而去之。”**至于他邦，则曰：‘犹吾大夫崔子也。’违之。之一邦，则又曰：‘犹吾大夫崔子也。’违之。何如？”子曰：“清矣。”曰：“仁矣乎？”曰：“未知。焉得仁？”**孔安国《论语孔氏训解》：“文子辟恶逆，去无道，求有道。当春秋时，臣陵其君，皆如崔子，无有可止者。”朱熹《四书集注》：“崔子，齐大夫，名杼。齐君，庄公，名光。陈文子，亦齐大夫，名须无。十乘，四十匹也。违，去也。文子洁身去乱，可谓清矣，然未知其心果见义理之当然，而能脱然无所累乎？抑不得已于利害之私，而犹未免于怨悔也。故夫子特许其清，而不许其仁。”

[译文]

子张问道：“令尹子文三次做令尹，不见他有喜色；三次被罢免也不见他有愠色。（每次接替）一定将旧有的政令全部告诉新上任的令尹，这个人怎么样呀？”孔子说：“可称得上是忠了。”子张又问：“可算仁人吧？”孔子说：“不知道，怎样能算仁人？”

子张又说：“崔子杀了齐国国君，陈文子有四十匹马，都舍弃不要，离开齐国到别国去了。他说：‘这里的大臣跟我们的大夫崔子差不多。’于是又离去。到了另一个国家，他又说：‘这里的大臣跟我们的大夫崔子差不多。’于是又离开这个国家。这个人怎么样呢？”孔子说：“很清白。”子张又问：“算不算仁呢？”孔子说：“不知道，（仅此一事可以说是清白，但整个为人却不能因此断定。）怎样能算是仁呢？”

[原文]

季文子三思而后行。子闻之，曰：“再，斯可矣。”郑玄《论语郑氏注》：“季文子，鲁大夫季孙行父，文，谥也。文子忠而有贤行，其举事寡过，不必及三思。”朱熹《四书集注》：“季文子，鲁大夫，名行父。每事必三思而后行，若使晋而求遭丧之礼以行，亦其一事也。斯，语辞。”程颐《程氏论语解》：“为恶之人，未尝知有思，有思则为善矣。然至于再则已审，三则私意起而反惑矣，故夫子讥之。”

［译文］

季文子每做一件事，都要考虑多次才付诸行动。孔子听说后，说：“考虑两次就足够了。”

职司委吏

鲁昭公十年（前532），孔子二十岁，曾任季孙氏的委吏，即管理仓库的小官吏，称量算数都很正确。

［原文］

子曰：“宁武子马融《论语训说》：“卫大夫宁俞。武，谥也。”**邦有道则知，邦无道则愚。其知可及也，其愚不可及也。”**孔安国《论语孔氏训解》：“佯愚似实，故曰不可及也。”朱熹《四书集注》：“宁武子，卫大夫，名俞。按《春秋传》，武子仕卫，当文公、成公之时。文公有道，而武子无事可见，此其知之可及也。成公无道，至于失国，而武子周旋其间，尽心竭力，不避艰险。凡其所处，皆智巧之士所深避而不肯为者，而能卒保其身以济其君，此其愚之不可及也。”程颐《程氏论语解》：“邦无道能沉晦以免患，故曰不可及也。亦有不当愚者，比干是也。”

［译文］

孔子说：“宁武子这个人，在国家昌明时，显得很聪明；在国家黑暗时，则装得像个傻子。他的聪明，别人赶得上；他的装傻，别人就赶不上了。”

［原文］

子在陈，曰：“归与！归与！吾党之小子狂简，斐然成章，不知所以裁之。”孔安国《论语孔氏训解》：“简，大也。孔子在陈，思归欲去，故曰：‘吾党之小子，狂简者进取于大道，妄作穿凿以成文章，不知所以裁制，我当归以裁之耳。’遂归。”朱熹《四书集注》：“此孔子周流四方，道不行而思归之叹也。吾党小子，指门人之在鲁者。狂简，志大而略于事也。斐，文貌。成章，言其文理成就，有可观者。裁，割正也。夫子初心，欲行其道于天下，至是而知其终不用也。于是始欲成就后学，以传道于来世。又不得中行之士而思其次，以为狂士志意高远，犹或可与进于道也。但恐其过中失正，而或陷于异端耳，故欲归而裁之也。”

[译文]

孔子在陈国，说：“回去吧，回去吧！我故乡的这些年轻人，胸怀进取大志但行为粗率简单，虽然文采斐然，但不知怎样节制自己。”

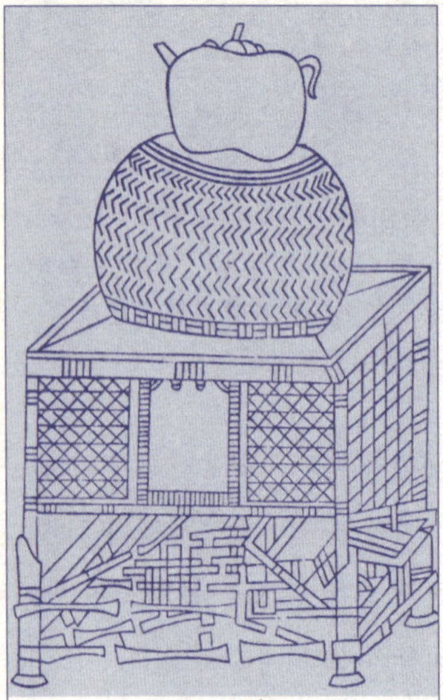

苦节君

“苦节君”是明代茶卤的代称，相传为明人朱权所创，其外以藤包扎，而后改用以竹包扎，称作“苦节君像”，寓“逆境守节”之意，这也是儒家入世的一种体现。

[原文]

子曰：“伯夷、叔齐不念旧恶，怨是用希。” 孔安国《论语孔氏训解》：“伯夷、叔齐，孤竹君之二子。孤竹，国名。”朱熹《四书集注》：“伯夷、叔齐，孤竹君之二子。孟子称其‘不立于恶人之朝，不与恶人言。与乡人立，其冠不正，望望然去之，若将浼焉。’其介如此，宜若无所容矣，然其所恶之人，能改即止，故人亦不甚怨之也。”程颐《程氏论语解》：“不念旧恶，此清者之量。”又曰，“二子之心，非夫子孰能知之？”

[译文]

孔子说：“伯夷、叔齐不记以往的仇怨，别人对他们的怨恨就自然很少。”

[原文]

子曰：“孰谓微生高直？ 孔安国《论语孔氏训解》：“微生，姓，名高，鲁人也。”**或乞醯焉，乞诸其邻而与之。”** 孔安国《论语孔氏训解》：“乞之四邻，以应求者，用意委曲，非为直人。”朱熹《四书集注》：“微生，姓。高名。鲁人，素有直名者。醯，醋也。人来乞时，其家无有，故乞诸邻家以与之。夫子言此，讥其曲意殉物，掠美市恩，不得为直也。”

[译文]

孔子说：“谁说微生高这人直率啊？有人向他要醋，（他不直说自己没有，）却向邻人讨来转给人家。”

[原文]

子曰：“巧言、令色、足恭， 孔安国《论语孔氏训解》：“足恭，

左丘明

左丘明（前556—前451），姓丘名明，春秋末期鲁国人。因其世代为左史官，所以人们尊称其为左丘明。

便僻貌。”**左丘明耻之，丘亦耻之。**孔安国《论语孔氏训解》：“左丘明，鲁太史。”**匿怨而友其人，**孔安国《论语孔氏训解》：“心内相怨而外诈亲。”**左丘明耻之，丘亦耻之。”**朱熹《四书集注》：“足，过也。”程颐《程氏论语解》：“左丘明，古之闻人也。”

[译文]

孔子说：“甜言蜜语、和颜悦色、毕恭毕敬以讨好他人，左丘明认为这很可耻，我也认为这可耻。心中藏着怨恨，表面却与别人很友好，左丘明认为这可耻，我也认为可耻。”

[原文]

颜渊、季路侍。子曰：“盍(hé)各言尔志？”朱熹《四书集注》：“盍，何不也。”**子路曰：“愿车马、衣(yì)轻裘，与朋友共。敝之而无憾。”**孔安国《论语孔氏训解》：“憾，恨也。”朱熹《四书集注》：“衣，服之也。裘，皮服。敝，坏也。憾，恨也。”**颜渊曰：“愿无伐善，**孔安国《论语孔氏训解》：“不自称己之善。”**无施劳。”**孔安国《论语孔氏训解》：“不以劳事置施于人。”朱熹《四书集注》：“伐，夸也。善，谓有能。施，亦张大之意。劳，谓有功，《易》曰‘劳而不伐’是也。或曰：‘劳，劳事也。劳事非己所欲，故亦不欲施之于人。’亦通。”**子路曰：“愿闻子之志。”子曰：“老者安之，朋友信之，少者怀之。”**孔安国《论语孔氏训解》：“怀，归也。”朱熹《四书集注》：“老者养之以安，朋友与之以信，少者怀之以恩。一说：安之，安我也；信之，信我也；怀之，怀我也。亦通。”

[译文]

颜渊、子路侍立在旁。孔子说：“你们为什么不说说各人的志向呢？”
子路说：“我愿把自己的车马、衣服、皮袍与朋友分享，坏了也没什么遗憾。”
颜渊说：“我愿不夸耀自己的好处，不表白自己的功劳。”
子路说：“希望听听先生的志愿。”

农山言志

孔子游于农山，让弟子们谈自己的志向。子路志在开扩疆土，孔子说是勇敢。子贡志在游说，孔子说是雄辩。颜渊志在推行儒家教化，孔子特别赞赏颜渊，认为他不伤害人民，不多说话。

孔子说："我的志向是让老年人安乐，让朋友能信任我，让年轻人能怀念我。"

［原文］

子曰："已矣乎！吾未见能见其过而内自讼者也。"

包咸《论语包氏章句》："讼，犹责也。言人有过，莫能自责。"朱熹《四书集注》："已矣乎者，恐其终不得见而叹之也。内自讼者。口不言而心自咎也。人有过而能自知者鲜矣，知过而能内自讼者为尤鲜。能内自讼，则其悔悟深切而能改必矣。夫子自恐终不得见而叹之，其警学者深矣。"

［译文］

孔子说："算了吧！我没有见过一个能够看到自己的错误，便在内心自我责备的人啊！"

［原文］

子曰："十室之邑，必有忠信如丘者焉，不如丘之好（hào）学

韦编三绝

孔子晚年喜欢读《易》，翻来覆去地阅读，以至于连穿竹简的皮条都断了多次。孔子说："再给我几年时间研究《易》，就可以没有大过错了。"

也。” 朱熹《四书集注》："十室，小邑也。忠信如圣人，生质之美者也。夫子生知而未尝不好学，故言此以勉人。言美质易得，至道难闻，学之至则可以为圣人，不学则不免为乡人而已。可不勉哉？"

［译文］

孔子说："十户人家的小地方，一定有像我这样讲究忠信的人，只是比不上我这样喜爱学问。"

雍也第六

题解

正义曰：此篇亦论贤人、君子及仁、知、中庸之德，大抵与前相类，故以次之。

——邢昺《论语注疏》

[原文]

子曰：“雍也可使南面。” 包咸《论语包氏章句》：“可使南面者，言任诸侯治。”朱熹《四书集注》：“南面者，人君听治之位。言仲弓宽洪简重，有人君之度也。” **仲弓问子桑伯子，** 王肃《论语王氏义说》：“伯子，书传无见焉。” **子曰：“可也，简。”** 孔安国《论语孔氏训解》：“以其能简，故曰可也。”朱熹《四书集注》：“子桑伯子，鲁人，胡氏以为疑即庄周所称子桑户者是也。仲弓以夫子许己南面，故问伯子如何。可者，仅可而有所未尽之辞。简者，不烦之谓。” **仲弓曰：“居敬而行简，以临其民，不亦可乎？** 孔安国《论语孔氏训解》：“居身敬肃，临下宽略，则可。” **居简而行简，无乃大（tài）简乎？”** 包咸《论语包氏章句》：“伯子之简太简。”朱熹《四书集注》：“言自处以敬，则中有主而自治严，如是而行简以临民，则事不烦而民不扰，所以为可。若先自处以简，则中无主而自治疏矣，而所行又简，岂不失之太简，而无法度之可守乎？《家语》记伯子不衣冠而处，夫子讥其欲同人道于牛马。然则伯子盖太简者，而仲弓疑夫子之过许与？” **子曰：“雍之言然。”** 朱熹《四书集注》：“仲弓盖未喻夫子可字之意，而其所言之理，有默契焉者，故夫子然之。”

灵公郊迎

孔子到了卫国，灵公很高兴，亲自到郊外去迎接，听说孔子在鲁国俸禄是六万石粟，也给孔子如数待遇。卫灵公对孔子接待如此有礼貌，孔子认为在卫国有机会做官了。

[译文]

孔子说："冉雍这个人可以让他做官。"

仲弓问子桑伯子这人怎样，孔子说："此人还可以，办事简要不烦琐。"

仲弓说道："如果心有恭敬而行事简单，用这样的人去统治百姓，不也可以吗？如果内心简单，行事也简单，不是过于简单了吗？"孔子说："冉雍说得对。"

兵用神智

此图描绘了鲁哀公向孔子请教儒道的场面。

[原文]

哀公问："弟子孰为好学？"孔子对曰："有颜回者好学，不迁怒，不贰过。不幸短命死矣！今也则亡，未闻好学者也。" 何晏《论语集解》："凡人任情，喜怒违理。颜回任道，怒不过分。迁者，移也。怒当其理，不移易也。不贰过者，有不善，未尝复行。"朱熹《四书集注》："亡，与无同。迁，移也。贰，复也。怒于甲者，不移于乙；过于前者，不复于后。颜子克己之功至于如此，可谓真好学矣。短命者，颜子三十二而卒也。既云今也则亡，又言未闻好学者，盖深惜之，又以见真好学者之难得也。"

[译文]

鲁哀公问孔子："你的学生中，谁是好学的？"孔子回答说："有个叫颜回的好学，他有怨气不发泄到别人身上，也不重犯同样的过失，不幸英年早逝。现在没有这种人了，没有听说过有好学的人了。"

[原文]

子华使于齐，冉子为其母请粟。子曰："与之釜。" 马融《论语训说》："子华，弟子公西华赤之字。六斗四升曰釜。"**请益。曰："与之庾。"** 包咸《论语包氏章句》："十六斗曰庾。"**冉子与之粟五秉。** 马融《论语训说》："十六斛曰秉，五秉合为八十斛。"朱熹《四书集注》："子华，公西赤也。使，为孔子使也。釜，六斗四升。庾，十六斗。秉，十六斛。"**子曰："赤之适齐也，乘肥马，衣轻裘。吾闻之也，君子周急不继富。"** 郑玄《论语郑氏注》："非冉有与之太多。"朱熹《四书集注》："乘肥马、衣轻裘，言其富也。急，穷迫也。

周者，补不足。继者，续有余。"

受饩分惠

孔子接受了季桓子赠送的粮食，分给了贫苦的弟子们，子贡认为季孙因孔子贫穷才赠送粮食，孔子转送别人是违背了季孙的心意。孔子说："我之所以接受粮食，是因为季桓子的恩惠和宠耀，使季孙惠及我一人，怎能比得上惠及几百人呢？"

[译文]

子华出使到齐国去，冉子为他母亲请养米，孔子说："给她一釜吧！"冉子请求增加，孔子说："加一庾吧！"冉子给了米五秉。孔子说："子华去齐国，车前驾着肥马，身上穿着轻暖的皮袍。我听说过，君子只是周济急需救济的人，而不是周济富人的人。"

[原文]

原思为之宰，包咸《论语包氏章句》："弟子原宪。思，字也。孔子为鲁司寇，以原宪为家邑宰。"**与之粟九百，辞。**孔安国《论语孔氏训解》："九百，九百斗。辞，辞让不受。"朱熹《四书集注》："原思，孔子弟子，名宪。孔子为鲁司寇时，以思为宰。粟，宰之禄也。九百不言其量，不可考。"**子曰："毋！**孔安国《论语孔氏训解》："禄法所得，当受无让。"**以与尔邻里乡党乎！"**郑玄《论语郑氏注》："五家为邻，五邻为里，万二千五百家为乡，五百家为党。"朱熹《四书集注》："毋，禁止辞。五家为邻，二十五家为里，万二千五百家为乡，五百家为党。言常禄不当辞，有余自可推之以周贫乏，盖邻、里、乡、党有相周之义。"

[译文]

原思做孔子家的总管，孔子给他小米九百斛，他不肯要。孔子说："不要拒绝！拿些去给你的邻居吧！"

[原文]

子谓仲弓曰："犁牛之子骍且角，虽欲勿用，山川其舍诸？"何晏《论语集解》："犁，杂文。骍，赤也。角者，角周正，中牺牲。虽欲以其所生犁而不用，山川宁肯舍之乎？言父虽不善，不害于子之美。"朱熹《四书集注》："犁，杂文。骍，赤色。周人尚赤，牲用骍。角，角周正，中牺牲也。用，用以祭也。山川，山川之神也。言人虽不用，神必不舍也。仲弓父贱而行恶，故夫子以此譬之。言父之恶，不能废其子之善，如仲弓之贤，自当见用于世也。然此论仲弓云尔，非与仲弓言也。”

[译文]

孔子谈到仲弓，说：“一头耕牛仔，长着红色的毛，两只角圆正饱满，人们虽然不想用它做祭牛，但山川之神难道会舍弃它吗？”

[原文]

子曰：“回也，其心三月不违仁，其余则日月至焉而已矣。”何晏《论语集解》：“余人暂有至仁时，唯回移时而不变。”朱熹《四书集注》：“三月，言其久。仁者，心之德。心不违仁者，无私欲而有其德也。日月至焉者，或日一至焉，或月一至焉，能造其域而不能久也。”

[译文]

孔子说：“颜回呀，他的内心长久不违背仁德，其余的人只是偶尔想一下仁德而已。”

[原文]

季康子问：“仲由可使从政也与（yú）？”子曰：“由也果，包咸《论语包氏章句》：“果谓果敢决断。”**于从政乎何有？”曰：“赐也，可使从政也与？”曰：“赐也达，于从政乎何有？”曰：“求也，可使从政也与？”曰：“求也艺，**孔安国《论语孔氏训解》：“艺谓多才艺。”**于从政乎何有？”**朱熹《四书集注》：“从政，谓为大夫。果，有决断。达，通事理。艺，多才能。”程颐《程氏论语解》：“季康子问三子之才可以从政乎？夫子答以各有所长。非惟三子，人各有所长。能取其长，

为亲负米

仲由，字子路、季路，春秋时期鲁国人，孔子的得意弟子，性格直率勇敢，十分孝顺。早年家中贫穷，自己常常采野菜做饭食，却从百里之外负米回家侍奉双亲。父母死后，他做了大官，坐在垒叠的锦褥上，吃着丰盛的筵席，他常常怀念双亲，慨叹说：“即使我想吃野菜，为父母亲去负米，哪里能够再得呢？”

闵损

闵损，字子骞，春秋时期鲁国人，孔子的弟子，在孔门中以德行与颜渊并称。孔子曾赞扬他说："孝哉，闵子骞！"

皆可用也。"

［译文］

季康子问孔子："仲由这人，可以任用他管理政事吗？"孔子说："仲由做事果断，对于管理政事有什么困难呢？"季康子又问："赐呢？可以用他管理政事吗？"孔子说："赐这个人很通达，管理政事有什么困难呢？"季康子继续问："求呢？可以让他管理政事吗？"孔子说："求这个人多才多艺，管理政事还有什么困难吗？"

［原文］

季氏使闵子骞为费（bì）宰。孔安国《论语孔氏训解》："费，季氏邑。季氏不臣，而其邑宰数畔。闻子骞贤，故欲用之。"**闵子骞曰："善为（wèi）我辞焉。**孔安国《论语孔氏训解》："不欲为季氏宰，托使者善为我辞焉，说令不复召我。"**如有复我者，**孔安国《论语孔氏训解》："复我者，重来召我。"**则吾必在汶上矣。"**孔安国《论语孔氏训解》："去之汶水上，欲北如齐。"朱熹《四书集注》："闵子骞，孔子弟子，名损。费，季氏邑。汶，水名，在齐南鲁北境上。闵子不欲臣季氏，令使者善为己辞。言若再来召我，则当去之齐。"

［译文］

季氏差人请闵子骞做他的采邑费那个地方的长官，闵子骞对来人说："好好地替我推辞吧。若是再来召我的话，我肯定已逃到汶水之北了。"

［原文］

伯牛有疾，马融《论语训说》："伯牛，弟子冉耕。"朱熹《四书集注》："伯牛，孔子弟子，姓冉，名耕。有疾，先儒以为癞也。"**子问之，自牖执其手，**包咸《论语包氏章句》："牛有恶疾，不欲见人，故孔子从牖执其手也。"**曰："亡之，**孔安国《论语孔氏训解》："亡，丧也。疾甚，故持其手曰丧之。"**命矣夫（fú）！斯人也而有斯疾也！斯人也而有斯疾也！"**包咸《论语包氏章句》："再言之者，痛惜之甚。"朱熹《四书集注》："牖，南牖也。礼：

冉耕

冉耕，字伯牛，春秋时鲁国人，孔子弟子。以德行著称，后得恶疾而亡。

病者居北牖下。君视之，则迁于南牖下，使君得以南面视己。时伯牛家以此礼尊孔子，孔子不敢当，故不入其室，而自牖执其手，盖与之永诀也。命，谓天命。言此人不应有此疾，而今乃有之，是乃天之所命也。然则非其不能谨疾而有以致之，亦可见矣。"

［译文］

伯牛生了病，孔子去探望他，隔着窗户握着他的手（和他诀别），说："失去这个人，真是命啊！这样的人竟会有这样的病！这样的人竟会有这样的病。"

［原文］

子曰："贤哉，回也！一箪食，一瓢饮，孔安国《论语孔氏训解》："箪，笥也。"**在陋巷。人不堪其忧，回也不改其乐(lè)。贤哉，回也！"**孔安国《论语孔氏训解》："颜渊乐道，虽箪食在陋巷，不改其所乐。"朱熹《四书集注》："箪，竹器。食，饭也。瓢，瓠也。颜子之贫如此，而处之泰然，不以害其乐，故夫子再言'贤哉回也'以深叹美之。"

［译文］

孔子说："颜回是多么贤良啊！一箪饭，一瓢水，住在小巷子里，别人都不能忍受那种愁苦，颜回却不改变他的自得其乐。多么有修养啊，颜回！"

［原文］

冉求曰："非不说(yuè)子之道，力不足也。"子曰："力不足者，中道而废。今女(rǔ)画。"孔安国《论语孔氏训解》："画，止也。力不足者，当中道而废。今女自止耳，非力极。"朱熹《四书集注》："力不足者，欲进而不能。画者，能进而不欲。谓之画者，如画地以自限也。"

［译文］

冉求说："不是我不喜欢先生您的学说，是我能力不够啊。"孔子说："如果力量不够，走到半道就走不动了，现在你是自己画下界线不向前走呀！"

［原文］

子谓子夏曰："女(rǔ)为君子儒，无为小人儒。"孔安国《论语

澹台灭明

澹台灭明，复姓澹台，名灭明，字子羽，比孔子小三十九岁，鲁国人。因长相丑陋，受到孔子冷遇后，毅然退出孔子的弟子行列，更加发奋求学，严谨修行。后来，澹台灭明往南游学到吴地（即楚国，后老死在楚国）。跟从他学习的有三百多人，他有一套教学管理制度，影响甚大，成为当时儒家在南方的一个有影响的学派。

孔氏训解》："君子为儒，将以明道。小人为儒，则矜其名。"朱熹《四书集注》："儒，学者之称。"程颐《程氏论语解》："君子儒为己，小人儒为人。"

[译文]

孔子对子夏说："你要去做一个君子式的学者，不要去做小人式的学者。"

[原文]

子游为武城宰。包咸《论语包氏章句》："武城，鲁下邑。"**子曰："女（rǔ）得人焉尔乎？"**孔安国《论语孔氏训解》："焉、耳、乎，皆辞。"**曰："有澹台灭明者，行不由径。非公事，未尝至于偃之室也。"**包咸《论语包氏章句》："澹台，姓。灭明，名。字子羽。言其公且方。"朱熹《四书集注》："武城，鲁下邑。澹台，姓。灭明，名。字子羽。径，路之小而捷者。公事，如饮射读法之类。不由径，则动必以正，而无见小欲速之意可知。非公事不见邑宰，则其有以自守，而无枉己徇人之私可见矣。"

[译文]

子游做武城的地方长官，孔子说："你在那儿得到什么人才没有？"子游说："有一个叫澹台灭明的人，从不走邪路。不为公事，他从不到我屋里来。"

[原文]

子曰："孟之反不伐，孔安国《论语孔氏训解》："鲁大夫孟之侧，与齐战，军大败。不伐者，不自伐其功。"**奔而殿。将入门，策其马，曰：'非敢后也，马不进也。'"**马融《论语训说》："殿，在军后。前曰启，后曰殿，孟之反贤而有勇，军大奔，独在后为殿。人迎，功之。不欲独有其名，曰：'我非敢在后拒敌，马不能前进。'"朱熹《四书集注》："孟之反，鲁大夫，名侧。"谢良佐："人能操无欲上人之心，则人欲日消、天理日明，而凡可以矜己夸人者，皆无足道矣。然不知学者欲上人之心无时而忘也，若孟之反，可以为法矣。"

[译文]

孔子说："孟之反不自我吹嘘。打了败仗，他走在最后掩护撤退。快进城门时，他鞭打着马说：'不是我愿意在最后走呀，我的马不肯快跑！'"

[原文]

子曰："不有祝鮀之佞而有宋朝之美，难乎免于今之世矣！" 孔安国《论语孔氏训解》："佞，口才也。祝鮀，卫大夫子鱼也，时世贵之。宋朝，宋之美人而善淫。言当如祝鮀之佞，而反如宋朝之美，难乎免于今之世害也。"朱熹《四书集注》："祝，宗庙之官。鮀，卫大夫，字子鱼，有口才。朝，宋公子，有美色。言衰世好谀悦色，非此难免，盖伤之也。"

张仪用智

战国时期，大名鼎鼎的纵横家张仪初出茅庐，游说不成，反被人当作小偷痛打了一顿。回到家里，老婆见他狼狈不堪遍体伤痕的样子，心疼得直哭，张仪自己倒无所谓，笑着对老婆说："你看我的舌头还在不在？"老婆回答说："在！"张仪拍拍胸脯说："这就够了！"

[译文]

孔子说："假如没有祝鮀那样好的口才，反而有宋朝般的美色，在今天的社会里，怕是难逃灾祸了。"

[原文]

子曰："谁能出不由户？何莫由斯道也？" 孔安国《论语孔氏训解》："言人立身成功当由道，譬犹出入要当从户。"朱熹《四书集注》："言人不能出不由户，何故乃不由此道邪？怪而叹之之辞。"

[译文]

孔子说："谁能走出屋外却不从房门经过呢？为什么没有人走这条道路呢？"

[原文]

子曰："质胜文则野， 包咸《论语包氏章句》："野，如野人言鄙略也。"朱熹《四书集注》："野，野人，言鄙略也。" **文胜质则史。** 包咸《论语包氏章句》："史者，文多而质少。"朱熹《四书集注》："史，掌文书，多闻习事，而诚或不足也。" **文质彬彬，然后君子。"** 包咸《论语包氏章句》：

“彬彬，文质相半之貌。”朱熹《四书集注》：“彬彬，犹班班，物相杂而适均之貌。言学者当损有余，补不足，至于成德，则不期然而然矣。”

[译文]

孔子说：“质地胜过文采，就会粗俗野蛮；文采超过质地，则浮华虚饰。质地与文采配合恰当，然后才是一个君子。”

举觞白眼

崔宗之袭封齐国公，是一个倜傥洒脱、少年英俊的风流人物。他豪饮时，高举酒杯，用白眼仰望青天，睥睨一切，旁若无人。杜甫用“玉树临风”形容宗之的俊美丰姿和潇洒醉态，很有韵味。

[原文]

子曰：“人之生也直，马融《论语训说》：“言人所生于世而自终者，以其正直也。”**罔之生也幸而免。”**包咸《论语包氏章句》：“诬罔正直之道而亦生者，是幸而免。”

[译文]

孔子说：“一个人生存是由于正直，不正直的人可以生存，那是他侥幸免于祸患。”

[原文]

子曰：“知之者不如好(hào)之者，好之者不如乐(lè)之者。”尹焞：“知之者，知有此道也。好之者，好而未得也。乐之者，有所得而乐之也。”包咸《论语包氏章句》：“学问，知之者不如好之者笃，好之者不如乐之者深。”

[译文]

孔子说：“知道它不如喜爱它，喜爱它不如从心里以它为乐。”

[原文]

子曰：“中人以上，可以语上(shǎng)也；中人以下，不可以语(yù)上也。”王肃《论语王氏义说》：“上，谓上知之所知也。两举中人，以其可上可下。”朱熹《四书集注》：“语，告也。言教人者，当随其高下而告语之，则其言易入而无躐等之弊也。”

［译文］

孔子说：“中等水平以上的人，可以跟他讲高深的学问；中等水平以下的人，就不能跟他讲高深的学问。”

［原文］

樊迟问知(zhì)。子曰：“务民之义，王肃《论语王氏义说》：“务所以化道民之义。”**敬鬼神而远(yuàn)之，可谓知矣。”**包咸《论语包氏章句》：“敬鬼神而不黩。”**问仁。曰：“仁者先难而后获，可谓仁矣。”**孔安国《论语孔氏训解》：“先劳苦而后得功，此所以为仁。”朱熹《四书集注》：“民，亦人也。获，谓得也。专用力于人道之所宜，而不惑于鬼神之不可知，知者之事也。先其事之所难，而后其效之所得，仁者之心也。此必因樊迟之失而告之。”

昼息鼓琴

孔子白天休息时，在室内弹琴。闵子骞听到后告诉曾子说：“老师平时弹琴声音清澈平和，今天声音幽沉，老师有什么感想才这样呢？”于是进去问孔子。孔子说：“是的，我看到猫想捕捉老鼠的情形，就弹出这种声音，你能听出不同来，可以研究音乐了。”

［译文］

樊迟问怎样能算是聪明。孔子说：“全力使人民走上符合‘义’的道路，对鬼神敬而远之，这就是聪明了。”樊迟又问怎样能算有仁德。孔子说：“仁人是难事做在人前，收获退居人后，这就叫仁了。”

［原文］

子曰：“知(zhì)者乐水，仁者乐山；包咸《论语包氏章句》：“知者乐运其才知以治世，如水流而不知已。仁者乐如山之安固，自然不动，而万物生焉。”**知者动，**包咸《论语包氏章句》：“日进故动。”**仁者静；**孔安国《论语孔氏训解》：“无欲故静。”**知者乐，**郑玄《论语郑氏注》：“知者自役

樊须

孔子的学生，名须，字子迟。

得其志故乐。”**仁者寿。”**朱熹《四书集注》：“乐，喜好也。知者达于事理而周流无滞，有似于水，故乐水；仁者安于义理而厚重不迁，有似于山，故乐山。动静以体言，乐寿以效言也。动而不括故乐，静而有常故寿。”程颐《程氏论语解》：“非体仁知之深者，不能如此形容之。”

[译文]

孔子说：“智者喜欢水，仁者喜欢山。智者经常活动，仁者经常沉静。智者常乐，仁者长寿。”

独钓寒江

严子陵，东汉名士，因不愿与奸佞小人为伍而几次拒绝汉皇刘秀的挽留，远离尘世隐居在富春江不问世事，从此成为一名有风骨的隐士。

[原文]

子曰：“齐一变，至于鲁；鲁一变，至于道。”包咸《论语包氏章句》：“言齐、鲁有太公、周公之余化，太公大贤，周公圣人，今其政教虽衰，若有明君兴之，齐可使如鲁，鲁可使如大道行之时。”朱熹《四书集注》：“孔子之时，齐俗急功利，喜夸诈，乃霸政之余习。鲁则重礼教，崇信义，犹有先王之遗风焉，但人亡政息，不能无废坠尔。道，则先王之道也。言二国之政俗有美恶，故其变而之道有难易。”

[译文]

孔子说：“齐国一改革，就变得像鲁国了；鲁国一改革，就能达到先王之道了。”

[原文]

子曰：“觚(gū)不觚，马融《论语训说》：“觚，礼器。一升曰爵，二升曰觚。”**觚哉！觚哉！”**何晏《论语集解》：“觚哉！觚哉！言非觚也，以喻为政不得其道则不成。”朱熹《四书集注》：“觚，音孤。觚，棱也，或曰酒器，或曰木简，皆器之有棱者也。不觚者，盖当时失其制而不为棱也。觚哉觚哉，言不得为觚也。”

[译文]

孔子说：“觚不像个觚，这还是觚吗？这还是觚吗？”

[原文]

宰我问曰：“仁者，虽告之曰：‘井有仁焉。’其从之也？” 孔安国《论语孔氏训解》：“宰我以仁者必济人于患难，故问有仁人堕井将自投下，从而出之不乎？欲极观仁者忧乐之所至。”**子曰：“何为其然也？君子可逝也，不可陷也；** 孔安国《论语孔氏训解》：“逝，往也。言君子可使往视之耳，不肯自投从之。”**可欺也，不可罔也。”** 马融《论语训说》：“可欺者，可使往也。不可罔者，不可得诬罔令自投下。”

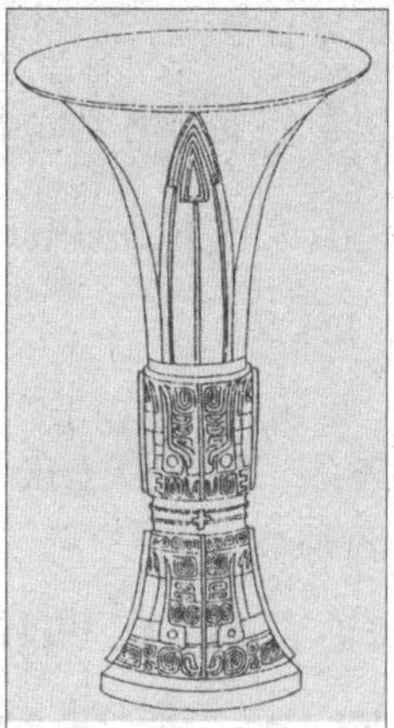

觚

中国古代盛行于商代和西周的一种酒器，用青铜制成，口做喇叭形，细腰，高足，腹部和足部各有四条棱角。

[译文]

宰我问道：“有仁德的人，若告诉他井中有仁人掉在那儿，他会跟着入井吗？”孔子说：“为什么要这样做呢？仁人可以让他去井边看，但不能让他陷入井中。他可以被骗，但不会因受骗而被迷惑。”

[原文]

子曰：“君子博学于文，约之以礼，亦可以弗（fú）畔矣夫！” 郑玄《论语郑氏注》：“弗畔，不违道。”朱熹《四书集注》：“约，要也。畔，背也。君子学欲其博，故于文无不考；守欲其要，故其动必以礼。如此，则可以不背于道矣。”

[译文]

孔子说：“君子要广泛地学习一切人文知识，并且用礼约束自己，也就可以不至于离经叛道了。”

[原文]

子见南子，子路不说（yuè）。夫子矢之曰：“予所否者，天厌之！天厌之！” 孔安国《论语孔氏训解》：“旧以南子者，卫灵公夫人，淫乱，而灵公惑之。孔子见之者，欲因以说灵公，使行治道。矢，誓也。子路不说，故夫子誓之。行道既非妇人之事，而弟子不说，与之咒誓，义可疑焉。”朱熹《四书集注》：“南子，卫灵公之夫人，有淫行。孔子至卫，南子请见，孔子辞谢，不得已而见之。盖古者仕于其国，有见其小君之礼。而子路以夫子见此淫乱之人为辱，故不悦。矢，誓也。所，誓辞也，如云‘所不与崔、庆者’之类。否，谓不合于礼，不由其道也。厌，弃绝也。圣人道大德全，无可不可。其见恶人，固谓在我有可见之礼，则彼之不善，我何与焉？然此岂子路所能测哉？故重言以誓之，欲其姑信此而深思以得之也。”

[译文]

孔子去见南子，子路不高兴，孔子指天发誓说：“我的行为假如有不合礼不顺道的，天会厌恶我，天会厌恶我。”

[原文]

子曰：“中庸之为德也，其至矣乎！民鲜(xiǎn)久矣。”何晏《论语集解》：“庸，常也。中和可常行之德。世乱，先王之道废，民鲜能行此道久矣，非适今。”朱熹《四书集注》：“中者，无过无不及之名也。庸，平常也。至，极也。鲜，少也。言民少此德，今已久矣。”

作《猗兰操》

孔子从卫国返回鲁国，在山谷中见到兰草，作《猗兰操》说：“习习谷风，以阴以雨。之子于归，远送于野。何彼苍天，不得其所。逍遥九州，无所定处。时人暗蔽，不知贤者。年纪逝迈，一身将老。”于是又返回卫国。

[译文]

孔子说：“中庸作为一种道德，可算是最高的了，但一般民众不具备此德已经很久了。”

[原文]

子贡曰：“如有博施(shī)于民而能济众，何如？可谓仁乎？”子曰：“何事于仁，必也圣乎！尧舜其犹病诸！孔安国《论语孔氏训解》：“君能广施恩惠，济民于患难，尧、舜至圣，犹病其难。”朱熹《四书集注》：“博，广也。仁以理言，通乎上下。圣以地言，则造其极之名也。乎者，疑而未定之辞。病，心有所不足也。言此何止于仁，必也圣人能之乎！则虽尧舜之圣，其心犹有所不足于此也。以是求仁，愈难而愈远矣。”**夫(fú)仁者，己欲立而立人，己欲达而达人。**朱熹《四书集注》：“以己及人，仁者之心也。于此观之，可以见天理之周流而无间矣。状仁之体，莫切于此。”**能近取譬，可谓仁之方也已。”**孔安国《论语孔氏训解》：“更为子贡说仁者之行。方，道也。但能近取譬于己，皆恕己所欲而施之于人。”朱熹《四书集注》：“譬，喻也。方，术也。近取诸身，以己所欲譬之他人，知其所欲亦犹是也。然后推其所欲以及于人，则恕之事而仁之术也。于此勉焉，则有以胜其人欲之私，而全其天理之公矣。”

[译文]

子贡说：“假如有这么一个人，能广泛地对民众进行施予和救济，这怎么样呢？可以说是仁了吧？”孔子说：“这哪里仅是仁？那一定是圣德了！尧舜也许都难以做到呢！仁是什么呢？就是自己想站立而又帮助别人站立，自己想通达而又帮助别人通达。能在切近的生活中推己及人，这就是仁的方向了。”

尧禅舜位

传说尧舜禹时期，首领继承人的选择采用举荐方式，让贤能之人来接班，史称禅让，所以有尧举舜、舜举禹的故事。

述而第七

题解

此篇多记圣人谦己诲人之辞及其容貌行事之实。凡三十七章。

——朱熹《论语集注》

正义曰：此篇皆明孔子之志行也，以前篇论贤人君子及仁者之德行，成德有渐，故以圣人次之。

——邢昺《论语注疏》

[原文]

子曰："述而不作，信而好(hào)古，窃比于我老彭。" 包咸《论语包氏章句》："老彭，殷贤大夫，好述古事。我若老彭，但述之耳。"朱熹《四书集注》："述，传旧而已。作，则创始也。故作非圣人不能，而述则贤者可及。窃比，尊之之辞。我，亲之之辞。老彭，商贤大夫，见《大戴礼》，盖信古而传述者也。孔子删《诗》《书》，定礼乐，赞《周易》，修《春秋》，皆传先王之旧，而未尝有所作也，故其自言如此。盖不惟不敢当作者之圣，而亦不敢显然自附于古之贤人；盖其德愈盛而心愈下，不自知其辞之谦也。然当是时，作者略备，夫子盖集群圣之大成而折衷之。其事虽述，而功则倍于作矣，此又不可不知也。"

彭祖钱铿

彭祖钱铿是颛顼的玄孙，到殷商末世他已有七百多岁，却无衰老迹象。

[译文]

孔子说："只传述旧章，不创始制作，相信而喜爱古代文化，我私下里把自己和老彭相比。"

[原文]

子曰："默而识(zhì)之，学而不厌，诲人不倦，何有于我哉？" 郑玄《论语郑氏注》："无是行。于我，我独有之。"朱熹《四书集注》："识，记也。默识，谓不言而存诸心也。一说：识，知也，不言而心解也。前说近是。何有于我，言何者能有于我也。三者已非圣人之极至，而犹不敢当，则谦而又谦之辞也。”

［译文］

孔子说：“（把所见所闻的）默记在心里，勤奋学习而不厌倦，教导别人而不倦怠，这些事对我有什么困难呢？”

退修诗书

孔子四十二岁时，季氏僭越公室，家臣掌握了国家权力。所以孔子不去做官，专心修诗书，订礼乐，从学弟子越来越多。这是孔子“诲人不倦”的最直接表现吧。

［原文］

子曰：“德之不修，学之不讲，闻义不能徙，不善不能改，是吾忧也。” 孔安国《论语孔氏训解》：“夫子常以此四者为忧。”尹焞：“德必修而后成，学必讲而后明，见善能徙，改过不吝，此四者日新之要也。苟未能之，圣人犹忧，况学者乎？”

［译文］

孔子说：“品德不加以培养，学问不精勤讲习，听到道义不能跟随着去尊崇，有缺点不能勇于改正，这些就是我的忧虑啊！”

［原文］

子之燕居，申申如也，夭夭如也。 马融《论语训说》：“申申、夭夭，和舒之貌。”朱熹《四书集注》：“燕居，闲暇无事之时。”

［译文］

孔子在家里闲居时，形态舒展自如，脸上显出和悦的表情。

［原文］

子曰：“甚矣吾衰也！久矣吾不复梦见周公。” 孔安国《论语孔氏训解》：“孔子衰老，不复梦见周公。明盛时梦见周公，欲行其道也。”朱熹《四书集注》：“孔子盛时，志欲行周公之道，故梦寐之间，如或见之。至其老而不能行也，则无复是心，而亦无复是梦矣，故因此而自叹其衰之甚也。”

［译文］

孔子说：“我衰老得多么厉害呀！我很长时间没再梦见周公了。”

[原文]

子曰："志于道，何晏《论语集解》："志，慕也。道不可体，故志之而已。"朱熹《四书集注》："志者，心之所之之谓。道，则人伦日用之间所当行者是也。知此而心必之焉，则所适者正，而无他岐之惑矣。"**据于德，**何晏《论语集解》："据，杖也。德有成形，故可据。"朱熹《四书集注》："据者，执守之意。德者，得也，得其道于心而不失之谓也。得之于心而守之不失，则终始惟一，而有日新之功矣。"**依于仁，**何晏《论语集解》："依，倚也。仁者功施于人，故可倚。"朱熹《四书集注》："依者，不违之谓。仁，则私欲尽去而心德之全也。功夫至此而无终食之违，则存养之熟，无适而非天理之流行矣。"**游于艺。"**何晏《论语集解》："艺，六艺也，不足据依，故曰游。"朱熹《四书集注》："游者，玩物适情之谓。艺，则礼乐之文，射、御、书、数之法，皆至理所寓，而日用之不可阙者也。朝夕游焉，以博其义理之趣，则应务有余，而心亦无所放矣。"

[译文]

孔子说："目标在'道'上，据守在'德'上，依靠在'仁'上，游娱在'艺'上。"

[原文]

子曰："自行束脩以上，吾未尝无诲焉。"孔安国《论语孔氏训解》："言人能奉礼，自行束脩以上，则皆教诲之。"朱熹《四书集注》："脩，脯也。十脡为束。古者相见，必执贽以为礼，束脩其至薄者。盖人之有生，同具此理，故圣人之于人，无不欲其入于善。但不知来学，则无往教之礼，故苟以礼来，则无不有以教之也。"

[译文]

孔子说："只要是主动带着薄礼来求见的，我没有不给予教诲的。"

[原文]

子曰："不愤不启，不悱不发，举一隅不以三隅反，则不复也。"郑玄《论语郑氏注》："孔子与人言，必待其人心愤愤，口悱悱，乃后启发为说之，如此则识思之深也。说则举一隅以语之，其人不思其类，则不复重教之。"朱熹《四书集注》："愤者，心求通而未得之意。悱者，口欲言而未能之貌。启，谓开其意。发，谓达其辞。物之有四隅者，举一可知其三。

反者，还以相证之义。复，再告也。上章已言圣人诲人不倦之意，因并记此，欲学者勉于用力，以为受教之地也。”

［译文］

孔子说：“教导学生不到他想弄个明白而又不能的时候，我不会启发他；不到他想说出来而又阐述不清楚的时候，我不去开导他。教给他一个方面，他不能由此而推知三个方面，便不再教他了。”

［原文］

子食于有丧者之侧，未尝饱也。何晏《论语集解》：“丧者哀戚，饱食于其侧，是无恻隐之心。”朱熹《四书集注》：“临丧哀，不能甘也。”**子于是日哭，则不歌。**何晏《论语集解》：“一日之中，或哭或歌，是亵于礼容。”朱熹《四书集注》：“哭，谓吊哭。一日之内，余哀未忘，自不能歌也。”

［译文］

孔子在死者亲属旁边吃饭，从来没有吃饱过。孔子在某一天哭过，这一天就不再唱歌了。

［原文］

子谓颜渊曰：“用之则行，舍(shě)之则藏，唯我与尔有是夫(fú)！”孔安国《论语孔氏训解》：“言可行则行，可止则止，唯我与颜渊同。”尹焞：“用舍无与于己，行藏安于所遇，命不足道也。颜子几于圣人，故亦能之。”**子路曰：“子行三军，则谁与？”**孔安国《论语孔氏训解》：“大国三军。子路见孔子独美颜渊，以为己勇，至于夫子为三军将，亦当谁与己同，故发此问。”朱熹《四书集注》：“万二千五百人为军，大国三军。子路见孔子独美颜渊，自负其勇，意夫子若行三军，必与己同。”**子曰：“暴虎冯(píng)河，死而无悔者，吾不与也。**孔安国《论语孔氏训解》：“暴虎，徒搏。冯河，徒涉。”**必也临事而惧，好(hào)谋而成者也。”**朱熹《四书集注》：

檀裼暴虎

“檀裼暴虎，献于公所”（《诗经·国风·郑风·大叔于田》）描绘了古代狩猎场景。

"惧，谓敬其事。成，谓成其谋。言此皆以抑其勇而教之，然行师之要实不外此，子路盖不知也。"

[译文]

孔子对颜渊说："有用我的，就把我的这些主张实行起来；不用我，我就退隐。只有我和你能这样了。"子路说："如果您去率军打仗，找谁共事呢？"孔子说："空手与老虎搏斗、徒步去渡河而死了也不后悔的人，我是不与他共事的。必须是临事能恐惧谨慎、善于谋划而能做得定的人我才与他共事！"

[原文]

子曰："富而可求也，虽执鞭之士，吾亦为之。郑玄《论语郑氏注》："富贵不可求而得之，当修德以得之。若于道可求者，虽执鞭之贱职，我亦为之。"**如不可求，从吾所好(hào)。"**孔安国《论语孔氏训解》："所好者，古人之道。"朱熹《四书集注》："执鞭，贱者之事。设言富若可求，则虽身为贱役以求之，亦所不辞。然有命焉，非求之可得也，则安于义理而已矣，何必徒取辱哉？"

职司乘田

鲁昭公十年（前531），孔子二十一岁，为了谋生，担任了季氏的乘田吏，管理期间牛羊肥壮，数量增加。

[译文]

孔子说："财富如果是可以追求到的话，即使是那些拿着鞭子的低贱的事，我也去做。如果不能求得，则还是干我自己喜欢的事。"

[原文]

子之所慎：齐(zhāi)，战，疾。孔安国《论语孔氏训解》："此三者，人所不能慎，而夫子独能慎之。"朱熹《四书集注》："齐之为言齐也，将祭而齐其思虑之不齐者，以交于神明也。诚之至与不至，神之飨与不飨，皆决于此。战则众之死生、国之存亡系焉，疾又吾身之所以死生存亡者，皆不可以不谨也。"

[译文]

孔子小心谨慎的事有三种：一是斋戒，二是战争，三是疾病。

［原文］

子在齐闻《韶》，三月不知肉味。周生烈《论语周生烈义说》："孔子在齐，闻习《韶》乐之盛美，故忽忘于肉味。"**曰："不图为乐之至于斯也！"**王肃《论语王氏义说》："为，作也。不图作《韶》乐至于此。"朱熹《四书集注》："《史记》三月上有'学之'二字。不知肉味，盖心一于是而不及乎他也。曰：不意舜之作乐至于如此之美，则有以极其情文之备，而不觉其叹息之深也，盖非圣人不足以及此。"

［译文］

孔子在齐国听到《韶》乐，很长时间尝不出肉味，于是说："想不到《韶》乐的美达到了如此境界。"

［原文］

冉有曰："夫子为(wèi)卫君乎？"郑玄《论语郑氏注》："为犹助也。卫君者，谓辄也。卫灵公逐太子蒯聩，公薨而立孙辄。后晋赵鞅纳蒯聩于戚，卫石曼姑帅师围之，故问其意助辄不乎。"**子贡曰："诺。吾将问之。"**朱熹《四书集注》："为，犹助也。卫君，出公辄也。灵公逐其世子蒯聩。公薨，而国人立蒯聩之子辄。于是晋纳蒯聩而辄拒之。时孔子居卫，卫人以蒯聩得罪于父，而辄嫡孙当立，故冉有疑而问之。诺，应辞也。"**入，曰："伯夷、叔齐何人也？"曰："古之贤人也。"曰："怨乎？"曰："求仁而得仁，又何怨。"**孔安国《论语孔氏训解》："夷齐让国远去，终于饿死，故问怨邪。以让为仁，岂有怨乎？"**出，曰："夫子不为也。"**郑玄《论语郑氏注》："父子争国，恶行。孔子以伯夷、叔齐为贤且仁，故知不助卫君明矣。"朱熹《四书集注》：

曲奏琴台引凤雏

琴声优美动听，引得凤凰前来和鸣。

读易有感

孔子读至《易经》的“损”“益”章而叹息。子夏问他为什么，孔子说：“减少要增加，增加会减少，所以我叹息。”子夏说：“难道学习不能增长学问吗？”孔子说：“我不是那个意思，学问越高越谦虚，如果谦虚就能接受别人的意见，所以才能不断进步。”

“伯夷、叔齐，孤竹君之二子。其父将死，遗命立叔齐。父卒，叔齐逊伯夷。伯夷曰‘父命也’，遂逃去。叔齐亦不立而逃之，国人立其中子。其后武王伐纣，夷、齐扣马而谏。武王灭商，夷、齐耻食周粟，去隐于首阳山，遂饿而死。怨，犹悔也。君子居是邦，不非其大夫，况其君乎？故子贡不斥卫君，而以夷、齐为问。夫子告之如此，则其不为卫君可知矣。盖伯夷以父命为尊，叔齐以天伦为重。其逊国也，皆求所以合乎天理之正，而即乎人心之安。既而各得其志焉，则视弃其国犹敝蹝尔，何怨之有？若卫辄之据国拒父而惟恐失之，其不可同年而语明矣。”

[译文]

冉有说：“先生会帮助卫君吗？”子贡说：“好吧，我去问问他。”进屋后，子贡道：“伯夷、叔齐是怎样的人呢？”孔子说：“古代的贤人啊。”子贡又问：“他们心里有没有怨悔呢？”孔子说：“他们一心求仁德而又得到了仁德，还有什么怨悔呢？”

子贡出来后，对冉有说：“先生不会帮助卫君。”

[原文]

子曰：“饭疏食(sì)饮水，曲肱而枕(zhěn)之，乐(luò)亦在其中矣。孔安国《论语孔氏训解》：“疏食，菜食。肱，臂也。孔子以此为乐。”**不义而富且贵，于我如浮云。”**郑玄《论语郑氏注》：“富贵而不以义者，于我如浮云，非己之有。”朱熹《四书集注》：“饭，食之也。疏食，粗饭也。圣人之心，浑然天理，虽处困极，而乐亦无不在焉。其视不义之富贵，如浮云之无有，漠然无所动于其中也。”

[译文]

孔子说："吃粗粮，喝白水，弯着臂膊当枕头，乐趣也在这里头了。不行道义而得到的富贵，对我来说就像天上的浮云一样。"

[原文]

子曰："加我数年，五十以学《易》，何晏《论语集解》："《易》'穷理尽性以至于命'。年五十而知天命，以知命之年读至命之书，故可以无大过。"**可以无大过矣。"**

[译文]

孔子说："让我多活几年，到五十岁时学习《易经》，就可以没有大错了。"

[原文]

子所雅言，孔安国《论语孔氏训解》："雅言，正言也。"**《诗》《书》执礼，皆雅言也。**郑玄《论语郑氏注》："读先王典法，必正言其音，然后义全，故不可有所讳。礼不诵，故言执。"朱熹《四书集注》："雅，常也。执，守也。《诗》以理情性，《书》以道政事，礼以谨节文，皆切于日用之实，故常言之。礼独言执者，以人所执守而言，非徒诵说而已也。"

[译文]

孔子有说雅言的时候，读《诗经》《尚书》和执行礼事，都说雅言。

[原文]

叶公问孔子于子路，子路不对。孔安国《论语孔氏训解》："叶公名诸梁，楚大夫，食菜于叶，僭称公。不对者，未知所以答。"朱熹《四书集注》："叶公，楚叶县尹沈诸梁，字子高，僭称公也。叶公不知孔子，必有非所问而问者，故子路不对。抑亦以圣人之德，实有未易名言者与？"**子曰："女(rǔ)奚不曰，其为人也，发愤忘食，乐以忘忧，不知老之将**

之子于归

"之子于归，远送于野"（《诗经·国风·邶风·燕燕》）描写了古代妇女出嫁的情形。

至云尔。” 朱熹《四书集注》："未得，则发愤而忘食；已得，则乐之而忘忧。以是二者俛焉日有孳孳，而不知年数之不足，但自言其好学之笃耳。然深味之，则见其全体至极，纯亦不已之妙，有非圣人不能及者。盖凡夫子之自言类如此，学者宜致思焉。”

[译文]

叶公向子路打听孔子这人怎么样，子路没有回答。孔子对子路说："你为何不这样说：孔子的为人，他发愤用功，便把吃饭忘了；心里快乐，便把忧愁忘了；连自己快要衰老了也不知道。就这样说好了。"

[原文]

子曰："我非生而知之者，好(hào)古，敏以求之者也。" 郑玄《论语郑氏注》："言此者，劝人学。"朱熹《四书集注》："生而知之者，气质清明，义理昭著，不待学而知也。敏，速也，谓汲汲也。"尹焞："孔子以生知之圣，每云好学者，非惟勉人也，盖生而可知者义理尔，若夫礼乐名物，古今事变，亦必待学而后有以验其实也。"

[译文]

孔子说："我并不是生来就知道一切的人，我是喜好古代文化，勤奋敏捷去追求来的呀！"

[原文]

子不语怪、力、乱、神。 王肃《论语王氏义说》："怪，怪异也。力，谓若奡荡舟、乌获举千钧之属。乱，谓臣弑君、子弑父。神，谓鬼神之事。或无益于教化，或所不忍言。"朱熹《四书集注》："怪异、勇力、悖乱之事，非理之正，固圣人所不语。鬼神，造化之迹，虽非不正，然非穷理之至，有未易明

紫文金简

梁王闲居，有赤雀衔着紫色花纹的金简放在殿前，不知是什么意思，派人去问孔子。孔子说："这是灵宝呀，禹曾佩带过。禹临死的时候把它锁在石山的石匣中，今天赤雀衔来，是天授予你的呀。"

者，故亦不轻以语人也。"

［译文］

孔子不谈论怪异、暴力、叛乱和鬼神。

［原文］

子曰："三人行，必有我师焉。择其善者而从之，其不善者而改之。"何晏《论语集解》："言我三人行，本无贤愚，择善从之，不善改之，故无常师。"朱熹《四书集注》："三人同行，其一我也。彼二人者，一善一恶，则我从其善而改其恶焉，是二人者皆我师也。"

［译文］

孔子说："几个人走在一起，其中必定有在某方面可以做我的老师的人。我选择他们的优点去学习，不好的地方便改正。"

［原文］

子曰："天生德于予，桓魋其如予何？"包咸《论语包氏章句》："桓魋，宋司马。天生德者，谓授我以圣性，德合天地，吉无不利，故曰其如予何。"朱熹《四书集注》："魋，徒雷反。桓魋，宋司马向魋也。出于桓公，故又称桓氏。魋欲害孔子，孔子言天既赋我以如是之德，则桓魋其奈我何？言必不能违天害己。"

［译文］

孔子说："老天在我身上赋予了这些品德，桓魋能把我怎么样呢？"

［原文］

子曰："二三子以我为隐乎？吾无隐乎尔。包咸《论语包氏章句》："二三子谓诸弟子。圣人知广道深，弟子学之不能及，以为有所隐匿，故解之。"**吾无行而不与二三子**

宋人伐木

孔子到曹国去，路过宋国，与弟子们在大树下练习礼仪。宋司马桓魋想要害孔子，先令人伐掉大树。弟子们劝孔子快走，于是孔子说："天生德于予，桓魋其如予何？"

者，是丘也。” 包咸《论语包氏章句》：“我所为，无不与尔共之者，是丘之心。”朱熹《四书集注》：“诸弟子以夫子之道高深不可几及，故疑其有隐，而不知圣人作、止、语、默无非教也，故夫子以此言晓之。与，犹示也。”

[译文]

孔子说：“你们这些学生以为我有什么对你们隐瞒吗？我对你们没什么隐瞒的。我没有什么不对你们公开的，这就是我孔丘的为人。”

[原文]

子以四教：文，行（xíng），忠，信。 何晏《论语集解》：“四者有形质，可举以教。”程颐《程氏论语解》：“教人以学文修，行而存忠信也。忠信，本也。”

[译文]

孔子用四种东西教育学生：典籍文献、道德实践、忠诚以及信实。

[原文]

子曰：“圣人，吾不得而见之矣；得见君子者，斯可矣。” 何晏《论语集解》：“疾世无明君。”朱熹《四书集注》：“圣人，神明不测之号。君子，才德出众之名。” **子曰：“善人，吾不得而见之矣；得见有恒者，斯可矣。** 朱熹《四书集注》：“‘子曰’字疑衍文。恒，常久之意。张子曰：‘有恒者，不贰其心。善人者，志于仁而无恶。’” **亡（wú）而为有，虚而为盈，约而为泰，难乎有恒矣。”** 孔安国《论语孔氏训解》：“难可名之为有常。”朱熹《四书集注》：“亡，读为无。三者皆虚夸之事，凡若此者，必不能守其常也。张敬夫曰：‘圣人、君子以学言，善人、有恒者以质言。’愚谓有恒者之与圣人，高下固悬绝矣，然未有不自有恒而能至于圣者也。故章

忠信济水

孔子停车观水，河水瀑布三十仞，回流九十里，鱼鳖虾蟹都不能居住，却有一个人游水过河。孔子问他：“莫非您有道术能游水过来？”那人回答说：“心怀忠信，所以能过河。”孔子对弟子们说：“你们要记住，心怀忠信，河水都能渡过，何况人事呢？”

末申言有恒之义，其示人入德之门，可谓深切而著明矣。”

[译文]

孔子说：“圣人我是看不到了，能够看到君子也就可以了。”孔子又说：“善人我是看不见了，能看得到有一定操守的人就不错了。没有能装成有，空虚能装成充实，本来穷困也要装成宽裕，这样的人就难以保持一定的操守了。”

[原文]

子钓而不纲，弋不射宿。孔安国《论语孔氏训解》：“钓者，一竿钓。纲者，为大网以横绝流。以缴系钓，罗属著纲。弋，缴射也。宿，宿鸟。”朱熹《四书集注》：“纲，以大绳属网，绝流而渔者也。弋，以生丝系矢而射也。宿，宿鸟。”

[译文]

孔子钓鱼，但不撒网捕鱼；孔子射鸟，但不射停歇在巢中的鸟。

萍实通谣

楚昭王渡江，见到一个很大的红色东西，感到很奇怪，派人去问孔子。孔子说：“这是萍实，可以吃，只有成就霸业的人才能得到。”子游问孔子何以得知，孔子说：“过去在陈国听到童谣，‘楚王渡江得萍实，大如斗，赤如日，剖而食之甜如蜜’，所以知道的。”

[原文]

子曰：“盖有不知而作之者，我无是也。包咸《论语包氏章句》：“时人有穿凿妄作篇籍者，故云然。”**多闻，择其善者而从之，多见而识（zhì）之，知之次也。”**孔安国《论语孔氏训解》：“如此者，次于天生知之。”朱熹《四书集注》：“不知而作，不知其理而妄作也。孔子自言未尝妄作，盖亦谦辞，然亦可见其无所不知也。识，记也。所从不可不择，记则善恶皆当存之，以备参考。如此者虽未能实知其理，亦可以次于知之者也。”

[译文]

孔子说：“大概有自己不知道凭空臆造的吧，我没有这等事。多多地听，选择其中

见互乡童子

此图反映了孔子接见互乡童子的情形。弟子们认为很难与互乡那个地方的人谈话，但互乡的一个童子却受到了孔子的接见，这正体现了孔子有教无类的教育方针。

好的加以接受；多多地看，然后记在心里，这样的知是仅次于‘生而知之’的。”

［原文］

互乡难与言，童子见(xiàn)，门人惑。 郑玄《论语郑氏注》：“互乡，乡名也。其乡人言语自专，不达时宜，而有童子来见孔子，门人怪孔子见之。”朱熹《四书集注》：“互乡，乡名。其人习于不善，难与言善。惑者，疑夫子不当见之也。”

子曰：“与其进也，不与其退也，唯何甚！ 孔安国《论语孔氏训解》：“教诲之道，与其进，不与其退。怪我见此童子，恶恶一何甚。”**人洁己以进，与其洁也，不保其往也。”** 郑玄《论语郑氏注》：“往犹去也。人虚己自洁而来，当与之进，亦何能保其去后之行。”朱熹《四书集注》：“疑此章有错简。‘人洁’至‘往也’十四字，当在‘与其进也’之前。洁，修治也。与，许也。往，前日也。言人洁己而来，但许其能自洁耳，固不能保其前日所为之善恶也；但许其进而来见耳，非许其既退而为不善也。盖不追其既往，不逆其将来，以是心至，斯受之耳。唯字上下，疑又有阙文，大抵亦不为已甚之意。”

［译文］

互乡这地方的人很难好好地跟他们进行交谈。一个互乡的童子得到了孔子的接见，学生们都疑惑不解。孔子说：“我只允许他来求见，却不等于赞同他出去后的一切啊！这有什么过分的呢？人家怀着一颗洁身自好的心来，我便赞同他的洁身自好，对他的以前我也不担保呀。”

［原文］

子曰：“仁远乎哉？我欲仁，斯仁至矣。” 包咸《论语包氏章句》：“仁道不远，行之即是。”朱熹《四书集注》：“仁者，心之德，非在外也。放而不求，故有以为远者；反而求之，则即此而在矣，夫岂远哉？”

［译文］

孔子说：“难道仁德离我们很远了吗？我想要仁，仁就来了。”

［原文］

陈司败问昭公知礼乎？ 孔安国《论语孔氏训解》：“司败，官名，陈大夫。昭公，鲁昭公。” **孔子曰：“知礼。”** 朱熹《四书集注》：“陈，国名。司败，官名，即司寇也。昭公，鲁君，名裯。习于威仪之节，当时以为知礼。故司败以为问，而孔子答之如此。” **孔子退，揖巫马期而进之，曰：“吾闻君子不党，君子亦党乎？君取于吴，为同姓，谓之吴孟子。君而知礼，孰不知礼？”** 孔安国《论语孔氏训解》：“巫马期，弟子，名施。相助匿非曰党。鲁，吴俱姬姓，礼同姓不昏，而君取之；当称吴姬，讳曰孟子。”朱熹《四书集注》：“巫马姓。期，字。孔子弟子，名施。司败揖而进之也。相助匿非曰党。礼不娶同姓，而鲁与吴皆姬姓。谓之吴孟子者，讳之使若宋女子姓者然。” **巫马期以告。子曰：“丘也幸，苟有过，人必知之。”** 孔安国《论语孔氏训解》：“以司败之言告也。讳国恶，礼也。圣人道弘，故受以为过。”朱熹《四书集注》：“孔子不可自谓讳君之恶，又不可以娶同姓为知礼，故受以为过而不辞。”

［译文］

陈司败问孔子：“鲁昭公知礼吗？”孔子说：“他知礼。”

孔子走出去以后，陈司败作揖请巫马期走近自己，说：“我听说君子没有偏袒，难道孔子也有偏袒吗？鲁君从吴国娶了个夫人，那是同姓的，所以大家叫她吴孟子。鲁君若算得上知礼，还有谁不知礼呢？”

巫马期将此话转告了孔子。孔子说道：“我孔丘真幸运啊，如果有错误，别人一定会知道的。”

［原文］

子与人歌而善，必使反之，而后和(hè)之。 何晏《论语集解》：“乐其善，故使重歌而自和之。”朱熹《四书集注》：“反，复也。必使复歌者，欲得其详而取其善也。而后和之者，喜得其详而与其善也。此见圣人气象从容，诚意恳至，而其谦逊审密，不掩人善又如此。盖一事之微，而众善之集，有不

巫马施

巫马施继任单父宰后，披星戴月，栉风沐雨，日夜劳苦，事必躬亲，把单父治理得很好，深得百姓的拥护和孔子、鲁公的赞赏。后来，巫马施问政于宓子贱，宓子贱说：“我能用人，你能用力，能用人的安闲，能用力的劳苦。”

可胜既者焉，读者宜详味之。”

[译文]

孔子与别人一起唱歌，如果别人唱得好，必定请他再唱，然后再和他同唱。

[原文]

子曰：“文，莫吾犹人也。何晏《论语集解》：“莫，无也。文无者，犹俗言文不也。文不吾犹人者，凡言文皆不胜于人。”朱熹《四书集注》：“莫，疑辞。犹人，言不能过人，而尚可以及人。未之有得，则全未有得，皆自谦之辞。而足以见言行之难易缓急，欲人之勉其实也。”**躬行君子，则吾未之有得。”**孔安国《论语孔氏训解》：“身为君子，己未能也。”

[译文]

孔子说：“就文化知识来说，我大概和别人差不多。身体力行做君子方面，那我还没有达到。”

[原文]

子曰：“若圣与仁，则吾岂敢？孔安国《论语孔氏训解》：“孔子谦，不敢自名仁圣。”朱熹《四书集注》：“此亦夫子之谦辞也。圣者，大而化之。仁，则心德之全而人道之备也。”**抑为之不厌，诲人不倦，则可谓云尔已矣。”公西华曰：“正唯弟子不能学也。”**马融《论语训说》：“正如所言，弟子犹不能学，况仁圣乎！”朱熹《四书集注》：“为之，谓为仁圣之道。诲人，亦谓以此教人也。然不厌不倦，非己有之则不能，所以弟子不能学也。”

[译文]

孔子说：“谈到圣与仁，我怎么敢当？不过是在学问上不厌烦，在教诲别人上不倦怠，如此而已。”公西华说：“这正是我们做学生的还没学到的。”

[原文]

子疾病，子路请祷。包咸《论语包氏章句》：“祷，祷请于鬼神。”**子曰：“有诸？”**周生烈《论语周生烈义说》：“言有此祷请于鬼神之事。”**子路对曰：**

“有之。《诔(lěi)》曰：‘祷尔于上下神祇。’”孔安国《论语孔氏训解》：“子路失旨。《诔》，祷篇名。”**子曰：“丘之祷久矣。”**孔安国《论语孔氏训解》：“孔子素行合于神明，故曰‘丘之祷久矣’。”朱熹《四书集注》：“祷，谓祷于鬼神。有诸，问有此理否。《诔》者，哀死而述其行之辞也。上下，谓天地。天曰神，地曰祇。祷者，悔过迁善，以祈神之佑也。无其理则不必祷，既曰有之，则圣人未尝有过，无善可迁。其素行固已合于神明，故曰：‘丘之祷久矣。’又《士丧礼》，疾病行祷五祀，盖臣子迫切之至情，有不能自已者，初不请于病者而后祷也。故孔子之于子路，不直拒之，而但告以无所事祷之意。”

［译文］

孔子病得很严重，子路请求祈祷。孔子问道：“有这事吗？”子路说：“有的。《诔》文上说：‘替你向天神地祇祈祷。’”孔子说：“我早就祈祷过了。”

［原文］

子曰：“奢则不孙(xùn)，俭则固。与其不孙也，宁固。”孔安国《论语孔氏训解》：“俱失之。奢不如俭，奢则僭上，俭不及礼。固，陋也。”朱熹《四书集注》：“孙，顺也。固，陋也。奢俭俱失中，而奢之害大。”

［译文］

孔子说：“奢侈了就会不谦逊，节俭了则显得寒酸。但是与其不谦逊，宁可寒酸。”

［原文］

子曰：“君子坦荡荡，小人长戚戚。”郑玄《论语郑氏注》：“坦荡荡，宽广貌。长戚戚，多忧惧。”朱熹《四书集注》：“坦，平也。荡荡，宽广貌。”程颐《程氏论语解》：“君子循理，故常舒泰；小人役于物，故多忧戚。”程颐《程氏论语解》：“君

孔子延医

孔子病重，作歌感叹正道难以实行，社会政治昏暗，而自己却无能为力。

子坦荡荡，心广体胖。”

［译文］

孔子说：“君子通常心气坦荡宽广，小人的心气经常局促忧戚。”

［原文］

子温而厉，威而不猛，恭而安。朱熹《四书集注》：“厉，严肃也。人之德性本无不备，而气质所赋，鲜有不偏，惟圣人全体浑然，阴阳合德，故其中和之气见于容貌之间者如此。门人熟察而详记之，亦可见其用心之密矣。抑非知足以知圣人而善言德行者不能也，故程子以为曾子之言。学者所宜反复而玩心也。”

［译文］

孔子温和而又严厉，有威仪而又不凶猛，庄重而又安详。

泰伯第八

题解

正义曰：此篇论礼让仁孝之德，贤人君子之风，劝学立身，守道为政，叹美正乐，鄙薄小人，遂称尧、舜及禹、文王、武王。以前篇论孔子之行，此篇首末载贤圣之德，故以为次也。

——邢昺《论语注疏》

[原文]

子曰："泰伯，其可谓至德也已矣！三以天下让，民无得而称焉。" 王肃《论语王氏义说》："泰伯，周太王之长子。次弟仲雍，少弟季历。季历贤，又生圣子文王昌，昌必有天下，故泰伯以天下三让于王季。其让隐，故无得而称言之者，所以为至德也。"朱熹《四书集注》："泰伯，周大王之长子。至德，谓德之至极，无以复加者也。三让，谓固逊也。无得而称，其逊隐微，无迹可见也。盖大王三子：长泰伯，次仲雍，次季历。大王之时，商道寖衰，而周日强大。季历又生子昌，有圣德。大王因有翦商之志，而泰伯不从，大王遂欲传位季历以及昌。泰伯知之，即与仲雍逃之荆蛮。于是大王乃立季历，传国至昌，而三分天下有其二，是为文王。文王崩，子发立，遂克商而有天下，是为武王。夫以泰伯之德，当商周之际，固足以朝诸侯有天下矣，乃弃不取而又泯其迹焉，则其德之至极为何如哉！盖其心即夷齐扣马之心，而事之难处有甚焉者，宜夫子之叹息而赞美之也。泰伯不从，事见《春秋传》。"

泰伯

泰伯、仲雍二人是亲兄弟，生父即周朝太王古公亶父。本来，泰伯兄弟在古公亶父去世后应该依次继承王位。但是他们看到父亲特别喜欢第三子季历的儿子姬昌（即后来的周文王），况且姬昌的确有超人的才能，因此坚辞不受王位，把继承权让给季历。

[译文]

孔子说："泰伯可以说是品德极为高尚了！他多次将天下拱手让给季历，百姓找不到适当的语言去赞美他。"

［原文］

子曰："恭而无礼则劳，慎而无礼则葸，何晏《论语集解》："葸，畏惧之貌，言慎而不以礼节之，则常畏惧。"**勇而无礼则乱，直而无礼则绞。**马融《论语训说》："绞，绞刺也。"朱熹《四书集注》："葸，畏惧貌。绞，急切也。无礼则无节文，故有四者之弊。"**君子笃于亲，则民兴于仁；故旧不遗，则民不偷。"**包咸《论语包氏章句》："兴，起也。君能厚于亲属，不遗忘其故旧，行之美者，则民皆化之，起为仁厚之行，不偷薄。"朱熹《四书集注》："君子，谓在上之人也。兴，起也。偷，薄也。张子曰：'人道知所先后，则恭不劳、慎不葸、勇不乱、直不绞，民化而德厚矣。'"

［译文］

孔子说："注重容貌态度的恭敬庄重但却不懂礼，就会劳忧不安；只知谨慎处世但却不知礼，便会畏葸多惧；只靠敢作敢为的胆量但却不知礼，就会犯上作乱；心直口快却不知礼，便会尖酸刻薄。在上位的人能用深厚的感情对待他的亲族，百姓就会普遍具有仁德；在上位的人如能不遗弃他的老同事、老朋友，百姓便不致对人冷漠无情了。"

啮齿心痛

此事记载于《孝经》，曾子以孝著称，尤其母子连心。有一次家里来客人了，母亲想他回去，就咬破了手指，曾子在山上打柴，忽然觉得心里剧痛，因怕母亲出事，就赶紧赶回家中。

［原文］

曾子有疾，召门弟子曰："启予足！启予手！郑玄《论语郑氏注》："启，开也。曾子以为受身体于父母，不敢毁伤，故使弟子开衾而视之也。"**《诗》云：'战战兢兢，如临深渊，如履薄冰。'**孔安国《论语孔氏训解》："言此《诗》者，喻己常戒慎，恐有所毁伤。"**而今而后，吾知免夫！小子！"**周生烈《论语周生烈义说》："乃今日后，我自知免于患难矣。小子，弟子也。呼之者，欲使听识其言。"朱熹《四书集注》："启，开也。曾子平日以为身体受于父母，不敢毁伤，故于此使弟子开其衾而视之。《诗·小旻》之篇。战战，恐惧。兢兢，戒谨。临渊，恐坠。履冰，恐陷也。曾子以其所保之全示门人，而言其所以保之之难如此；至于将死，而后知其得免于毁伤也。小子，门人也。语毕而又呼之，以致反复丁宁之意，其警之也深矣。”

［译文］

曾子得了病，把他的学生召集到一起，说道：“看看我的脚，看看我的手！《诗经》上说：‘小心呀！谨慎呀！就像面临深渊，就像行走在薄薄的冰层上面。’从今以后，我只知道自己可以免于遭受祸害了，学生们哪！”

［原文］

曾子有疾，孟敬子问之。马融《论语训说》：“孟敬子，鲁大夫仲孙捷。”朱熹《四书集注》：“孟敬子，鲁大夫仲孙氏，名捷。问之者，问其疾也。”**曾子言曰：“鸟之将死，其鸣也哀；人之将死，其言也善。**包咸《论语包氏章句》：“欲戒敬子，言我将死，言善可用。”朱熹《四书集注》：“言，自言也。鸟畏死，故鸣哀。人穷反本，故言善。此曾子之谦辞，欲敬子知其所言之善而识之也。”**君子所贵乎道者三：动容貌，斯远（yuàn）暴慢矣；正颜色，斯近信矣；出辞气，斯远鄙倍矣。**郑玄《论语郑氏注》：“此道谓礼也。动容貌，能济济跄跄，则人不敢暴慢之；正颜色，能矜庄严栗，则人不敢欺诈之；出辞气，能顺而说之，则无恶戾之言入于耳。”**笾豆之事，则有司存。”**包咸《论语包氏章句》：“敬子忽大务小，故又戒之以此。笾豆，礼器。”朱熹《四书集注》：“贵，犹重也。容貌，举一身而言。暴，粗厉也。慢，放肆也。信，实也。正颜色而近信，则非色庄也。辞，言语。气，声气也。鄙，凡陋也。倍，与背同，谓背理也。笾，竹豆。豆，木豆。言道虽无所不在，然

萧何

萧何向来与曹参不和。萧何病重时，孝惠帝亲自去探望他的病情，顺便问他：“您百年之后，谁可以继代您的职位？”萧何回答说：“了解臣下的莫过于君主。”孝惠帝接着问：“曹参这个人怎么样？”萧何叩头说：“皇上您找到合适的人选了！我死而无憾了！”

君子所重者，在此三事而已。是皆修身之要、为政之本，学者所当操存省察，而不可有造次颠沛之违者也。若夫笾豆之事，器数之末，道之全体固无不该，然其分则有司之守，而非君子之所重矣。”

[译文]

曾子得了病，孟敬子来探望他。曾子说：“鸟要死的时候，叫声是凄凉的；人要死的时候，说出的话多是善意的。在上位的人在处世待人方面有三个问题应该注重：能常注意自己的容貌真诚谦和，就可以避免别人的粗暴和怠慢；能常注意脸色庄重严肃，就可以使自己越来越诚信；能常注意说话的言辞和语气，就可以远离鄙陋粗野和错误。至于祭祀礼仪的细节问题，自然有主管人员在那里掌握啊！”

[原文]

曾子曰：“以能问于不能，以多问于寡；有若无，实若虚，犯而不校(jiào)，包咸《论语包氏章句》：“校，报也。言见侵犯不报。”**昔者吾友尝从事于斯矣。”**马融《论语训说》：“友，谓颜渊。”朱熹《四书集注》：“校，计校也。友，马氏以为颜渊是也。颜子之心，惟知义理之无穷，不见物我之有间，故能如此。”

[译文]

曾子说：“自己才能高，却向才能低于自己的人请教；自己学识丰富，却向学识浅薄的人请教；有学问就像没有学问一样，学富五车却像空无所有一样；别人无理冒犯自己，自己也不计较。从前我的一位朋友便这样做过。”

[原文]

曾子曰：“可以托六尺之孤，孔安国《论语孔氏训解》：“六尺之孤，幼少之君。”**可以寄百里之命，**孔安国《论语孔氏训解》：“摄君之政令。”**临大节而不可夺也。**何晏《论语集解》：“大节，安国家，定社稷。夺，不可倾夺。”**君子人与(yú)？君子人也。”**朱熹《四

刘备托孤

刘备被吴火烧联营，大败后兵退到白帝城，一病不起，诸葛亮受刘备“我儿可辅则辅，若不可辅君当自立为王”的托付，虽知刘禅是个昏庸之才，但仍然为蜀汉效忠，完成先帝遗志。

书集注》:“其才可以辅幼君、摄国政，其节至于死生之际而不可夺，可谓君子矣。与，疑辞。也，决辞。设为问答，所以深着其必然也。”程颐《程氏论语解》:“节操如是，可谓君子矣。”

[译文]

曾子说:“可以把年幼的孤儿托付给他，可以把方圆百里的国家交付给他，面临安危存亡的紧要关头仍能保持自己的节操。这样的人可以称为君子吗？这种人真是君子啊！”

[原文]

曾子曰:“士不可以不弘毅，任重而道远。包咸《论语包氏章句》:“弘，大也。毅，强而能断也。士弘毅，然后能负重任，致远路。”朱熹《四书集注》:“弘，宽广也。毅，强忍也。非弘不能胜其重，非毅无以致其远。”**仁以为己任，不亦重乎？死而后已，不亦远乎？”**孔安国《论语孔氏训解》:“以仁为己任，重莫重焉。死而后已，远莫远焉。”朱熹《四书集注》:“仁者，人心之全德，而必欲以身体而力行之，可谓重矣。一息尚存，此志不容少懈，可谓远矣。”程颐《程氏论语解》:“弘而不毅，则无规矩而难立；毅而不弘，则隘陋而无以居之。”又曰，“弘大刚毅，然后能胜重任而远到。”

[译文]

曾子说:“读书人不可以不宏大刚毅，因为他任重而道远。以实现整个人类的仁道为己任，不也沉重吗？到死时终止，不也遥远吗？”

[原文]

子曰:“兴于《诗》，包咸《论语包氏章句》:“兴，起也。言修身当先学《诗》。”朱熹《四书集注》:“兴，起也。《诗》本性情，有邪有正，其为言既易知，而吟咏之间，抑扬反复，其感人又易入。故学者之初，所以兴起其好善恶恶之心，而不能自已者，必于此而得之。”**立于礼。**包咸《论语包氏章句》:“礼者，所以立身。”朱熹《四书集注》:“礼以恭敬辞逊为本，而有节文度数之详，可以固人肌肤之会，

孔明秋风五丈原

自从刘备三顾茅庐请诸葛孔明出山后，孔明一直鞠躬尽瘁辅佐汉室，最终病死在五丈原。

有蒲与荷

“彼泽之陂，有蒲与荷”（《诗经·国风·陈风·泽陂》）描写了一位女子思念恋人的情景。

筋骸之束。故学者之中，所以能卓然自立，而不为事物之所摇夺者，必于此而得之。”**成于乐。”**包咸《论语包氏章句》：“乐所以成性。”朱熹《四书集注》：“乐有五声十二律，更唱迭和，以为歌舞八音之节，可以养人之性情，而荡涤其邪秽，消融其渣滓。故学者之终，所以至于义精仁熟，而自和顺于道德者，必于此而得之，是学之成也。按《内则》，十年学幼仪，十三学乐诵《诗》，二十而后学礼。则此三者，非小学传授之次，乃大学终身所得之难易、先后、浅深也。”

[译文]

孔子说：“《诗经》使我心志勃发，礼仪使我卓然自立，音乐使我事业成功。”

[原文]

子曰：“民可使由之，不可使知之。”何晏《论语集解》：“由，用也。可使用而不可使知者，百姓能日用而不能知。”朱熹《四书集注》：“民可使之由于是理之当然，而不能使之知其所以然也。”

[译文]

孔子说：“对于老百姓，可以使他们照着我们提出的道理去做，却不能使他们知道那是为什么。”

[原文]

子曰：“好(hào)勇疾贫，乱也。包咸《论语包氏章句》：“好勇之人而患疾己贫贱者，必将为乱。”**人而不仁，疾之已甚，乱也。”**包咸《论语包氏章句》：“疾恶太甚，亦使其为乱。”朱熹《四书集注》：“好勇而不安分，则必作乱。恶不仁之人而使之无所容，则必致乱。二者之心，善恶虽殊，然其生乱则一也。”

［译文］

孔子说："崇尚勇敢而又讨厌贫困，是一种祸害。对于不仁的人，痛恨他们太深，也是一种祸害。"

［原文］

子曰："如有周公孔安国《论语孔氏训解》："周公者，周公旦。"**之才之美，使骄且吝，其余不足观也已。"**朱熹《四书集注》："才美，谓智能技艺之美。骄，矜夸。吝，鄙啬也。"

周公旦

周公旦，姓姬，名旦，亦称叔旦，周代第一位周公。周文王的第四子，周武王的同母弟。因采邑在周，称为周公。武王死后，其子成王年幼，由他摄政当国。武王死后又平定"三监"叛乱，大行封建，营建东都，制礼作乐，还政成王，在巩固和发展周王朝的统治上起了关键性的作用。

［译文］

孔子说："如果有人具备周公那样完美的才能，但兼有骄傲与吝啬，其他的那些才能也就不值一看了。"

［原文］

子曰："三年学，不至于谷，不易得也。"孔安国《论语孔氏训解》："谷，善也。言人三岁学，不至于善，不可得言必无也，所以劝人学。"朱熹《四书集注》："谷，禄也。至，疑当作志。为学之久，而不求禄，如此之人，不易得也。"

［译文］

孔子说："学了三年还没有做官得俸禄的念头，这是难得的呀！"

［原文］

子曰："笃信好（hào）学，守死善道。朱熹《四书集注》："笃，厚而力也。不笃信，则不能好学；然笃信而不好学，则所信或非其正。不守死，则不能以善其道；然守死而不足以善其道，则亦徒死而已。盖守死者笃信之效，善道者好学之功。"**危邦不入，乱邦不居。天下有道则见（xiàn），无道则隐。**包咸《论语包氏章句》："言行当常然。危邦不入，始欲往。乱邦不居，今欲去。乱谓臣弑君，子弑父。危者，将乱之兆。"朱熹《四书集注》："君子见危授命，则仕危邦者无可去之义，在外则不入可也。乱邦未危，而刑政纪

韩蕲王湖上骑驴

韩世忠，宋代名将。字良臣，追封蕲王。绍兴中，秦桧当国，韩世忠与和议不合，恳疏解枢柄，逍遥家居。常顶一字巾，跨驴周游湖山，仅以童子四五人自随，混迹渔樵，号清凉居士。

纲紊矣，故洁其身而去之。天下，举一世而言。无道，则隐其身而不见也。此惟笃信好学、守死善道者能之。”**邦有道，贫且贱焉，耻也；邦无道，富且贵焉，耻也。”**朱熹《四书集注》：“世治而无可行之道，世乱而无能守之节，碌碌庸人，不足以为士矣，可耻之甚也。”

[译文]

孔子说：“坚定信念，努力学习仁道，誓死固守它。危险的国家不去，混乱的国家不住。天下太平，就出来做官；不太平，就归隐山林。国家的政治清明，自己贫穷而且卑贱，这是可耻的；国家政治黑暗，自己富有而且尊贵，也是可耻的。”

[原文]

子曰：“不在其位，不谋其政。”孔安国《论语孔氏训解》：“欲各专一于其职。”程颐《程氏论语解》：“不在其位，则不任其事也，若君大夫问而告者则有矣。”

[译文]

孔子说：“不在这个职位上，就不要插手这个职位上的事。”

[原文]

子曰：“师挚之始，《关雎》之乱，洋洋乎！盈耳哉。”郑玄《论语郑氏注》：“师挚，鲁大师之名。始，犹首也。周道衰微，郑、卫之音作，正乐废而失节。鲁大师挚识《关雎》之声，而首理其乱，有洋洋盈耳，听而美之。”朱熹《四书集注》：“师挚，鲁乐师名挚也。乱，乐之卒章也。《史记》曰：‘《关雎》之乱以为风始。’洋洋，美盛意。孔子自卫反鲁而正乐，适师挚在官之初，故乐之美盛如此。”

[译文]

孔子说：“从太师挚开始演奏，一直到结尾合奏《关雎》，乐声美妙绝伦，充满我的耳朵啊！”

［原文］

子曰：“狂而不直，孔安国《论语孔氏训解》：“狂者，进取宜直。”**侗(tōng)而不愿，**孔安国《论语孔氏训解》：“侗，未成器之人，宜谨愿。”**悾悾而不信，**包咸《论语包氏章句》：“悾悾，悫也，宜可信。”朱熹《四书集注》：“侗，无知貌。愿，谨厚也。悾悾，无能貌。”**吾不知之矣。”**孔安国《论语孔氏训解》：“言皆与常度反，我不知之。”朱熹《四书集注》：“吾不知之者，甚绝之之辞，亦不屑之教诲也。”

［译文］

孔子说：“狂妄而不正直，无知而不忠厚，无能而不讲信用，这种人我真不知道为什么是这个样子。”

［原文］

子曰：“学如不及，犹恐失之。”何晏《论语集解》：“学自外入，至熟乃可长久。如不及，犹恐失之。”朱熹《四书集注》：“言人之为学，既如有所不及矣，而其心犹竦然，惟恐其或失之，警学者当如是也。”

［译文］

孔子说：“做学问就像追赶什么似的，生怕赶不上；赶上了还唯恐再丢掉。”

戒酒防微

夏禹时，有一个名叫仪狄的人，以善酿佳酒闻名遐迩。有一次，仪狄把自己酿的酒献给夏禹品尝。夏禹饮了仪狄的酒，觉得甚为甘美。但是夏禹又联想到因纵酒而导致亡国的事情，此后，就对仪狄疏远了，甚至于不准仪狄再来觐见，并下令宫内不许饮酒。

［原文］

子曰：“巍巍乎！舜禹之有天下也，而不与焉(yù)。”何晏《论语集解》：“美舜、禹也。言己不与求天下而得之。巍巍，高大之称。”朱熹《四书集注》：“巍巍，高大之貌。不与，犹言不相关，言其不以位为乐也。”

［译文］

孔子说：“多么伟大啊！舜、禹贵为天子，拥有天下，却全心为民操劳，一点也不

谋私利。”

[原文]

子曰：“大哉尧之为君也！巍巍乎！唯天为大，唯尧则之。孔安国《论语孔氏训解》：“则，法也。美尧能法天而行化。”**荡荡乎！民无能名焉。**包咸《论语包氏章句》：“荡荡，广远之称。言其布德广远，民无能识其名焉。”朱熹《四书集注》：“唯，犹独也。则，犹准也。荡荡，广远之称也。言物之高大，莫有过于天者，而独尧之德能与之准。故其德之广远，亦如天之不可以言语形容也。”**巍巍乎！其有成功也！焕乎，其有文章！”**何晏《论语集解》：“焕，明也。其立文垂制又著明。”朱熹《四书集注》：“成功，事业也。焕，光明之貌。文章，礼乐法度也。尧之德不可名，其可见者此尔。”

[译文]

孔子说：“尧是多么伟大啊！高大啊！只有天最高大，唯独尧可以效法天。他的恩惠浩荡无边啊！老百姓简直不知道怎样称赞他。他的功绩多么崇高啊，他的礼制多么美好！”

帝尧

帝尧为帝喾次子，初封于陶，又封于唐，故称为陶唐氏。其名放勋，帝号为尧，史称为唐尧。在位百年，有德政，常征求四岳的意见，而且设立谤木，让平民可以发表意见，要求荐举贤人，加以任用，后让位于舜。

[原文]

舜有臣五人而天下治。孔安国《论语孔氏训解》：“禹、稷、契、皋陶、伯益。”朱熹《四书集注》：“五人，禹、稷、契、皋陶、伯益。”**武王曰：“予有乱臣十人。”**马融《论语训说》：“乱，治也。治官者十人，谓周公旦、召公奭、太公望、毕公、荣公、太颠、闳夭、散宜生、南宫适，其一人谓文母。”朱熹《四书集注》：“《书·泰誓》之辞。”**孔子曰：“才难，不其然乎？唐虞之际，于斯为盛。有妇人焉，九人而已。**孔安国《论语孔氏训解》：“唐者，尧号。虞者，舜号。际者，尧舜交会之间。斯，此也。言尧、舜交会之间，比于周，周最盛，多贤才，然尚有一妇人，其余九人而已。大才难得，岂不然乎。”朱熹《四书集注》：“称孔子者，上系武王君臣之际，记者谨之。才难，盖古语，而孔子然之也。才者，德之用也。唐虞，尧舜有天下之号。际，交会之间。言周室人才之多，惟唐虞之际，乃盛于此。降自夏商，皆不能及，然犹但有此数人尔，是才之难得也。”**三分天下有其二，以服事殷。周之德，其可谓至德也已矣。”**包咸《论语包氏章句》：“殷纣淫乱，文王为西伯而有圣德，天下归周者三分有二，而犹以服事殷，故谓之至德。”

举贤贡能

周武王灭了商朝后，问周公：“今人民尚未稳定，贤能的人尚未安定，这可怎么办呢？”周公告诉他，不论是商的子民还是周的子民，都要相同对待，把自己所得的与民分享。广开言论，礼贤下士，聚集有德行的人，社会自然安定。

［译文］

舜有五位贤臣，天下治理井然。周武王说：“我有能治理天下的大臣十人。”孔子说：“人才难得，不是这样的吗？唐尧和虞舜的时代以及武王说那番话的时候，人才最为昌盛；然而武王的十位人才中还有一位是妇女，实际上只是九位罢了。周文王得了天下的三分之二，仍然向商纣俯首称臣。周朝的道德，可以说达到最高境界了。”

［原文］

子曰：“禹，吾无间然矣。孔安国《论语孔氏训解》：“孔子推禹功德之盛美，言己不能复间其间。”**菲饮食，而致孝乎鬼神；**马融《论语训说》：“菲，薄也。致孝鬼神，祭祀丰洁。”**恶衣服，而致美乎黻(fú)冕；**孔安国《论语孔氏训解》：“损其常服，以盛祭服。”**卑宫室，而尽力乎沟洫。**包咸《论语包氏章句》：“方里为井，井间有沟，沟广深四尺。十里为成，成间有洫，洫广深八尺。”**禹，吾无间(jiàn)然矣。”**朱熹《四书集注》：“间，罅隙也，谓指其罅隙而非议之也。菲，薄也。致孝鬼神，谓享祀丰洁。衣服，常服。黻，蔽膝也，以韦为之。冕，冠也，皆祭服也。沟洫，田间水道，以正疆界、备旱潦者也。或丰或俭，各适其宜，所以无罅隙之可议也，故再言以深美之。”

[译文]

孔子说：“对于禹，我无可指责。饮食菲薄而对祭祀极其虔诚，衣着粗恶而使礼服极其华丽，居室简陋而尽力开挖沟渠。对于禹，我无可指责。”

子罕第九

题 解

正义曰：此篇皆论孔子之德行也，故以次泰伯、尧、禹之至德。

——邢昺《论语注疏》

[原文]

子罕言利与命与仁。何晏《论语集解》："罕者，希也。利者，义之和也。命者，天之命也。仁者，行之盛也。寡能及之，故希言也。"朱熹《四书集注》："罕，少也。"程颐《程氏论语解》："计利则害义，命之理微，仁之道大，皆夫子所罕言也。"

[译文]

孔子很少谈论功利、命运和仁德。

[原文]

达巷党人曰："大哉孔子！博学而无所成名。"郑玄《论语郑氏注》："达巷者，党名也。五百家为党，此党之人，美孔子博学道艺，不成一名而已。"朱熹《四书集注》："达巷，党名。其人姓名不传。博学无所成名，盖美其学之博而惜其不成一艺之名也。"**子闻之，谓门弟子曰："吾何执？执御乎？执射乎？吾执御矣。"**郑玄《论语郑氏注》："闻人美之，承之以谦。吾执御，欲名六艺之卑也。"朱熹《四书集注》："执，专执也。射御皆一艺，而御为人仆，所执尤卑。言欲使我何所

孔子乘辂

辂是古代的一种大车。

执以成名乎？然则吾将执御矣。闻人誉己，承之以谦也。”

[译文]

有个居住在达巷的人说：“伟大的孔子啊！学问渊博却没有树立名声的一技之长。”孔子听到后，对门徒们说：“我擅长什么呢？驾车，还是射箭呢？我还是擅长驾车吧！”

冕旒

冕旒，是古代大夫以上的礼冠上垂着的珠玉串，以彩线穿组。冕旒的多少和质料的差异，是区分贵贱尊卑的标志。天子之冕十二旒，诸侯九，上大夫七，下大夫五。见《周礼·夏官·弁师》。

[原文]

子曰：“麻冕，礼也；今也纯，俭。吾从众。孔安国《论语孔氏训解》：“冕，缁布冠也，古者绩麻三十升布以为之。纯，丝也。丝易成，故从俭。”朱熹《四书集注》：“麻冕，缁布冠也。纯，丝也。俭，谓省约。缁布冠，以三十升布为之，升八十缕，则其经二千四百缕矣。细密难成，不如用丝之省约。”**拜下，礼也；今拜乎上，泰也。虽违众，吾从下。”**王肃《论语王氏义说》：“臣之与君行礼者，下拜然后升成礼。时臣骄泰，故于上拜。今从下，礼之恭也。”朱熹《四书集注》：“臣与君行礼，当拜于堂下。君辞之，乃升成拜。泰，骄慢也。”

[译文]

孔子说：“麻布的冠冕是合乎礼的，现今用丝帛，比麻布俭省，我依从多数。在堂下跪拜是合乎礼的，现今在堂上跪拜，较为倨傲；即使违背多数，我还是依从在堂下跪拜。”

[原文]

子绝四：毋意，何晏《论语集解》：“以道为度，故不任意。”**毋必，**何晏《论语集解》：“用之则行，舍之则藏，故无专必。”**毋固，**何晏《论语集解》：“无可无不可，故无固行。”**毋我。**何晏《论语集解》：“述古而不自作处，群萃而不自异，唯道是从，故不有其身。”朱熹《四书集注》：“绝，无之尽者。毋，

《史记》作“无”，是也。意，私意也。必，期必也。固，执滞也。我，私己也。四者相为终始，起于意，遂于必，留于固，而成于我也。盖意必常在事前，固我常在事后，至于我又生意，则物欲牵引，循环不穷矣。”

[译文]

孔子戒绝四项事情：不任意猜测、不主观武断、不固执己见、不自以为是。

[原文]

子畏于匡。包咸《论语包氏章句》：“匡人误围夫子，以为阳虎。阳虎曾暴于匡，夫子弟子颜克时又与虎俱行。后克为夫子御，至于匡。匡人相与共识克，又夫子容貌与虎相似，故匡人以兵围之。”朱熹《四书集注》：“畏者，有戒心之谓。匡，地名。《史记》云：‘阳虎曾暴于匡，夫子貌似阳虎，故匡人围之。’”**曰：“文王既没(mò)，文不在兹乎？**孔安国《论语孔氏训解》：“兹，此也。言文王虽已死，其文见在此。此，自谓其身。”朱熹《四书集注》：“道之显者谓之文，盖礼乐制度之谓。不曰道而曰文，亦谦辞也。兹，此也，孔子自谓。”**天之将丧斯文也，**孔安国《论语孔氏训解》：“文王既没，故孔子自谓后死。言天将丧此文者，本不当使我知之。今使我知之，未欲丧也。”**后死者不得与(yù)于斯文也；天之未丧斯文也，匡人其如予何？”**马融《论语训说》：“其如予何者，犹言奈我何也。天之未丧此文，则我当传之。匡人欲奈我何，言其不能违天以害己也。”

[译文]

孔子在匡邑遇险，说：“周文王逝世以后，礼乐典章制度不是在我这里吗？上天将要使它们沦丧，我这后死的人就不会掌握它们了；上天若不想使它们沦丧，匡人又能把我怎么样呢？”

[原文]

大(tài)宰问于子贡曰：“夫子圣者与(yú)？何其多能也？”孔安国《论语孔氏训解》：“大宰，大夫官名，或吴或宋，未可分也。疑孔子多能于小艺。”朱熹《四书集注》：“与者，疑辞。大宰盖以多能为圣也。”**子贡曰：“固天纵之将圣，又多能也。”**孔安国《论语孔氏训解》：“言天固纵大圣之德，又使多能也。”朱熹《四书集注》：“纵，犹肆也，言不为限量也。将，殆也，谦若不敢知之辞。圣无不通，多能乃其余事，故言又以兼之。”**子闻之，曰：“大宰知我乎！吾少也贱，故多能鄙事。君子多乎哉？不多也。”**

包咸《论语包氏章句》："我少小贫贱，常自执事，故多能为鄙人之事。君子固不当多能。"朱熹《四书集注》："言由少贱故多能，而所能者鄙事尔，非以圣而无不通也。且多能非所以率人，故又言君子不必多能以晓之。"**牢曰："子云，'吾不试，故艺'。"** 郑玄《论语郑氏注》："牢，弟子子牢也。试，用也。言孔子自云，我不见用，故多技艺。"朱熹《四书集注》："牢，孔子弟子，姓琴，字子开，一字子张。试，用也。言由不为世用，故得以习于艺而通之。"

[译文]

太宰问子贡说："夫子是圣人吧，为什么这样多才多艺呢？"子贡说："这本是上天使他成为圣人，又使他多才多艺。"孔子听到后说："太宰了解我吗？我小时候贫贱，所以学会了不少平常的技艺。君子需要这么多的技能吗？其实是不要这么多的。"子牢说："孔子说：'我没有去做官，所以学会了许多技艺。'"

[原文]

子曰："吾有知乎哉？无知也。 何晏《论语集解》："知者，知意之知也。知者言未必尽，今我诚尽。"**有鄙夫问于我，空空如也，我叩其两端而竭焉。"** 孔安国《论语孔氏训解》："有鄙夫来问于我，其意空空然，我则发事之终始两端以语之，竭尽所知，不为有爱。"朱熹《四书集注》："孔子谦言己无知识，但其告人，虽于至愚，不敢不尽耳。叩，发动也。两端，犹言两头。言终始、本末、上下、精粗，无所不尽。"

观器论道

孔子在鲁桓公庙内见到攲器说："攲器空时是斜的，装一半水就正，水满就翻。"弟子们一试果然这样。孔子叹息说："没有什么东西能满而不覆的。"子路问保持满而不覆的办法，孔子说："把水舀出来减少一些就可以了。"孔子用这个故事告诫弟子做人要谦虚，满招损而谦受益。

[译文]

孔子说："我有知识吗？没有知识。有个乡下人问我，我一无所知。于是只好从正反终始两端推究，尽我所能回答。"

[原文]

子曰："凤鸟不至，河不出图，吾已矣夫(fú)！"孔安国《论语孔氏训解》："圣人受命则凤鸟至，河出图。今天无此瑞。'吾已矣夫'者，伤不得见也。河图，八卦是也。"朱熹《四书集注》："凤，灵鸟，舜时来仪，文王时鸣于岐山。河图，河中龙马负图，伏羲时出，皆圣王之瑞也。已，止也。"

[译文]

孔子说："凤凰不到来，河图不出现，我没有指望了！"

[原文]

子见齐衰(zī cuī)者、冕衣裳者与瞽者，包咸《论语包氏章句》："冕者，冠也，大夫之服。瞽，盲也。"**见之，虽少必作；过之，必趋。**包咸《论语包氏章句》："作，起也；趋，疾行也。此夫子哀有丧，尊在位，恤不成人。"朱熹《四书集注》："齐衰，丧服。冕，冠也。衣，上服。裳，下服。冕而衣裳，贵者之盛服也。瞽，无目者。作，起也。趋，疾行也。或曰：'少，当作坐。'"

西狩获麟

鲁哀公十四年（前481），鲁人在西郊打猎获得一只麒麟，孔子感念于此，停止了写《春秋》。孔丛子说："季孙氏猎获麒麟，因不认识扔在五父之衢。"冉有告诉了孔子，孔子前去观看，哭泣着说："这是麒麟啊，麒麟是仁义之兽，一出现就死了，我的道也要完了。"

[译文]

孔子看到服丧的人、衣冠整齐的人和盲人，所见者尽管是年轻人也必定站起身来，经过他们身边时必定加快步伐。

[原文]

颜渊喟何晏《论语集解》："喟，叹声。"**然叹曰："仰之弥高，钻之弥坚；**何晏《论语集解》："言不可穷尽。"**瞻之在前，忽焉在后。**何晏《论语集解》："言恍惚不可为形象。"朱熹《四书集注》："喟，叹声。仰弥高，不可及。钻弥坚，不可入。在前在后，恍惚不可为象。此颜渊深知夫子之道，无穷尽、无方体，而叹之也。"

步游洙泗

鲁城东北有洙水和泗水两条河，孔子办教育时，与弟子们漫步在河岸边。孔子走一步，颜回也走一步，孔子走得快一点，颜回也走得快一点。颜回是孔子最为欣赏的弟子，他的所有德行都受到孔子的赞扬。此图表现出颜回对于孔子亦步亦趋的情景。

夫子循循然善诱人，何晏《论语集解》：“循循，次序貌。诱，进也。言夫子正以此道进劝人有所序。”**博我以文，约我以礼。**朱熹《四书集注》：“循循，有次序貌。诱，引进也。博文约礼，教之序也。言夫子道虽高妙，而教人有序也。”**欲罢不能，既竭吾才，如有所立卓尔。虽欲从之，末由也已。”**孔安国《论语孔氏训解》：“言夫子既以文章开博我，又以礼节节约我，使我欲罢而不能。已竭我才矣，其有所立则又卓然不可及。言己虽蒙夫子之善诱，犹不能及夫子之所立。”朱熹《四书集注》：“卓，立貌。末，无也。此颜子自言其学之所至也。盖悦之深而力之尽，所见益亲，而又无所用其力也。”

[译文]

颜回感叹地说：“仰望它更觉崇高，钻研它更觉坚厚。观望时在前面，忽然又到后面去了。夫子善于有步骤地引导他人，用典制来丰富我，用礼仪来约束我，使我欲罢不能。我已经竭尽了才力，大道似乎卓然在前，我虽然想随从它，却不知从何入手。”

[原文]

子疾病，包咸《论语包氏章句》：“疾甚曰病。”**子路使门人为臣。**郑玄《论语郑氏注》：“孔子尝为大夫，故子路欲使弟子行其臣之礼。”朱熹《四书集注》：“夫子时已去位，无家臣。子路欲以家臣治其丧，其意实尊圣人，而未知所以尊也。”**病间，曰：“久矣哉！由之行诈也，无臣而为有臣。吾谁欺？欺天乎？**孔安国《论语孔氏训解》：“少差曰间。言子路久有是心，非今日也。”朱熹《四书集注》：“间，如字。病间，少差也。病时不知，既差乃知其事，故言我之不当有家臣，人皆知之，不可欺也。而为有臣，则是欺天而已。人而欺天，莫大之罪。引以自归，其责子路深矣。”**且予与其死于臣之手也，无宁死于二三子之手乎？**马融《论语训说》：“无宁，宁也；二三子，门人也。就使我有臣而死其手，我宁死于弟子之手乎！”**且予纵不得大葬，**孔安国《论语孔氏训解》：“君臣礼葬。”**予死于道路乎？”**马融《论语训说》：“就使我不得以君臣礼葬，有二三子在，我宁当忧弃于道路乎？”朱熹《四书集注》：“无宁，宁也。大葬，谓君臣礼葬。死于道路，谓弃而不葬。又晓之以不必然之故。”

[译文]

孔子患了重病，子路让门徒们担任家臣预备后事。孔子病情好转，说：“太过分了，由这样弄虚作假！没有家臣却装作有家臣，我欺骗谁呢？欺骗上天吗？我与其死在这种家臣之手，还不如死在你们这些弟子之手呢！我即使不能隆重安葬，还会死在道路上吗？”

[原文]

子贡曰：“有美玉于斯，韫(yùn)椟而藏诸？求善贾(jià)而沽诸？”马融《论语训说》：“韫，藏也。椟，匮也。谓藏诸匮中沽卖也。得善贾，宁肯卖之邪？”**子曰：“沽之哉！沽之哉！我待贾者也。”**包咸《论语包氏章句》：“沽之哉，不衒卖之辞。我居而待贾。”朱熹《四书集注》：“韫，藏也。椟，匮也。沽，卖也。子贡以孔子有道不仕，故设此二端以问也。孔子言固当卖之，但当待贾，而不当求之耳。”

[译文]

子贡说：“这儿有块美玉，是把它放在柜子里藏起来呢？还是等个好价钱卖掉它呢？”孔子说：“卖掉它！卖掉它！我正在等待好的价钱。”

微服过宋

孔子离开宋国到郑国去，与弟子们走散了，一个人站在东门下。一个郑国人对子贡说：“东门有个人，额头像尧，脖子像皋陶，肩膀像子产，从肩往下比禹矮三寸，狼狈不堪得像条丧家狗。”子贡如实说给孔子，孔子说：“说我长得像古代圣贤，不对！说像丧家之狗，很对！”

[原文]

子欲居九夷。马融《论语训说》：“九夷，东方之夷，有九种。”朱熹《四书集注》:“东方之夷有九种。欲居之者,亦乘桴浮海之意。”**或曰:“陋,如之何!”子曰:“君子居之,何陋之有?”**马融《论语训说》:“君子所居则化。”朱熹《四书集注》:“君子所居则化,何陋之有?”

[译文]

孔子想住到夷人地区去。有人说道:“那儿粗陋,怎么行呢?”孔子说:“君子住在那儿,有什么粗陋的呢!”

[原文]

子曰:“吾自卫反鲁,然后乐正,《雅》《颂》各得其所。”郑玄《论语郑氏注》:“反鲁,哀公十一年冬,是时道衰乐废,孔子来还,乃正之,故《雅》《颂》各得其所。”朱熹《四书集注》:“鲁哀公十一年冬,孔子自卫反鲁。是时周礼在鲁,然《诗》乐亦颇残阙失次。孔子周流四方,参互考订,以知其说。晚知道终不行,故归而正之。”

斯是陋室 惟吾德馨

唐朝诗人刘禹锡最有名的作品,莫过于他那“子曰:‘何陋之有’”的《陋室铭》。

[译文]

孔子说:“我从卫国回到鲁国,订正了乐章,使《雅》《颂》各得其所。”

[原文]

子曰:“出则事公卿,入则事父兄,丧事不敢不勉,不为酒困,何有于我哉?”马融《论语训说》:“困,乱也。”朱熹《四书集注》:“说见第七篇,然此则其事愈卑而意愈切矣。”

[译文]

孔子说:“出仕侍奉公卿,在家侍奉父兄,有丧事不敢不尽力,不因为酒而误事,这些事对于我又有什么困难的呢?”

[原文]

子在川上,曰:“逝者如斯夫（fú）!不舍（shě）昼夜。”包咸《论语包氏章句》:“逝,往也。言凡往也者如川之流。”朱熹《四书集注》:“天地之化,往者过,来者续,无一息之停,乃道体之本然也。然其可指而易见者,莫如川流。

故于此发以示人，欲学者时时省察，而无毫发之间断也。”

［译文］

孔子在河边说：“逝去的时光就像这河水啊！日夜不停。”

［原文］

子曰：“吾未见好(hào)德如好色者也。” 何晏《论语集解》：“疾时人薄于德而厚于色，故发此言。”

在川观水

孔子在河边看水，子贡问：“君子为什么见到水就一定要看呢？”孔子回答说：“河水长流不息，好像道的流传一样，所以君子见水必观。”

［译文］

孔子说：“我从未见到喜好德行如同喜好美色的人。”

［原文］

子曰：“譬如为山，未成一篑(kuì)，止，吾止也； 包咸《论语包氏章句》：“篑，土笼也。此劝人进于道德。为山者，其功虽已多，未成一笼而中道止者，我不以其前功多而善之，见其志不遂，故不与也。” **譬如平地，虽覆一篑，进，吾往也。”** 马融《论语训说》：“平地者将进加功，虽始覆一篑，我不以其功少而薄之，据其欲进而与之。”朱熹《四书集注》：“篑，土笼也。书曰：‘为山九仞，功亏一篑。’夫子之言，盖出于此。言山成而但少一篑，其止者，吾自止耳；平地而方覆一篑，其进者，吾自往耳。盖学者自强不息，则积少成多；中道而止，则前功尽弃。其止其往，皆在我而不在人也。”

［译文］

孔子说：“以堆土山做比，差一筐土就完成，却停下来了，那是我自己半途而废；以平整土地做比，即使只倒下一筐土，却在进行，那是我自己在不断前进。”

［原文］

子曰：“语(yù)之而不惰者，其回也与(yú)！” 朱熹《四书集注》：“惰，懈怠也。”

[译文]

孔子说："听我讲述始终不懈怠的，大概就是颜回吧！"

[原文]

子谓颜渊，曰："惜乎！吾见其进也，未见其止也。" 包咸《论语包氏章句》："孔子谓颜渊进益未止，痛惜之甚。"朱熹《四书集注》："进止二字，说见上章。颜子既死而孔子惜之，言其方进而未已也。"

[译文]

孔子谈到颜回，说："死得可惜啊！我只见他前进，从未见到他止步。"

[原文]

子曰："苗而不秀者有矣夫(fú)！秀而不实者有矣夫！" 孔安国《论语孔氏训解》："言万物有生而不育成者，喻人亦然。"朱熹《四书集注》："谷之始生曰苗，吐华曰秀，成谷曰实。盖学而不至于成，有如此者，是以君子贵自勉也。"

碎七宝器

《宋史》上记，太祖平蜀之后，曾见蜀主孟昶有一个溺器，是用七样宝贝装饰的。太祖见了大怒，命左右将其打碎，说道："七宝是珍贵之物，就做饮食之器也是奢侈不该的！却拿来装饰溺器，不知又用何等的器皿去盛饮食？竟然奢侈到如此地步，想要国家不灭亡，哪里又能做到呢？"

[译文]

孔子说："庄稼发苗而不开花的情况是有的，开花而不结果实的情况也是有的。"

[原文]

子曰："后生可畏，焉知来者之不如今也？ 何晏《论语集解》："后生谓年少。" **四十、五十而无闻焉，斯亦不足畏也已。"** 朱熹《四书集注》："孔子言后生年富力强，足以积学而有待，其势可畏，安知其将来不如我之今日乎？然或不能自勉，至于老而无闻，则不足畏矣。言此以警人，使及时勉学也。曾子曰：'五十而不以善闻，则不闻矣。'盖述此意。"

[译文]

孔子说："后生可畏，怎么知道将来不如现在

白居易

白居易十六岁到长安赴试，拜访著名诗人顾况。顾况看到“白居易”三字，便诙谐地说：“长安物价正贵，恐怕白居不易！”及批卷阅得《赋得古草原送别》中“离离原上草，一岁一枯荣；野火烧不尽，春风吹又生”时，不禁大为惊奇，拍案叫绝，马上改变语气，郑重地说：“能写出如此的诗句，白居也易！”从此，白居易诗名大振。

呢？四十岁、五十岁还没有名声，也就不值得畏惧了。”

[原文]

子曰：“法语之言，能无从乎？改之为贵。孔安国《论语孔氏训解》：“人有过，以正道告之，口无不顺从之，能必自改之，乃为贵。”**巽与之言，能无说乎？绎(yuè)之为贵。**马融《论语训说》：“巽，恭也。谓恭孙谨敬之言，闻之无不说者，能寻绎行之，乃为贵。”**说而不绎，从而不改，吾末如之何也已矣。”**朱熹《四书集注》：“法语者，正言之也。巽言者，婉而导之也。绎，寻其绪也。法言人所敬惮，故必从；然不改，则面从而已。巽言无所乖忤，故必说；然不绎，则又不足以知其微意之所在也。”

[译文]

孔子说：“严肃的规劝的话，能不听从吗？改正过错才是可贵的。谦恭顺从的话语，能让人不高兴吗？仔细思索才是可贵的。高兴而不思索，听从而不改正，我就不知拿他怎么办了。”

[原文]

子曰：“主忠信，毋友不如己者，过则勿惮改。”何晏《论语集解》：“慎所主友，有过务改，皆所以为益。”朱熹《四书集注》：“重出而逸其半。”

[译文]

孔子说：“以忠诚、守信为根本，不要和不如自己的人交往，有了过错就不要怕改正。”

[原文]

子曰：“三军可夺帅也，匹夫不可夺志也。”孔安国《论语孔氏训解》：“三军虽众，人心不一，则其将帅可夺而取之。匹夫虽微，苟守其志，不可得而夺也。”

周处

周处年轻时，为人蛮横强悍。义兴的河中有条蛟龙，山上有只白额虎，一起祸害百姓。有人劝说周处去杀死猛虎和蛟龙，周处立即杀死了老虎，又下河斩杀蛟龙。当他在水中三天三夜杀死了蛟龙出来后，听说乡里人以为自己已死并加以庆贺的事，才知道自己也被大家当作一大祸害，因此，悔过自新。

[译文]

孔子说："三军能被夺去主帅，普通百姓却不能迫使他改变志向。"

[原文]

子曰："衣(yì)敝缊(yùn)袍，与衣狐貉者立，而不耻者，其由也与(yú)？ 孔安国《论语孔氏训解》："缊，枲著。"朱熹《四书集注》："敝，坏也。缊，枲著也。袍，衣有著者也，盖衣之贱者。狐貉，以狐貉之皮为裘，衣之贵者。子路之志如此，则能不以贫富动其心，而可以进于道矣，故夫子称之。"**'不忮(zhì)不求，何用不臧？'"** 马融《论语训说》："忮，害也。臧，善也。言不忮害，不贪求，何用为不善？疾贪恶忮害之诗。"朱熹《四书集注》："忮，害也。求，贪也。臧，善也。言能不忮不求，则何为不善乎？此《邶风·雄雉》之诗，孔子引之，以美子路也。"**子路终身诵之。子曰："是道也，何足以臧？"** 马融《论语训说》："臧，善也。尚复有美于是者，何足以为善？"朱熹《四书集注》："终身诵之，则自喜其能，而不复求进于道矣，故夫子复言此以警之。"

[译文]

孔子说："穿着破旧的衣袍，和穿着狐皮裘衣的人站在一起而不感到羞耻的人，大概只有仲由了吧！正如《诗经·邶风·雄雉》中所说：'不妒忌，不贪求，难道不好吗？'"子路后来老是吟诵这两句诗。孔子说："仅仅这样，怎能算是好呢？"

[原文]

子曰："岁寒，然后知松柏之后雕也。" 何晏《论语集解》："大寒之岁，众木皆死，然后知松柏小雕伤；平岁则众木亦有不死者，故须岁寒而后别之。喻凡人处事治世亦能自修整，与君子同；在浊世，然后知君子之正不苟容。"

[译文]

孔子说："天气寒冷了，才知道松柏是最后凋零的。"

[原文]

子曰："知者不惑，包咸《论语包氏章句》："不惑乱。"**仁者不忧，**孔安国《论语孔氏训解》："无忧患。"**勇者不惧。"**朱熹《四书集注》："明足以烛理，故不惑；理足以胜私，故不忧；气足以配道义，故不惧。此学之序也。"

[译文]

孔子说："明智者不疑惑，仁德者不忧愁，勇敢者不畏惧。"

[原文]

子曰："可与共学，未可与适道；何晏《论语集解》："适，之也。虽学，或得异端，未必能之道。"**可与适道，未可与立；可与立，未可与权。"**何晏《论语集解》："虽能有所立，未必能权量其轻重之极。"

[译文]

孔子说："能与之共同学习的，不一定能与之抵达大道；能与之抵达大道的，不一定能与之坚守不移；能与之坚守不移的，不一定能与之通权达变。"

[原文]

"唐棣之华，偏其反而。岂不尔思？室是远而。"何晏《论语集解》："逸诗也。唐棣，移也，华反而后合。赋此诗者，以言权道反而后至于大顺。思其人而不得见者，其室远也。以言思权而不得见者，其道远也。"朱熹《四书集注》："唐棣，郁李也。偏，《晋书》作翩。然则反亦当与翻同，言华之摇动也。而，语助也。此逸诗也，于六义属兴。上两句无意义，但以起下两句之辞耳。其所谓尔，亦不知其何所指也。"**子曰："未之思也，夫何远之有？"**朱熹《四书集注》："夫子借其言而反之，盖前篇'仁远乎哉'之意。"

[译文]

"唐棣树的花，翩翩地摆动。难道不思念你？因为住得遥远。"孔子说："是未曾去思念啊，这有什么遥远的呢？"

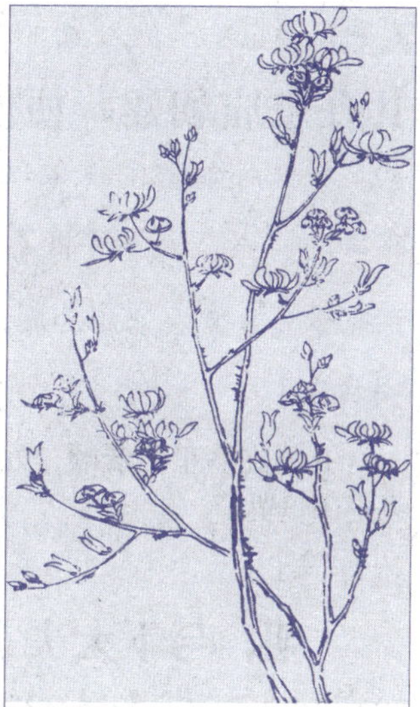

唐棣

唐棣又称"扶移""红句子"。蔷薇科。落叶小乔木。《毛诗草木鸟兽虫鱼疏》："（唐棣）奥李也。一名雀梅，亦曰车下李，所在山皆有。其华或白或赤；六月中熟，大如李子，可食。"奥李即郁李。

乡党第十

题 解

杨时："圣人之所谓道者，不离乎日用之间也。故夫子之平日，一动一静，门人皆审视而详记之。"尹焞："甚矣孔门诸子之嗜学也！于圣人之容色言动，无不谨书而备录之，以贻后世。今读其书，即其事，宛然如圣人之在目也。虽然，圣人岂拘拘而为之者哉？盖盛德之至，动容周旋，自中乎礼耳。学者欲潜心于圣人，宜于此求焉。"旧说凡一章，今分为十七节。

——朱熹《论语集注》

[原文]

孔子于乡党，恂恂如也，似不能言者。王肃《论语王氏义说》："恂恂，温恭之貌。"朱熹《四书集注》："恂恂，信实之貌。似不能言者，谦卑逊顺。不以贤知先人也。乡党，父兄宗族之所在，故孔子居之，其容貌辞气如此。"**其在宗庙朝廷，便（biàn）便言，唯谨尔。**郑玄《论语郑氏注》："便便，辩也。虽辩而谨敬。"朱熹《四书集注》："便便，辩也。宗庙，礼法之所在；朝廷，政事之所出；言不可以不明辩。故必详问而极言之，但谨而不放尔。此一节，记孔子在乡党、宗庙、朝廷言貌之不同。"

[译文]

孔子在乡里很恭顺，好像是个不会说话的人。在宗庙、朝堂则明白流畅地言谈，只是谨慎罢了。

[原文]

朝，与下大夫言，侃侃如也；孔安国《论语孔氏训解》："侃侃，和乐之貌。"**与上大夫言，訚訚如也。**朱熹《四书集注》："此君未视朝时也。王制，诸侯上大夫卿，下大夫五人。许氏《说文》：'侃侃，刚直也。訚訚，和悦而诤也。'"**君在，踧踖如也。与与如也。**马融《论语训说》："君在，视朝也。踧踖，恭敬之貌。与与，威仪中适之貌。"朱熹《四书集注》："君在，视朝也。踧踖，恭敬不宁之貌。与与，威仪中适之貌。"

[译文]

上朝时，与下大夫交谈，安详从容；与上大夫交谈，温和正直。国君临朝，恭敬小心，仪态得体。

[原文]

君召使摈，郑玄《论语郑氏注》："君召使摈者，有宾客使迎之。"**色勃如也，**孔安国《论语孔氏训解》："必变色。"**足躩如也。**朱熹《四书集注》："摈，主国之君所使出接宾者。勃，变色貌。躩，盘辟貌。皆敬君命故也。"**揖所与立，左右手。衣前后，襜如也。**郑玄《论语郑氏注》："揖左人，左其手；揖右人，右其手；一俯一仰，衣前后襜如也。"朱熹《四书集注》："所与立，谓同为摈者也。摈用命数之半，如上公九命，则用五人，以次传命。揖左人，则左其手；揖右人，则右其手。襜，整貌。"**趋进，翼如也。**孔安国《论语孔氏训解》："言端好。"朱熹《四书集注》："疾趋而进，张拱端好，如鸟舒翼。"**宾退，必复命曰："宾不顾矣。"**郑玄《论语郑氏注》："复命白君，宾已去矣。"朱熹《四书集注》："纾君敬也。此一节，记孔子为君摈相之容。"

景公尊让

孔子见齐景公，景公请孔子先行，孔子再三谦让，景公问孔子为什么不先行？孔子说："让我先行，是您的恩赐，但我怎敢以平民与国君相比？如果先行，不符合礼仪吧。"

[译文]

被国君召去接待贵宾，神色立即庄重起来，毫不懈怠地按礼仪走步。和同站在一起的人作揖时，分别向左右拱手，衣服前后整齐。快步前进时，如同鸟儿展翅。贵宾告退，必定回报国君说："宾客已经不再回头看了。"

[原文]

入公门，鞠躬如也，如不容。孔安国《论语孔氏训解》："敛身。"朱熹《四书集注》："鞠躬，曲身也。公门高大而若不容，敬之至也。"**立不中门，行不履阈（yù）。**孔安国《论语孔氏训解》："阈，门限。"朱熹《四书集注》："阈，于逼反。中门，中于门也。谓当枨闑之间，君出入处也。阈，门限也。礼：士大夫出入君门，由闑右，不践阈。"谢良佐："立中门则当尊，行履阈则不恪。"**过位，色勃如也，足躩如也，**包咸《论语包氏章句》："过君之空位。”**其言似不足者。**朱熹《四书集注》：“位，君之虚位。谓门屏之间，人君宁立之处，所谓伫也。君虽不在，过之必敬，不敢以虚位而慢之也。言似不足，不敢肆也。”**摄齐升堂，鞠躬如也，屏气似不息者。**孔安国《论语孔氏训解》：“皆重慎也。衣下曰齐。摄齐者，抠衣也。”朱熹《四书集注》：“齐，音咨。摄，抠也。齐，衣下缝也。礼：将升堂，两手抠衣，使去地尺，恐蹑之而倾跌失容也。屏，藏也。息，鼻息出入者也。近至尊，气容肃也。”**出，降一等，逞颜色，怡怡如也。**孔安国《论语孔氏训解》：“先屏气，下阶舒气，故怡怡如也。”**没阶趋，翼如也。**孔安国《论语孔氏训解》：“没，尽也。下尽阶。”**复其位，踧踖如也。**孔安国《论语孔氏训解》：“来时所过位。”

敬入公门

孔子进入公官的大门，恭恭敬敬好像没法容身的样子。

[译文]

进入朝堂的大门时，像鞠躬似的弯下身来，如同不能容身一样。站立不挡在门中间，行走不踩着门槛。经过国君座位时，神色立即庄重起来，毫不懈怠地按礼仪走步，说话像是气力不足似的。提起衣襟走上朝堂时，像鞠躬似的弯下身来，屏住气像是呼吸停止似的。退下时，走下一级台阶，放松了神态，和颜悦色；走完了台阶，快步前进，如同鸟儿展翅一般；回到自己的位置，依然恭敬小心。

[原文]

执圭，鞠躬如也，如不胜。包咸《论语包氏章句》：“为君使，聘问邻国，执持君之圭。鞠躬者，敬慎之至。”**上如揖，下如授。勃如战色，足蹜蹜，如有循。**郑玄《论语郑氏注》：“上如揖，授玉宜敬。下如授，不敢忘礼。战色，敬也。是蹜蹜如有循，举前曳踵行。”朱熹《四书集注》：“圭，诸侯命圭。聘问邻国，则使大夫执以通信。如不胜，执主器，执轻如不克，敬谨之至也。上如揖，下如授，谓执圭平衡，手与心齐，高不过揖，卑不过授也。战色，战而色惧也。蹜蹜，举足促狭也。如有循，《记》所谓举前曳踵。

言行不离地，如缘物也。”**享礼，有容色。**郑玄《论语郑氏注》：“享，献也。聘礼既聘，而享用圭璧有庭实。”朱熹《四书集注》：“享，献也。既聘而享，用圭璧，有庭实。有容色，和也。《仪礼》曰：‘发气满容。’”**私觌(dí)，愉愉如也。**郑玄《论语郑氏注》：“觌，见也。既享，乃以私礼见。愉愉，颜色和。”朱熹《四书集注》：“私觌，以私礼见也。愉愉，则又和矣。此一节，记孔子为君聘于邻国之礼也。”

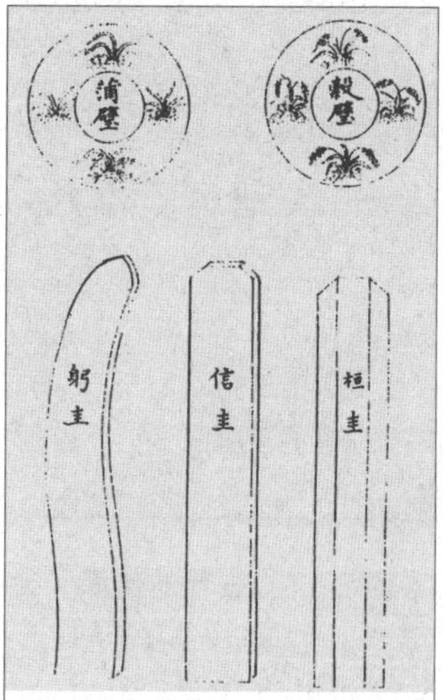

圭璧

圭璧是古代帝王祭祀天地的礼器，《周礼·考工记》有详细的记载，圭璧是祭祀日月星辰的，是天子执的。圭是玉制的尺子。这些不同大小的玉尺除了表示不同的用途以外，还用来表示天子、诸侯和不同官员一种象征的权威。圭璧传天下，这是古代以来帝王传承国家的一种重要形式。

［译文］

手执玉圭时，像鞠躬似的弯下身来，如同拿不动一样。上举时如同作揖，放下时如同授物。立即显出谨慎小心的神色，脚步急促，似乎沿着什么行走一样。献礼物时，仪容和悦。以私人身份拜见时，轻松愉快。

［原文］

君子不以绀緅饰。孔安国《论语孔氏训解》：“一入曰緅。饰者，不以为领袖缘也。绀者，齐服盛色以为饰衣，似衣齐服。緅者，三年练以緅饰衣，为其似衣丧服，故皆不以为饰衣。”朱熹《四书集注》：“君子，谓孔子。绀，深青扬赤色，齐服也。緅，绛色。三年之丧，以饰练服也。饰，领缘也。”**红紫不以为亵服。**王肃《论语王氏义说》：“亵服，私居服，非公会之服。皆不正，亵尚不衣，正服无所施。”朱熹《四书集注》：“红紫，间色不正，且近于妇人女子之服也。亵服，私居服也。言此则不以为朝祭之服可知。”**当暑，袗(zhěn)絺绤(xì)，必表而出之。**孔安国《论语孔氏训解》：“暑则单服。絺绤，葛也。必表而出之，加上衣。”朱熹《四书集注》：“袗，单也。葛之精者曰絺，粗者曰绤。表而出之，谓先着里衣，表絺绤而出之于外，欲其不见体也。《诗》所谓‘蒙彼绉絺’是也。”**缁衣羔裘，素衣麑裘，黄衣狐裘。**朱熹《四书集注》：“缁，黑色。羔裘，用黑羊皮。麑，鹿子，色白。狐，色黄。衣以裼裘，欲其相称。”**亵裘长。短右袂。**孔安国《论语孔氏训解》：“服皆中外之色相称也。私家裘长，主温。短右袂，便作

古代的羔裘和狐裘

事。”朱熹《四书集注》:“长，欲其温。短右袂，所以便作事。”**必有寝衣，长一身有半。**孔安国《论语孔氏训解》:“今之被也。”朱熹《四书集注》:“齐主于敬，不可解衣而寝，又不可着明衣而寝，故别有寝衣，其半盖以覆足。”**狐貉之厚以居。**郑玄《论语郑氏注》:“在家以接宾客。”朱熹《四书集注》:“狐貉，毛深温厚，私居取其适体。”**去丧，无所不佩。**孔安国《论语孔氏训解》:“去，除也。非丧则备佩所宜佩也。”朱熹《四书集注》:“君子无故，玉不去身。觿砺之属，亦皆佩也。”**非帷裳，必杀之。**王肃《论语王氏义说》:“衣必有杀缝，唯帷裳无杀也。”朱熹《四书集注》:“朝祭之服，裳用正幅如帷，要有襞积，而旁无杀缝。其余若深衣，腰半下，齐倍腰，则无襞积而有杀缝矣。”**羔裘玄冠不以吊。**孔安国《论语孔氏训解》:“丧主素，吉主玄，吉凶异服。”朱熹《四书集注》:“丧主素，吉主玄。吊必变服，所以哀死。”**吉月，必朝服而朝。**孔安国《论语孔氏训解》:“吉月，月朔也。朝服，皮弁服。”朱熹《四书集注》:“吉月，月朔也。孔子在鲁致仕时如此。此一节，记孔子衣服之制。”

［译文］

君子不用天青色、黑红色镶边，绯色、紫色的布料不用来做便服。夏天穿着麻、细葛布单衫时，必须套上外衣外出。黑衣配黑羊皮裘，白衣配白鹿皮裘，黄衣配黄狐皮裘。在家穿的皮裘较长，但缩短右袖。必须备有睡觉的小被，相当一个半体长。用狐、貉的厚毛皮做居家的便服。守丧结束，什么东西都能佩带。不是作为礼服的裳，必须裁短一些。黑羊皮裘、红黑色的冠不穿戴着去守丧。每逢朔日，必定穿戴朝服去朝拜。

［原文］

齐（zhāi），必有明衣，布。孔安国《论语孔氏训解》:“以布为沐浴衣。”朱熹《四书集注》:“齐，必沐浴，浴竟，即着明衣，所以明洁其体也，以布为之。此下脱前章寝衣一简。”**齐，必变食，**孔安国《论语孔氏训解》:“改常馔。”**居必迁坐。**孔安国《论语孔氏训解》:“易常处。”朱熹《四书集注》:“变食，谓不饮酒、不茹荤。迁坐，易常处也。此一节，记孔子谨齐之事。”

［译文］

斋戒必定备有沐浴后穿的明衣，是布的。斋戒时必须改变往常的饮食，居处必须改换往常的寝室。

［原文］

食不厌精，脍不厌细。朱熹《四书集注》：“食，饭也。精，凿也。牛羊与鱼之腥，聂而切之为脍。食精则能养人，脍粗则能害人。不厌，言以是为善，非谓必欲如是也。”**食饐而餲，**孔安国《论语孔氏训解》：“饐餲，臭味变。”**鱼馁而肉败，**何晏《论语集解》：“鱼败曰馁。”**不食。色恶，不食。臭恶，不食。失饪，不食。**孔安国《论语孔氏训解》：“失饪，失生熟之节。”**不时，不食。**郑玄《论语郑氏注》：“不时，非朝、夕、日中时。”朱熹《四书集注》：“饐，饭伤热湿也。餲，味变也。鱼烂曰馁。肉腐曰败。色恶臭恶，未败而色臭变也。饪，烹调生熟之节也。不时，五谷不成，果实未熟之类。此数者皆足以伤人，故不食。”**割不正，不食。不得其酱，不食。**马融《论语训说》：“鱼脍非芥酱不食。”朱熹《四书集注》：“割肉不方正者不食，造次不离于正也。汉陆续之母，切肉未尝不方，断葱以寸为度，盖其质美，与此暗合也。食肉用酱，各有所宜，不得则不食，恶其不备也。此二者，无害于人，但不以嗜味而苟食耳。”**肉虽多，不使胜食气。惟酒无量(liàng)，不及乱。**朱熹《四书集注》：“食以谷为主，故不使肉胜食气。酒以为人合欢，故不为量，但以醉为节而不及乱耳。”**沽酒市脯不食。**朱熹《四书集注》：“沽、市，皆买也。恐不精洁，或伤人也。与不尝康子之药同意。”**不撤姜食。**孔安国《论语孔氏训解》：“撤，去也。齐禁薰物，姜辛而不臭，故不去。”朱熹《四书集注》：“姜，通神明，去秽恶，故不撤。”**不多食。**孔安国《论语孔氏训解》：“不过饱。”朱熹《四书集注》：“适可而止，无贪心也。”**祭于公，不宿肉。**周生烈《论语周生烈义说》：“助祭于君，所得牲体，归则班赐，不留神惠。”**祭肉不出三日。出三日，不食之矣。**郑玄《论语郑氏注》：“自其家祭肉，过三日不食，是亵鬼神之余。”朱熹《四书集注》：“助祭于公，所得胙肉，归即颁赐。不俟经宿者，不留神惠也。家之祭肉，则不过三日，皆以分赐。盖过三日，则肉必败，而人不食之，是亵鬼神之余也。但比君所赐胙，可少缓耳。”**食不语，**

受鱼致祭

孔子到楚国去，渔人献鱼，孔子不接受，渔人说："天气炎热，很快就得扔掉，不如送给君子。"孔子收下后去祭祀。弟子不理解，孔子回答："怕东西腐烂了，就送给别人是仁人，哪有接受馈赠不去祭祀的呢？"

寝不言。朱熹《四书集注》："答述曰语。自言曰言。"**虽疏食菜羹，瓜祭，必齐如也。**孔安国《论语孔氏训解》："齐，严敬貌。三物虽薄，祭之必敬。"

[译文]

食物不嫌做得精，生脍不嫌切得细。食物放久变味，鱼臭肉烂，不食用；颜色难看，不食用；气味难闻，不食用；烹调不当，不食用；不合时令，不食用；切割不方正，不食用；没有该用的酱，不食用。肉即使很多，食用时不使它超过饭食。唯有酒不限量，但不喝到醉。打来的酒、买来的熟干肉，不食用。每次进食时必有姜，但不多吃。参加官府祭祀，分得的祭肉不留过夜。祭祀用过的肉存放不超过三天，超过三天就不食用了。进食时不交谈，睡觉时不说话。即使是糙米饭、蔬菜羹，也必须在饭前向先祖献祭，必定像斋戒那样虔诚。

[原文]

席不正，不坐。谢良佐："圣人心安于正，故于位之不正者，虽小不处。"

[译文]

座席不端正，不坐。

[原文]

乡人饮酒，杖者出，斯出矣。孔安国《论语孔氏训解》："杖者，老人也。乡人饮酒之礼，主于老者，老者礼毕，出，孔子从而后出。"朱熹《四书集注》："杖者，老人也。六十杖于乡，未出不敢先，既出不敢后。"**乡人傩（nuó），朝服而立于阼阶。**孔安国《论语孔氏训解》："傩，驱逐疫鬼。恐惊先祖，故朝服而立于庙之阼阶。"朱熹《四书集注》："傩，所以逐疫，《周礼》方相氏掌之。阼阶，东阶也。傩虽古礼而近于戏，亦必朝服而临之者，无所不用其诚敬也。或曰：'恐其惊先祖五祀之神，欲其依己而安也。'此一节，记孔子居乡之事。"

[译文]

与乡里人饮酒，拄杖的老人退出后，才退出来。乡里迎神袪鬼时，穿着朝服站在东面的台阶上。

[原文]

问人于他邦，再拜而送之。孔安国《论语孔氏训解》:“拜送使者，敬也。”朱熹《四书集注》:“拜送使者，如亲见之，敬也。”**康子馈药，拜而受之。**包咸《论语包氏章句》:“馈孔子药。”**曰:“丘未达，不敢尝。”**孔安国《论语孔氏训解》:“未知其故，故不敢尝，礼也。”

[译文]

托人向他国人士问候，再次拜谢后送别。季康子馈赠药物，孔子拜谢后接受，说:“我不了解，不敢尝。”

知鲁庙灾

孔子在陈国听到鲁国宗庙受灾，认为一定是桓公、釐公的庙。陈国国君很奇怪，孔子说:“《周礼》上说祖宗有功德就能留存庙宇。桓公、釐公功德不足而保留庙宇，所以天就降下灾难。”不久即证实孔子的推测是正确的。

[原文]

厩焚。子退朝，曰:“伤人乎?”不问马。郑玄《论语郑氏注》:“重人贱畜。退朝，自君之朝来归。”朱熹《四书集注》:“非不爱马，然恐伤人之意多，故未暇问。盖贵人贱畜，理当如此。”

[译文]

马厩失火，孔子退朝回来，说:“伤到人了吗?”不询问马的情况。

[原文]

君赐食，必正席先尝之；孔安国《论语孔氏训解》:“敬君惠也。既尝之，乃以班赐。”**君赐腥，必熟而荐之；**孔安国《论语孔氏训解》:“荐其先祖。”**君赐生，必畜之。**郑玄《论语郑氏注》:“于君祭，则先饭矣，若为君尝食然。”朱熹《四书集注》:“食恐或馂余，故不以荐。正席先尝，如对君也。言先尝，则余当以颁赐矣。腥，生肉。熟而荐之祖考，荣君赐也。畜之者，仁君之惠，无故不敢杀也。”**侍食于君，君祭，先饭。**朱熹《四书集注》："《周礼》，'王日一举，膳夫授祭，品尝食，王乃食'。故侍食者，君祭，则己不祭而先饭。若为君尝食然，不敢当客礼也。"**疾，君视之，东首（shǒu），加朝服，拖绅。**包咸《论语包氏章句》："夫子疾，处南牖之下，东首，加其朝服，拖绅。绅，大带。不敢不衣朝服见君。"朱熹《四书集注》："东首，以受生气也。病卧不能着衣束带，又不可以亵服见君，故加朝服于身，又引大带于上也。"**君命召，不俟驾行矣。**郑玄《论语郑氏注》："急趋君命，行出而车驾随之。"朱熹《四书集注》："急趋君命，行出而驾车随之。此一节，记孔子事君之礼。"

[译文]

国君赐给食物，必定端正了座席先尝一点；国君赐给生肉，必定煮熟了才上供；国君赐给活物，必定畜养起来。陪同国君进食，国君在饭前向先祖献祭，就先吃饭。患了重病，国君来探望，就头朝东，加盖朝服，放上绅带。国君有命令召见，不等车辆驾好就动身。

[原文]

入大（tài）庙，每事问。朱熹《四书集注》："重出。"

[译文]

进了太庙，每件事情都询问。

贵黍贱桃

鲁哀公赐孔子桃子和小米饭，孔子先吃米饭后吃桃子，旁边的人都掩口而笑。孔子认为小米为五谷之长，可供祭祀，而桃子为众菜之末，不能做祭品，所以先吃饭后吃桃。

[原文]

朋友死，无所归。曰："于我殡。"孔安国《论语孔氏训解》："重朋友之恩。无所归，言无亲昵。"朱熹《四书集注》："朋友以义合，死无所归，不得不殡。"**朋友之馈，虽车马，非祭肉，不拜。**孔安国《论语孔氏训解》："不拜者，有通财之义。"朱熹《四书集注》："朋友有通财之义，故虽车马之重不拜。祭肉则拜者，敬其祖考，同于己亲也。此一节，记孔子交朋友之义。”

［译文］

朋友去世，没有人来安葬，就说：“让我来办理丧事吧。”朋友的馈赠，即使是车辆马匹，只要不是祭肉，就不拜谢。

［原文］

寝不尸，包咸《论语包氏章句》：“偃卧四体，布展手足，似死人。”**居不容。**孔安国《论语孔氏训解》：“为室家之敬难久。”朱熹《四书集注》：“尸，谓偃卧似死人也。居，居家。容，容仪。”**见齐（zī）衰（cuī）者，虽狎，必变。**孔安国《论语孔氏训解》：“狎者，素亲狎。”**见冕者与瞽者，虽亵，必以貌。**周生烈《论语周生烈义说》：“亵，谓数相见，必当以貌礼之。”朱熹《四书集注》：“狎，谓素亲狎。亵，谓燕见。貌，谓礼貌。余见前篇。”**凶服者式之。式负版者。**孔安国《论语孔氏训解》：“凶服，送死之衣物。负版者，持邦国之图籍。”朱熹《四书集注》：“式，车前横木。有所敬，则俯而凭之。负版，持邦国图籍者。式此二者，哀有丧，重民数也。人惟万物之灵，而王者之所天也，故《周礼》‘献民数于王，王拜受之’。况其下者，敢不敬乎？”**有盛馔，必变色而作。**孔安国《论语孔氏训解》：“作，起也。敬主人之亲馈。”朱熹《四书集注》：“敬主人之礼，非以其馔也。”**迅雷风烈，必变。**郑玄《论语郑氏注》：“敬天之怒，风疾雷为烈。”朱熹《四书集注》：“迅，疾也。烈，猛也。必变者，所以敬天之怒。记曰：‘若有疾风、迅雷、甚雨则必变，虽夜必兴，衣服冠而坐。’此一节，记孔子容貌之变。”**升车，必正立执绥。**周生烈《论语周生烈义说》：“必正立执绥，所以为安。”朱熹《四书集注》：“绥，挽以上车之索也。”**车中，不内顾，**包咸《论语包氏章句》：“车中不内顾者，前视不过衡轭，傍视不过掎毂。”**不疾言，不亲指。**朱熹《四

古时着孝服的男子

书集注》："内顾，回视也。《礼》曰：'顾不过毂。'三者皆失容，且惑人。此一节，记孔子升车之容。"

[译文]

睡觉不像死尸那样僵卧，家居不像做客那样端坐。见到服丧的人，即使是亲近者，也必定改变神色。见到戴冠冕的人、盲人，即使是熟人，也必定礼貌相待。乘车遇上穿丧服的人就扶着轼致礼，为传送文书的人扶轼致礼。有丰盛的菜肴，必定改变神色才站起身来。遇上雷霆、大风，必定改变神色。上了车，必定端正地站立，拉着扶手的绳索。在车上不环顾车内，不高声说话，不指指点点。

[原文]

色斯举矣，马融《论语训说》："见颜色不善则去之。"**翔而后集。**周生烈《论语周生烈义说》："回翔审观而后下止。"朱熹《四书集注》："言鸟见人之颜色不善，则飞去，回翔审视而后下止。人之见几而作，审择所处，亦当如此。然此上下，必有阙文矣。"**曰："山梁雌雉，时哉！时哉！"子路共之，三嗅而作。**何晏《论语集解》："言山梁雌雉得其时，而入不得其时，故叹之。子路以其时物，故共具之。非本意，不苟食，故三嗅而作。作，起也。"

山梁叹雉

孔子经过山梁，恰逢几只雌野鸡在那儿饮水啄食。感叹说："山梁上的雌野鸡呀，得其时呀，得其时呀！"子路向它们拱拱手，它们就振一振翅膀飞走了。

[译文]

野鸡见到人神色不善就飞了起来，盘旋飞翔后才落下来。孔子说："这山冈上的雌雉，真是动静得时啊！"子路向它们拱拱手，野鸡叫了三声飞去了。

先进第十一

题 解

此篇多评弟子贤否。凡二十五章。胡氏曰："此篇记闵子骞言行者四，而其一直称闵子，疑闵氏门人所记也。"

——朱熹《论语集注》

[原文]

子曰："先进于礼乐，野人也；后进于礼乐，君子也。孔安国《论语孔氏训解》："先进、后进，谓仕先后辈也。礼乐因世损益，后进与礼乐，俱得时之中，斯君子矣；先进有古风，斯野人也。"朱熹《四书集注》："先进后进，犹言前辈后辈。野人，谓郊外之民。君子，谓贤士大夫也。"**如用之，则吾从先进。"**何晏《论语集解》："将移风易俗，归之淳素。先进犹近古风，故从之。"朱熹《四书集注》："用之，谓用礼乐。孔子既述时人之言，又自言其如此，盖欲损过以就中也。"

[译文]

孔子说："先学习礼乐然后做官，这是普通在野的人士；先做官然后再学习礼乐，这是贵族子弟。如果要我选用人才，我主张选用先学习礼乐的人。"

[原文]

子曰："从我于陈、蔡者，皆不及门也。"郑玄《论语郑氏注》："言弟子从我而厄于陈、蔡者，皆不及仕进之门，而失其所。"朱熹《四书集注》："孔子尝厄于陈、蔡之间，弟子多从之者，此时皆不在门。故孔子思之，盖不忘

圣门四科

孔门弟子中，德行好的有颜渊、闵子骞、冉伯牛、冉仲弓；擅长言辞的有子我、子贡；擅长处理政务的有冉有、季路；熟悉古代文献的有子游、子夏。这里的四科即是指德行、言语、政事、文学四方面。

其相从于患难之中也。”**德行(xíng)：颜渊，闵子骞，冉伯牛，仲弓。言语：宰我，子贡。政事：冉有，季路。文学：子游，子夏。**朱熹《四书集注》：“弟子因孔子之言，记此十人，而并目其所长，分为四科。孔子教人各因其材，于此可见。”

[译文]

孔子说：“曾经跟随我困在陈国、蔡国的人，现在都不在我身边了。”德行见长的弟子是颜渊、闵子骞、冉伯牛、仲弓；言语见长的弟子是宰我、子贡；政务见长的弟子是冉有、季路；文学见长的弟子是子游、子夏。

[原文]

子曰：“回也非助我者也，于吾言无所不说(yuè)。”孔安国《论语孔氏训解》：“助，益也。言回闻言即解，无发起增益于已。”朱熹《四书集注》：“助我，若子夏之起予，因疑问而有以相长也。颜子于圣人之言，默识心通，无所疑问。故夫子云然，其辞若有憾焉，其实乃深喜之。”

单衣顺母

闵子骞在孔门中的德行和颜渊并称。闵子骞兄弟二人幼年丧母，父亲娶后母，又生二子。后母虐待子骞兄弟，其父知道后，欲将后母逐出家门，闵子骞极力劝阻，父亲于是留下了后母。后母受到感动，以后待子骞兄弟亦如同亲生二子一样。

[译文]

孔子说：“颜回不是对我有帮助的人，他对于我的话没有不感到喜悦的。”

[原文]

子曰：“孝哉闵子骞！人不间(jiàn)于其父母昆弟之言。”陈群《论语陈氏义说》：“言子骞上事父母，下顺兄弟，动静尽善，故人不得有非间之言。”

[译文]

孔子说：“闵子骞真孝顺啊！他人不会怀疑他父母兄弟称赞他孝顺的话。”

[原文]

南容三(sàn)复白圭，孔安国《论语孔氏训解》：“《诗》云：‘白圭之玷，尚可磨也。斯言之玷，不可为也。’南容读《诗》至此，三反覆之，是其心慎言也。”**孔子以其兄之**

子妻之。朱熹《四书集注》:"《诗·大雅·抑》之篇曰:'白圭之玷,尚可磨也;斯言之玷,不可为也。'南容一日三复此言,事见家语,盖深有意于谨言也。此邦有道所以不废,邦无道所以免祸,故孔子以兄子妻之。"范宁《论语范氏注》:"言者行之表,行者言之实,未有易其言而能谨于行者。南容欲谨其言如此,则必能谨其行矣。"

[译文]

南容多次吟诵《抑》这首诗,孔子把自己的侄女嫁给了他。

[原文]

季康子问:"弟子孰为好学?"孔子对曰:"有颜回者好学,不幸短命死矣!今也则亡。"范宁《论语范氏注》:"哀公、康子问同而对有详略者,臣之告君,不可不尽。若康子者,必待其能问乃告之,此教诲之道也。"

[译文]

季康子问道:"门徒中哪个好学?"孔子答道:"有个叫颜回的好学,不幸短命死去,现今就没有这么好学的学生了。"

[原文]

颜渊死,颜路请子之车以为之椁。孔安国《论语孔氏训解》:"路,渊父也。家贫,欲请孔子之车,卖以作椁。"朱熹《四书集注》:"颜路,渊之父,名无繇。少孔子六岁,孔子始教而受学焉。椁,外棺也。请为椁,欲卖车以买椁也。"**子曰:"才不才,亦各言其子也。鲤也死,有棺而无椁。吾不徒行以为之椁。以吾从大夫之后,不可徒行也。"**孔安国《论语孔氏训解》:"鲤,孔子之子,伯鱼也。孔子时为大夫,言从大夫之后,不可以徒

命名荣贶

鲁昭公十年(前532),孔子的儿子出生时,鲁昭公赏给了鲤鱼。孔子为显耀国君的赏赐,因而给儿子取名鲤,字伯鱼。

行，谦辞也。”朱熹《四书集注》：“鲤，孔子之子伯鱼也，先孔子卒。言鲤之才虽不及颜渊，然己与颜路以父视之，则皆子也。孔子时已致仕，尚从大夫之列，言后，谦辞。”

[译文]

颜回去世了，颜路请求孔子卖掉车子来为颜回置办棺外的椁。孔子说：“无论有无才能，就说各人自己的儿子吧。即使孔鲤去世后有棺而没有椁，我也不能徒步行走而为他置办椁。因为我曾经当过大夫，按礼是不能徒步行走的。”

[原文]

颜渊死。子曰：“噫！ 包咸《论语包氏章句》：“噫，痛伤之声。” **天丧予！天丧予！”** 何晏《论语集解》：“天丧予者，若丧己也。再言之者，痛惜之甚。”朱熹《四书集注》：“噫，伤痛声。悼道无传，若天丧己也。”

[译文]

颜回去世了，孔子说：“啊！老天爷这是要我的命呀！老天爷这是要我的命呀！”

[原文]

颜渊死，子哭之恸。从者曰：“子恸矣。” 马融《论语训说》：“恸，哀过也。”朱熹《四书集注》：“恸，哀过也。” **曰：“有恸乎？** 孔安国《论语孔氏训解》：“不自知己之悲哀过。”朱熹《四书集注》：“哀伤之至，不自知也。” **非夫(fú)人之为(wèi)恸而谁为！”** 朱熹《四书集注》：“夫人，谓颜渊。言其死可惜，哭之宜恸，非他人之比也。”

[译文]

颜回去世了，孔子哭得很悲伤，随从的人说：“老师太悲伤了。”孔子说：“我太悲伤了吗？不为这样的人悲伤还为谁呢？”

[原文]

颜渊死，门人欲厚葬之，子曰：“不可。” 何晏《论语集解》：“礼，贫富有宜。颜渊贫，而门人欲厚葬之，故不听。”朱熹《四书集注》：“丧具称家之有无，贫而厚葬，不循理也。故夫子止

九窍玉塞

九窍玉塞，即填塞或遮盖死者身上九孔窍的九件玉器。东晋葛洪《抱朴子》：“金玉在九窍，则死者为之不朽。”这同玉衣能使尸体不朽的迷信说法是一致的，是厚葬的产物。九窍玉塞为耳塞、眼塞、鼻塞、口塞、肛门塞和生殖器塞。

之。”**门人厚葬之。**朱熹《四书集注》：“盖颜路听之。”**子曰：“回也视予犹父也，予不得视犹子也。非我也，夫(fú)二三子也。”**马融《论语训说》：“言回自有父，父意欲听门人厚葬，我不得割止，非其厚葬，故云耳。”朱熹《四书集注》：“叹不得如葬鲤之得宜，以责门人也。”

[译文]

颜回去世了，门徒们想厚葬他，孔子说：“不行。”门徒们厚葬了颜回，孔子说：“颜回对我像父亲一样看待，我却不能把他像儿子一样看待。这不能怪我，是那些后生们啊！”

[原文]

季路问事鬼神。子曰：“未能事人，焉能事鬼？”敢问死。曰：“未知生，焉知死？”陈群《论语陈氏义说》：“鬼神及死事难明，语之无益，故不答。”朱熹《四书集注》：“问事鬼神，盖求所以奉祭祀之意。而死者人之所必有，不可不知，皆切问也。然非诚敬足以事人，则必不能事神；非原始而知所以生，则必不能反终而知所以死。盖幽明始终，初无二理，但学之有序，不可躐等，故夫子告之如此。”

[译文]

子路询问怎样侍奉鬼神，孔子说：“还没能侍奉好活人，怎么能侍奉鬼神呢？”子路说：“请问怎样看待死？”孔子说：“还没了解生，怎么能了解死呢？”

[原文]

闵子侍侧，訚訚(yín)如也；子路，行行(hàng)如也；冉有、子贡，侃侃如也。子乐(lè)。郑玄《论语郑氏注》：“乐各尽其性。行行，刚强之貌。”朱熹《四书集注》：“行行，刚强之貌。子乐者，乐得英材而教育之。”**“若由也，不得其死然。”**孔安国《论语孔氏训解》：“不得以寿终。”尹焞：“子路刚强，有不得其死之理，故因以戒之。其后子路卒死于卫孔悝之难。”

[译文]

闵子骞侍立在孔子身边时，温和正直；子路刚强英武；冉有、子贡则安详从容。孔子觉得很高兴。接着叹息说：“像仲由那样的人，恐怕不能善终吧！”

[原文]

鲁人为长府。朱熹《四书集注》：“长府，藏名。藏货财曰府。为，盖改作之。”**闵子骞曰：“仍旧贯，如之何？何必改作？”**郑玄《论语郑氏注》：“长府，藏名也，藏财货曰府。仍，因也。贯，事也。因旧事则可也，

颛孙师

颛孙师（前 503—?），姓颛孙，名师，字子张。春秋末陈国阳城（今河南登封）人。出身微贱，且犯过罪行，经孔子教育成为“显士”。虽学干禄，未尝从政，以教授终。孔子死后，独立招收弟子，宣扬儒家学说，是“子张之儒”的创始人。

何乃复更改作。”朱熹《四书集注》：“仍，因也。贯，事也。王氏曰：‘改作，劳民伤财。在于得已，则不如仍旧贯之善。’” **子曰：“夫(fú)人不言，言必有中(zhòng)。”** 王肃《论语王氏义说》：“言必有中者，善其不欲劳民改作。”朱熹《四书集注》：“言不妄发，发必当理，惟有德者能之。”

[译文]

鲁国的执政者打算改建金库，闵子骞说：“按旧规制会如何呢？何必要改造呢？”孔子说：“这个人要么不说，说了必定合乎道理。”

[原文]

子曰：“由之瑟奚为于丘之门？” 马融《论语训说》：“子路鼓瑟，不合《雅》《颂》。”程颐《程氏论语解》：“言其声之不和，与己不同也。”《家语》云：“子路鼓瑟，有北鄙杀伐之声。”朱熹《四书集注》：“盖其气质刚勇，而不足于中和，故其发于声者如此。” **门人不敬子路。子曰：“由也升堂矣，未入于室也。”** 马融《论语训说》：“升我堂矣，未入于室耳。门人不解，谓孔子言为贱子路，故复解之。”朱熹《四书集注》：“门人以夫子之言，遂不敬子路，故夫子释之。升堂入室，喻入道之次第。言子路之学，已造乎正大高明之域，特未深入精微之奥耳，未可以一事之失而遽忽之也。”

[译文]

孔子说：“仲由鼓瑟为什么鼓到我的门口来呢？”门徒们因而不敬重子路，孔子说：“由这个人已经登上殿堂，还没有进入内室。”

[原文]

子贡问：“师与商也孰贤？”子曰：“师也过，商也不及。” 孔安国《论语孔氏训解》：“言俱不得中。”朱熹《四书集注》：“子张才高意广，而好为苟难，故常过中。子夏笃信谨守，而规模狭隘，故常不及。” **曰：“然**

则师愈与？” 朱熹《四书集注》：“愈，犹胜也。” **子曰：“过犹不及。”** 何晏《论语集解》：“愈犹胜也。”朱熹《四书集注》：“道以中庸为至。贤知之过，虽若胜于愚不肖之不及，然其失中则一也。”

[译文]

子贡问道：“子张和子夏哪个贤能？”孔子说：“子张过头了些，子夏不及了些。”子贡说：“那么是子张强一些了？”孔子说：“过头和不及是一样的。”

[原文]

季氏富于周公， 孔安国《论语孔氏训解》：“周公，天子之宰、卿士。” **而求也为之聚敛而附益之。** 孔安国《论语孔氏训解》：“冉求为季氏宰，为之急赋税。”朱熹《四书集注》：“周公以王室至亲，有大功，位冢宰，其富宜矣。季氏以诸侯之卿，而富过之，非攘夺其君、刻剥其民，何以得此？冉有为季氏宰，又为之急赋税以益其富。”

不对田赋

季孙想就田税的事征求孔子的意见，孔子没有回答，而私下里对冉求说：“君子应按照礼的标准，多给一些，少征一些。如果贪得无厌，虽然多征了田税，也不会满足。何必问我呢？”

子曰：“非吾徒也。小子鸣鼓而攻之，可也。” 郑玄《论语郑氏注》：“小子，门人也。鸣鼓声其罪以责之。”朱熹《四书集注》：“非吾徒，绝之也。小子鸣鼓而攻之，使门人声其罪以责之也。圣人之恶党恶而害民也如此。然师严而友亲，故已绝之，而犹使门人正之，又见其爱人之无已也。”

[译文]

季氏的富有超过了周公，而冉求却还帮他搜刮来增加他的财富。孔子说：“他不是我的门徒了，你们这些后生大张旗鼓地声讨他都没有关系。”

[原文]

柴也愚， 何晏《论语集解》：“弟子高柴，字子羔。愚，愚直之愚。”朱熹《四书集注》：“柴，孔子弟子，姓高，字子羔。愚者，知不足而厚有余。《家语》

高柴

高柴，春秋末卫国人（一说齐国人）。他有政治才能，二十岁就被子路派去当“费宰”，孔子周游列国时，“为卫之士师”，管理（执掌）刑狱。

记其‘足不履影，启蛰不杀，方长不折。执亲之丧，泣血三年，未尝见齿。避难而行，不径不窦’。可以见其为人矣。”**参也鲁，**孔安国《论语孔氏训解》：“鲁，钝也。曾子性迟钝。”朱熹《四书集注》：“鲁，钝也。”程颐《程氏论语解》：“参也竟以鲁得之。”又曰，“曾子之学，诚笃而已。圣门学者，聪明才辩，不为不多，而卒传其道，乃质鲁之人尔。故学以诚实为贵也。”尹焞：“曾子之才鲁，故其学也确，所以能深造乎道也。”**师也辟，**马融《论语训说》：“子张才过人，失在邪辟文过。”朱熹《四书集注》：“辟，便辟也。谓习于容止，少诚实也。”**由也喭。**郑玄《论语郑氏注》：“子路之行，失于畔喭。”朱熹《四书集注》：“喭，粗俗也。传称喭者，谓俗论也。”

[译文]

高柴愚笨，曾参迟钝，子张偏激，子路鲁莽。

[原文]

子曰：“回也其庶乎，屡空。朱熹《四书集注》：“庶，近也，言近道也。屡空，数至空匮也。不以贫窭动心而求富，故屡至于空匮也。言其近道，又能安贫也。”**赐不受命，而货殖焉，亿则屡中。”**何晏《论语集解》：“言回庶几圣道，虽数空匮，而乐在其中。赐不受教命，唯财货是殖，亿度是非。盖美回，所以励赐也。一曰：屡犹每也。空犹虚中也。以圣人之善道，教数子之庶几，犹不至于知道者，各内有此害。其于庶几每能虚中者，唯回。怀道深远，不虚心，不能知道，子贡虽无数子之病，然亦不知道者，虽不穷理而幸中，虽非天命而偶富，亦所以不虚心也。”朱熹《四书集注》：“命，谓天命。货殖，货财生殖也。亿，意度也。言子贡不如颜子之安贫乐道，然其才识之明，亦能料事而多中也。”

[译文]

孔子说：“颜回的道德修养大概差不多了吧，可是常常贫困。端木赐不安本分而去经商，他判断市场行情往往很准确。”

［原文］

子张问善人之道。子曰：“不践迹，亦不入于室。”孔安国《论语孔氏训解》：“践，循也。言善人不但循追旧迹而已，亦少能创业，然亦不入于圣人之奥室。”朱熹《四书集注》：“善人，质美而未学者也。”

［译文］

子张询问善人的作为，孔子说：“不践行前人的脚步走，学问道德就达不到高深的境界。”

［原文］

子曰：“论笃是与，君子者乎？色庄者乎？”何晏《论语集解》：“论笃者，谓口无择言。君子者，谓身无鄙行。色庄者，不恶而严，以远小人。言此三者，皆可以为善人。”朱熹《四书集注》：“言但以其言论笃实而与之，则未知其为君子者乎？为色庄者乎？言不可以言貌取人也。”

［译文］

孔子说：“言论笃实就赞许，但要区分他究竟是君子呢，还是装作庄重的人呢？”

［原文］

子路问：“闻斯行诸？”包咸《论语包氏章句》：“赈穷救乏之事。”**子曰：“有父兄在，如之何其闻斯行之？”**孔安国《论语孔氏训解》：“当白父兄，不得自专。”**冉有问：“闻斯行诸？”子曰：“闻斯行之。”公西华曰：“由也问闻斯行诸，子曰‘有父兄在’；求也问闻斯行诸，子曰‘闻斯行之’。赤也惑，敢问。”**孔安国《论语孔氏训解》：“惑其问同而答异。”**子曰：“求也退，故**

匡人解围

孔子离开卫国到陈国，路过匡地，因阳虎曾施暴于匡人，孔子长得像阳虎，匡人就把他们围困了五天。弟子们很害怕，孔子说：“周文王死后，道德文化不都在我这儿吗？匡人能把我怎么样？”匡人知道搞错了，就放了孔子师徒。

进之；由也兼人，故退之。” 郑玄《论语郑氏注》：“言冉有性谦退，子路务在胜尚人，各因其人之失而正之。”朱熹《四书集注》：“兼人，谓胜人也。”

［译文］

子路问道：“听说了就实行吗？”孔子说：“有父亲兄长在世，怎么能听说了就实行呢？”冉有问道：“听说了就实行吗？”孔子说：“听说了就实行。”公西华说：“仲由询问是否听说了就实行，老师说‘有父亲兄长在世’；冉求询问是否听说了就实行，老师说‘听说了就实行’。我搞不懂，向老师请教。”孔子说：“冉求谦退，所以促进他；仲由好胜，所以抑制他。”

［原文］

子畏于匡，颜渊后。 孔安国《论语孔氏训解》：“言与孔子相失，故在后。”**子曰：“吾以女（rǔ）为死矣。”曰：“子在，回何敢死？”** 包咸《论语包氏章句》：“言夫子在，已无所敢死。”朱熹《四书集注》：“后，谓相失在后。何敢死，谓不赴斗而必死也。”

［译文］

孔子在匡邑遇险，颜回落在后面，最后赶到。孔子说：“我以为你死了呢。”颜回说：“老师还在，我怎么敢死呢？”

［原文］

季子然问：“仲由、冉求可谓大臣与（yú）？” 孔安国《论语孔氏训解》：“子然，季氏子弟。自多得臣此二子，故问之。”朱熹《四书集注》：“子然，季氏子弟。自多其家得臣二子，故问之。”**子曰：“吾以子为异之问，曾由与求之问。** 孔安国《论语孔氏训解》：“谓子问异事耳。则此二人之问，安足大乎？”朱熹《四书集注》：“曾，犹乃也。轻二子以抑季然也。”**所谓大臣者：以道事君，不可则止。** 朱熹《四书集注》：“以道事君者，不从君之欲。不可则止者，必行己之志。”**今由与求也，可谓具臣矣。”** 孔安国《论语孔氏训解》：“言备臣数而已。”朱熹《四书集注》：“具臣，谓备臣数而已。”**曰：“然则从之者与？”** 孔安国《论语孔氏训解》：“问为臣皆当从君所欲邪？”朱熹《四书集注》：“意二子既非大臣，则从季氏之所为而已。”**子曰：“弑父与君，亦不从也。”** 孔安国《论语孔氏训解》：“言二子虽从其主，亦不与为大逆。”朱熹《四书集注》：“言二子虽不足于大臣之道，然君臣之义则闻之熟矣，弑逆大故必不从之。盖深许二子以死难不可夺之节，而又以阴折季氏不臣之心也。”

[译文]

季子然问道："仲由、冉求可称为德行高尚的臣属吗？"孔子说："我以为你要问什么了不起的事，原来是问仲由和冉求呀。所谓德行高尚的臣属，是用大道来侍奉君主，行不通就罢手。仲由和冉求，眼下只可称为备位充数的臣属。"

季子然说："那么他们是顺从的人吗？"孔子说："如果要谋害父亲和君主，他们是不会顺从的。"

[原文]

子路使子羔为费(bì)宰。朱熹《四书集注》："子路为季氏宰而举之也。"**子曰："贼夫(fú)人之子。"**包咸《论语包氏章句》："子羔学未熟习，而使为政，所以为贼害。"朱熹《四书集注》："贼，害也。言子羔质美而未学，遽使治民，适以害之。"**子路曰："有民人焉，有社稷焉。何必读书，然后为学？"**孔安国《论语孔氏训解》："言治民事神，于是而习之，亦学也。"朱熹《四书集注》："言治民事神皆所以为学。"**子曰："是故恶(wù)夫佞者。"**孔安国《论语孔氏训解》："疾其以口给应，遂已非而不知穷。"朱熹《四书集注》："治民事神，固学者事，然必学之已成，然后可仕以行其学。若初未尝学，而使之即仕以为学，其不至于慢神而虐民者几希矣。子路之言，非其本意，但理屈辞穷，而取辩于口以御人耳。故夫子不斥其非，而特恶其佞也。"

子羔仁恕

子羔在卫国做官，曾依法判处罪人刖刑。内乱时，那人守城门，却放了他。子羔很奇怪，那人说："被砍掉脚，是我罪有应得，当时你想赦免我，执行时你很悲伤，这就使我喜欢你。"孔子听后说："执行法律想着仁恕，就留下恩德，严暴就结下仇怨。能这样做的，只有子羔吧！"

[译文]

子路让子羔担任费邑的长官，孔子说："他学业未完，你这是误人子弟啊！"子路说："既有民众又有社稷，为什么一定要读书才算是学习呢？"孔子说："因此我厌恶强词夺理的人！"

[原文]

子路、曾皙、孔安国《论语孔氏训解》："皙，曾参父，名点。"**冉有、公西华侍坐。**朱熹《四书集注》："皙，曾参父，名点。"**子曰："以**

吾一日长乎尔，毋吾以也。孔安国《论语孔氏训解》："言我问女，女无以我长故难对。"朱熹《四书集注》："言我虽年少长于女，然女勿以我长而难言。盖诱之尽言以观其志，而圣人和气谦德，于此亦可见矣。"**居则曰：'不吾知也！'**孔安国《论语孔氏训解》："女常居云人不知己。"**如或知尔，则何以哉？"**孔安国《论语孔氏训解》："如有用女者，则何以为治。"朱熹《四书集注》："言女平居，则言人不知我。如或有人知女，则女将何以为用也？"

子路率尔何晏《论语集解》："率尔，先三人对。"**而对曰："千乘之国，摄乎大国之间，加之以师旅，因之以饥馑；**包咸《论语包氏章句》："摄，迫也。迫于大国之间。"**由也为之，比及三年，可使有勇，且知方也。"**何晏《论语集解》："方，义方。"**夫子哂之。**马融《论语训说》："哂，笑。"朱熹《四书集注》："摄，管束也。二千五百人为师，五百人为旅。因，仍也。谷不熟曰饥，菜不熟曰馑。方，向也，谓向义也。民向义，则能亲其上，死其长矣。哂，微笑也。"**"求！尔何如？"对曰："方六七十，如五六十，**何晏《论语集解》："求性谦退，言欲得方六七十、如五六十里小国治之而已。"**求也为之，比及三年，可使足民。如其礼乐，以俟君子。"**孔安国《论语孔氏训解》："求自云能足民而已。谓衣食足也。若礼乐之化，当以待君子。谦也。"朱熹《四书集注》："求，尔何如，孔子问也，下放此。方六七十里，小国也。如，犹或也。五六十里，则又小矣。足，富足也。俟君子，言非己所能。冉有谦退，又以子路见哂，故其辞益逊。"**"赤！尔何如？"对曰："非曰能之，愿学焉。宗庙之事，如会同，端章甫，愿为小相焉。"**郑玄《论语郑氏注》："我非自言能，原学为之。宗庙之事，谓祭祀也。诸侯时见曰会。殷眺曰同。端，玄端也。衣玄端，冠章甫，诸侯日视朝之服。小相，谓相君之礼。"朱熹《四书集注》："公西华志于礼乐之事，嫌以君子自居。故将言己志而先为逊辞，言未能而愿学也。宗庙之事，谓祭祀。诸侯时见曰会，众眺曰同。端，玄端服。章甫，礼冠。相，赞君之礼者。言小，亦谦辞。"**"点！尔何如？"鼓瑟希，铿尔，舍瑟而作。对曰："异乎三子者之撰。"**孔安国《论语孔氏训解》："置瑟起对。撰，具也，

为政之具。铿者，投瑟之声。”**子曰：“何伤乎？亦各言其志也。”**孔安国《论语孔氏训解》：“各言己志，于义无伤。”**曰：“莫春者，春服既成。冠(guān)者五六人，童子六七人，浴乎沂，风乎舞雩，咏而归。”**包咸《论语包氏章句》：“莫春者，季春三月也。春服既成，衣单袷之时。我欲得冠者五六人，童子六七人，浴乎沂水之上，风凉于舞雩之下，歌咏先王之道，而归夫子之门。”朱熹《四书集注》：“四子侍坐，以齿为序，则点当次对。以方鼓瑟，故孔子先问求、赤而后及点也。希，间歇也。作，起也。撰，具也。莫春，和煦之时。春服，单袷之衣。浴，盥濯也，今上巳祓除是也。沂，水名，在鲁城南，地志以为有温泉焉，理或然也。风，乘凉也。舞雩，祭天祷雨之处，有坛墠树木也。咏，歌也。”**夫子喟然叹曰：“吾与点也！”**周生烈《论语周生烈义说》：“善点独知时。”**三子者出，曾皙后。曾皙曰：“夫(fú)三子者之言何如？”子曰：“亦各言其志也已矣。”曰：“夫子何哂由也？”**朱熹《四书集注》：“点以子路之志，乃所优为，而夫子哂之，故请其说。”**曰：“为国以礼，其言不让，是故哂之。”**包咸《论语包氏章句》：“为国以礼，礼贵让，子路言不让，故笑之。”朱熹《四书集注》：“夫子盖许其能，特哂其不逊。”**“唯求则非邦也与(yú)？”“安见方六七十如五六十而非邦也者？”**朱熹《四书集注》：“曾点以冉求亦欲为国而不见哂，故微问之。而夫子之答无贬辞，盖亦许之。”**“唯赤则非邦也与？”“宗庙会同，非诸侯而何？**孔安国《论语孔氏训解》：“明皆诸侯之事，与子路同，徒笑子路不让。”**赤也为之小，孰能为之大？”**

四子侍坐

孔子让子路、曾皙、冉有、公西华谈谈自己的志向，子路、冉有、公西华分别以民富国强和做个司仪对答。唯有曾皙有沐浴春风游沂水的乐趣，孔子感叹地说：“我赞同曾皙的志向啊！”

孔安国《论语孔氏训解》："赤谦言小相耳，谁能为大相？"朱熹《四书集注》："此亦曾皙问而夫子答也。孰能为之大，言无能出其右者，亦许之之辞。"

[译文]

子路、曾皙、冉有、公西华随从孔子坐着。孔子说："虽然我的年岁稍长些，但你们不要拘束。以前你们常说'没人了解我'，如果有人了解你们，你们打算做什么呢？"子路轻率地答道："拥有千乘兵车的国家，处在大国的中间，外有兵戈相加，内有饥荒相困，让我来治理，只需三年，能使人民勇敢，并且懂得道理。"孔子微微一笑。孔子说："求，你怎么样啊？"冉有答道："方圆六七十里，或者五六十里的地方，让我来治理，只需三年，能使民众富有。至于礼乐教化，就有待君子了。"孔子说："赤，你怎么样啊？"公西华答道："并非有能力，但愿意学习。宗庙祭祀，或与别国会盟，我愿意穿着礼服，担任小小的司仪。"孔子说："点，你怎么样啊？"曾皙鼓瑟略微放慢了节奏，铿的一声，放下瑟站起身来，答道："我和他们三位的想法不同。"孔子说："这有什么关系呢？不过各人谈论自己的志向而已。"曾皙说："暮春三月，已经穿上了春装，邀上五六个成年人、六七个小孩子，在沂水里沐浴，到舞雩台上乘凉，唱着歌回来。"孔子叹息着说："我赞同点啊！"其他三人退出去了，曾皙后走。曾皙说："他们三位的话怎么样啊？"孔子说："不过是各人谈论自己的志向而已。"曾皙说："夫子为何哂笑仲由呢？"孔子说："治理国家凭借礼仪，他的话毫不谦让，所以我哂笑他。"曾皙说："冉求所说的就不是国家吗？"孔子说："怎么见得方圆六七十里或者五六十里的地方就不是国家呢？"曾皙说："公西赤所说的就不是国家吗？"孔子说："有宗庙能会盟诸侯，不是诸侯是什么？赤只做个小小的司仪，谁能担任大的职事呢？"

颜渊第十二

题解

正义曰：此篇论仁政明达、君臣父子、辨惑折狱、君子文为，皆圣贤之格言，仕进之阶路，故次先进也。

——邢昺《论语注疏》

[原文]

颜渊问仁。子曰："克己复礼为仁。马融《论语训说》："克己约身。"孔安国《论语孔氏训解》："复，反也。身能反礼则为仁矣。"**一日克己复礼，天下归仁焉。**马融《论语训说》："一日犹见归，况终身乎。"**为仁由己，而由人乎哉？"**孔安国《论语孔氏训解》："行善在己，不在人也。"朱熹《四书集注》："仁者，本心之全德。克，胜也。己，谓身之私欲也。复，反也。礼者，天理之节文也。为仁者，所以全其心之德也。盖心之全德，莫非天理，而亦不能不坏于人欲。故为仁者必有以胜私欲而复于礼，则事皆天理，而本心之德复全于我矣。归，犹与也。又言一日克己复礼，则天下之人皆与其仁，极言其效之甚速而至大也。又言为仁由己而非他人所能预，又见其机之在我而无难也。日日克之，不以为难，则私欲净尽，天理流行，而仁不可胜用矣。"**颜渊曰："请问其目。"**朱熹《四书集注》："目，条件也。颜渊闻夫子之言，则于天理人欲之际，已判然矣，故不复有所疑问，而直请其条目也。"包咸《论语包氏章句》："知其必有条目，故请问之。"**子曰："非礼勿视，非礼勿听，非礼勿言，非**

克复传颜

颜渊向孔子问仁，孔子说："克制自己，使自己的言语行动都合于礼，就是仁。"颜渊又问仁的纲目，孔子说："不合礼的事不看，不合礼的话不听，不合礼的话不说，不合礼的事不做。"

礼勿动。” 郑玄《论语郑氏注》:“此四者,克己复礼之目。”朱熹《四书集注》:“非礼者,己之私也。勿者,禁止之辞。是人心之所以为主,而胜私复礼之机也。私胜,则动容周旋无不中礼,而日用之间,莫非天理之流行矣。” **颜渊曰:“回虽不敏,请事斯语矣。”** 王肃《论语王氏义说》:“敬事此语,必行之。”朱熹《四书集注》:“事,如事事之事。请事斯语,颜子默识其理,又自知其力有以胜之,故直以为己任而不疑也。”

[译文]

颜渊询问仁,孔子说:“约束自身使言行合乎礼,就是仁。一旦能约束自身使言行合乎礼,天下就归依仁了。成就仁在于自身,难道要仰仗他人吗?”颜渊说:“请问具体的内容。”孔子说:“不合乎礼的不去看,不合乎礼的不去听,不合乎礼的不去说,不合乎礼的不去做。”颜渊说:“我虽然迟钝,也要奉行这些教导。”

[原文]

仲弓问仁。子曰:“出门如见大宾,使民如承大祭。 孔安国《论语孔氏训解》:“为仁之道,莫尚乎敬。” **己所不欲,勿施于人。在邦无怨,在家无怨。”** 包咸《论语包氏章句》:“在邦为诸侯,在家为卿大夫。” **仲弓曰:“雍虽不敏,请事斯语矣。”** 朱熹《四书集注》:“敬以持己,恕以及物,则私意无所容而心德全矣。内外无怨,亦以其效言之,使以自考也。”

[译文]

仲弓询问仁,孔子说:“走出家门如同会见贵宾,役使民众如同承当大祭。自己所不想要的,不要施加于他人。在官府里没有人怨恨,在家族里没有人怨恨。”仲弓说:“我虽然迟钝,也要奉行这些教导。”

[原文]

司马牛问仁。 朱熹《四书集注》:“司马牛,孔子弟子,名犁,向魋之弟。” **子曰:“仁者其言也讱。”** 孔安国《论语孔氏训解》:“讱,难也。牛,宋人,弟子司马犁。”朱熹《四书集注》:“讱,忍也,难也。仁者心存而不放,故其言若有所忍而不易发,盖其德之一端也。夫子以牛多言而躁,故告之以此。使其于此而谨之,则所以为仁之方,不外是矣。” **曰:“其言也讱,斯谓之仁已乎?”子曰:“为之难,言之得无讱乎?”** 何晏《论语集解》:“行仁难,言仁亦不得不难。”朱熹《四书集注》:“牛意仁道至大,不但如夫子

司马耕

司马耕，子姓，向氏，名耕，字子牛，宋国人。司马耕善言谈，但性子急躁。

之所言，故夫子又告之以此。盖心常存，故事不苟，事不苟，故其言自有不得而易者，非强闭之而不出也。”杨时：“观此及下章再问之语，牛之易其言可知。”程颐《程氏论语解》：“虽为司马牛多言故及此，然圣人之言，亦止此为是。”

［译文］

司马牛询问仁，孔子说：“具备仁的人，他的言语谨慎。”司马牛说：“言语谨慎就叫作仁了吗？”孔子说：“做起来难，说能不谨慎吗？”

［原文］

司马牛问君子。子曰：“君子不忧不惧。”孔安国《论语孔氏训解》：“牛兄桓魋将为乱，牛自宋来学，常忧惧，故孔子解之。”朱熹《四书集注》：“向魋作乱，牛常忧惧。故夫子告之以此。”**曰：“不忧不惧，斯谓之君子已乎？”子曰：“内省不疚，夫何忧何惧？”**包咸《论语包氏章句》：“疚，病也。自省无罪恶，无可忧惧。”朱熹《四书集注》：“牛之再问，犹前章之意，故复告之以此。疚，病也。言由其平日所为无愧于心，故能内省不疚，而自无忧惧，未可遽以为易而忽之也。”

［译文］

司马牛询问什么是君子。孔子说：“君子不忧愁，不恐惧。”司马牛说：“不忧愁、不恐惧就叫作君子了吗？”孔子说：“内心自省不感到愧疚，还有什么忧愁恐惧呢？”

［原文］

司马牛忧曰：“人皆有兄弟，我独亡。”郑玄《论语郑氏注》：“牛兄桓魋行恶，死亡无日，我为无兄弟。”朱熹《四书集注》：“牛有兄弟而云然者，忧其为乱而将死也。”**子夏曰：“商闻之矣：**朱熹《四书集注》：“盖闻之夫子。”**死生有命，富贵在天。**朱熹《四书集注》：“命禀于有生之初，非今所能移；天莫之为而为，非我所能必，但当顺受而已。”**君子敬而无失，与人恭而有礼。四海之内，皆兄弟也。君子何患乎无**

兄弟也？” 包咸《论语包氏章句》:“君子疏恶而友贤，九州之人皆可以礼亲。”朱熹《四书集注》:“既安于命，又当修其在己者。故又言苟能持己以敬而不间断，接人以恭而有节文，则天下之人皆爱敬之，如兄弟矣。盖子夏欲以宽牛之忧，故为是不得已之辞，读者不以辞害意可也。”

[译文]

司马牛忧伤地说:“别人都有兄弟，唯独我没有。”子夏说:“我听说：生死自有命运，富贵在于上天。君子敬慎而没有失误，待人谦恭而有礼，四海之内都是兄弟。君子何必担忧没有兄弟呢？”

[原文]

子张问明。子曰:“浸润之谮(zèn)，肤受之愬，不行焉，可谓明也已矣。 郑玄《论语郑氏注》:“谮人之言，如水之浸润，渐以成之。”马融《论语训说》:“肤受之愬，皮肤外语，非其内实。” **浸润之谮，肤受之愬，不行焉，可谓远也已矣。”** 马融《论语训说》:“无此二者，非但为明，其德行高远，人莫能及。”朱熹《四书集注》:“浸润，如水之浸灌滋润，渐渍而不骤也。谮，毁人之行也。肤受，谓肌肤所受，利害切身。如《易》所谓‘剥床以肤，切近灾’者也。愬，愬己之冤也。毁人者渐渍而不骤，则听者不觉其入，而信之深矣。愬冤者急迫而切身，则听者不及致详，而发之暴矣。二者难察而能察之，则可见其心之明，而不蔽于近矣。此亦必因子张之失而告之，故其辞繁而不杀，以致丁宁之意云。”

[译文]

子张询问贤明，孔子说:“点滴浸润的谗言，切肤之痛的诬陷不能生效，就可以称为贤明了；点滴浸润的谗言，切肤之痛的诬陷不能生效，就可以称为德行高远了。”

[原文]

子贡问政。子曰:“足食，足兵，民信之矣。” 朱熹《四书集注》:“言仓廪实而武备修，然后教化行，而民信于我，不离叛也。” **子贡曰:“必不得已而去(qǔ)，于斯三者何先？”曰:“去兵。”** 朱熹《四书集注》:“言食足而信孚，则无兵而守固矣。” **子贡曰:“必不得已而去，于斯二者何先？”曰:“去食。自古皆有死，民无信不立。”** 孔安国《论语孔氏训解》:“死者，古今常道，人皆有之。治邦不可失信。”朱熹《四书集注》:

“民无食必死，然死者人之所必不免。无信则虽生而无以自立，不若死之为安。故宁死而不失信于民，使民亦宁死而不失信于我也。”

［译文］

子贡询问政务，孔子说：“使粮食富足，使武备充实，使民众信任。”子贡说：“迫不得已而放弃一项，在这三项中先放弃哪项？”孔子说：“放弃武备。”子贡说：“迫不得已再放弃一项，在余下两项中先放弃哪项？”孔子说：“放弃粮食。自古以来都有死亡，民众不信任就不能立国。”

子贡辞行

子贡去当信阳宰，向孔子辞行。孔子说：“要勤劳谨慎，依天时行事，当官要公平，临财要廉洁，要说人家的好话，别说人家的坏话，君子要处处谨慎呀。”

［原文］

棘子成曰：“君子质而已矣，何以文为？”郑玄《论语郑氏注》：“旧说云：棘子成，卫大夫。”朱熹《四书集注》：“棘子成，卫大夫。疾时人文胜，故为此言。”**子贡曰：“惜乎！夫子之说君子也。驷不及舌。**郑玄《论语郑氏注》：“惜乎！夫子之说君子也，过言一出，驷马追之不及。”朱熹《四书集注》：“言子成之言，乃君子之意。然言出于舌，则驷马不能追之，又惜其失言也。”**文犹质也，质犹文也。虎豹之鞟犹犬羊之鞟。”**孔安国《论语孔氏训解》：“皮去毛曰鞟。虎豹与犬羊别者，正以毛文异耳。今使文质同者，何以别虎豹与羊犬邪？”朱熹《四书集注》：“鞟，皮去毛者也。言文质等耳，不可相无。若必尽去其文而独存其质，则君子小人无以辨矣。夫棘子成矫当时之弊，固失之过；而子贡矫子成之弊，又无本末轻重之差，胥失之矣。”

［译文］

棘子成说：“君子质朴就行了，何必还要文采呢？”子贡说：“可惜啊，先生如此谈论君子！话一出口就难以收回了。文采与质朴一样，质朴与文采一样，二者同样重要。把虎豹与犬羊身上有文采的毛都拔掉，它们的皮革就没有区别了。”

［原文］

哀公问于有若曰：“年饥，用不足，如之何？”朱熹《四

泰山问政

孔子到齐国去，路过泰山，听到一妇女哭得很伤心。孔子派子路去问，妇人说："以前我公爹被老虎吃了，现在丈夫和儿子也被老虎吃了。"子路问："为什么不搬走呢？"妇女说："此地没有苛捐杂税。"子路告诉了孔子，孔子说："苛捐杂税比老虎还凶猛呀！"

书集注》："称有若者，君臣之辞。用，谓国用。公意盖欲加赋以足用也。"**有若对曰："盍彻乎？"**郑玄《论语郑氏注》："盍，何不也。周法什一而税谓之彻。彻，通也，为天下之通法。"朱熹《四书集注》："彻，通也，均也。周制：一夫受田百亩，而与同沟共井之人通力合作，计亩均收。大率民得其九，公取其一，故谓之彻。鲁自宣公税亩，又逐亩什取其一，则为什而取二矣。故有若请但专行彻法，欲公节用以厚民也。"**曰："二，吾犹不足，如之何其彻也？"**孔安国《论语孔氏训解》："二谓什二而税。"朱熹《四书集注》："二，即所谓什二也。公以有若不喻其旨，故言此以示加赋之意。"**对曰："百姓足，君孰与不足？百姓不足，君孰与足？"**孔安国《论语孔氏训解》："孰，谁也。"朱熹《四书集注》："民富，则君不至独贫；民贫，则君不能独富。有若深言君民一体之意，以止公之厚敛，为人上者所宜深念也。"杨时："仁政必自经界始。经界正，而后井地均、谷禄平，而军国之需皆量是以为出焉。故一彻而百度举矣，上下宁忧不足乎？以二犹不足而教之彻，疑若迂矣。然什一，天下之中正。多则桀，寡则貉，不可改也。后世不究其本而惟末之图，故征敛无艺，费出无经，而上下困矣。又恶知盍彻之当务而不为迂乎？"

[译文]

鲁哀公问有若："年成不好，用度不足，怎么办呢？"有若答道："何不十分取一分收税呢？"哀公说："十分取二分尚且不够，怎么能十分取一分呢？"有若答道："百姓富有，国君怎么会不足呢？百姓不足，国君怎么会富有呢？"

［原文］

子张问崇德、辨惑。孔安国《论语孔氏训解》："辨别也。"**子曰："主忠信，徙义，崇德也。**包咸《论语包氏章句》："徙义，见义则徙意而从之。"朱熹《四书集注》："主忠信，则本立，徙义，则日新。"**爱之欲其生，恶（wù）之欲其死。既欲其生，又欲其死，是惑也。**包咸《论语包氏章句》："爱恶当有常。一欲生之，一欲死之，是心惑也。"朱熹《四书集注》："爱恶，人之常情也。然人之生死有命，非可得而欲也。以爱恶而欲其生死，则惑矣。既欲其生，又欲其死，则惑之甚也。"**'诚不以富，亦祗以异。'"**郑玄《论语郑氏注》："此《诗·小雅》也。祗，适也。言此行诚不可以致富，适足以为异耳。取此《诗》之异义以非之。"朱熹《四书集注》："此《诗·小雅·我行其野》之辞也。旧说：夫子引之，以明欲其生死者不能使之生死。如此诗所言，不足以致富而适足以取异也。"程颐《程氏论语解》："此错简，当在第十六篇齐景公有马千驷之上。因此下文亦有齐景公字而误也。"杨时："堂堂乎张也，难与并为仁矣。则非诚善补过不蔽于私者，故告之如此。"

［译文］

子张询问如何提高德行、辨清疑惑，孔子说："以忠诚守信为本，顺从大义，就是提高德行。喜爱时希望他生存，厌恶时希望他死去；既希望他生存又希望他死去，这就是疑惑。《诗经·小雅·我行其野》说：'真的不是因为富足，只是因为不同。'"

［原文］

齐景公问政于孔子。朱熹《四书集注》："齐景公，名杵白。鲁昭公末年，孔子适齐。"**孔子对曰："君君，臣臣，父父，子子。"**孔安国《论语孔氏训解》："当此之时，陈桓制齐，君不君，臣不臣，父不父，子不子，故以对。"朱熹《四书集注》："此人道之大经，政事之根本也。是时景公失政，而大夫陈氏厚施于国。景公又多内嬖，而不立太子。其君臣父子之间，皆失其道，故夫子告之以此。"**公曰："善哉！信如君不君，臣不臣，父不父，子不子，虽有粟，吾得而食诸？"**孔安国《论语孔氏训解》："言将危也。陈氏果灭齐。"朱熹《四书集注》："景公善孔子之言而不能用，其后果以继嗣不定，启陈氏弑君篡国之祸。"杨时："君之所以君，臣之所以臣，

父之所以父，子之所以子，是必有道矣。景公知善夫子之言，而不知反求其所以然，盖悦而不绎者。齐之所以卒于乱也。”

[译文]

齐景公向孔子询问政务，孔子说：“君主像君主，臣属像臣属，父亲像父亲，儿子像儿子。”景公说：“是啊！如果真的君主不像君主、臣属不像臣属、父亲不像父亲、儿子不像儿子，即使拥有粮米，我能够吃得上吗？”

[原文]

子曰：“片言可以折狱者，其由也与（yú）？” 孔安国《论语孔氏训解》：“片犹偏也。听讼必须两辞以定是非，偏信一言以折狱者，唯子路可。”朱熹《四书集注》：“片言，半言。折，断也。子路忠信明决，故言出而人信服之，不待其辞之毕也。”**子路无宿诺。** 何晏《论语集解》：“宿，犹豫也。子路笃信，恐临时多故，故不豫诺。”朱熹《四书集注》：“宿，留也，犹宿怨之宿。急于践言，不留其诺也。记者因夫子之言而记此，以见子路之所以取信于人者，由其养之有素也。”尹焞：“小邾射以句绎奔鲁，曰：‘使季路要我，吾无盟矣。’千乘之国，不信其盟，而信子路之一言，其见信于人可知矣。一言而折狱者，信在言前，人自信之故也。不留诺，所以全其信也。”

[译文]

孔子说：“能以片言只语断案的人，大概是仲由吧？”子路没有隔夜的许诺，答应的事从来没有过了一夜才去办的。

[原文]

子曰：“听讼，吾犹人也， 包咸《论语包氏章句》：“与人等。”**必也使无讼乎！”** 王肃《论语王氏义说》：“化之在前。”范宁《论语范氏注》：“听讼者，治其末，塞其流也。正其本，清其源，则无讼矣。”杨时：“子路片言可以折狱，而不知以礼逊为国，则未能使民无讼者也。故又记孔子之言，以见圣人不以听讼为难，而以使民无讼为贵。”

[译文]

孔子说：“审理诉讼，我与他人一样，必须使诉讼不发生。”

[原文]

子张问政。子曰：“居之无倦，行之以忠。” 王肃《论语王氏义说》：“言为政之道，居之于身，无得解倦，行之于民，必以忠信。”朱熹《四书集注》：“居，谓存诸心。无倦，则始终如一。行，谓发于事。以忠，则表里如一。”

程颐《程氏论语解》:“子张少仁。无诚心爱民,则必倦而不尽心,故告之以此。”

[译文]

子张询问政务,孔子说:“任职不懈怠,办事靠忠诚。”

[原文]

子曰:“博学于文,约之以礼,亦可以弗畔矣夫!” 郑玄《论语郑氏注》:“弗畔,不违道。”

[译文]

孔子说:“君子广博地学习典制,用礼仪来制约自己,也就可以不背离大道了。”

[原文]

子曰:“君子成人之美,不成人之恶。小人反是。” 朱熹《四书集注》:“成者,诱掖奖劝以成其事也。君子小人,所存既有厚薄之殊,而其所好又有善恶之异。故其用心不同如此。”

儒服儒行

鲁哀公问孔子穿的是不是儒服,孔子说:“袖子宽大的衣服是鲁国的,缁色布冠是宋国的,君子靠的是自己的博学,服装只是入乡随俗,所以不知道是不是儒服。”鲁哀公又问儒行,孔子详细介绍了儒者自立、近情、刚毅、自守、宽裕、举贤援能、特立独行等十几种操行。

[译文]

孔子说:“君子成就他人的好事,不促成他人的坏事;小人则与此相反。”

[原文]

季康子问政于孔子。孔子对曰:“政者,正也。子帅以正,孰敢不正?” 郑玄《论语郑氏注》:“康子,鲁上卿,诸臣之帅也。”范宁《论语范氏注》:“未有己不正而能正人者。”

[译文]

季康子向孔子询问政务,孔子答道:“所谓政务,就是端正。你用端正来作表率,谁敢不端正呢?”

[原文]

季康子患盗,问于孔子。孔子对曰:“苟子之不欲,虽

赏之不窃。” 孔安国《论语孔氏训解》：“欲，多情欲。言民化于上，不从其令，从其所好。”朱熹《四书集注》：“言子不贪欲，则虽赏民使之为盗，民亦知耻而不窃。”

[译文]

季康子因盗贼而担忧，向孔子求教。孔子答道：“如果你不贪得无厌，即使奖励也不会有人去偷盗。”

[原文]

季康子问政于孔子曰：“如杀无道，以就有道，何如？” 孔安国《论语孔氏训解》：“就，成也。欲多杀以止奸。”**孔子对曰：“子为政，焉用杀？子欲善，而民善矣。君子之德，风；小人之德，草；草上之风，必偃。”** 孔安国《论语孔氏训解》：“亦欲令康子先自正。偃，仆也。加草以风，无不仆者，犹民之化于上。”朱熹《四书集注》：“为政者，民所视效，何以杀为？欲善则民善矣。上，一作尚，加也。偃，仆也。”尹焞：“杀之为言，岂为人上之语哉？以身教者从，以言教者讼，而况于杀乎？”

诛少正卯

鲁定公十一年（前499），孔子五十三岁，由大司寇摄行相事，第七天，就在两观台下诛杀了乱政大夫少正卯，因他心逆而险，行僻而坚，言伪而辩，记丑而博，顺非而泽，不可赦免。

[译文]

季康子向孔子询问政务说：“以杀戮无道的方式使国政趋向清明，怎么样啊？”孔子答道：“你治理国政，为什么要使用杀戮的手段呢？你祈求善民众就会行善。君子的德行是风，小人的德行是草，草遇上风必定倒伏。”

[原文]

子张问：“士何如斯可谓之达矣？” 朱熹《四书集注》：“达者，德孚于人而行无不得之谓。”**子曰：“何哉，尔所谓达者？”** 朱熹《四书集注》：“子张务外，夫子盖已知其发问之意。故反诘之，将以发其病而药之也。”

子张对曰：“在邦必闻，在家必闻。” 郑玄《论语郑氏注》：“言士之所在，皆能有名誉。”朱熹《四书集注》：“言名誉著闻也。”**子曰：“是闻也，非达也。** 朱熹《四书集注》：“闻与达相似而不同，乃诚伪之所以分，学者不可不审也。故夫子既明辨之，下文又详言之。”**夫(fú)达也者，质直而好(hào)义，察言而观色，虑以下人。** 马融《论语训说》：“常有谦退之志，察言语，观颜色，知其所欲，其志虑常欲以下人。”**在邦必达，在家必达。** 马融《论语训说》：“谦尊而光，卑而不可逾。”朱熹《四书集注》：“内主忠信。而所行合宜，审于接物而卑以自牧，皆自修于内，不求人知之事。然德修于己而人信之，则所行自无窒碍矣。”**夫闻也者，色取仁而行违，居之不疑。** 马融《论语训说》：“此言佞人假仁者之色，行之则违，安居其伪而不自疑。”**在邦必闻，在家必闻。”** 马融《论语训说》：“佞人党多。”朱熹《四书集注》：“善其颜色以取于仁，而行实背之，又自以为是而无所忌惮。此不务实而专务求名者，故虚誉虽隆而实德则病矣。”程颐《程氏论语解》：“学者须是务实，不要近名。有意近名，大本已失。更学何事？为名而学，则是伪也。今之学者，大抵为名。为名与为利虽清浊不同，然其利心则一也。”

[译文]

子张问道：“士人要怎样才能称为通达呢？”孔子说：“你所谓的通达是什么意思呢？”子张答道：“在国中做事必定闻名，在大夫家做事必定闻名。”孔子说：“这是闻名，不是通达。所谓通达，就是秉性正直而喜好义理，洞察言谈，观望神态，思虑自己不如他人之处。那么，在国中做事必定通达，在大夫家做事必定通达。所谓闻名，则是神态上表现为仁而行动上却违背它，以此自居毫不疑惑。那么，在国中做事必定闻名，在大夫家做事必定闻名。”

[原文]

樊迟从游于舞雩之下， 包咸《论语包氏章句》：“舞雩之处有坛墠树木，故下可游焉。”**曰：“敢问崇德、修慝(tè)、辨惑。”** 孔安国《论语孔氏训解》：“慝，恶也。修，治也。治恶为善。”**子曰：“善哉问！** 朱熹《四书集注》：“善其切于为己。”**先事后得，非崇德与？** 孔安国《论语孔氏训解》：“先劳于事，然后得报。”**攻其恶，无攻人之恶，非修慝与？一朝之忿，忘其身，以及其亲，非惑与(yú)？”** 朱熹《四书集注》：“先事后得，犹言先难后获也。为所当为而不计其功，则德日积而不自知矣。专于

舞雩从游

樊迟随孔子漫步于舞雩台下，请教孔子什么是崇德、修慝、辨惑。

治己而不责人，则己之恶无所匿矣。知一朝之忿为甚微，而祸及其亲为甚大，则有以辨惑而惩其忿矣。樊迟粗鄙近利，故告之以此，三者皆所以救其失也。”

[译文]

樊迟随从孔子在舞雩台边漫步，说：“请问如何提高德行、消除恶念、廓清疑惑呢？”孔子说：“问得好啊！工作在先，收获在后，不就是提高德行吗？抨击自己的恶行，不抨击他人的恶行，不就是消除隐怨吗？因为一时的愤怒，忘记了自身，又忘记了父母，岂不是糊涂吗？”

[原文]

樊迟问仁。子曰：“爱人。”问知(zhì)。子曰：“知人。”朱熹《四书集注》：“爱人，仁之施。知人，知之务。”**樊迟未达。子曰：“举直错诸枉，能使枉者直。”**包咸《论语包氏章句》：“举正直之人用之，废置邪枉之人，则皆化为直。”朱熹《四书集注》：“举直错枉者，知也。使枉者直，则仁矣。如此，则二者不惟不相悖而反相为用矣。”**樊迟退，见子夏。曰：“乡(xiàng)也吾见(xiàn)于夫子而问知，子曰，‘举直错诸枉，能使枉者直’，何谓也？”**朱熹《四书集注》：“迟以夫子之言，专为知者之事。又未达所以能使枉者直之理。”**子夏曰：“富哉言乎！**孔安国《论语孔氏训解》：“富，盛也。”朱熹《四书集注》：“叹其所包者广，不止言知。”**舜有天下，选于众，举皋陶，不仁者远矣。汤有天下，选于众，举伊尹，不仁者远矣。”**孔安国《论语孔氏训解》：“言舜、汤有天下，选择于众，举皋陶、伊尹，则不仁者远矣，仁者至矣。”朱熹《四书集注》：“伊尹，汤之相也。不仁者远，言人皆化而为仁，不见有不仁者，若其远去尔，所谓使枉者直也。子夏盖有以知夫子之兼仁知而言矣。”

［译文］

樊迟询问仁，孔子说：“爱护他人。”樊迟询问智，孔子说：“了解他人。”樊迟未能理解，孔子说：“举用正直的人来代替不正直的人，能使不正直的人变得正直。”樊迟退出来，见到子夏，说：“刚才我去见夫子询问智，他说‘举用正直的人来代替不正直的人，能使不正直的人变得正直’，是什么意思呢？”子夏说：“这话含义丰富啊！舜拥有天下，在众人中挑选，举用了皋陶，不仁的人就离去了。汤拥有天下，在众人中挑选，举用了伊尹，不仁的人就离去了。”

［原文］

子贡问友。子曰：“忠告而善道之，不可则止，无自辱焉。”包咸《论语包氏章句》：“忠告，以是非告之。以善道导之，不见从则止。必言之，或见辱。”朱熹《四书集注》：“友所以辅仁，故尽其心以告之，善其说以道之。然以义合者也，故不可则止。若以数而见疏，则自辱矣。”

［译文］

子贡询问如何结交朋友，孔子说：“忠心地劝告并好好地引导他，不能做到就停止，不要使自己遭受耻辱。”

［原文］

曾子曰：“君子以文会友，孔安国《论语孔氏训解》：“友以文德合。”**以友辅仁。”**朱熹《四书集注》：“讲学以会友，则道益明；取善以辅仁，则德日进。”孔安国《论语孔氏训解》：“友相切磋之道，所以辅成己之仁。”

［译文］

曾子说：“君子以学问来结交朋友，以朋友来辅助仁德。”

子路第十三

题解

正义曰：此篇论善人君子为邦教民、仁政孝弟、中行常德，皆治国修身之要，大意与前篇相类，且回也入室，由也升堂，故以为次也。

——邢昺《论语注疏》

[原文]

子路问政。子曰："先之，劳之。"孔安国《论语孔氏训解》："先导之以德，使民信之，然后劳之。《易》曰：'说以先民，民忘其劳。'"**请益，曰："无倦。"**孔安国《论语孔氏训解》："子路嫌其少，故请益。曰无倦者，行此上事，无倦则可。"朱熹《四书集注》："无，古本作毋。"程颐《程氏论语解》："子路问政，孔子既告之矣。及请益，则曰'无倦'而已。未尝复有所告，姑使之深思也。"

[译文]

子路询问政务，孔子说："以身作则，吃苦耐劳。"子路要求讲得多一些，孔子说："不要怠惰。"

过蒲赞政

子路为蒲宰，孔子到了蒲地，再三称赞，子贡很奇怪。孔子说，一入蒲地，田地沟渠治理得好，说明子路为政恭敬，讲信用，人民才这样尽力；进了城，房屋坚固，树木茂盛，说明子路忠恕待人，人民安居乐业；到了官衙，庭院清净，说明官吏尽职，施政不侵扰人民。

[原文]

仲弓为季氏宰，问政。子曰："先有司，王肃《论语王氏义说》："言为政当先任有司而后责其事。"**赦小过，举贤才。"**朱熹《四书集注》："有司，众职也。宰兼众职，然事必先之于彼，而后考其成功，则己不劳而事毕举矣。过，失误也。大者于事或有所害，不得不惩；小者赦之，则刑不滥而人心悦矣。贤，有德者。

才，有能者。举而用之，则有司皆得其人而政益修矣。”**曰：“焉知贤才而举之？”曰：“举尔所知。尔所不知，人其舍诸？”**孔安国《论语孔氏训解》：“女所不知者，人将自举其所知，则贤才无遗。”朱熹《四书集注》：“仲弓虑无以尽知一时之贤才，故孔子告之以此。”

[译文]

仲弓担任了季氏的家臣，询问政务，孔子说：“先派定管事人员，原谅小的过错，举用贤能的人才。”仲弓说：“如何知道是贤能的人才而举用他们呢？”孔子说：“举用你所知道的。你所不知道的，别人难道会遗弃他们吗？”

[原文]

子路曰：“卫君待子而为政，子将奚先？”包咸《论语包氏章句》：“问往将何所先行。”朱熹《四书集注》：“卫君，谓出公辄也。是时鲁哀公之十年，孔子自楚反乎卫。”**子曰：“必也正名乎！”**马融《论语训说》：“正百事之名。”朱熹《四书集注》：“是时出公不父其父而祢其祖，名实紊矣，故孔子以正名为先。”谢良佐：“正名虽为卫君而言，然为政之道，皆当以此为先。”**子路曰：“有是哉，子之迂也！奚其正？”**包咸《论语包氏章句》：“迂犹远也。言孔子之言远于事。”朱熹《四书集注》：“迂，谓远于事情，言非今日之急务也。”**子曰：“野哉，由也！**孔安国《论语孔氏训解》：“野犹不达。”**君子于其所不知，盖阙如也。**包咸《论语包氏章句》：“君子于其所不知，当阙而勿据。今由不知正名之义，而谓之迂远。”朱熹《四书集注》：“野，谓鄙俗。责其不能阙疑，而率尔妄对也。”**名不正，则言不顺；言不顺，则事不成；**杨时：“名不当其实，则言不顺。言不

为吏不可枉法

孔子教导在蒲地任官的子路，他说：“知道怎样做官的人，必奉守法律并使人民得到好处；不知道怎样做官的人，随意歪曲法律并侵害人民。这是怨恨产生的原因。管理人民没有哪件事比得上公平重要，面对财产没有哪件事比得上廉洁重要。廉洁公平的操守不可改变啊！”

顺，则无以考实而事不成。”**事不成，则礼乐不兴；礼乐不兴，则刑罚不中（zhòng）；刑罚不中，**孔安国《论语孔氏训解》：“礼以安上，乐以移风，二者不行，则有淫刑滥罚。”**则民无所措手足。**范宁《论语范氏注》：“事得其序之谓礼，物得其和之谓乐。事不成则无序而不和，故礼乐不兴。礼乐不兴，则施之政事皆失其道，故刑罚不中。”**故君子名之必可言也，言之必可行也。**王肃《论语王氏义说》：“所名之事必可得而明言，所言之事必可得而遵行。”**君子于其言，无所苟而已矣。”**程颐《程氏论语解》：“名实相须。一事苟，则其余皆苟矣。”

[译文]

子路说：“卫君等待老师去治理国政，老师打算先从哪儿着手呢？”孔子说：“必须辨正名称！”子路说：“有这个必要吗？老师绕得太远了！辨正它们干什么呢？”孔子说：“你真鲁莽啊！君子对于自己所不知道的，就不发表意见。名称不辨正，说话就不顺当；说话不顺当，事情就做不成；事情做不成，礼乐就得不到实施；礼乐得不到实施，刑罚就不会得当；刑罚不得当，民众就无所适从。因此，君子定名的东西必定有理由可说，说了就必定能施行。君子对于自己的说话，是一点都不马虎的。”

[原文]

樊迟请学稼，子曰：“吾不如老农。”请学为圃，曰：“吾不如老圃。”马融《论语训说》：“树五谷曰稼，树菜蔬曰圃。”朱熹《四书集注》：“种五谷曰稼，种蔬菜曰圃。”**樊迟出。子曰：“小人哉，樊须也！**朱熹《四书集注》：“小人，谓细民，孟子所谓小人之事者也。”**上好（hào）礼，则民莫敢不敬；上好义，则民莫敢不服；上好信，则民莫敢不用情。**孔安国《论语孔氏训解》：“情，情实也。言民化于上，各以实应。”**夫如是，则四方之民襁（fú）负其子而至矣，焉用稼？”**包咸《论语包氏章句》：“礼义与信，足以成德，何用学稼以教民乎？负者以器曰襁。”朱熹《四书集注》：“礼、义、信，大人之事也。好义，则事合宜。情，诚实也。敬服用情，盖各以其类而应也。襁，织缕为之，以约小儿于背者。”

[译文]

樊迟请求学种庄稼，孔子说：“我不如老农民。”樊迟请求学种蔬菜，孔子说：“我不如老园丁。”樊迟退了出去，孔子说：“樊迟真是干粗活的人！在上者喜好礼仪，民众没有一个敢不恭敬；在上者喜好道义，民众没有一个敢不服从；在上者喜好守信，民众没有一个敢不以真诚相待。如果这样，四方的民众就会背负着他们的子女来投奔，哪里用得着自己去种庄稼呢？”

[原文]

子曰：“诵《诗》三百，授之以政，不达；使于四方，不能专对；虽多，亦奚以为？” 何晏《论语集解》：“专犹独也。”朱熹《四书集注》：“专，独也。诗本人情，该物理，可以验风俗之盛衰，见政治之得失。其言温厚和平，长于风谕。故诵之者，必达于政而能言也。”程颐《程氏论语解》：“穷经将以致用也。世之诵《诗》者，果能从政而专对乎？然则其所学者，章句之末耳，此学者之大患也。”

[译文]

孔子说：“读熟了三百篇《诗》，把政务交给他却不通晓，派他出使别国却不能独立应对。即使读得多，又有什么用呢？”

[原文]

子曰：“其身正，不令而行；其身不正，虽令不从。” 何晏《论语集解》：“令，教令也。”

[译文]

孔子说：“自身端正，不发号令就能施行自己的主张；自身不端正，即使发出号令也无人服从。”

[原文]

子曰：“鲁、卫之政，兄弟也。” 包咸《论语包氏章句》：“鲁，周公之封。卫，康叔之封。周公、康叔既为兄弟，康叔睦于周公，其国之政亦如兄弟。”朱熹《四书集注》：“鲁，周公之后。卫，康叔之后。本兄弟之国，而是时衰乱，政亦相似，故孔子叹之。

[译文]

孔子说：“鲁国和卫国的政务，犹如兄弟一样，相差无几。”

[原文]

子谓卫公子荆：“善居室。 王肃《论语王氏义说》：“荆与蘧瑗、史楢并为君子。”**始有，曰：‘苟合矣。’少有，曰：‘苟完矣。’富有，曰：‘苟美矣。’”** 朱熹《四书集注》：“公子荆，卫大夫。苟，聊且粗略之意。合，聚也。完，备也。言其循序而有节，不以欲速尽美累其心。”

杨时："务为全美，则累物而骄吝之心生。公子荆皆曰苟而已，则不以外物为心，其欲易足故也。"

[译文]

孔子谈到卫公子荆，说："他善于治理家政。刚宽裕一点，就说：'差不多够用。'稍多一些，就说：'差不多齐备了。'富有时，说：'几乎完美了。'"

五乘从游

孔子路过蒲地，遇上公叔氏叛乱，不让孔子通过。有个叫公良孺的弟子带着自己的五辆车随行。他说："过去我跟老师在匡地遭难，今天又在这里遇难，是命吧！这次遭难，我宁愿战死。"仗打得很凶猛，蒲人害怕了，孔子才经蒲地到卫国去。

[原文]

子适卫，冉有仆。孔安国《论语孔氏训解》："孔子之卫，冉有御。"朱熹《四书集注》："仆，御车也。"**子曰："庶矣哉！"**孔安国《论语孔氏训解》："庶，众也。言卫人众多。"朱熹《四书集注》："庶，众也。"**冉有曰："既庶矣。又何加焉？"曰："富之。"**朱熹《四书集注》："庶而不富，则民生不遂，故制田里，薄赋敛以富之。"**曰："既富矣，又何加焉？"曰："教之。"**朱熹《四书集注》："富而不教，则近于禽兽。故必立学校，明礼义以教之。"

[译文]

孔子来到卫国，冉有驾车，孔子说："百姓真多啊！"冉有说："百姓已经众多了，还应该做些什么呢？"孔子说："使他们富有。"冉有说："已经富有了，还应该做些什么呢？"孔子说："教育他们。"

[原文]

子曰："苟有用我者。期月而已可也，三年有成。"孔安国《论语孔氏训解》："言诚有用我于政事者，期月而可以行其政教，必三年乃有成功。"朱熹《四书集注》："期月，谓周一岁之月也。可者，仅辞，言纲纪布也。有成，治功成也。史记，此盖为卫灵公不能用而发。"尹焞："孔子叹当时莫能用己也，故云然。"

［译文］

孔子说："如果有人起用我，不过一年就可初见成效，三年便能有所成就。"

［原文］

子曰："善人为邦百年，亦可以胜(shèng)残去杀矣。王肃《论语王氏义说》："胜残，残暴之人使不为恶也。去杀，不用刑杀也。"**诚哉是言也！"**孔安国《论语孔氏训解》："古有此言，孔子信之。"朱熹《四书集注》："为邦百年，言相继而久也。胜残，化残暴之人，使不为恶也。去杀，谓民化于善，可以不用刑杀也。盖古有是言，而夫子称之。"程颐《程氏论语解》："汉自高、惠至于文、景，黎民醇厚，几致刑措，庶乎其近之矣。"尹焞："胜残去杀，不为恶而已，善人之功如是。若夫圣人，则不待百年，其化亦不止此。"

［译文］

孔子说："'善人治理国家一百年，就能克服恶行、废除刑戮了。'这话真对啊！"

［原文］

子曰："如有王者，必世而后仁。"孔安国《论语孔氏训解》："三十年曰世。如有受命王者，必三十年仁政乃成。"朱熹《四书集注》："王者谓圣人受命而兴也。三十年为一世。仁，谓教化浃也。"

［译文］

孔子说："如果有称王天下的人，必须三十年才能达成仁德。"

［原文］

子曰："苟正其身矣，于从政乎何有？不能正其身，如正人何？"

［译文］

孔子说："如果端正了自身，治理国政还有

观台释戮

孔子到陈国，听说陈惠侯扩大城池，同时起造陵阳的城台，工程未完，因工事犯法被杀的已有数十人了，并且又抓了两位监官，将要处死。孔子就去拜见陈侯，与陈侯一起登上城台参观工事。孔子看了说："好壮观呀！自古以来，帝王起造城台，没有不杀人而能够如此完美成功的。"陈侯听了，不说一句话，就释放了所抓的两位监官。

什么困难呢？如果不能端正自身，又怎么能纠正他人呢？”

[原文]

商羊知雨

一只脚的鸟飞集齐国朝廷，展翅而跳。齐侯很奇怪，派人问孔子。孔子说：“这种鸟叫商羊，是水的预兆。过去儿童们屈着腿晃着肩，边跳边唱：‘天将下大雨，商羊跳起舞。’今天预兆到了，请赶快治理沟渠，加固堤坝。”不久，天下大雨，洪水泛滥，各国受灾，只有齐国免遭损失。

冉子退朝。周生烈《论语周生烈义说》：“谓罢朝于鲁君。”**子曰：“何晏也？”对曰：“有政。”**马融《论语训说》：“政者，有所改更匡正。”**子曰：“其事也。**马融《论语训说》：“事者，凡行常事。”**如有政，虽不吾以，吾其与闻之。”**马融《论语训说》：“如有政，非常之事，我为大夫，虽不见任用，必当与闻之。”朱熹《四书集注》：“冉有时为季氏宰。朝，季氏之私朝也。晏，晚也。政，国政。事，家事。以，用也。礼：大夫虽不治事，犹得与闻国政。是时季氏专鲁，其于国政，盖有不与同列议于公朝，而独与家臣谋于私室者。故夫子为不知者而言，此必季氏之家事耳。若是国政，我尝为大夫，虽不见用，犹当与闻。今既不闻，则是非国政也。语意与魏徵献陵之对略相似。其所以正名分，抑季氏，而教冉有之意深矣。”

[译文]

冉有从官府回来，孔子说：“为什么这样晚啊？”冉有答道：“有政务。”孔子说：“大概是平常的事务。如有政务，即使不任用我，我大概也会得知的。”

[原文]

定公问：“一言而可以兴邦，有诸？”孔子对曰：“言不可以若是其几也。王肃《论语王氏义说》：“以其大要，一言不能正兴国。几，近也。有近一言可以兴国。”朱熹《四书集注》：“几，期也。《诗》曰：‘如几如式。’言一言之间，未可以如此而必期其效。”**人之言曰：‘为君难，为臣不易。’**朱熹《四书集注》：“当时有此言也。”**如知为君之难也，**

不几乎一言而兴邦乎？”孔安国《论语孔氏训解》：“事不可以一言而成。如知此，则可近也。”朱熹《四书集注》：“因此言而知为君之难，则必战战兢兢，临深履薄，而无一事之敢忽。然则此言也，岂不可以必期于兴邦乎？为定公言，故不及臣也。”**曰：“一言而丧邦，有诸？”孔子对曰：“言不可以若是其几也。人之言曰：‘予无乐(lè)乎为君，惟其言而莫予违也。’**孔安国《论语孔氏训解》：“言无乐于为君。所乐者，唯乐其言而不见违。”朱熹《四书集注》：“言他无所乐，惟乐此耳。”**如其善而莫之违也，不亦善乎？如不善而莫之违也，不几乎一言而丧邦乎？”**孔安国《论语孔氏训解》：“人君所言善，无违之者，则善也。所言不善，而无敢违之者，则近一言而丧国。”范宁《论语范氏注》：“言不善而莫之违，则忠言不至于耳。君日骄而臣日谄，未有不丧邦者也。”谢良佐：“知为君之难，则必敬谨以持之。惟其言而莫予违，则谗谄面谀之人至矣。邦未必遽兴丧也，而兴丧之源分于此。然此非识微之君子，何足以知之？”

[译文]

鲁定公问：“一句话能使国家兴盛，有这回事吗？”孔子答道：“不能对言语寄予如此大的期望。人们说：‘做国君难，做臣属不容易。’如果知道做国君的难处，不就接近于一句话能使国家兴盛吗？”鲁定公说：“一句话能使国家灭亡，有这回事吗？”孔子答道：“不能对言语寄予如此大的期望。人们说：‘我当国君没有什么快乐，只是说话没有人违背。’如果话说得对而没有人违背，不也很好吗？如果话说得不对而没有人违背，不接近于一句话能使国家灭亡吗？”

[原文]

叶公问政。朱熹《四书集注》：“音义并见第七篇。”**子曰：“近者说(yuè)，远者来。”**朱熹《四书集注》：“被其泽则悦，闻其风则来。然必近者悦，而后远者来也。”

[译文]

叶公询问政务，孔子说：“让近处的人快乐，让远处的人归附。”

[原文]

子夏为莒父(fǔ)宰，问政。郑玄《论语郑氏注》：“旧说云：莒父，鲁下邑。”**子曰：“无欲速，无见小利。欲速，则不达；见小利，则大事不成。”**孔安国《论语孔氏训解》：“事不可以速成，而欲其速则不达矣。小利妨大，则大事不成。”朱熹《四书集注》：“莒父，鲁邑名。欲事之速成，

敖父子讼

孔子当司寇时，有一对父子打官司，孔子将他们关在牢房里，三个月都不处理。父亲请求撤销诉讼，孔子赦免了他们。季孙氏听后很不高兴，孔子感叹地说："执政者不采用正确的治理办法而杀害无辜的人就违背了礼的规定，不用孝道教育而处理父子之间的官司，这就是杀害无辜啊。"

则急遽无序，而反不达。见小者之为利，则所就者小，而所失者大矣。"

[译文]

子夏担任莒父的长官，询问政务，孔子说："不要求快，不要只看到小利。求快反而不能达到目的，只看到小利就不能成就大事。"

[原文]

叶公语（yù）孔子曰："吾党有直躬者，孔安国《论语孔氏训解》："直躬，直身而行。"**其父攘羊，而子证之。"**周生烈《论语周生烈义说》："有因而盗曰攘。"朱熹《四书集注》："直躬，直身而行者。有因而盗曰攘。"**孔子曰："吾党之直者异于是。父为（wèi）子隐，子为父隐，直在其中矣。"**朱熹《四书集注》："父子相隐，天理人情之至也。故不求为直，而直在其中。"谢良佐："顺理为直。父不为子隐，子不为父隐，于理顺邪？瞽瞍杀人，舜窃负而逃，遵海滨而处。当是时，爱亲之心胜，其于直不直，何暇计哉？"

[译文]

叶公告诉孔子说："我们乡里有个直率的人，他的父亲偷了羊，他作为儿子而去告发。"孔子说："我们乡里直率的人不是这样做的。父亲为儿子隐瞒，儿子为父亲隐瞒，直率就体现在其中了。"

[原文]

樊迟问仁。子曰："居处恭，执事敬，与人忠。虽之夷狄，不可弃也。"包咸《论语包氏章句》："虽之夷狄无礼义之处，犹不可弃去而不行。"朱熹《四书集注》："恭主容，敬主事。恭见于外，敬主乎中。之夷狄不可弃，勉其固守而勿失也。"程颐《程氏论语解》："此是彻上彻下语。圣人初无二语也，充之则睟面盎背；推而达之，则笃恭而天下平矣。"

［译文］

樊迟询问仁，孔子说："平时端庄，办事认真，与人交往真诚。即使到了边地蛮族那儿，也不能丢弃这几条。"

［原文］

子贡问曰："何如斯可谓之士矣？"子曰："行己有耻，孔安国《论语孔氏训解》："有耻者，有所不为。"**使（shǐ）于四方，不辱君命，可谓士矣。"**朱熹《四书集注》："此其志有所不为，而其材足以有为者也。子贡能言，故以使事告之。盖为使之难，不独贵于能言而已。"**曰："敢问其次。"曰："宗族称孝焉，乡党称弟焉。"**朱熹《四书集注》："此本立而材不足者，故为其次。"**曰："敢问其次。"曰："言必信，行必果，硁（kēng）硁然小人哉！抑亦可以为次矣。"**郑玄《论语郑氏注》："行必果，所欲行必果敢为之。硁硁者，小人之貌也。抑亦其次，言可以为次。"朱熹《四书集注》："果，必行也。硁，小石之坚确者。小人，言其识量之浅狭也。此其本末皆无足观，然亦不害其为自守也，故圣人犹有取焉，下此则市井之人，不复可为士矣。"**曰："今之从政者何如？"子曰："噫！斗筲之人，何足算也。"**郑玄《论语郑氏注》："噫，心不平之声。筲，竹器，容斗二升。算，数也。"朱熹《四书集注》："今之从政者，盖如鲁三家之属。噫，心不平声。斗，量名，容十升。筲，竹器，容斗二升。斗筲之人，言鄙细也。算，数也。子贡之问每下，故夫子以是警之。"程颐《程氏论语解》："子贡之意，盖欲为皎皎之行，闻于人者。夫子告之，皆笃实自得之事。"

命赐存鲁

齐国要进攻鲁国，孔子让弟子们想办法阻止，子贡游说列国，终于存鲁乱齐。孔子说："存鲁乱齐是我最初的愿望，使晋国强大导致吴国衰败，使吴国灭亡而越国称霸，这是子贡游说的结果吧，花言巧语容易损害信义，要谨慎呀！"

［译文］

子贡问道："怎样才能称为士呢？"孔子说："对自己的行为有羞耻之心，出使他国能不辜负国君的任命，就能称为士了。”子贡说：“请问比这差一等的。”孔子说：“宗族称赞他孝顺，乡里称赞他尊敬兄长。”子贡说：“请问比这差一等的。”孔子说：“说话必定诚实可信，行为必定坚定果断。这是固执的小人呀！但也能算是差一等的士了。”子贡说：“现在的从政者怎么样呢？”孔子说：“唉！这种见识狭小的人，算得了什么呢！”

［原文］

子曰：“不得中行而与之，必也狂狷乎！包咸《论语包氏章句》：“中行，行能得其中者。言不得中行，则欲得狂、狷者。”**狂者进取，狷者有所不为也。”**包咸《论语包氏章句》：“狂者进取于善道，狷者守节无为，欲得此二人者，以时多进退，取其恒一。”朱熹《四书集注》：“狷，音绢。行，道也。狂者，志极高而行不掩。狷者，知未及而守有余。盖圣人本欲得中道之人而教之，然既不可得，而徒得谨厚之人，则未必能自振拔而有为也。故不若得此狂狷之人，犹可因其志节，而激厉裁抑之以进于道，非与其终于此而已也。”孟子曰：“孔子岂不欲中道哉？不可必得，故思其次也。如琴张、曾晳、牧皮者，孔子之所谓狂也。其志嘐嘐然，曰：‘古之人！古之人！’夷考其行而不掩焉者也。狂者又不可得，欲得不屑不洁之士而与之，是狷也，是又其次也。”

筮贲损益

此图描绘了孔子用《易经》卜筮的情景。贲卦，颜色斑杂不纯，孔子认为“贲”非正色之卦也，所以不吉。

［译文］

孔子说：“不能与行为合乎中庸之道的人交往，就只有与狂狷之人相交了。狂者锐意进取，狷者不肯做坏事。”

［原文］

子曰：“南人有言曰：‘人而无恒，不可以作巫医。’孔安国《论语孔氏训解》：“南人，南国之人。”郑玄《论语郑氏注》：“言巫医不能治无恒之人。”**善夫！”**包咸《论语包氏章句》：“善南人之言也。”朱熹《四书集注》：“南人，南国之人。恒，常久也。巫，所以交鬼神。医，所以寄死生。故虽贱役，而犹不可以无常，孔子称其言而善之。”**“不恒其德，或承之羞。”**孔安国《论语孔

氏训解》："此《易·恒卦》之辞，言德无常则羞辱承之。"朱熹《四书集注》："此《易·恒卦》九三爻辞。承，进也。"**子曰："不占而已矣。"**郑玄《论语郑氏注》："《易》所以占吉凶，无恒之人，《易》所不占。"朱熹《四书集注》："复加'子曰'，以别易文也，其义未详。"杨时："君子于《易》苟玩其占，则知无常之取羞矣。其为无常也，盖亦不占而已矣。"

[译文]

孔子说："南方人说：'人没有恒心，不能担任巫师和医士。'说得好啊！"《易·恒卦》的爻辞说："不保持德行，就可能招致羞辱。"孔子说："这是无须占卜的。"

[原文]

子曰："君子和而不同，小人同而不和。"何晏《论语集注解》："君子心和，然其所见各异，故曰不同。小人所嗜好者同，然各争利，故曰不和。"朱熹《四书集注》："和者，无乖戾之心。同者，有阿比之意。"尹焞："君子尚义，故有不同。小人尚利，安得而和？"

[译文]

孔子说："君子和谐而不结党，小人结党而不和谐。"

[原文]

子贡问曰："乡人皆好(hào)之，何如？"子曰："未可也。""乡人皆恶(wù)之，何如？"子曰："未可也。不如乡人之善者好之，其不善者恶之。"孔安国《论语孔氏训解》："善人善己，恶人恶己，是善善明，恶恶著。"朱熹《四书集注》："一乡之人，宜有公论矣，然其间亦各以类自为好恶也。故善者好之而恶者不恶，则必其有苟合之行。恶者恶之而善者不好，则必其无可好之实。"

[译文]

子贡问道："乡里人都称赞他，怎么样啊？"孔子说："不能肯定。"子贡说："乡里人都厌恶他，怎么样啊？"孔子说："不能肯定。倒不如乡里的善人称赞他，乡里的恶人厌恶他。"

[原文]

子曰："君子易事而难说(yuè)也：孔安国《论语孔氏训解》："不责备于一人，故易事。"**说之不以道，不说也；及其使人也，器之。**

观蜡论俗

子贡观看年终祭祀，孔子说："你看快乐吗？"子贡不明白。孔子说："百日辛勤劳作，换来一日快乐，这不是你所能知道的。紧张而不放松，文王、武王也做不到；放松而不紧张，文王、武王都不那样做。只有既紧张又放松才是文王、武王治理天下的道理。"

孔安国《论语孔氏训解》："度才而官之。"**小人难事而易说也：说之虽不以道，说也；及其使人也，求备焉。"**朱熹《四书集注》："器之，谓随其材器而使之也。君子之心公而恕，小人之心私而刻。天理人欲之间，每相反而已矣。"

[译文]

孔子说："君子容易侍奉而难以使他高兴，不用正当的方式来使他高兴是不会高兴的，但到他用人的时候能量才录用；小人难以侍奉而容易使他高兴，不用正当的方式来使他高兴也会高兴的，但到他用人的时候却求全责备。"

[原文]

子曰："君子泰而不骄，小人骄而不泰。"何晏《论语集注解》："君子自纵泰，似骄而不骄。小人拘忌，而实自骄矜。"朱熹《四书集注》："君子循理，故安舒而不矜肆。小人逞欲，故反是。"

[译文]

孔子说："君子安详而不骄横，小人骄横而不安详。"

[原文]

子曰："刚、毅、木、讷，近仁。"王肃《论语王氏义说》："刚无欲，毅果敢，木质朴，讷迟钝。有斯四者，近于仁。"程颐《程氏论语解》："木者，质朴。讷者，迟钝。四者，质之近乎仁者也。"杨时："刚毅则不屈于物欲，木讷则不至于外驰，故近仁。"

[译文]

孔子说："刚强、果敢、朴实、谨慎，接近于仁。"

[原文]

子路问曰："何如斯可谓之士矣？"子曰："切切、偲(sī)偲、怡怡如也，可谓士矣。朋友切切、偲偲，兄弟怡怡。"

马融《论语训说》："切切偲偲，相切责之貌。怡怡，和顺之貌。"

[译文]

子路问道："怎样才能称为士呢？"孔子说："相互勉励，和睦共处，就能称为士了。朋友之间相互勉励，兄弟之间和睦共处。"

[原文]

子曰："善人教民七年，亦可以即戎矣。" 包咸《论语包氏章句》："既，就也；戎，兵也，言以攻战。"朱熹《四书集注》："教民者，教之孝悌忠信之行，务农讲武之法。即，就也。戎，兵也。民知亲其上，死其长，故可以即戎。"程颐《程氏论语解》："七年云者，圣人度其时可矣。如云期月、三年、百年、一世、大国五年、小国七年之类，皆当思其作为如何乃有益。"

[译文]

孔子说："善人教育民众七年，就可以让他们作战了。"

[原文]

子曰："以不教民战，是谓弃之。" 马融《论语训说》："言用不习之民，使之攻战，必破败，是谓弃之。"朱熹《四书集注》："以，用也。言用不教之民以战，必有败亡之祸，是弃其民也。"

[译文]

孔子说："用未经训练的民众去作战，这叫作抛弃他们。"

宪问第十四

题解

正义曰：此篇论三王二霸之迹、诸侯大夫之行、为仁知耻、修己安民，皆政之大节也，故以类相聚，次于问政也。

——邢昺《论语注疏》

[原文]

宪问耻。子曰："邦有道，谷；孔安国《论语孔氏训解》："谷，禄也。邦有道，当食禄。"**邦无道，谷，耻也。"**孔安国《论语孔氏训解》："君无道而在其朝，食其禄，是耻辱。"朱熹《四书集注》："宪，原思名。谷，禄也。邦有道不能有为，邦无道不能独善，而但知食禄，皆可耻也。宪之狷介，其于邦无道谷之可耻，固知之矣；至于邦有道谷之可耻，则未必知也。故夫子因其问而并言之，以广其志，使知所以自勉，而进于有为也。"

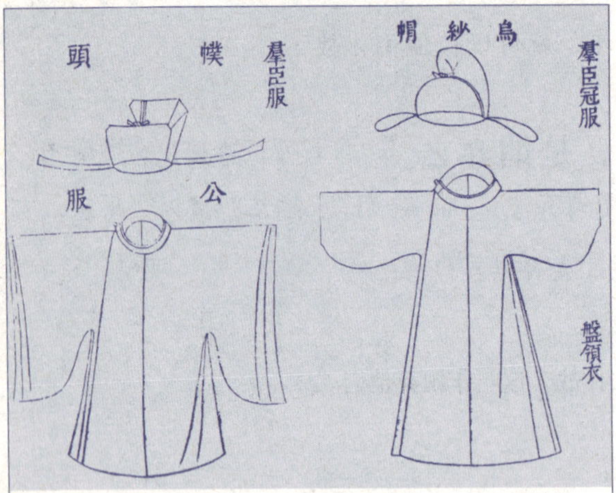

幞头、纱帽和服装

幞头、纱帽和圆领袍衫是古代男子最主要的服饰。幞头是一种包头用的黑色布帛，样式变化丰富。传统的冠冕衣裳，只是在隆重的场合，如祭祀天地、宗庙等时偶尔用之，平时则以幞头袍衫为尚。

[译文]

原宪询问耻，孔子说："国家清平时领取俸禄，当国家无道时仍然领取俸禄，就是耻。"

[原文]

"克、伐、怨、欲不行焉，可以为仁矣？"马融《论语训说》："克，好胜人。伐，自伐其功。怨，忌小怨。欲，贪欲也。"朱熹《四书集注》："此亦原宪以其所能而问也。克，好胜。伐，自矜。怨，忿恨。欲，贪欲。"**子曰：**

"可以为难矣，仁则吾不知也。" 包咸《论语包氏章句》："四者行之难，未足以为仁。"朱熹《四书集注》："有是四者而能制之，使不得行，可谓难矣。仁则天理浑然，自无四者之累，不行不足以言之也。程子曰：'人而无克、伐、怨、欲，惟仁者能之。有之而能制其情使不行，斯亦难能也。谓之仁则未也。此圣人开示之深，惜乎宪之不能再问也。'或曰：'四者不行，固不得为仁矣。然亦岂非所谓克己之事，求仁之方乎？'曰：'克去己私以复乎礼，则私欲不留，而天理之本然者得矣。'若但制而不行，则是未有拔去病根之意，而容其潜藏隐伏于胸中也。岂克己求仁之谓哉？学者察于二者之间，则其所以求仁之功，益亲切而无渗漏矣。"

[译文]

原宪说："好胜、自夸、怨恨、贪欲的行为不去做，能算是仁了吗？"孔子说："算是难得了，是否算是仁我就不知道了。"

[原文]

子曰："士而怀居，不足以为士矣。" 何晏《论语集解》："士当志道，不求安。而怀其居，非士也。"朱熹《四书集注》："居，谓意所便安处也。"

[译文]

孔子说："作为士而留恋安乐，就不足以成为士了。"

[原文]

子曰："邦有道，危言危行； 包咸《论语包氏章句》："危，厉也。邦有道，可以厉言行也。"**邦无道，危行言孙（xùn）。"** 何晏《论语集解》："孙，顺也。厉行不随俗，顺言以远害。"朱熹《四书集注》："危，高峻也。孙，卑顺也。"尹焞："君子之持身不可变也，至于言则有时而不敢尽，以避祸也。然则为国者使士言孙，岂不殆哉？"

月夜夺徐

吕布是骁勇善战的汉末诸侯，先后跟随丁原、董卓作战，并最终杀死了丁原和董卓。成为独立势力后，吕布与曹操为敌，和刘备、袁术等诸侯时敌时友，最终不敌曹操和刘备的联军，兵败人亡。吕布虽然勇猛，但是少有计策，为人反复无常，唯利是图，是孔子所说"不必有仁"的典型。

［译文］

孔子说："国家清平，说话正直，行为正直；国家无道，行为正直，说话谦逊。"

［原文］

子曰："有德者必有言，有言者不必有德；何晏《论语集解》："德不可以亿中，故必有言。"**仁者必有勇，勇者不必有仁。"**朱熹《四书集注》："有德者，和顺积中，英华发外。能言者，或便佞口给而已。仁者，心无私累，见义必为。勇者，或血气之强而已。"尹焞："有德者必有言，徒能言者未必有德也。仁者志必勇，徒能勇者未必有仁也。"

［译文］

孔子说："有德行的人必定会讲理，会讲理的人不一定有德行。仁者必定勇敢，勇敢的人不一定有仁德。"

［原文］

南宫适孔安国《论语孔氏训解》："适，南宫敬叔，鲁大夫。"**问于孔子曰："羿善射，奡荡舟，**孔安国《论语孔氏训解》："羿，有穷国之君，篡夏后相之位。其臣寒浞杀之，因其室而生奡。奡多力，能陆地行舟，为夏后少康所杀。"**俱不得其死然；**孔安国《论语孔氏训解》："此二子者，皆不得以寿终。"**禹、稷躬稼，而有天下。"夫子不答，**马融《论语训说》："禹尽力于沟洫，稷播百谷，故曰躬稼。禹及其身，稷及后世，皆王。适意欲以禹、稷比孔子。孔子谦，故不答也。"**南宫适出。子曰："君子哉若人！尚德哉若人！"**孔安国《论语孔氏训解》："贱不义而贵有德，故曰君子。"朱熹《四书集注》："南宫适，即南容也。羿，有穷之君，善射，灭夏后相而篡其位。其臣寒浞又杀羿而代之。奡，《春秋传》作'浇'，浞之子也，力能陆地行舟，后为夏后少康所诛。禹平水土暨稷播种，身亲稼穑之事。禹受舜禅而有天下，稷之后至周武王亦有天下。适之意盖以羿、奡比当世之有权力者，而以禹、稷比孔子也。故孔子不答。然适之言如此，可谓君子之人，而有尚德之心矣，不可以不与。故俟其出而赞美之。"

［译文］

南宫适问孔子说："羿擅长射箭，奡能陆地行舟，都不得好死；禹、后稷亲自种地，却得到了天下。"夫子不回答。南宫适退了出去，孔子说："这个人真是君子啊！这个人真崇尚德行啊！"

[原文]

子曰："君子而不仁者有矣夫(fú)，未有小人而仁者也。" 孔安国《论语孔氏训解》："虽曰君子，犹未能备。"谢良佐："君子志于仁矣，然毫忽之间，心不在焉，则未免为不仁也。"

[译文]

孔子说："作为君子而不仁的人是有的，但从未有作为小人而仁的人。"

[原文]

子曰："爱之，能勿劳乎？忠焉，能勿诲乎？" 孔安国《论语孔氏训解》："言人有所爱，必欲劳来之；有所忠，必欲教诲之。"

[译文]

孔子说："爱护他，能不为他操劳吗？忠于他，能不去规劝他吗？"

[原文]

子曰："为命，裨谌(chén)草创之， 孔安国《论语孔氏训解》："裨谌，郑大夫氏名也。谋于野则获，于国则否。郑国将有诸侯之事，则使乘车以适野，而谋作盟会之辞。" **世叔讨论之，行人子羽修饰之，东里子产润色之。"** 马融《论语训说》："世叔，郑大夫游吉也。讨，治也。裨谌既造谋，世叔复治而论之，详而审之。行人，掌使之官。子羽，公孙挥。子产居东里，因以为号。更此四贤而成，故鲜有败事。"朱熹《四书集注》："裨谌以下四人，皆郑大夫。草，略也。创，造也，谓造为草稿也。世叔，游吉也，《春秋传》作子太叔。讨，寻究也。论，讲议也。行人，掌使之官。子羽，公孙挥也。修饰，谓增损之。东里，地名，子产所居也。润色，谓加以文采也。郑国之为辞命，必更此四贤之手而成，

止辇受言

汉文帝每出视朝，但有郎、从等官上书陈言者，虽正遇行路之时，亦必驻辇，听受其言。纵使所言没有道理，不可用，但置之不行而已，亦不加谴责；如其言有益于生民，有补于治道，则必亟加采择，次第行之；又每每称道其所言之善，盖不但采取而已。

详审精密，各尽所长。是以应对诸侯，鲜有败事。孔子言此，盖善之也。”

[译文]

孔子说：“郑国制定外交政令，由裨谌起草，世叔研究后提出意见，行人子羽修改，最后由子产润色定稿。”

[原文]

或问子产。子曰：“惠人也。”孔安国《论语孔氏训解》：“惠，爱也。子产，古之遗爱。”朱熹《四书集注》：“子产之政，不专于宽，然其心则一以爱人为主。故孔子以为惠人，盖举其重而言也。”**问子西。曰：“彼哉！彼哉！”**马融《论语训说》：“子西，郑大夫。彼哉彼哉，言无足称。或曰：楚令尹子西。”朱熹《四书集注》：“子西，楚公子申，能逊楚国，立昭王，而改纪其政，亦贤大夫也。然不能革其僭王之号。昭王欲用孔子，又沮止之。其后卒召白公以致祸乱，则其为人可知矣。彼哉者，外之之辞。”

杜甫

安史之乱时，杜甫流亡颠沛，晚年举家东迁，漂泊鄂、湘一带，贫病而卒。然而在其潦倒的一生中，始终保持着高尚的人格，心怀国家、忧国忧民，被奉为“诗圣”。

问管仲。曰：“人也。何晏《论语集注解》：“犹《诗》言‘所谓伊人’。”**夺伯氏骈邑三百，饭疏食，没齿无怨言。”**孔安国《论语孔氏训解》：“伯氏，齐大夫。骈邑，地名。齿，年也。伯氏食邑三百家，管仲夺之，使至疏食，而没齿无怨言，以其当理也。”朱熹《四书集注》：“人也，犹言此人也。伯氏，齐大夫。骈邑，地名。齿，年也。盖桓公夺伯氏之邑以与管仲，伯氏自知己罪，而心服管仲之功，故穷约以终身而无怨言。荀卿所谓‘与之书社三百，而富人莫之敢拒’者，即此事也。或问：‘管仲子产孰优？’曰：‘管仲之德，不胜其才。子产之才，不胜其德。然于圣人之学，则概乎其未有闻也。’”

[译文]

有人询问子产的为人，孔子说：“能施恩惠的人。”询问子西，孔子说：“他啊！他啊！”询问管仲，孔子说：“这个人算是一个仁者，他夺走了伯氏骈邑三百户的采地，伯氏吃着粗粮，到死也没有怨言。”

[原文]

子曰：“贫而无怨难，富而无骄易。” 朱熹《四书集注》：“处贫难，处富易，人之常情。然人当勉其难，而不可忽其易也。”

[译文]

孔子说：“贫困而不抱怨很困难，富有而不傲慢则容易。”

[原文]

子曰：“孟公绰为赵、魏老则优，不可以为滕、薛大夫。” 孔安国《论语孔氏训解》：“公绰，鲁大夫。赵、魏，皆晋卿。家臣称老。公绰性寡欲，赵、魏贪贤，家老无职，故优。滕、薛小国，大夫职烦，故不可为。”朱熹《四书集注》：“公绰，鲁大夫。赵、魏，晋卿之家。老，家臣之长。大家势重，而无诸侯之事；家老望尊，而无官守之责。优，有余也。滕、薛，二国名。大夫，任国政者。滕、薛国小政繁，大夫位高责重。然则公绰盖廉静寡欲，而短于才者也。”

[译文]

孔子说：“孟公绰当赵氏、魏氏的家臣力有余裕，但不能胜任滕国、薛国的大夫。”

[原文]

子路问成人。子曰：“若臧武仲之知（zhì）， 马融《论语训说》：“鲁大夫臧孙纥。”**公绰之不欲，** 马融《论语训说》：“孟公绰。”**卞庄子之勇，冉求之艺，文之以礼乐，** 孔安国《论语孔氏训解》：“加之以礼乐文成。”**亦可以为成人矣。”** 朱熹《四书集注》：“成人，犹言全人。武仲，鲁大夫，名纥。庄子，鲁卞邑大夫。言兼此四子之长，则知足以穷理，廉足以养心，

钧天降圣

相传，孔子诞生时，其母颜氏在房中听到天上传来音乐声和“言天感生圣子，故降以和乐笙镛之音”的话。所以孔子天生有日角、月准、河目、海口等四十九种异常标记，胸口还有“制作定世符”字样。

勇足以力行，艺足以泛应，而又节之以礼，和之以乐，使德成于内，而文见乎外。则材全德备，浑然不见一善成名之迹；中正和乐，粹然无复偏倚驳杂之蔽，而其为人也亦成矣。然亦之为言，非其至者，盖就子路之所可及而语之也。若论其至，则非圣人之尽人道，不足以语此。”**曰：“今之成人者何必然？见利思义，**马融《论语训说》：“义然后取，不苟得。”**见危授命，久要不忘平生之言，亦可以为成人矣。”**孔安国《论语孔氏训解》：“久要，旧约也。平生，犹少时。”朱熹《四书集注》：“复加‘曰’字者，既答而复言也。授命，言不爱其生，持以与人也。久要，旧约也。平生，平日也。有是忠信之实，则虽其才知礼乐有所未备，亦可以为成人之次也。”

［译文］

子路询问什么是德才兼备的完人，孔子说：“像臧武仲那样明智、孟公绰那样廉洁、卞庄子那样勇敢、冉求那样有才艺，再用礼乐来加以文饰，也就算是德才兼备的完人了。”孔子又说：“现在的完人何必如此呢？见到利益能想到大义，遇到危难就献出生命，长期处在贫困之中也不忘记平日的诺言，也能算是德才兼备的完人了。”

［原文］

子问公叔文子于公明贾曰：“信乎夫子不言、不笑、不取乎？”孔安国《论语孔氏训解》：“公叔文子，卫大夫公孙拔。文，谥。”朱熹《四书集注》：“公叔文子，卫大夫公孙拔也。公明姓，贾名，亦卫人。文子为人，其详不可知，然必廉静之士，故当时以三者称之。”**公明贾对曰：“以告者过也。夫子时然后言，人不厌其言；乐然后笑，人不厌其笑；义然后取，人不厌其取。”子曰：“其然，岂其然乎？”**马融《论语训说》：“美其得道，嫌不能悉然。”朱熹《四书集注》：“厌者，苦其多而恶之之辞。事适其可，则人不厌，而不觉其有是矣。是以称之或过，而以为不言、不笑、不取也。然此言也，非礼义充溢于中，得时措之宜者不能。文子虽贤，疑未及此，但君子与人为善，不欲正言其非也。故曰‘其然，岂其然乎’，盖疑之也。”

［译文］

孔子向公明贾询问公叔文子的情况：“这位夫子不言、不笑、不取，是真的吗？”公明贾答道：“是告诉你的人说错了。这位夫子该说时才说，别人不讨厌他的话；快乐时才笑，别人不讨厌他的笑；该取时才取，别人不讨厌他获取。”孔子说：“是这样吗？难道真是这样吗？”

[原文]

子曰："臧武仲以防求为后于鲁，虽曰不要(yāo)君，吾不信也。" 孔安国《论语孔氏训解》："防，武仲故邑。为后，立后也。鲁襄公二十三年，武仲为孟氏所谮，出奔邾。自邾如防，使为以大蔡纳请曰：'纥非能害也，知不足也。非敢私请。苟守先祀，无废二勋，敢不辟邑！'乃立臧为。纥致防而奔齐。此所谓要君。"朱熹《四书集注》："防，地名，武仲所封邑也。要，有挟而求也。武仲得罪奔邾，自邾如防，使请立后而避邑。以示若不得请，则将据邑以叛，是要君也。"范宁《论语范氏注》："要君者无上，罪之大者也。武仲之邑，受之于君。得罪出奔，则立后在君，非己所得专也。而据邑以请，由其好知而不好学也。"杨时："武仲卑辞请后，其迹非要君者，而意实要之。夫子之言，亦《春秋》诛意之法也。"

[译文]

孔子说："臧武仲凭借封地要求鲁国立他为臧氏后嗣，虽然有人说不是要挟国君，但我是不会相信的。"

[原文]

子曰："晋文公谲(jué)而不正， 郑玄《论语郑氏注》："谲者，诈也，谓召天子而使诸侯朝之。仲尼曰：'以臣召君，不可以训。'故书曰：'天王狩于河阳。'是谲而不正也。"**齐桓公正而不谲。"** 马融《论语训说》："伐楚以公义，责苞茅之贡不入，问昭王南征不还，是正而不谲也。"朱熹《四书集注》："晋文公，名重耳。齐桓公，名小白。谲，诡也。二公皆诸侯盟主，攘夷狄以尊周室者也。虽其以力假仁，心皆不正，然桓公伐楚，仗义执言，不由诡道，犹为彼善于此。文公则伐卫以致楚，而阴谋以取胜，其谲甚矣。二君他事亦多类此，故夫子言此以发其隐。"

[译文]

孔子说："晋文公诡诈而不正直，齐桓公正直

重耳周游列国

晋文公，名重耳，父亲亡故后，本该由他继位，但是王位被他的同父异母弟弟所侵占，重耳被迫出走，流亡在外长达十九年。

而不诡诈。”

[原文]

子路曰：“桓公杀公子纠，召（shào）忽死之，管仲不死。”曰：“未仁乎？” 孔安国《论语孔氏训解》：“齐襄公立无常，鲍叔牙曰：‘君使民慢，乱将作矣。’奉公子小白出奔莒。襄公从弟公孙无知杀襄公，管夷吾、召忽奉公子纠出奔鲁。齐人杀无知。鲁伐齐，纳子纠。小白自莒先入，是为桓公，乃杀子纠。召忽死之。”朱熹《四书集注》：“召，音邵。按《春秋》传，齐襄公无道，鲍叔牙奉公子小白奔莒。及无知弑襄公，管夷吾、召忽奉公子纠奔鲁。鲁人纳之，未克，而小白入，是为桓公。使鲁杀子纠而请管、召，召忽死之，管仲请囚。鲍叔牙言于桓公以为相。子路疑管仲忘君事仇，忍心害理，不得为仁也。”**子曰：“桓公九合诸侯，不以兵车，管仲之力也。如其仁！如其仁！”** 孔安国《论语孔氏训解》：“谁如管仲之仁！”朱熹《四书集注》：“九，《春秋传》作‘纠’，督也，古字通用。不以兵车，言不假威力也。如其仁，言谁如其仁者，又再言以深许之。盖管仲虽未得为仁人，而其利泽及人，则有仁之功矣。”

[译文]

子路说：“齐桓公杀了公子纠，召忽为此而死，管仲却不去死，不能算是仁吧？”

孔子说：“齐桓公多次与诸侯会盟而不凭借武力，这是管仲的功劳。这就是他的仁德啊，这就是他的仁德啊！”

[原文]

子贡曰：“管仲非仁者与（yú）？桓公杀公子纠，不能死子，又相（xiàng）之。” 朱熹《四书集注》：“子贡意不死犹可，相之则已甚矣。”**曰：“管仲相桓公，霸诸侯，一匡天下，** 马融《论语训说》：“匡，正也。天子微弱，桓公帅诸侯以尊周室，一正天下。”**民到于今受其赐。** 马融《论语训说》：“受其赐者，为不被发左衽之惠。”**微管仲，吾其被发左衽矣。** 马融《论语训说》：“微，无也。无管仲，则君不君，臣不臣，皆为夷狄。”朱熹《四书集注》：“霸，与伯同，长也。匡，正也。尊周室，攘夷狄，皆所以正天下也。微，无也。衽，衣衿也。被发左衽，夷狄之俗也。”**岂若匹夫匹妇之为谅也，自经于沟渎而莫之知也。”** 王肃《论语王氏义说》：“经，经死于沟渎中也。管仲、召忽之于公子纠，君臣之义未正成，故死之未足深嘉，不死未足多非。死事既难，亦在于过厚，故仲尼但美管仲之功，亦不言召忽不当死。”朱熹《四书集注》：“谅，小信也。经，缢也。莫之知，人不知也。《后汉书》引此文，莫字上有人字。”

管仲

管仲为辅佐公子纠，曾身杀公子小白，小白诈死，后提前回国继位，成为历史上赫赫有名的齐桓公。后鲍叔牙举荐管仲，小白对于一箭之仇耿耿于怀，但在鲍叔牙的力荐下，决定不计前嫌，任用管仲为相。管仲在齐国推行了一系列的改革，使齐桓公成为“春秋五霸”中最早的一个霸主。

［译文］

子贡说：“管仲不是仁者吧？齐桓公杀了公子纠，他不去殉死，还辅佐桓公。”孔子说：“管仲辅佐桓公称霸诸侯，把天下纳入了正规，民众到如今还受到他的好处。没有管仲，我辈大概要沦为野蛮人了。他难道会像普通人那样恪守小节，在沟渠里自杀而不为人知吗？”

［原文］

公叔文子之臣大夫僎，与文子同升诸公。孔安国《论语孔氏训解》：“大夫僎本文子家臣，荐之使与己并为大夫，同升在公朝。”朱熹《四书集注》：“臣，家臣。公，公朝。谓荐之与己同进为公朝之臣也。”**子闻之曰：“可以为文矣。”**孔安国《论语孔氏训解》：“言行如是，可谥为文。”朱熹《四书集注》：“文者，顺理而成章之谓。谥法亦有所谓锡民爵位曰文者。”

［译文］

公叔文子的家臣大夫僎由于公叔文子的推荐，与文子同样担任大臣。孔子得知后说：“公叔文子能够被称为‘文’了。”

［原文］

子言卫灵公之无道也，康子曰：“夫（fú）如是，奚而不丧？”朱熹《四书集注》：“丧，失位也。”**孔子曰：“仲叔圉（yǔ）治宾客，祝鮀治宗庙，王孙贾治军旅。夫如是，奚其丧？”**孔安国《论语孔氏训解》：“言虽无道，所任者各当其才，何为当亡？”朱熹《四书集注》：“仲

叔圉，即孔文子也。三人皆卫臣，虽未必贤，而其才可用。灵公用之，又各当其才。”尹焞：“卫灵公之无道宜丧也，而能用此三人，犹足以保其国，而况有道之君，能用天下之贤才者乎？《诗》曰：‘无竞维人，四方其训之。’”

[译文]

孔子说起卫灵公的无道，季康子说：“既然如此，他为何没有败亡呢？”孔子说：“有仲叔圉接待宾客，祝鮀管理祭祀，王孙贾整治军队，像这样怎么会败亡呢？”

[原文]

子曰：“其言之不怍，则为之也难。”马融《论语训说》：“怍，惭也。内有其实，则言之不惭。积其实者，为之难。”朱熹《四书集注》：“大言不惭，则无必为之志，而不自度其能否矣。欲践其言，岂不难哉？”

[译文]

孔子说：“如果大言不惭，那么实行起来就很不容易了。”

[原文]

陈成子弑简公。朱熹《四书集注》：“成子，齐大夫，名恒。简公，齐君，名壬。事在《春秋·哀公十四年》。”**孔子沐浴而朝，告于哀公曰：“陈恒弑其君，请讨之。”**马融《论语训说》：“成子，齐大夫陈恒也。将告君，故先斋。斋必沐浴。”朱熹《四书集注》：“是时孔子致仕居鲁，沐浴斋戒以告君，重其事而不敢忽也。臣弑其君，人伦之大变，天理所不容，人人得而诛之，况邻国乎？故夫子虽已告老，而犹请哀公讨之。”**公曰：“告夫（fú）三子！”**孔安国《论语孔氏训解》：“谓三卿也。”朱熹《四书集注》：“三子，三家也。时政在三家，哀公不得自专，故使孔子告之。”**孔子曰：“以吾从大夫之后，不敢不告也。君曰‘告夫三子’者。”**马融《论语训说》：“我礼当告君，不当告三子。君使我往，故复往。”朱熹《四书集注》：“孔子出而自言如此。意谓弑君之贼，法所必讨。大夫谋国，义所当告。君乃不能自命三子，而使我告之邪？”**之三子告，不可。孔子曰：“以吾从大夫之后，不敢不告也。”**马融《论语训说》：“孔子由君命之三子告，不可，故复以此辞语之而止。”朱熹《四书集注》：“以君命往告，而三子鲁之强臣，素有无君之心，实与陈氏声势相倚，故沮其谋。而夫子复以此应之，其所以警之者深矣。”

[译文]

陈成子谋害了齐简公，孔子特地沐浴上朝，报告鲁哀公说："陈恒谋害了他的国君，请讨伐他。"哀公说："你去报告三位大夫吧。"孔子退出来说："因为我曾经担任过大夫，所以不敢不来报告，国君却说'报告三位大夫'！"于是向三位大夫报告，他们不同意讨伐。孔子说："因为我曾经担任过大夫，所以不敢不来报告。"

沐浴请讨

陈恒杀了齐简公，孔子沐浴后朝见鲁哀公说："陈恒杀了他的国君，请您派兵讨伐他。"哀公说："你报告给季孙、叔孙、孟孙大夫吧。"孔子报告给三位大夫，他们都不肯出兵。

[原文]

子路问事君。子曰："勿欺也，而犯之。" 孔安国《论语孔氏训解》："事君之道，义不可欺，当能犯颜谏争。"朱熹《四书集注》："犯，谓犯颜谏争。"范宁《论语范氏注》："犯非子路之所难也，而以不欺为难。故夫子教以先勿欺而后犯也。"

[译文]

子路询问侍奉君主，孔子说："不要欺骗他，但应该向他当面直言规谏。"

[原文]

子曰："君子上达，小人下达。" 何晏《论语集解》："本为上，末为下。"朱熹《四书集注》："君子循天理，故日进乎高明；小人徇人欲，故日究乎污下。"

[译文]

孔子说："君子通达于崇高的仁义，小人通达于追求财利。"

[原文]

子曰："古之学者为己，今之学者为人。" 孔安国《论语孔氏训解》："为己，履而行之。为人，徒能言之。"程颐《程氏论语解》："为己，欲得之于己也。为人，欲见知于人也。"又曰，"古之学者为己，其终至于成物。今之学者为人，其终至于丧己。"朱熹《四书集注》："圣贤论学者用心得失之际，

其说多矣，然未有如此言之切而要者。于此明辨而日省之，则庶乎其不昧于所从矣。”

[译文]

孔子说：“古时候的学者为提高自己而学，现在的学者为向他人表现而学。”

[原文]

蘧伯玉使人于孔子。朱熹《四书集注》：“蘧伯玉，卫大夫，名瑗。孔子居卫，尝主于其家。既而反鲁，故伯玉使人来也。”**孔子与之坐而问焉，**孔安国《论语孔氏训解》：“伯玉，卫大夫蘧瑗。”**曰：“夫子何为？”对曰：“夫子欲寡其过而未能也。”**何晏《论语集解》：“言夫子欲寡其过而未能无过。”**使者出。子曰：“使乎！使乎！”**陈群《论语陈氏义说》：“再言‘使乎’者，善之也。言使得其人。”朱熹《四书集注》：“与之坐，敬其主以及其使也。夫子，指伯玉也。言其但欲寡过而犹未能，则其省身克己，常若不及之意可见矣。使者之言愈自卑约，而其主之贤益彰，亦可谓深知君子之心，而善于辞令者矣。故夫子再言使乎以重美之。按庄周称：‘伯玉行年五十而知四十九年之非。’又曰，‘伯玉行年六十而六十化。’盖其进德之功，老而不倦。是以践履笃实，光辉宣著。不惟使者知之，而夫子亦信之也。”

蘧使谈心

此图描绘了蘧伯玉派去的使者拜访孔子的情景。

[译文]

蘧伯玉派人去拜访孔子，孔子与来人同坐并询问他说：“夫子在做什么啊？”那人答道：“夫子想减少自己的过错但还没能做到。”那人退出后，孔子说：“好使者！好使者！”

[原文]

子曰：“不在其位，不谋其政。”孔安国《论语孔氏训解》：“不越其职。”朱熹《四书集注》：“重出。”**曾子曰：“君子思不出其位。”**朱熹《四书集注》：“此《艮卦》之象辞也。曾子盖尝称之，记者因上章之语而类记之也。”范宁《论语范氏注》：

“物各止其所，而天下之理得矣。故君子所思不出其位，而君臣、上下、大小皆得其职也。”

［译文］

孔子说：“不在这个职位上，就不谋划它的政务。”曾子说：“君子的思虑不越出自己的职位。”

［原文］

子曰：“君子耻其言而过其行。” 朱熹《四书集注》：“耻者，不敢尽之意。过者，欲有余之辞。”

［译文］

孔子说：“君子感到羞耻的是所说的超过了所做的。”

［原文］

子曰：“君子道者三，我无能焉：仁者不忧，知（zhì）者不惑，勇者不惧。” 朱熹《四书集注》：“自责以勉人也。” **子贡曰：“夫子自道也。”** 朱熹《四书集注》：“道，言也。自道，犹云谦辞。”尹焞：“成德以仁为先，进学以知为先。故夫子之言，其序有不同者以此。”

［译文］

孔子说：“君子的准则有三项，我都没能做到：仁者不忧愁，智者不疑惑，勇者不惧怕。”子贡说：“这正是夫子的自我写照。”

［原文］

子贡方人。 孔安国《论语孔氏训解》：“比方人也。” **子曰：“赐也贤乎哉？夫（fú）我则不暇。”** 孔安国《论语孔氏训解》：“不暇比方人也。”朱熹《四书集注》：“方，比也。乎哉，疑辞。比方人物而较其短长，虽亦穷理之事。然专务为此，则心驰于外，而所以自治者疏矣。故褒之而疑其辞，复自贬以深抑之。”谢良佐：“圣人责人，

在陈绝粮

楚国聘请孔子，孔子应请而往。陈国、蔡国的大臣们认为楚国任用孔子对两国不利，就派兵围住他。粮食吃完了，弟子们也病了，孔子却弹琴唱歌不绝。后来子贡使楚国派兵来迎接，才免除了灾难。“仁者不忧，知者不惑，勇者不惧”这三种品德，危机时在孔子身上得到了充分的体现。

辞不迫切而意已独至如此。"

[译文]

子贡非议他人，孔子说："子贡，你就那么好吗？我就没有闲工夫议论别人。"

[原文]

子曰："不患人之不己知，患其不能也。" 王肃《论语王氏义说》："徒患己之无能。"朱熹《四书集注》："凡章指同而文不异者，一言而重出也。文小异者，屡言而各出也。此章凡四见，而文皆有异。则圣人于此一事，盖屡言之，其丁宁之意亦可见矣。"

[译文]

孔子说："不要担心别人不了解自己，要担心自己没有本领。"

[原文]

子曰："不逆诈，不亿不信。抑亦先觉者，是贤乎！" 孔安国《论语孔氏训解》："先觉人情者，是宁能为贤乎？或时反怨人。"朱熹《四书集注》："逆，未至而迎之也。亿，未见而意之也。诈，谓人欺己。不信，谓人疑己。抑，反语辞。言虽不逆不亿，而于人之情伪，自然先觉，乃为贤也。"杨时："君子一于诚而已，然未有诚而不明者。故虽不逆诈、不亿不信，而常先觉也。若夫不逆不亿而卒为小人所罔焉，斯亦不足观也已。"

[译文]

孔子说："不事先怀疑他人欺诈，不猜度他人不诚实，可是如能事先发觉，这就是贤人了！"

明辨诈书

西汉昭帝年幼登极，大将军霍光受遗诏辅政。那时候长公主、左将军上官桀与其子上官安及桑弘羊等，私恨霍光，上本劾奏他擅自更调幕府校尉，专权自恣，图谋不轨。昭帝览奏，使人召霍光入见。霍光见帝，取了冠帽，叩头谢罪。昭帝说："将军戴起冠。朕知这本是假的。将军调校尉还未满十日，燕王离京数千里，他怎么能得知？可见是诈。"那时，昭帝年才十四岁。左右之人，见帝这等明察，莫不相顾惊骇，那上书的人，果然心虚逃走。

［原文］

微生亩谓孔子曰："丘何为是栖栖者与（yú）？无乃为佞乎？" 包咸《论语包氏章句》："微生，姓。亩，名。"朱熹《四书集注》："微生，姓。亩，名也。亩名呼夫子而辞甚倨，盖有齿德而隐者。栖栖，依依也。为佞，言其务为口给以悦人也。"**孔子曰："非敢为佞也，疾固也。"** 包咸《论语包氏章句》："疾世固陋，欲行道以化之。"朱熹《四书集注》："疾，恶也。固，执一而不通也。圣人之于达尊，礼恭而言直如此，其警之亦深矣。"

［译文］

微生亩对孔子说："丘啊，你为何如此忙忙碌碌呢？该不是为了讨好别人吧？"孔子说："我并非敢讨好别人，是憎恶世人的固执。"

［原文］

子曰："骥不称其力，称其德也。" 郑玄《论语郑氏注》："德者，调良之谓。"朱熹《四书集注》："骥，善马之名。德，谓调良也。"尹焞："骥虽有力，其称在德。人有才而无德，则亦奚足尚哉？"

［译文］

孔子说："所谓千里马，不是称道它的气力，而是称道它的德行。"

伯乐相马

伯乐（约前680—前610），原名孙阳，春秋中期郜国（今山东成武）人。伯乐相马是辨别内在精神，不是外在的体征。

［原文］

或曰："以德报怨， 何晏《论语集解》："德，恩惠之德。"**何如？"** 朱熹《四书集注》："或人所称，今见《老子》书。德，谓恩惠也。"**子曰："何以报德？** 朱熹《四书集注》："言于其所怨，既以德报之矣；则人之有德于我者，又将何以报之乎？"**以直报怨，以德报德。"** 朱熹《四书集注》："于其所怨者，爱憎取舍，一以至公而无私，所谓直也。于其所德者，则必以德报之，不可忘也。或人之言，可谓厚矣。然以圣人之言观之，则见其出于有意之私，而怨德之报皆不得其平也。必如夫子之言，

然后二者之报各得其所。然怨有不仇，而德无不报，则又未尝不厚也。此章之言，明白简约，而其指意曲折反复。如造化之简易易知，而微妙无穷，学者所宜详玩也。”

［译文］

有人说：“以恩德来回报怨恨，怎么样啊？”孔子说：“那用什么来回报恩德呢？要以正直来回报怨恨，以恩德来回报恩德。”

［原文］

子曰：“莫我知也夫(fú)！” 朱熹《四书集注》：“夫子自叹，以发子贡之问也。” **子贡曰：“何为其莫知子也？”** 何晏《论语集解》：“子贡怪夫子言何为莫知己，故问。” **子曰：“不怨天，不尤人。** 马融《论语训说》：“孔子不用于世而不怨天，人不知己亦不尤人。” **下学而上达。** 孔安国《论语孔氏训解》：“下学人事，上知天命。” **知我者其天乎！”** 何晏《论语集解》：“圣人与天地合其德，故曰唯天知己。”朱熹《四书集注》：“不得于天而不怨天，不合于人而不尤人，但知下学而自然上达。此但自言其反己自修，循序渐进耳，无以甚异于人而致其知也。然深味其语意，则见其中自有人不及知而天独知之之妙。盖在孔门，惟子贡之智几足以及此，故特语以发之。惜乎其犹有所未达也！”

［译文］

孔子说：“没有人了解我啊！”子贡说：“为什么没有人了解老师呢？”孔子说：“不抱怨上天，不责备他人，下学人事，上知天命，了解我的大概只有上天了！”

［原文］

公伯寮愬子路于季孙。 马融《论语训说》：“愬，谮也。伯寮，鲁人，弟子也。” **子服景伯以告，** 孔安国《论语孔氏训解》：“鲁大夫子服何忌也。告，告孔子。” **曰：“夫子固有惑志于公伯寮，** 孔安国《论语孔氏训解》：“季孙信谗，恚子路。” **吾力犹能肆诸市朝。”** 郑玄《论语郑氏注》：“吾势力犹能辨子路之无罪于季孙，使之诛寮而肆之。有罪既刑，陈其尸曰肆。”朱熹《四书集注》：“公伯寮，鲁人。子服，氏。景，谥。伯，字。鲁大夫子服何也。夫子，指季孙。言其有疑于寮之言也。肆，陈尸也。言欲诛寮。” **子曰：“道之将行也与(yú)？命也。道之将废也与？命也。公伯寮其如**

命何！”谢良佐：“虽寮之愬行，亦命也。其实寮无如之何。”朱熹《四书集注》：“愚谓言此以晓景伯，安子路，而警伯寮耳。圣人于利害之际，则不待决于命而后泰然也。”

［译文］

公伯寮向季孙毁谤子路，子服景伯把此事告诉了孔子，说：“季孙已经听信了公伯寮的话，但凭我的力量还能使他陈尸街头。”孔子说：“大道将会施行是命运，大道将会废除也是命运。公伯寮能把命运怎么样呢？”

［原文］

子曰：“贤者辟（bì）世，孔安国《论语孔氏训解》：“世主莫得而臣。”朱熹《四书集注》：“天下无道而隐，若伯夷太公是也。”**其次辟地，**马融《论语训说》：“去乱国适治邦。”朱熹《四书集注》：“去乱国，适治邦。”**其次辟色，**孔安国《论语孔氏训解》：“色斯举矣。”朱熹《四书集注》：“礼貌衰而去。”**其次辟言。”**孔安国《论语孔氏训解》：“有恶言乃去。”朱熹《四书集注》：“有违言而后去也。”程颐《程氏论语解》：“四者虽以大小次第言之，然非有优劣也，所遇不同耳。”**子曰：“作者七人矣。”**包咸《论语包氏章句》：“作，为也。为之者凡七人，谓长沮、桀溺、丈人、石门、荷蒉、仪封人、楚狂接舆。”

公伯寮

公伯寮，公伯氏，名寮，字子周，鲁国人。

［译文］

孔子说：“一等贤者避世隐居，其次是避开地方，其次是避开见面，再其次是避开言谈。”孔子说：“这样做的人已经有七个了。”

［原文］

子路宿于石门。晨门曰：“奚自？”何晏《论语集解》：“晨门者，阍人也。”**子路曰：“自孔氏。”曰：“是知其不可而为之者与（yú）？”**包咸《论语包氏章句》：“言孔子知世不可为而强为之。”朱熹《四书集注》：“石门，地名。晨门，掌晨启门，盖贤人隐于抱关者也。自，从也，问其何所从来也。”

［译文］

子路在石门夜宿，早晨进城时，守门者说："从哪里来啊？"子路说："从孔子那里来。"守门者说："就是那个知道行不通而非要去做的人吗？"

［原文］

子击磬于卫。有荷(hè)蒉而过孔氏之门者，曰："有心哉！击磬乎！" 何晏《论语集解》："蒉，草器也。有心，谓契契然。"朱熹《四书集注》："磬，乐器。荷，担也。蒉，草器也。此荷蒉者，亦隐士也。圣人之心未尝忘天下，此人闻其磬声而知之，则亦非常人矣。"**既而曰："鄙哉！硁硁乎！莫己知也，斯已而已矣。** 何晏《论语集解》："此硁硁者，徒信己而已，言亦无益。"**深则厉，浅则揭。"** 包咸《论语包氏章句》："以衣涉水为厉。揭，揭衣也。言随世以行己，若过水必以济，知其不可则当不为。"朱熹《四书集注》："莫己之己，音纪，余音以。硁硁，石声，亦专确之意。以衣涉水曰厉，摄衣涉水曰揭。此两句，《卫风·匏有苦叶》之诗也。讥孔子人不知己而不止，不能适浅深之宜。"**子曰："果哉！末之难矣。"** 何晏《论语集解》："未知己志而便讥己，所以为果。末，无也。无难者，以其不能解己之道。"朱熹《四书集注》："果哉，叹其果于忘世也。末，无也。圣人心同天地，视天下犹一家，中国犹一人，不能一日忘也。故闻荷蒉之言，而叹其果于忘世。且言人之出处，若但如此，则亦无所难矣。"

［译文］

孔子在卫国击奏磬时，有个背着草筐经过孔子门口的人，说："击磬的真是有心人啊！"过了一会儿说，"见识浅陋，太固执了！没有人了解自己，那就算了。水深就和衣涉过去，水浅就撩起衣服走过去。"孔子说："好干脆啊！可他不知道我的难处。"

［原文］

子张曰："《书》云：'高宗谅阴，三年不言。'何谓也？" 孔安国《论语孔氏训解》："高宗，殷之中兴王武丁也。谅，信也。阴，犹默也。"朱熹《四书集注》："高宗，商王武丁也。谅阴，天子居丧之名，未详其义。"**子曰："何必高宗，古之人皆然。君薨，百官总己，** 马融《论语训说》："己，百官。"**以听于冢宰三年。"** 孔安国《论语孔氏训解》："冢宰，天官卿，佐王治者，三年丧毕，然后王自听政。"朱熹《四书集注》："言君薨，则诸侯亦然。总己，谓总摄己职。冢宰，太宰也。百官听于冢宰，故君得以三年不言也。"

[译文]

子张说:“《尚书》说:‘殷高宗守丧，三年不说话。’这是什么意思呢？”孔子说:“不只是殷高宗,古时候的人都是如此。君主去世了,百官总揽自己的政务,听命于冢宰三年。”

[原文]

子曰:“上好(hào)礼，则民易使也。”何晏《论语集解》:“民莫敢不敬，故易使。”谢良佐:“礼达而分定，故民易使。”

[译文]

孔子说:“在上者喜好礼仪，民众就容易役使了。”

[原文]

子路问君子。子曰:“修己以敬。”孔安国《论语孔氏训解》:“敬其身。”**曰:“如斯而已乎？”曰:“修己以安人。”**孔安国《论语孔氏训解》:“人，谓朋友九族。”**曰:“如斯而已乎？”曰:“修己以安百姓。修己以安百姓，尧、舜其犹病诸！”**孔安国《论语孔氏训解》:“病，犹难也。”朱熹《四书集注》:“修己以敬，夫子之言至矣尽矣。而子路少之，故再以其充积之盛，自然及物者告之，无他道也。人者，对己而言。百姓，则尽乎人矣。尧舜犹病，言不可以有加于此。以抑子路，使反求诸近也。盖圣人之心无穷，世虽极治，然岂能必知四海之内果无一物不得其所哉？故尧舜犹以安百姓为病。若曰吾治已足，则非所以为圣人矣。”

[译文]

子路询问什么是君子，孔子说:“修养自身来敬爱他人。”子路说:“这样就行了吗？”孔子说:“修养自身来安定他人。”子路说:“这样就行了吗？”孔子说:“修养自身来安定百姓。修养自身来安定百姓，可能尧、舜还做不到呢！”

[原文]

原壤夷俟。马融《论语训说》:“原壤，鲁人，孔子故旧。夷，踞；俟，待也。踞待孔子。”**子曰:“幼而不孙(xùn)弟(tì)，长(zhǎng)而无述焉，老而不死，是为贼！”**何晏《论语集解》:“贼谓贼害。”**以杖叩其胫。**孔安国《论语孔氏训解》:“叩，击也。胫，脚胫。”朱熹《四书集注》:“原壤，孔子之故人。母死而歌，盖老氏之流，自放于礼法之外者。夷，蹲踞也。俟，待也。言见孔子来而蹲踞以待之也。述，犹称也。贼者，害人之名。以其自幼至长，无一善状，而久生于世，徒足以败常乱俗，则是贼而已矣。胫，足骨也。孔子既责之，而因以所曳之杖，微击其胫，若使勿蹲踞然。”

[译文]

原壤随意张开两腿坐着等待孔子，孔子说：“小时候不懂礼貌，长大了无所作为，老了还不去死，真是祸害！”说着用拐杖敲他的小腿。

[原文]

阙党童子将命。马融《论语训说》：“阙党之童子将命者，传宾主之语出入。”**或问之曰：“益者与（yú）？”**朱熹《四书集注》：“阙党，党名。童子，未冠者之称。将命，谓传宾主之言。或人疑此童子学有进益，故孔子使之传命以宠异之也。”**子曰：“吾见其居于位也，**何晏《论语集解》：“童子隅坐无位，成人乃有位。”**见其与先生并行也。非求益者也，欲速成者也。”**朱熹《四书集注》：“礼，童子当隅坐随行。孔子言吾见此童子，不循此礼。非能求益，但欲速成尔。故使之给使令之役，观长少之序，习揖逊之容。盖所以抑而教之，非宠而异之也。”

杖扣原壤

此图表现了孔子以杖击原壤小腿的情景。

[译文]

阙党的一个童子奉命向孔子传话，有人问孔子说：“是个求上进的孩子吗？”孔子说：“我见到他坐在成年人的位子上，见到他与年长的人并肩而行。他不是个求上进的人，是个急于求成的人。”

卫灵公第十五

题 解

正义曰：此章记孔子先礼后兵，去乱就治，并明忠、信、仁、知、劝学，为邦无所毁誉，必察好恶。志士君子之道，事君相师之仪，皆有耻且格之事，故次前篇也。

——邢昺《论语注疏》

[原文]

卫灵公问陈（zhèn）于孔子。孔安国《论语孔氏训解》："军陈行列之法。"**孔子对曰："俎豆之事，则尝闻之矣；**孔安国《论语孔氏训解》："俎豆，礼器。"**军旅之事，未之学也。"**郑玄《论语郑氏注》："万二千五百人为军，五百人为旅。军旅末事，本未立，不可教以末事。"**明日遂行。**朱熹《四书集注》："陈，谓军师行伍之列。俎豆，礼器。"尹焞："卫灵公，无道之君也，复有志于战伐之事，故答以未学而去之。"**在陈绝粮，从者病，莫能兴。**孔安国《论语孔氏训解》："从者，弟子。兴，起也。孔子去卫如曹，曹不容，又之宋。宋遭匡人之难，又之陈。会吴伐陈，陈乱，故乏食。"朱熹《四书集注》："孔子去卫适陈。兴，起也。"**子路愠见（xiàn）曰："君子亦有穷乎？"子曰："君子固穷，小人穷斯滥矣。"**朱熹《四书集注》："滥，溢也。言君子固亦有穷时，但不若小人穷则放溢为非。程子曰：'固穷者，固守其穷。'亦通。愚谓圣人当行而行，无所顾虑。处困而亨，无所怨悔。于此可见，学者宜深味之。"

灵公问阵

此图表现了卫灵公向孔子问阵的情景。

[译文]

卫灵公向孔子询问军阵，孔子答道："礼仪方面的事，我曾经听说过；军旅方面的事，我没有学过。"次日就离开了卫国。孔子在陈国断绝了粮食，

随行的人饿得病倒了，起不了身。子路很不高兴地来见孔子，说：“君子也有穷困的时候吗？”孔子说：“君子能安守穷困，小人穷困时就胡作非为了。”

[原文]

子曰：“赐也，女(rǔ)以予为多学而识(zhì)之者与(yú)？”朱熹《四书集注》：“子贡之学，多而能识矣。夫子欲其知所本也，故问以发之。”**对曰：“然，**孔安国《论语孔氏训解》：“然谓多学而识之。”**非与？”**孔安国《论语孔氏训解》：“问今不然。”朱熹《四书集注》：“方信而忽疑，盖其积学功至，而亦将有得也。”**曰：“非也，予一以贯之。”**何晏《论语集解》：“善有元，事有会，天下殊涂而同归，百虑而一致。知其元则众善举矣，故不待多学而一知之。”朱熹《四书集注》：“说见第四篇。然彼以行言，而此以知言也。”谢良佐：“圣人之道大矣，人不能遍观而尽识，宜其以为多学而识之也。然圣人岂务博者哉？如天之于众形，匪物物刻而雕之也。故曰：‘予一以贯之。’‘德輶如毛，毛犹有伦。上天之载，无声无臭。’至矣！”尹焞：“孔子之于曾子，不待其问而直告之以此，曾子复深谕之曰‘唯’。若子贡则先发其疑而后告之，而子贡终亦不能如曾子之唯也。二子所学之浅深，于此可见。”

[译文]

孔子说：“赐啊，你认为我是多学博记的人吗？”子路答道：“是的，难道不是这样吗？”孔子说：“不是的，我是凭借一个基本观念来贯通的。”

[原文]

子曰：“由！知德者鲜矣。”王肃《论语王氏义说》：“君子固穷，而子路愠见，故谓之小于知德。”朱熹《四书集注》：“由，呼子路之名而告之也。德，谓义理之得于己者。非己有之，不能知其意味之实也。自第一章至此，疑皆一时之言。此章盖为愠见发也。”

问礼老聃

鲁昭公十年（前532），孔子三十四岁，和南宫敬叔到周地问礼于老子。因为老子曾做过周王朝的柱下史（管理藏书的史官），熟知周礼。

[译文]

孔子说："由啊，了解德的人太少了。"

[原文]

子曰："无为而治者，其舜也与？夫何为哉，恭己正南面而已矣。" 何晏《论语集解》："言任官得其人，故无为而治。"朱熹《四书集注》："无为而治者，圣人德盛而民化，不待其有所作为也。独称舜者，绍尧之后，而又得人以任众职，故尤不见其有为之迹也。恭己者，圣人敬德之容。既无所为，则人之所见如此而已。"

[译文]

孔子说："无为而治的人大概是舜吧！他做了些什么呢？只是谨慎地修养自身、端坐王位罢了。"

[原文]

子张问行。 朱熹《四书集注》："犹问达之意也。" **子曰："言忠信，行笃敬，虽蛮貊之邦行矣；言不忠信，行不笃敬，虽州里行乎哉？** 郑玄《论语郑氏注》："万二千五百家为州，五家为邻，五邻为里，行乎哉？言不可行。"朱熹《四书集注》："子张意在得行于外，故夫子反于身而言之，犹答干禄问达之意也。笃，厚也。蛮，南蛮。貊，北狄。二千五百家为州。" **立，则见其参于前也；在舆，则见其倚于衡也。夫(fú)然后行。"** 包咸《论语包氏章句》："衡，轭也。言思念忠信，立则常想见，参然在目前。在舆，则若倚车轭。"朱熹《四书集注》："其者，指忠信笃敬而言。参，读如毋往参焉之参，言与我相参也。衡，轭也。言其于忠信笃敬念念不忘，随其所在，常若有见，虽欲顷刻离之而不可得。然后一言一行，自然不离于忠信笃敬，而蛮貊可行也。" **子张书诸绅。** 孔安国《论语孔氏训解》："绅，大带。"朱熹《四书集注》："绅，大带之垂者。书之，欲其不忘也。"程颐《程氏论语解》："学要鞭辟近里，著己而已。博学而笃志，切问而近思；言忠信，行笃敬；立则见其参于前，在舆则见其倚于衡：只此是学。质美者明得尽，渣滓便浑化，却与天地同体。其次惟庄敬以持养之，及其至则一也。"

[译文]

子张询问如何才能实行，孔子说："说话忠诚守信，行为笃实恭敬，即使边远少数

民族的地方也能实行；说话不忠诚守信，行为不笃实恭敬，即使自己乡里能行得通吗？站立时就如同这些准则耸立在面前，乘车时就如同这些准则镌刻在车横木上，这样才能实行。”子张把它们写在绅带上。

[原文]

子曰：“直哉史鱼！孔安国《论语孔氏训解》：“卫大夫史鰌。”**邦有道，如矢；邦无道，如矢。**孔安国《论语孔氏训解》：“有道无道，行直如矢，言不曲。”朱熹《四书集注》：“史，官名。鱼，卫大夫，名鰌如矢，言直也。史鱼自以不能进贤退不肖，既死犹以尸谏，故夫子称其直。事见《家语》。”**君子哉蘧伯玉！邦有道，则仕；邦无道，则可卷而怀之。”**包咸《论语包氏章句》：“卷而怀，谓不与时政柔顺，不忤于人。”朱熹《四书集注》：“伯玉出处，合于圣人之道，故曰君子。卷，收也。怀，藏也。如于孙林父宁殖放弑之谋，不对而出，亦其事也。”杨时：“史鱼之直，未尽君子之道。若蘧伯玉，然后可免于乱世。若史鱼之如矢，则虽欲卷而怀之，有不可得也。”

苏秦合纵

苏秦说服赵国联合韩、魏、齐、楚、燕攻打秦，赵国国君很高兴，赏给苏秦很多宝物。苏秦得到赵国的帮助，又到韩国，游说韩宣王；到魏国，游说魏襄王；至齐国，游说齐宣王；又往楚国，游说楚威王。诸侯都赞成苏秦的计划，于是六国达成联合的盟约，苏秦为纵约长，并任六国相。

[译文]

孔子说：“史鱼真是正直啊！国家清平时像箭一样直，国家无道时仍像箭一样直。蘧伯玉真是君子啊！国家清平就任职，国家无道就能收起才能隐退。”

[原文]

子曰：“可与言而不与之言，失人；不可与言而与之言，失言。知(zhì)者不失人，亦不失言。”

[译文]

孔子说：“应该与之言谈的人却不与他谈，是错过了对象；不应该与之言谈的人却与他谈，是说错了话。明智的人既不错过对象，也不说错话。”

[原文]

子曰：“志士仁人，无求生以害仁，有杀身以成仁。”孔安国《论语孔氏训解》：“无求生以害仁，死而后成仁，则志士仁人不爱其身也。”朱熹《四书集注》：“志士，有志之士。仁人，则成德之人也。理当死而求生，则于其心有不安矣，是害其心之德也。当死而死，则心安而德全矣。”程颐《程氏论语解》：“实理得之，于心自别。实理者，实见得是，实见得非也。古人有捐躯殒命者，若不实见得，恶能如此？须是实见得生不重于义，生不安于死也。故有杀身以成仁者，只是成就一个是而已。”

［译文］

孔子说：“志士仁人没有为了求生而损害仁的，只有牺牲自身来成全仁的。”

［原文］

子贡问为仁。子曰：“工欲善其事，必先利其器。居是邦也，事其大夫之贤者，友其士之仁者。” 孔安国《论语孔氏训解》：“言工以利器为用，人以贤友为助。”朱熹《四书集注》：“贤以事言，仁以德言。夫子尝谓子贡悦不若己者，故以是告之。欲其有所严惮切磋以成其德也。”程颐《程氏论语解》：“子贡问为仁，非问仁也，故孔子告之以为仁之资而已。”

［译文］

子贡询问怎样做到仁，孔子说：“工匠想要做好他的事情，必须首先使工具精良。居住在这个国家，要侍奉大夫中的贤者，结交士人中的仁者。”

［原文］

颜渊问为邦。 朱熹《四书集注》：“颜子王佐之才，故问治天下之道。曰为邦者，谦辞。”**子曰：“行夏之时，** 朱熹《四书集注》：“夏时，谓以斗柄初昏建寅之月为岁首也。天开于子，地辟于丑，人生于寅，故斗柄建此三辰之月，皆可以为岁首。而三代迭用之，夏以寅为人正，商以丑为地正，周以子为天正也。然时以作事，则岁月自当以人为纪。故孔子尝曰，‘吾得夏时焉。’而说者以为谓《夏小正》之属。盖取其时之正与其令之善，而于此又以告颜子也。”**乘殷之辂（lù），** 马融《论语训说》：“殷车曰大辂。《左传》曰：‘大辂越席，昭其俭也。’”朱熹《四书集注》：“商辂，木辂也。辂者，大车之名。古者以木为车而已，至商而有辂之名，盖始异其制也。周人饰以金玉，则过侈而易败，不若商辂之朴素浑坚而等威已辨，为质而得其中也。”**服周之冕，** 包咸《论语包氏章句》：“冕，礼冠。周之礼文而备，取黈纩塞耳，不任视听。”朱熹《四书集注》：“周冕有五，祭服之冠也。冠上有覆，前后有旒。黄帝以来，盖已有之，而制

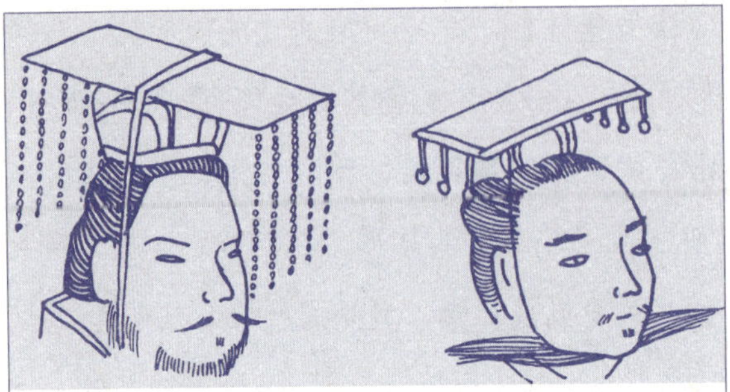

汉代冕旒、列帝头饰

度仪等，至周始备。然其为物小，而加于众体之上，故虽华而不为靡，虽费而不及奢。夫子取之，盖亦以为文而得其中也。”**乐则《韶》舞。**何晏《论语集解》：“《韶》，舜乐也。尽善尽美，故取之。”朱熹《四书集注》：“取其尽善尽美。”**放郑声，远佞人。郑声淫，佞人殆。”**孔安国《论语孔氏训解》：“郑声、佞人亦俱能惑人心，与雅乐、贤人同，而使人淫乱危殆，故当放远之。”朱熹《四书集注》：“放，谓禁绝之。郑声，郑国之音。佞人，卑谄辩给之人。殆，危也。”尹焞：“此所谓百王不易之大法。孔子之作《春秋》，盖此意也。孔、颜虽不得行之于时，然其为治之法，可得而见矣。”

[译文]

颜回询问治理国家，孔子说：“实行夏代的历法，乘坐殷代的车辆，穿戴周代的礼服，乐舞则用《韶》。禁绝郑地的乐曲，疏远奸佞的小人。郑地的乐曲淫荡，奸佞的小人危险。”

[原文]

子曰：“人无远虑，必有近忧。”王肃《论语王氏义说》：“君子当思患而预防之。”

[译文]

孔子说：“人没有长远的谋虑，必定会有即时的忧患。”

[原文]

子曰：“已矣乎！吾未见好德如好色者也。”朱熹《四书集注》：“已矣乎，叹其终不得而见也。”

[译文]

孔子说：“没希望了！我从未见到喜好德行如同喜好美色的人。”

[原文]

子曰：“臧文仲其窃位者与？知柳下惠之贤，而不与立

也。” 孔安国《论语孔氏训解》：“柳下惠，展禽也。知贤而不举，是为窃位。”朱熹《四书集注》：“窃位，言不称其位而有愧于心，如盗得而阴据之也。柳下惠，鲁大夫展获，字禽，食邑柳下，谥曰惠。与立，谓与之并立于朝。”范宁《论语范氏注》：“臧文仲为政于鲁，若不知贤，是不明也；知而不举，是蔽贤也。不明之罪小，蔽贤之罪大。故孔子以为不仁，又以为窃位。”

［译文］

孔子说：“臧文仲大概是个窃居职位的人吧！知道柳下惠的才能却不举荐他任职。”

［原文］

子曰：“躬自厚而薄责于人，则远(yuàn)怨矣。” 孔安国《论语孔氏训解》：“责己厚，责人薄，所以远怨咎。”朱熹《四书集注》：“责己厚，故身益修；责人薄，故人易从。所以人不得而怨之。”

［译文］

孔子说：“要求自己严格而对他人的宽松，就能远离怨恨了。”

［原文］

子曰：“不曰‘如之何，如之何’者， 孔安国《论语孔氏训解》：“不曰如之何者，犹言不曰奈是何。” **吾末如之何也已矣。”** 孔安国《论语孔氏训解》：“如之何者，言祸难已成，吾亦无如之何。”朱熹《四书集注》：“如之何如之何者，熟思而审处之辞也。不如是而妄行，虽圣人亦无如之何矣。”

［译文］

孔子说：“不考虑怎么办就去做的人，我也就不知道拿他怎么办啦！”

［原文］

子曰：“群居终日，言不及义，好行小慧，难矣哉！” 郑玄《论语郑氏注》：“小慧，谓小小之才知。难矣哉，言终无成。”朱熹《四书集注》：“小慧，私智也。言不及义，则放辟邪侈之心滋。好行小慧，则行险侥幸之机熟。难矣哉者，言其无以入德，而将有患害也。”

［译文］

孔子说：“整天聚在一起，言谈不涉及正理，喜欢耍小聪明，这就难以造就了。”

［原文］

子曰：“君子义以为质，礼以行之，孙(xùn)以出之，信以成之。

君子哉！” 郑玄《论语郑氏注》："义以为质，谓操行。孙以出之，谓言语。"朱熹《四书集注》："义者制事之本，故以为质干。而行之必有节文，出之必以退逊，成之必在诚实，乃君子之道也。"程颐《程氏论语解》："义以为质，如质干然。礼行此，孙出此，信成此。此四句只是一事，以义为本。"又曰，"'敬以直内，则义以方外。''义以为质，则礼以行之，孙以出之，信以成之。'"

[译文]

孔子说："君子把义作为根本，用礼仪来施行，以谦逊的态度述说，依诚实来成就。这就是君子啊！"

[原文]

子曰："君子病无能焉，不病人之不己知也。" 包咸《论语包氏章句》："君子之人但病无圣人之道，不病人之不己知。"

[译文]

孔子说："君子担心没有能力，不担心别人不了解自己。"

[原文]

子曰："君子疾没世而名不称焉。" 范宁《论语范氏注》："君子学以为己，不求人知。然没世而名不称焉，则无为善之实可知矣。"

[译文]

孔子说："君子所担忧的是离开人世尚不被人们称颂。"

哀公立庙

鲁哀公十六年（前479），孔子逝世。哀公设立了祭祀孔子的庙宇，并设置守庙户一百家。看来，孔子担心自己死后不被人称道是多余的。

[原文]

子曰："君子求诸己，小人求诸人。" 何晏《论语集解》："君子责己，小人责人。"谢良佐："君子无不反求诸己，小人反是。此君子小人所以分也。"杨时："君子虽不病人之不己知，然亦疾没世而名不称也。虽疾没世而名不称，然所以求者，亦反诸己而已。小人求诸人，故违道干誉，无所不至。三者文不相蒙，而义实相足，亦记言者之意。”

[译文]

孔子说：“君子要求自己，小人要求他人。”

[原文]

子曰：“君子矜而不争，包咸《论语包氏章句》：“矜，矜庄也。”**群而不党。”**孔安国《论语孔氏训解》：“党，助也。君子虽众，不相私助，义之与比。”朱熹《四书集注》：“庄以持己曰矜。然无乖戾之心，故不争。和以处众曰群。然无阿比之意，故不党。”

归田谢过

齐鲁夹谷相会后，齐景公认为在外交上失礼，采纳臣子的建议，将过去侵占鲁国的郓、龟阴之田归还给鲁国，以表示悔过。

[译文]

孔子说：“君子矜持而不争执，合群而不偏私。”

[原文]

子曰：“君子不以言举人，包咸《论语包氏章句》：“有言者不必有德，故不可以言举人。”**不以人废言。”**王肃《论语王氏义说》：“不可以无德而废善言。”

[译文]

孔子说：“君子不因为言谈而举用人，不因为人而排斥其言谈。”

[原文]

子贡问曰：“有一言而可以终身行之者乎？”子曰：“其‘恕’乎！己所不欲，勿施于人。”何晏《论语集解》：“言己之所恶，勿加施于人。”朱熹《四书集注》：“推己及物，其施不穷，故可以终身行之。”尹焞：“学贵于知要。子贡之问，可谓知要矣。孔子告以求仁之方也。推而极之，虽圣人之无我，不出乎此。终身行之，不亦宜乎？”

［译文］

子贡问道："是否有一句话足以终身奉行呢？"孔子说："大概是'恕'吧！自己所不想要的，不要施加于他人。"

［原文］

子曰："吾之于人也，谁毁谁誉？如有所誉者，其有所试矣。包咸《论语包氏章句》："所誉者，辄试以事，不虚誉而已。"朱熹《四书集注》："毁者，称人之恶而损其真。誉者，扬人之善而过其实。夫子无是也。然或有所誉者，则必尝有以试之，而知其将然矣。圣人善善之速，而无所苟如此。若其恶恶，则已缓矣。是以虽有以前知其恶，而终无所毁也。"**斯民也，三代之所以直道而行也。"**马融《论语训说》："三代夏、殷、周用民如此，无所阿私，所以云直道而行。"朱熹《四书集注》："斯民者，今此之人也。三代，夏、商、周也。直道，无私曲也。言吾之所以无所毁誉者，盖以此民，即三代之时所以善其善、恶其恶而无所私曲之民。故我今亦不得而枉其是非之实也。"尹焞："孔子之于人也，岂有意于毁誉之哉？其所以誉之者，盖试而知其美故也。斯民也，三代所以直道而行，岂得容私于其间哉？"

［译文］

孔子说："我对于他人，不诋毁、不虚誉。如果有所称誉，已经是有所察验了。这些人啊，是夏、商、周三代借以施行直道的啊。"

［原文］

子曰："吾犹及史之阙文也，包咸《论语包氏章句》："古之良史，于书字有疑则阙之，以待知者。"**有马者借人乘之。今亡矣夫（fú）！"**包咸《论语包氏章句》："有马不能调良，则借人乘习之。孔子自谓及见其人如此，至今无有矣。言此者，以俗多穿凿。"杨时："史阙文、马借人，此二事孔子犹及见之。今亡矣夫，悼时之益偷也。"朱熹《四书集注》："愚谓此必有为而言。盖虽细故，而时变之大者可知矣。"

［译文］

孔子说："我还赶上见到史官记事阙疑，有马的人把马借给别人骑，现在见不到了！"

［原文］

子曰："巧言乱德，小不忍则乱大谋。"孔安国《论语孔氏训解》：

"巧言利口则乱德义。小不忍则乱大谋。"朱熹《四书集注》："巧言，变乱是非，听之使人丧其所守。小不忍，如妇人之仁、匹夫之勇皆是。"

[译文]

孔子说："花言巧语能败坏道德，小处不能忍耐就会毁掉大事。"

[原文]

子曰："众恶(wù)之，必察焉；众好(hào)之，必察焉。" 王肃《论语王氏义说》："或众阿党比周，或其人特立不群，故好恶不可不察也。"杨时："惟仁者能好恶人。众好恶之而不察，则或蔽于私矣。"

[译文]

孔子说："大家都憎恨的人，必须审察；大家都喜欢的人，必须审察。"

[原文]

子曰："人能弘道，非道弘人。" 王肃《论语王氏义说》："才大者道随大，才小者道随小，故不能弘人。"朱熹《四书集注》："弘，廓而大之也。人外无道，道外无人。然人心有觉，而道体无为；故人能大其道，道不能大其人也。"

[译文]

孔子说："人能弘扬大道，不是大道来弘扬人。"

[原文]

子曰："过而不改，是谓过矣。" 朱熹《四书集注》："过而能改，则复于无过。惟不改则其过遂成，而将不及改矣。"

[译文]

孔子说："错了不去改正，才叫作过错。"

敬贤怀鹞

唐太宗一日得到一只极好的鹞子，驾在臂膊上玩耍，恰好魏徵进来奏事。魏徵正直好谏，太宗不想让魏徵看到鹞子，便将鹞子藏在怀里。魏徵知道太宗怀藏鹞子，故意没完没了地奏事，结果鹞子闷死在太宗怀中。太宗尊为天子，偶有臂鹞之失，见了正直的臣子，便惭愧掩藏，像害怕一样。因为太宗本是英明之主，自知理屈，故深以为歉，宁坏了所爱之物而不恤也。

[原文]

子曰："吾尝终日不食，终夜不寝，以思，无益，不如学也。" 朱熹《四书集注》："此为思而不学者言之。盖劳心以必求，不如逊志而自得也。"

[译文]

孔子说："我曾经整天不吃、整夜不睡来思考，毫无收益，不如去学习。"

[原文]

子曰："君子谋道不谋食。耕也，馁在其中矣；学也，禄在其中矣。君子忧道不忧贫。" 郑玄《论语郑氏注》："馁，饿也。言人虽念耕而不学，故饥饿。学则得禄，虽不耕而不馁。此劝人学。"朱熹《四书集注》："耕所以谋食，而未必得食。学所以谋道，而禄在其中。然其学也，忧不得乎道而已；非为忧贫之故，而欲为是以得禄也。"尹焞："君子治其本而不恤其末，岂以在外者为忧乐哉？"

屈子行吟图

屈原早年受楚怀王信任，但由于自身性格耿直，加之他人谗言与排挤，逐渐被楚怀王疏远。公元前305年，屈原反对楚怀王与秦国订立"黄棘之盟"，被逐出郢都流放。公元前278年，秦国大将白起攻破了郢都，屈原在绝望和悲愤之下怀大石投汨罗江而死。屈原一生都在坚持自己的政治主张，决不随波逐流。用笔抒写自己对祖国的热爱，指斥"群小"误国，为后人留下了千古不朽的诗篇。

[译文]

孔子说："君子谋求大道而不谋求食物。耕作可能受到饥饿，学习可能得到俸禄。君子忧患大道不行而不忧患贫困。"

[原文]

子曰："知(zhì)及之，仁不能守之；虽得之，必失之。 包咸《论语包氏章句》："知能及治其官，而仁不能守，虽得之，必失之。"朱熹《四书集注》："知足以知此理，而私欲间之，则无以有之于身矣。" **知及之，仁能守之。不庄以莅之，则民不敬。** 包咸《论语包氏章句》："不严以临之，则民不敬从其上。"朱熹《四书集注》："莅，临也。谓临民也。知此理而无私欲以间之，则所知者在我而不失矣。然犹有不庄者，盖气习之偏，或有厚于内而不严于外者，是以民不见其可畏而慢易之。下句放此。”**知及之，仁能守之，庄以莅之。动之不以礼，未善也。”**王肃《论语王氏义说》：“动必以礼然后善。”朱熹《四书集注》：“动之，动民也。犹曰鼓舞而作兴之云尔。礼，谓义理之节文。愚谓学至于仁，则善有诸己而大本立矣。莅之不庄，动之不以礼，乃其气禀学问之小疵，然亦非尽善之道也。故夫子历言之，使知德愈全则责愈备，不可以为小节而忽之也。”

[译文]

孔子说：“凭借聪明才智得到了它，但不能用仁德来保持它，即使得到，也一定会丧失。凭借聪明才智得到它，并能用仁德保持它，但不用庄重的态度来治理，那么百姓就会不服从。使用聪明才智得到它，用仁德保持它，用庄重的态度来治理，但不能用礼来约束、指导百姓，那还是不完善的。”

[原文]

子曰：“君子不可小知，而可大受也；小人不可大受，而可小知也。”王肃《论语王氏义说》：“君子之道深远，不可小了知，而可大受；小人之道浅近，可小了知，而不可大受也。”朱熹《四书集注》：“此言观人之法。知，我知之也。受，彼所受也。盖君子于细事未必可观，而材德足以任重；小人虽器量浅狭，而未必无一长可取。”

[译文]

孔子说：“君子不能了解小事却能担当重任，小人不能担当重任却能了解小事。”

[原文]

子曰：“民之于仁也，甚于水火。马融《论语训说》：“水火及仁，故民所仰而生者，仁最为甚。”**水火，吾见蹈而死者矣，未见蹈仁而死者也。”**马融《论语训说》：“蹈水火或时杀人，蹈仁未尝杀人。”朱熹《四书集注》：“民之于水火，所赖以生，不可一日无。其于仁也亦然。但水火外物，而仁在己。无水火，不过害人之身，而不仁则失其心。是仁有甚于水火，而尤不可以一日无也。况水火或有时而杀人，仁则未尝杀人，亦何惮而不为哉？”

[译文]

孔子说：“民众对于仁的需求，比水火更迫切。我见到过跳进水火而死去的人，却没见到过因实践仁而死去的人。”

[原文]

子曰："当仁不让于师。" 孔安国《论语孔氏训解》："当行仁之事，不复让于师，言行仁急。"朱熹《四书集注》："当仁，以仁为己任也。虽师亦无所逊，言当勇往而必为也。盖仁者，人所自有而自为之，非有争也，何逊之有？"程颐《程氏论语解》："为仁在己，无所与逊。若善名为外，则不可不逊。"

[译文]

孔子说："遇到行仁的事不能向老师谦让。"

[原文]

子曰："君子贞而不谅。" 孔安国《论语孔氏训解》："贞，正。谅，信也。君子之人，正其道耳，言不必小信。"朱熹《四书集注》："贞，正而固也。谅，则不择是非而必于信。"

[译文]

孔子说："君子坚守正道而不拘泥小信用。"

[原文]

子曰："事君，敬其事而后其食。" 孔安国《论语孔氏训解》："先尽力而后食禄。"朱熹《四书集注》："后，与后获之后同。食，禄也。君子之仕也，有官守者修其职，有言责者尽其忠。皆以敬吾之事而已，不可先有求禄之心也。"

[译文]

孔子说："侍奉君主，要尽心供职后再收取俸禄。"

[原文]

子曰："有教无类。" 马融《论语训说》："言人所在见教，无有种类。"朱熹《四书集注》："人性皆善，而其类有善恶之殊者，气习之染也。故君子有教，则人皆可以复于善，而不当复论其类之恶矣。"

[译文]

孔子说："进行教育没有对象的区别。"

[原文]

子曰："道不同，不相为谋。" 朱熹《四书集注》："不同，如善恶邪正之异。"

[译文]

孔子说：“见解不同，不相互商议事情。”

[原文]

子曰：“辞达而已矣。” 孔安国《论语孔氏训解》：“凡事莫过于实，辞达则足矣，不烦文艳之辞。”朱熹《四书集注》：“辞，取达意而止，不以富丽为工。”

[译文]

孔子说：“言语能表达意思就行了。”

[原文]

师冕见， 孔安国《论语孔氏训解》：“师，乐人盲者，名冕。”**及阶，子曰：“阶也。”及席，子曰：“席也。”皆坐，子告之曰：“某在斯，某在斯。”** 孔安国《论语孔氏训解》：“历告以坐中人姓字、所在处。”朱熹《四书集注》：“师，乐师，瞽者。冕，名。再言某在斯，历举在坐之人以诏之。”**师冕出。子张问曰：“与师言之道与(yú)？”** 朱熹《四书集注》：“圣门学者，于夫子之一言一动，无不存心省察如此。”**子曰：“然。固相(xiàng)师之道也。”** 朱熹《四书集注》：“相，助也。古者瞽必有相，其道如此。盖圣人于此，非作意而为之，但尽其道而已。”尹焞：“圣人处己为人，其心一致，无不尽其诚故也。有志于学者，求圣人之心，于斯亦可见矣。”范宁《论语范氏注》：“圣人不侮鳏寡，不虐无告，可见于此。推之天下，无一物不得其所矣。”

[译文]

盲人乐师冕来见孔子，走到台阶边，孔子说：“这是台阶。”来到座席旁，孔子说：“这是座席。”都坐定了，孔子告诉他说：“某某在这里，某某在这里。”师冕走后，子张问道：“这是与盲人乐师说话的方式吗？”孔子说：“是的，这应该是接待盲人乐师的方式。”

季氏第十六

题解

正义曰：此篇论天下无道，政在大夫，故孔子陈其正道，扬其衰失，称损益以教人，举《诗》《礼》以训子，明君子之行，正夫人之名，以前篇首章记卫君灵公失礼，此篇首章言鲁臣季氏专恣，故以次之也。

——邢昺《论语注疏》

[原文]

季氏将伐颛臾。孔安国《论语孔氏训解》："颛臾，伏羲之后，风姓之国，本鲁之附庸，当时臣属鲁。季氏贪其土地，欲灭而取之。冉有与季路为季氏臣，来告孔子。"朱熹《四书集注》："颛臾，国名。鲁附庸也。"**冉有、季路见于孔子曰："季氏将有事于颛臾。"**朱熹《四书集注》："按《左传》《史记》，二子仕季氏不同时。此云尔者，疑子路尝从孔子自卫反鲁，再仕季氏，不久而复之卫也。"**孔子曰："求！无乃尔是过与？**孔安国《论语孔氏训解》："冉求为季氏宰，相其室，为之聚敛，故孔子独疑求教之。"朱熹《四书集注》："冉求为季氏聚敛，尤用事。故夫子独责之。"**夫颛臾，昔者先王以为东蒙主，**孔安国《论语孔氏训解》："使主祭蒙山。"**且在邦域之中矣，**孔安国《论语孔氏训解》："鲁七百里之封，颛臾为附庸，在其域中。"**是社稷之臣也。何以伐为？"**孔安国《论语孔氏训解》："已属鲁，为社稷之臣，何用灭之为？"朱熹《四书集注》："东蒙，山名。先王封颛臾于此山之下，使主其祭，在鲁地七百里之中。社稷，犹云公家。是时四分鲁国，季氏取其二，孟孙、叔孙各有其一。独附庸之国尚为公臣，季氏又欲取以自益。故孔子言颛臾乃先王封国，则不可伐；在邦域之中，则不必伐；是社稷之臣，则非季氏所当伐也。此事理之至当，不易之定体，而一言尽其曲折如此，非圣人不能也。"**冉有曰："夫子欲之，吾二臣者皆不欲也。"**孔安国《论语孔氏训解》："归咎于季氏。"朱熹《四书集注》："夫子，指季孙。冉有实与谋，以孔子非之，故归咎于季氏。"**孔子曰："求！周任有言曰：'陈力就列，不能者止。'**马融《论语训说》："周任，古之良史。言当陈其才力，度己所任，以就其位，不能则当止。”**危而不持，颠而不扶，则将焉用彼相矣？**包咸《论语包氏章句》：“言辅相人者，当能持危扶颠。若不能，何用相为？”朱熹《四书集注》：“周任，古之良史。陈，布也。列，位也。相，瞽者之相也。言二子不欲则当谏，谏而不听，则当去也。”**且尔言过矣。虎兕出于柙，龟玉毁于椟中，是谁之过与？”**马融《论语训说》：“柙，槛也。椟，匮也。失虎毁玉，岂非典守之过邪？”朱熹《四书集注》：“兕，野牛也。柙，槛也。椟，匮也。言在柙而逸，在椟而毁，典守者不得辞其过。明二子居其位而不去，则季氏之恶，己不得不任其责也。”**冉有曰：“今夫颛臾，固而近于费。**马融《论语训说》：“固，谓城郭完坚，兵甲利也。费，季氏邑。”**今不取，后世必为子孙忧。”**朱熹《四书集注》：“固，谓城郭完固。费，季氏之私邑。此则冉求之饰辞，然亦可见其实与季氏之谋矣。”**孔子曰：“求！君子疾夫舍曰欲之，而必为之辞。**孔安国《论语孔氏训解》：“舍其贪利之说，而更作他辞，是所疾也。”朱熹《四书集注》：“欲之，谓贪其利。”**丘也闻有国有家者，不患寡而患不均，**孔安国《论语孔氏训解》：“国，诸侯。家，卿大夫。不患土地人民之寡少，患政理之不均平。”**不患贫而患不安。**孔安国《论语孔氏训解》：“忧不能安民耳。民安则国富。”**盖均无贫，和无寡，安无倾。**包咸《论语包氏章句》：“政教均平，则不贫矣。上下和同，不患寡矣。大小安宁，不倾危矣。”朱熹《四书集注》：“寡，谓民少。贫，谓财乏。均，谓各得其分。安，谓上下相安。季氏之欲取颛臾，患寡与贫耳。然是时季氏据国，而鲁公无民，则不均矣。君弱臣强，互生嫌隙，则不安矣。均则不患于贫而和，和则不患于寡而安，安则不相疑忌，而无倾覆之患。”**夫如是，故远人不服，则修文德以来之。既来之，则安之。**朱熹《四书集注》：“内治修，然后远人服。有不服，则修德以来之，亦不当勤兵于远。”**今由与求也，相夫子，远人不服而不能来也，邦分崩离析而不能守也。**孔安国《论语孔氏训解》：“民有畏心曰分，欲去曰崩，不可会聚曰离析。”朱熹《四书集注》：“子路虽不与谋，而素不能辅之以义，亦不得为无罪，故并责之。远人，谓颛臾。分崩离析，谓四分公室，家臣屡叛。”**而谋动干戈于邦内。**孔安国《论语孔氏训解》：“干，楯也。戈，戟也。”**吾恐季孙之忧，不在颛臾，而在萧墙之内也。”**郑玄《论语郑氏注》：“萧之言肃也。墙，谓

屏也。君臣相见之礼，至屏而加肃敬焉，是以谓之萧墙。后季氏家臣阳虎果囚季桓子。”朱熹《四书集注》：“干，楯也。戈，戟也。萧墙，屏也。言不均不和，内变将作。其后哀公果欲以越伐鲁而去季氏。”谢良佐：“当是时，三家强，公室弱，冉求又欲伐颛臾以附益之。夫子所以深罪之，为其瘠鲁以肥三家也。”

[译文]

季氏将要讨伐颛臾，冉有、子路去见孔子，说：“季氏将要对颛臾有所行动。”孔子说：“求啊，这不是你的过错吗？颛臾，过去先王让它主持东蒙山的祭祀，而且在鲁国的疆域之内，是国家的臣属。为什么要讨伐它呢？”冉有说：“是季氏要这么做，我们两个都不愿意。”孔子说：“求啊，周任曾经说过：‘贡献力量担任职位，没有能力就止步。’危难时不支撑，颠扑时不扶持，何必要用辅佐的人呢？而且，你的说法是错的。老虎、犀牛从笼子里跑出来了，龟壳、美玉在匣子里毁坏了，这是谁的过错呢？”冉有说：“颛臾城邑坚固而接近季氏的封邑费，现在不去夺取，到了后世必定会成为子孙的忧患。”孔子说：“求啊，君子憎恶隐瞒欲望而非要进行辩解。我曾听说，拥有封国的人，不担忧贫困而担忧不平均，不担忧寡少而担忧不安定。因为平均了就没有贫困，和谐了就不会寡少，安定了就不会倾覆。如果这样，边远的人不归服就修养文德招徕他们，已经来了就安定他们。现在你们两个辅佐季氏，边远的人不归服却不能招徕他们，国家分崩离析却不能守护，反而图谋在国家之内兴师动众。我恐怕季氏的忧患不在颛臾，而是在自己的内部啊。”

[原文]

孔子曰：“天下有道，则礼乐征伐自天子出；天下无道，则礼乐征伐自诸侯出。自诸侯出，盖十世希不失矣；孔安国《论语孔氏训解》：“希，少也。周幽王为犬戎所杀，平王东迁，周始微弱。诸侯自作礼乐，专行征伐，始于隐公。至昭公十世失政，死于乾侯矣。”**自大夫出，五世希不失矣；陪臣执国命，三世希不失矣。**马融《论语训说》：“陪，重也。谓家臣。阳虎为季氏家臣，至虎三世而出奔齐。”朱熹《四书集注》：“先王之制，诸侯不得变礼乐，专征伐。陪臣，家臣也。逆理愈甚，则其失之愈速。大约世数，

礼隳三都

孔子对鲁定公说：“臣不能藏有兵器，大夫不能有百雉的城墙。今天季孙氏、孟孙氏、叔孙氏的都城都超过了礼的规定，请拆除违制的部分。”定公很赞成，下令拆除费、郈、郈三座城池的违制城墙。

不过如此。”**天下有道，则政不在大夫。**孔安国《论语孔氏训解》：“制之由君。”朱熹《四书集注》：“言不得专政。”**天下有道，则庶人不议。”**孔安国《论语孔氏训解》：“无所非议。”朱熹《四书集注》：“上无失政，则下无私议。非箝其口使不敢言也。此章通论天下之势。”

[译文]

孔子说：“天下清平，制礼作乐、出兵征伐出自天子；天下昏乱，制礼作乐、出兵征伐出自诸侯。出自诸侯，大概传到十代很少有不丧失的；出自大夫，传到五代很少有不丧失的；家臣执掌了国家命运，传到三代很少有不丧失的。天下清平，国政就不会落在大夫手中；天下清平，老百姓就不会议论。”

[原文]

孔子曰：“禄之去公室，五世矣；郑玄《论语郑氏注》：“言此之时，鲁定公之初。鲁自东门襄仲杀文公之子赤而立宣公，于是政在大夫，爵禄不从君出，至定公为五世矣。”**政逮于大夫，四世矣；**孔安国《论语孔氏训解》：“文子、武子、悼子、平子。”**故夫(fú)三桓之子孙，微矣。”**孔安国《论语孔氏训解》：“三桓，谓仲孙、叔孙、季孙。三卿皆出桓公，故曰三桓也。仲孙氏改其氏称孟氏，至哀公皆衰。”朱熹《四书集注》：“鲁自文公薨，公子遂杀子赤，立宣公，而君失其政。历成、襄、昭、定，凡五公。逮，及也。自季武子始专国政，历悼、平、桓子，凡四世，而为家臣阳虎所执。三桓，三家，皆桓公之后。此以前章之说推之，而知其当然也。此章专论鲁事，疑与前章皆定公时语。”

[译文]

孔子说：“鲁国君主失去权力已经五代了，国政被大夫攫夺已经四代了，所以孟孙、叔孙、季孙的子孙要衰微了。”

[原文]

孔子曰：“益者三友，损者三友。友直，友谅，友多闻，益矣。友便(pián)辟，马融《论语训说》：“便辟，巧辟人之所忌，以求容媚。”**友善柔，**马融《论语训说》：“面柔也。”**友便佞，损矣。”**郑玄《论语郑氏注》：“便，辩也，谓佞而辩。”朱熹《四书集注》：“友直，则闻其过。友谅，则进于诚。友多闻，则进于明。便，习熟也。便辟，谓习于威仪而不直。善柔，谓工于媚悦而不谅。便佞，谓习于口语，而无闻见之实。三者损益，正相反也。”尹焞：“自天子至于庶人，未有不须友以成者。而其损益有如是者，可不谨哉？”

骨辨防风

吴国征伐越国，攻下会稽，得到一种骨头，一节就需一辆车运送。吴王让人问孔子：“什么东西的骨头最大？”孔子回答：“禹召集大臣们集会于会稽山下，防风氏迟到了，禹就杀了他，他的骨头一节就需一辆车运送，这是最大的骨头了。”

[译文]

孔子说：“三种朋友有益，三种朋友有害。朋友正直、朋友诚实、朋友见识广博，是有益的；朋友奉承、朋友谄媚、朋友圆滑善辩，是有害的。”

[原文]

孔子曰：“益者三乐，损者三乐。乐节礼乐，何晏《论语集解》：“动得礼乐之节。”**乐道人之善，乐多贤友，益矣。乐骄乐，**孔安国《论语孔氏训解》：“恃尊贵以自恣。”

乐佚游，王肃《论语王氏义说》：“佚游，出入不节。”**乐宴乐，损矣。”**孔安国《论语孔氏训解》：“宴乐，沈荒淫渎。三者，自损之道。”朱熹《四书集注》：“乐，礼乐之乐，音岳。骄乐、宴乐之乐，音洛。节，谓辨其制度声容之节。骄乐，则侈肆而不知节。佚游，则惰慢而恶闻善。宴乐，则淫溺而狎小人。三者损益，亦相反也。”尹焞：“君子之于好乐，可不谨哉？”

[译文]

孔子说：“三种乐趣有益，三种乐趣有害。乐于以礼乐来节制行为、乐于引导他人向善、乐于多结交贤明的朋友，是有益的；乐于骄奢淫乐、乐于游荡无度、乐于吃吃喝喝，是有害的。”

[原文]

孔子曰：“侍于君子有三愆（qiān）：孔安国《论语孔氏训解》：“愆，过也。”**言未及之而言谓之躁，**郑玄《论语郑氏注》：“躁，不安静。”**言及之而不言谓之隐，**孔安国《论语孔氏训解》：“隐匿不尽情实。”**未见颜色而言谓之瞽。”**周生烈《论语周生烈义说》：“未见君子颜色所趣向，而便逆先意语者，犹瞽也。”朱熹《四书集注》：“君子，有德位之通称。愆，过也。瞽，无目，不能察言观色。”尹焞：“时然后言，则无三者之过矣。”

[译文]

孔子说："侍奉君子有三种过失：还没有轮到就说了叫作急躁，已经轮到了却不说叫作隐讳，不看君子的脸色就贸然说话叫作盲目。"

[原文]

孔子曰："君子有三戒：少之时，血气未定，戒之在色；及其壮也，血气方刚，戒之在斗；及其老也，血气既衰，戒之在得。" 孔安国《论语孔氏训解》："得，贪得。"朱熹《四书集注》："血气，形之所待以生者，血阴而气阳也。得，贪得也。随时知戒，以理胜之，则不为血气所使也。"

[译文]

孔子说："君子有三项禁戒：年轻时，血气尚未稳定，要禁戒女色；到了壮年，血气方刚，要禁戒好斗；到了老年，血气衰微，要禁戒贪得。"

遣散宫人

宋太祖时，春季大雨，河堤决口，宋太祖对宰相说："恐怕是幽闭在宫中的宫女太多。"因此下令凡是愿意回家的，都让她们回家，并命令用厚礼遣送她们。

[原文]

孔子曰："君子有三畏：畏天命， 何晏《论语集解》："顺吉逆凶，天之命也。" **畏大人，** 何晏《论语集解》："大人，即圣人，与天地合其德。" **畏圣人之言。** 何晏《论语集解》："深远不可易知测，圣人之言也。"朱熹《四书集注》："畏者，严惮之意也。天命者，天所赋之正理也。知其可畏，则其戒谨恐惧，自有不能已者。而付畀之重，可以不失矣。大人圣言，皆天命所当畏。知畏天命，则不得不畏之矣。" **小人不知天命而不畏也，** 何晏《论语集解》："恢疏，故不知畏。" **狎大人，** 何晏《论语集解》："直而不肆，故狎之。" **侮圣人之言。"** 何晏《论语集解》："不可小知，故侮之。"朱熹《四书集注》："侮，戏玩也。不知天命，故不识义理，而无所忌惮如此。"尹焞："三畏者，修己之诚当然也。小人不务修身诚己，则何畏之有？"

[译文]

孔子说："君子有三项敬畏：敬畏天命，敬畏有道德的人，敬畏圣人的话。小人因

常读论语

宋代宰相李沆,常常抽空读《论语》。有人问:"你为什么常常读《论语》?"李沆说:"圣人的话,看起来容易,做起来是十分困难的,因此,我认为终生诵读《论语》,都是应该的。"

为不知道天命而不敬畏,轻慢有道德的人,亵渎圣人的话。"

[原文]

孔子曰:"生而知之者,上也;学而知之者,次也;困而学之,又其次也;孔安国《论语孔氏训解》:"困,谓有所不通。"**困而不学,民斯为下矣。"**朱熹《四书集注》:"困,谓有所不通。言人之气质不同,大约有此四等。"杨时:"生知学知以至困学,虽其质不同,然及其知之一也。故君子惟学之为贵。困而不学,然后为下。"

[译文]

孔子说:"天生就懂得的人最优秀,通过学习而懂得的人次一等,遇到困难才去学习的人又次一等;遇到困难还不学习,就是下等的愚民。"

[原文]

孔子曰:"君子有九思:视思明,听思聪,色思温,貌思恭,言思忠,事思敬,疑思问,忿思难(nàn),见得思义。"朱熹《四书集注》:"视无所蔽,则明无不见。听无所壅,则聪无不闻。色,见于面者。貌,举身而言。思问,则疑不蓄。思难,则忿必惩。思义,则得不苟。"程颐《程氏论语解》:"九思各专其一。"谢良佐:"未至于从容中道,无时而不自省察也。虽有不存焉者,寡矣,此之谓思诚。"

[译文]

孔子说:"君子有九件要想到的事:看要想到明白,听要想到清楚,神态要想到温和,容貌要想到恭敬,言谈要想到诚实,处事要想到尽心,疑难要想到询问,愤怒要想到后患,见到名利要想到大义。"

[原文]

孔子曰:"见善如不及,见不善如探汤。吾见其人矣,吾闻其语矣。孔安国《论语孔氏训解》:"探汤,喻去恶疾。"朱熹《四书集注》："真知善恶而诚好恶之，颜、曾、闵、冉之徒，盖能之矣。语，盖古语也。"**隐居以求其志，行义以达其道。吾闻其语矣，未见其人也。"** 朱熹《四书集注》："求其志，守其所达之道也。达其道，行其所求之志也。盖惟伊尹、太公之流，可以当之。当时若颜子，亦庶乎此。然隐而未见，又不幸而蚤死，故夫子云然。"

［译文］

孔子说："见到善生怕赶不上，见到不善如同手伸进了开水。我见到过这样的人，我听到过这样的话。避世隐居来成就自己的志向，施行道义来贯彻自己的主张；我听到过这样的话，没见到过这样的人。"

［原文］

齐景公有马千驷，死之日，民无德而称焉。 孔安国《论语孔氏训解》："千驷，四千匹。"**伯夷、叔齐饿于首阳之下，** 马融《论语训说》："首阳山在河东蒲坂县华山之北河曲之中。"**民到于今称之。** 朱熹《四书集注》："驷，四马也。首阳，山名。"**其斯之谓与(yú)？** 王肃《论语王氏义说》："此所谓以德为称。"

［译文］

齐景公有马四千匹，去世的时候，民众不觉得他有什么德行值得称赞；伯夷、叔齐饿死在首阳山下，民众到现在仍然称赞他们。大概就是这个意思吧？

［原文］

陈亢问于伯鱼曰："子亦有异闻乎？" 马融《论语训说》："以为伯鱼孔子之子，所闻当有异。"朱熹《四书集注》："亢，亢以私意窥圣人，疑必阴厚其子。"**对曰："未也。尝独立，** 孔安国《论语孔氏训解》："独立，谓孔子。"**鲤趋而过庭。曰：'学《诗》乎？'对曰：'未也。''不学《诗》，无以言。'鲤退而学《诗》。** 朱熹《四书集注》："事理通达，而心气和平，故能言。"**他日，又独立，鲤趋而过庭。曰：'学《礼》乎？'对曰：'未也。''不学《礼》，无以立。'鲤退而学《礼》。** 朱熹《四书集注》："品节详明，而德性坚定，故能立。"**闻斯二者。"** 朱熹《四书集注》："当独立之时，所闻不过如此，其无异闻可知。"**陈亢退而喜曰："问一得三，闻《诗》，闻《礼》，又闻君子之远(yuǎn)其子也。"** 尹焞："孔

鲤庭垂训

此图表现了孔子与孔鲤对话时的情景。

子之教其子，无异于门人，故陈亢以为远其子。”

[译文]

陈亢问伯鱼说：“你也许听到过与众不同的教诲吧？”伯鱼答道：“没有。父亲曾独自站在那里，我快步走过庭院，他说：‘学《诗》了吗？’我答道：‘没有。’他说：‘不学《诗》，就不能言谈应对。’我退下来就学习《诗》。另一天，父亲又独自站在那里，我快步走过庭院，他说：‘学《礼》了吗？’我答道：‘没有。’他说：‘不学《礼》，就不能立身处世。’我退下来就学习《礼》。我所听到的就是这两点。”陈亢告辞后高兴地说：“我问了一件事得到了三个收获，得知了《诗》，得知了《礼》，又得知了君子不偏爱他的儿子。”

[原文]

邦君之妻，君称之曰夫人，夫人自称曰小童；邦人称之曰君夫人，称诸异邦曰寡小君；异邦人称之，亦曰君夫人。孔安国《论语孔氏训解》：“小君，君夫人之称。对异所谦，故曰寡小君。当此之时，诸侯嫡妾不正，称号不审，故孔子正言其礼也。”朱熹《四书集注》：“寡，寡德，谦辞。”

[译文]

国君的妻子，国君称她为夫人，夫人自称为小童；本国的人称她为君夫人，对别国的人则称她为寡小君；别国的人也称她为君夫人。

阳货第十七

题解

正义曰：此篇论陪臣专恣，因明性习知愚，礼乐本末，六蔽之恶，《二南》之美，君子小人为行各异，今之与古，其疾不同。以前篇首章言大夫之恶，此篇首章记家臣之乱，尊卑之差，故以相次也。

——邢昺《论语注疏》

[原文]

阳货欲见孔子，孔子不见，孔安国《论语孔氏训解》："阳货，阳虎也。季氏家臣，而专鲁国之政，欲见孔子，使仕。"**归孔子豚。**孔安国《论语孔氏训解》："欲使往谢，故遗孔子豚。"**孔子时其亡也，而往拜之，遇诸涂。**孔安国《论语孔氏训解》："涂，道也。于道路与相逢。"朱熹《四书集注》："归，如字，一作馈。阳货，季氏家臣，名虎。尝囚季桓子而专国政。欲令孔子来见己，而孔子不往。货以礼，大夫有赐于士，不得受于其家，则往拜其门。故瞰孔子之亡而归之豚，欲令孔子来拜而见之也。"**谓孔子曰："来！予与尔言。"曰："怀其宝而迷其邦，可谓仁乎？"曰："不可。"**马融《论语训说》："言孔子不仕，是怀宝也。知国不治而不为政，是迷邦也。"**"好(hào)从事而亟(qì)失时，可谓知(zhì)乎？"曰："不可。"**孔安国《论语孔氏训解》："言孔子栖栖好从事，而数不遇，失时，不得为有知。"**"日月逝矣，岁不我与。"**马融《论语训说》："年老，岁月已往，当急仕。"**孔子曰："诺。吾将仕矣。"**孔安国《论语孔氏训解》："以顺辞免。"朱熹《四书

拜胙遇途

此图表现了孔子在途中遇见阳货的情景。阳虎要见孔子，孔子不见他，便送给孔子一只蒸熟的猪。孔子趁阳虎外出时去拜谢，在途中遇到他。

集注》："怀宝迷邦，谓怀藏道德，不救国之迷乱。亟，数也。失时，谓不及事几之会。将者，且然而未必之辞。货语皆讥孔子而讽使速仕。孔子固未尝如此，而亦非不欲仕也，但不仕于货耳。故直据理答之，不复与辩，若不谕其意者。阳货之欲见孔子，虽其善意，然不过欲使助己为乱耳。故孔子不见者，义也。其往拜者，礼也。必时其亡而往者，欲其称也。遇诸涂而不避者，不终绝也。随问而对者，理之直也。对而不辩者，言之孙而亦无所诎也。"

[译文]

阳货想会见孔子，孔子不去见，于是他就给孔子送蒸熟的小猪。孔子趁他外出的时候去拜谢他，却在路上遇到了他。阳货招呼孔子说："过来，我有话同你说。"阳货说："怀藏自己的本领却听任国家迷乱，能称为仁吗？"他自答道："不能。""喜好从事政务却屡次失去机会，能称为智吗？"又自答道："不能。岁月流逝，时光不等人啊！"孔子敷衍地说："是啊，我将要出来任职了。"

[原文]

子曰："性相近也，习相远也。" 孔安国《论语孔氏训解》："君子慎所习。"朱熹《四书集注》："此所谓性，兼气质而言者也。气质之性，固有美恶之不同矣。然以其初而言，则皆不甚相远也。但习于善则善，习于恶则恶，于是始相远耳。"程颐《程氏论语解》："此言气质之性。非言性之本也。若言其本，则性即是理，理无不善，孟子之言性善是也。何相近之有哉？"

[译文]

孔子说："人的天性相互接近，经过后天传习、教育就相差甚远了。"

[原文]

子曰："唯上知与下愚不移。" 孔安国《论语孔氏训解》："上知不可使为恶，下愚不可使强贤。"朱熹《四书集注》："此承上章而言。人之气质相近之中，又有美恶一定，而非习之所能移者。"

[译文]

孔子说："只有上等的智者和下等的愚人不可改变。"

[原文]

子之武城，闻弦歌之声。 孔安国《论语孔氏训解》："子游为武城宰。"朱熹《四书集注》："弦，琴瑟也。时子游为武城宰，以礼乐为教，故邑人皆弦歌也。" **夫子莞尔而笑，** 何晏《论语集解》："莞尔，小笑貌。" **曰：**

"割鸡焉用牛刀？" 孔安国《论语孔氏训解》："言治小何须用大道。"朱熹《四书集注》："莞尔，小笑貌，盖喜之也。因言其治小邑，何必用此大道也。"**子游对曰："昔者偃也闻诸夫子曰：'君子学道则爱人，小人学道则易使也。'"** 孔安国《论语孔氏训解》："道，谓礼乐也。乐以和人，人和则易使。"朱熹《四书集注》："君子小人，以位言之。子游所称，盖夫子之常言。言君子小人，皆不可以不学。故武城虽小，亦必教以礼乐。"**子曰："二三子！** 孔安国《论语孔氏训解》："从行者。"**偃之言是也。前言戏之耳。"** 孔安国《论语孔氏训解》："戏以治小而用大道。"朱熹《四书集注》："嘉子游之笃信，又以解门人之惑也。治有大小，而其治之必用礼乐，则其为道一也。但众人多不能用，而子游独行之。故夫子骤闻而深喜之，因反其言以戏之。而子游以正对，故复是其言，而自实其戏也。"

武城弦歌

此图描绘了孔子武城闻歌而大发感慨的情景。

[译文]

孔子来到武城，听到奏乐唱歌的声音。他微笑着说："宰鸡为什么要用牛刀呢？"子游答道："过去我曾听到夫子说：'君子学了道就爱护别人，小人学了道就容易役使别人。'"孔子说："后生们，言偃说得对！我刚才的话只是开玩笑。"

[原文]

公山弗扰以费畔，召，子欲往。 孔安国《论语孔氏训解》："弗扰为季氏宰，与阳虎共执季桓子，而召孔子。"朱熹《四书集注》："弗扰，季氏宰。与阳货共执桓子，据邑以叛。"**子路不说(yuè)，曰："末之也已，何必公山氏之之也。"** 孔安国《论语孔氏训解》："之，适也。无可之则止，何必公山氏之适。"朱熹《四书集注》："末，无也。言道既不行，无所往矣，何必公山氏之往乎？"**子曰："夫召我者而岂徒哉？如有用我者，吾**

其为东周乎？” 何晏《论语集解》："兴周道于东方，故曰东周。"朱熹《四书集注》："岂徒哉，言必用我也。为东周，言兴周道于东方。"程颐《程氏论语解》："圣人以天下无不可有为之人，亦无不可改过之人，故欲往。然而终不往者，知其必不能改故也。"

[译文]

公山弗扰凭借费邑叛乱，来召请孔子，孔子打算去。子路很不高兴，说："没地方去就算了，何必要去公山弗扰那儿呢？"孔子说："召请我的人难道会没有打算吗？如果有举用我的人，我要在东方复兴周代的礼仪制度！"

[原文]

子张问仁于孔子。孔子曰："能行五者于天下，为仁矣。"请问之。曰："恭、宽、信、敏、惠。恭则不侮， 孔安国《论语孔氏训解》："不见侮慢。"**宽则得众，信则人任焉，敏则有功，** 孔安国《论语孔氏训解》："应事疾则多成功。"**惠则足以使人。"** 朱熹《四书集注》："行是五者，则心存而理得矣。于天下，言无适而不然，犹所谓虽之夷狄不可弃者。五者之目，盖因子张所不足而言耳。任，倚仗也，又言其效如此。"

夜止烧羊

《宋史》上记，仁宗一日对近臣说："朕昨夜因睡不着，腹中觉饥，想吃些烧的羊肉。"近臣因问说："何不令人取进？"仁宗说："恐膳房因此遂为定例，夜夜要办下烧羊，以备取用，则伤害物命必多，岂可恣口腹之欲，不忍一夕之饥，而忍于戕害无穷之生命乎！因此遂止。"仁宗在宋朝为最仁厚之主，观其不忍害物如此，则其不忍于伤民可知。

[译文]

子张向孔子询问仁，孔子说："能在天下施行五项德行就是仁了。"子张请教是哪五项，孔子说："恭敬、宽厚、诚实、敏捷、慈惠。恭敬就不受欺侮，宽厚就能得到众人的拥护，诚实就会受到信任，敏捷就有成绩，慈惠就足以役使他人。"

[原文]

佛肸(bì xī)召，子欲往。 孔安国《论语孔氏训解》："晋大夫赵简子之邑宰。"朱熹《四书集注》："佛肸，晋大夫赵氏之中牟宰也。”**子路曰：“昔者由也闻诸夫子曰：‘亲于其身为不善者，君子不入也。’**孔安国《论语孔氏训解》：“不入其国。”**佛肸以中牟畔，子之往也，如之何！”**朱熹《四书集注》：“子路恐佛肸之浼夫子，故问此以止夫子之行。亲，犹自也。不入，不入其党也。”**子曰：“然。有是言也。不曰坚乎，磨而不磷；不曰白乎，涅而不缁。**孔安国《论语孔氏训解》：“磷，薄也。涅，可以染皂。言至坚者磨之而不薄，至白者染之于涅而不黑，喻君子虽在浊乱，浊乱不能污。”朱熹《四书集注》：“磷，薄也。涅，染皂物。言人之不善，不能浼己。”杨时：“磨不磷，涅不缁，而后无可无不可。坚白不足，而欲自试于磨涅，其不磷缁也者，几希。”**吾岂匏瓜也哉？焉能系而不食？”**何晏《论语集解》：“匏，瓠也。言瓠瓜得系一处者，不食故也。吾自食物，当东西南北，不得如不食之物，系滞一处。”朱熹《四书集注》：“匏，瓠也。匏瓜系于一处而不能饮食，人则不如是也。”张敬夫：“子路昔者之所闻，君子守身之常法。夫子今日之所言，圣人体道之大权也。然夫子于公山佛肸之召皆欲往者，以天下无不可变之人，无不可为之事也。其卒不往者，知其人之终不可变而事之终不可为耳。一则生物之仁，一则知人之智也。”

[译文]

佛肸召请孔子，孔子打算去。子路说：“过去我曾听先生说过：‘亲自做坏事的人那里，君子是不去的。’佛肸凭借中牟叛乱，先生却要去，怎么说得过去呢？”孔子说：“是的，我说过这话。但是又说过，硬的东西是磨不薄的；还说过，白的东西是染不黑的。我难道是葫芦吗？怎么只能挂在腰间而不让人吃呢？”

[原文]

子曰：“由也，女(rǔ)闻六言六蔽矣乎？”何晏《论语集解》：“六言六蔽者，谓下六事：仁，知，信，直，勇，刚也。”**对曰：“未也。”**朱熹《四书集注》：“蔽，遮掩也。”**“居！吾语(yù)女。**孔安国《论语孔氏训解》：“子路起对，故使还坐。”朱熹《四书集注》：“礼：君子问更端，则起而对。故孔子谕子路，使还坐而告之。”**好(hào)仁不好学，其蔽也愚；**孔安国《论语孔氏训解》：“仁者爱物，不知所以裁之，则愚。”**好知(zhì)不好学，其蔽也荡；**孔安国《论语孔氏训解》：“荡，无所适守。”**好信不好学，其蔽也贼；**孔安国《论

语孔氏训解》："父子不知相为隐之辈。"**好直不好学，其蔽也绞；好勇不好学，其蔽也乱；好刚不好学，其蔽也狂。"**孔安国《论语孔氏训解》："狂，妄抵触人。"朱熹《四书集注》："六言皆美德，然徒好之而不学以明其理，则各有所蔽。愚，若可陷可罔之类。荡，谓穷高极广而无所止。贼，谓伤害于物。勇者，刚之发。刚者，勇之体。狂，躁率也。"范宁《论语范氏注》："子路勇于为善，其失之者，未能好学以明之也，故告之以此。曰勇、曰刚、曰信、曰直，又皆所以救其偏也。"

[译文]

孔子说："由啊，你听说过六种德行各自的弊病吗？"子路答道："没有。"孔子说："坐下！我告诉你。喜好仁不喜好学习，其弊病是愚昧；喜好智不喜好学习，其弊病是浮荡；喜好信不喜好学习，其弊病是受损害；喜好直不喜好学习，其弊病是偏激；喜好勇不喜好学习，其弊病是作乱；喜好刚不喜好学习，其弊病是狂妄。"

[原文]

子曰："小子！何莫学夫《诗》？包咸《论语包氏章句》："小子，门人也。"朱熹《四书集注》："小子，弟子也。"**《诗》，可以兴，**孔安国《论语孔氏训解》："兴，引譬连类。"朱熹《四书集注》："感发志意。"**可以观，**郑玄《论语郑氏注》："观风俗之盛衰。"朱熹《四书集注》："考见得失。"**可以群，**孔安国《论语孔氏训解》："群居相切磋。"朱熹《四书集注》："和而不流。"**可以怨。**孔安国《论语孔氏训解》："怨刺上政。"朱熹《四书集注》："怨而不怒。"**迩之事父，远之事君。**孔安国《论语孔氏训解》："迩，近也。"朱熹《四书集注》："人伦之道，《诗》无不备，二者举重而言。"**多识于鸟兽草木之名。"**朱熹《四书集注》："其绪余又足以资多识。学《诗》之法，此章尽之。

以钓于淇

《诗经·卫风·竹竿》诗意图（籊籊竹竿，以钓于淇。岂不尔思？远莫致之。）

读是经者，所宜尽心也。”

［译文］

孔子说：“后生们何不去学《诗》呢？《诗》能够即景生情，能够观察风俗，能够和睦相处，能够抒发怨恨。近可用来侍奉父母，远可用来侍奉国君。还能多认识鸟兽草木的名称。”

［原文］

子谓伯鱼曰：“女（rǔ）为《周南》《召南》矣乎？人而不为《周南》《召南》，其犹正墙面而立也与？”马融《论语训说》：“《周南》《召南》，《国风》之始。乐得淑女以配君子，三纲之首，王教之端，故人而不为，如向墙而立。”朱熹《四书集注》：“为，犹学也。《周南》《召南》，《诗》首篇名。所言皆修身齐家之事。正墙面而立，言即其至近之地，而一物无所见，一步不可行。”

［译文］

孔子告诉伯鱼说：“你学过《周南》《召南》了吗？人假如不学《周南》《召南》，就好比面对着墙壁站在那里，一步也前进不得啊！”

［原文］

子曰：“礼云礼云，玉帛云乎哉？乐云乐云，钟鼓云乎哉？”郑玄《论语郑氏注》：“玉，圭璋之属。帛，束帛之属。言礼非但崇此玉帛而已，所贵者，乃贵其安上治民。”马融《论语训说》：“乐之所贵者，移风易俗，非谓钟鼓而已。”朱熹《四书集注》：“敬而将之以玉帛，则为礼；和而发之以钟鼓，则为乐。遗其本而专事其末，则岂礼乐之谓哉？”

［译文］

孔子说：“所谓礼，仅仅就是指玉帛吗？所谓乐，仅仅就是指钟鼓吗？”

［原文］

子曰：“色厉而内荏，孔安国《论语孔氏训解》：“荏，柔也。为外自矜厉而内柔佞。”**譬诸小人，其犹穿窬（yú）之盗也与？”**孔安国《论语孔氏训解》：“为人如此，犹小人之有盗心。穿，穿壁。窬，窬墙。”朱熹《四书集注》：“厉，威严也。荏，柔弱也。小人，细民也。穿，穿壁。窬，窬墙。言其无实盗名，而常畏人知也。”

[译文]

孔子说："神色严厉而内心虚弱，用小人来做比喻，大概就像钻墙洞的盗贼吧？"

[原文]

子曰："乡原，德之贼也。" 周生烈《论语周生烈义说》："所至之乡，辄原其人情，而为意以待之，是贼乱德也。一曰：乡，向也，古字同。谓人不能刚毅，而见人辄原其趣向，容媚而合之，言此所以贼德。"朱熹《四书集注》："乡者，鄙俗之意。原，与愿同。《荀子》原悫，注读作愿是也。乡原，乡人之愿者也。盖其同流合污以媚于世，故在乡人之中，独以愿称。夫子以其似德非德，而反乱乎德，故以为德之贼而深恶之。详见《孟子》末篇。"

遵守旧章

赵普担任宋朝宰相时，在相府的厅堂座屏后面放了两个大坛子。凡是大臣或百姓反映利害关系方面的信件一律不看，都投入坛中。他从不相信道听途说的事情。

[译文]

孔子说："乡里的好好先生，是损害德行的人。"

[原文]

子曰："道听而涂说，德之弃也。" 马融《论语训说》："闻之于道路，则传而说之。"朱熹《四书集注》："虽闻善言，不为己有，是自弃其德也。"

[译文]

孔子说："道听途说，是遗弃德行。"

[原文]

子曰："鄙夫可与事君也与（yǔ）哉？ 孔安国《论语孔氏训解》："言不可与事君。"朱熹《四书集注》："鄙夫，庸恶陋劣之称。" **其未得之也，患得之；** 何晏《论语集解》："患得之者，患不能得之，楚俗言。" **既得之，患失之。** 何晏《论语集解》："患得之，谓患不能得之。" **苟患失之，无所不至矣。"** 郑玄《论语郑氏注》："无所不至者，言其邪媚，无所不为。"朱熹《四书集注》："小则吮痈舐痔，大则弑父与君，皆生于患失而已。"

［译文］

孔子说："鄙陋的家伙能和他一起侍奉国君吗？他在尚未得到时担忧得不到，已经得到了又担忧失去。倘若担忧失去禄位，就什么事都会做得出来。"

［原文］

子曰："古者民有三疾，今也或是之亡也。包咸《论语包氏章句》："言古者民疾与今时异。"朱熹《四书集注》："气失其平则为疾，故气禀之偏者亦谓之疾。昔所谓疾，今亦亡之，伤俗之益衰也。"**古之狂也肆，**包咸《论语包氏章句》："肆，极意敢言。"**今之狂也荡；**孔安国《论语孔氏训解》："荡，无所据。"**古之矜也廉，**马融《论语训说》："有廉隅。"**今之矜也忿戾；**孔安国《论语孔氏训解》："恶理多怒。"**古之愚也直，今之愚也诈而已矣。"**朱熹《四书集注》："狂者，志愿太高。肆，谓不拘小节。荡则逾大闲矣。矜者，持守太严。廉，谓棱角峭厉。忿戾则至于争矣。愚者，暗昧不明。直，谓径行自遂。诈则挟私妄作矣。"范宁《论语范氏注》："末世滋伪。岂惟贤者不如古哉？民性之蔽，亦与古人异矣。"

嬖佞戮贤

汉哀帝时，侍中董贤，容貌美丽，得帝宠幸，至与帝同卧起，其尊贵之势，震动朝廷。其时，有个贤臣郑崇，因此谏诤。不料激怒哀帝，将郑崇投入狱中致死。

［译文］

孔子说："古时候民众有三项缺点，现在恐怕连这些缺点都没有了。古时候的狂不拘小节，现在的狂放荡无礼；古时候的矜持方正峭厉，现在的矜持蛮横胡闹；古时候的愚昧正直，现在的愚昧只是欺诈而已。"

［原文］

子曰："巧言令色，鲜矣仁。"王肃《论语王氏义说》："巧言无实，令色无质。"

［译文］

孔子说："花言巧语、仪容伪善的人，仁德就不多了。"

[原文]

子曰：“恶(wù)紫之夺朱也，孔安国《论语孔氏训解》：“朱，正色。紫，间色之好者。恶其邪好而夺正色。”**恶郑声之乱雅乐也，**包咸《论语包氏章句》：“郑声，淫声之哀者。恶其乱雅乐。”**恶利口之覆邦家者。”**孔安国《论语孔氏训解》：“利口之人，多言少实，苟能悦媚时君，倾覆国家。”朱熹《四书集注》：“朱，正色。紫，间色。雅，正也。利口，捷给。覆，倾败也。”范宁《论语范氏注》：“天下之理，正而胜者常少，不正而胜者常多，圣人所以恶之也。利口之人，以是为非，以非为是，以贤为不肖，以不肖为贤。人君苟悦而信之，则国家之覆也不难矣。”

[译文]

孔子说：“我憎恨紫色代替了大红色，憎恨郑地的歌曲扰乱了典雅的音乐，憎恨用巧嘴利舌颠覆了国家与世族的人。”

[原文]

子曰：“予欲无言。”朱熹《四书集注》：“学者多以言语观圣人，而不察其天理流行之实，有不待言而著者。是以徒得其言，而不得其所以言，故夫子发此以警之。”**子贡曰：“子如不言，则小子何述焉？”**何晏《论语集解》：“言之为益少，故欲无言。”朱熹《四书集注》：“子贡正以言语观圣人者，故疑而问之。”**子曰：“天何言哉？四时行焉，百物生焉，天何言哉？”**朱熹《四书集注》：“四时行，百物生，莫非天理发见流行之实，不待言而可见。圣人一动一静，莫非妙道精义之发，亦天而已，岂待言而显哉？此亦开示子贡之切，惜乎其终不喻也。”

[译文]

孔子说：“我想不说话了。”子贡说：“老师如果不说话，我们这些后生传述什么呢？”孔子说：“上天说了什么呢？四季运行，万物生长，上天说了什么呢？”

[原文]

孺悲欲见孔子，孔子辞以疾。将命者出户，取瑟而歌。使之闻之。何晏《论语集解》：“孺悲，鲁人也。孔子不欲见，故辞之以疾。为其将命者不已，故歌令将命者悟，所以令孺悲思之。”朱熹《四书集注》：“孺悲，鲁人，尝学《士丧礼》于孔子。当是时必有以得罪者。故辞以疾，而又使知其非疾，以警教之也。”程颐《程氏论语解》：“此孟子所谓不屑之教诲，所以深教之也。”

[译文]

孺悲想见孔子，孔子推说得了病。传话的人出了房门，孔子取来瑟弹唱，故意让孺悲听见。

[原文]

宰我问：“三年之丧，期已久矣。朱熹《四书集注》：“期，周年也。”**君子三年不为礼，礼必坏；三年不为乐，乐必崩。**朱熹《四书集注》：“恐居丧不习而崩坏也。”**旧谷既没，新谷既升，钻燧改火，期可已矣。”**马融《论语训说》：“《周书·月令》有更火之文。春取榆柳之火，夏取枣杏之火，季夏取桑柘之火，秋取柞楢之火，冬取槐檀之火。一年之中，钻火各异木，故曰改火也。”朱熹《四书集注》：“没，尽也。升，登也。燧，取火之木也。改火，春取榆柳之火，夏取枣杏之火，季夏取桑柘之火，秋取柞楢之火，冬取槐檀之火，亦一年而周也。已，止也。言期年则天运一周，时物皆变，丧至此可止也。”尹焞：“短丧之说，下愚且耻言之。宰我亲学圣人之门，而以是为问者，有所疑于心而不敢强焉尔。”**子曰：“食夫稻，衣夫锦，于女安乎？”曰：“安。”**朱熹《四书集注》：“礼。父母之丧：既殡，食粥、粗衰。既葬，疏食、水饮，受以成布。期而小祥，始食菜果，练冠缬缘、要绖不除，无食稻衣锦之理。夫子欲宰我反求诸心，自得其所以不忍者。故问之以此，而宰我不察也。”**“女安则为之！**孔安国《论语孔氏训解》：“旨，美也。责其无仁恩于亲，故再言‘女安，则为之’。”**夫君子之居丧，食旨不甘，闻乐不乐，居处不安，故不为也。今女安，则为之！”**

诛绝佞人

赵简子因为讨厌栾激的为人，准备将他沉到河里。赵简子说：“我喜欢音乐、美女，栾激马上为我找到；我喜欢宫殿、楼阁，栾激马上为我建好；我喜欢好马好车夫，他也迅速为我找到。可是我渴望贤者已经六年了，他还是不曾为我找到。他是促使我犯错误，舍弃我正确的追求的人。”

朱熹《四书集注》:“此夫子之言也。旨，亦甘也。初言女安则为之，绝之之辞。又发其不忍之端，以警其不察。而再言女安则为之以深责之。”**宰我出。子曰：“予之不仁也！子生三年，然后免于父母之怀。**马融《论语训说》:“子生未三岁，为父母所怀抱。”**夫三年之丧，天下之通丧也。**孔安国《论语孔氏训解》:“自天子达于庶人。”**予也有三年之爱于其父母乎？”**孔安国《论语孔氏训解》:“言子之于父母，‘欲报之恩，昊天罔极’，而予也有三年之爱乎！”朱熹《四书集注》:“宰我既出，夫子惧其真以为可安而遂行之，故深探其本而斥之。言由其不仁，故爱亲之薄如此也。怀，抱也。又言君子所以不忍于亲，而丧必三年之故。使之闻之，或能反求而终得其本心也。”

[译文]

宰我问道：“守丧三年，时间太久了吧！君子三年不去习礼，礼必定会荒废；三年不去习乐，乐必定会败坏。陈米已经吃完，新谷已经上场，取火的木头已一年轮换了一遍，丧期时间也够了。”孔子说：“吃着那稻米，穿着那锦绣，你心安吗？”宰我说：“心安。”孔子说：“你心安，就去做吧！君子在守丧时，吃美味的食物不可口，听到音乐不快乐，住在家里不觉得舒适，所以不去做。现在你心安，就去做吧！”宰我退了出去，孔子说：“宰我不仁啊！子女出生三年，才能脱离父母的怀抱。守丧三年，是天下通行的丧期，宰我给了他父母三年的爱吗？”

[原文]

子曰：“饱食终日，无所用心，难矣哉！不有博弈者乎，为之犹贤乎已。”马融《论语训说》:“为其无所据乐，善生淫欲。”朱熹《四书集注》:“博，局戏也。弈，围棋也。已，止也。”

[译文]

孔子说：“整天吃得饱饱的，一点不动脑筋，真难以教诲啊！不是有六博、弈棋吗？去玩玩也比闲着好。”

[原文]

子路曰：“君子尚勇乎？”子曰：“君子义以为上。君子有勇而无义为乱，小人有勇而无义为盗。”朱熹《四书集注》:“尚，上之也。君子为乱，小人为盗，皆以位而言者也。”尹焞：“义以为尚，则其勇也大矣。子路好勇，故夫子以此救其失也。”

[译文]

子路说：“君子崇尚勇吗？”孔子说：“君子把义作为最高准则。君子有勇无义会闹出乱子，小人有勇无义就会去做盗贼。”

[原文]

子贡曰："君子亦有恶乎？"子曰："有恶：恶称人之恶者，包咸《论语包氏章句》："好称说人之恶，所以为恶。"**恶居下流而讪上者，**孔安国《论语孔氏训解》："讪，谤毁。"**恶勇而无礼者，恶果敢而窒者。"**马融《论语训说》："窒，窒塞也。"朱熹《四书集注》："惟恶者之恶如字。讪，谤毁也。窒，不通也。称人恶，则无仁厚之意。下讪上，则无忠敬之心。勇无礼，则为乱。果而窒，则妄作。故夫子恶之。"**曰："赐也亦有恶乎？""恶徼以为知者，**孔安国《论语孔氏训解》："徼，抄也。抄人之意，以为己有。"**恶不孙以为勇者，恶讦以为直者。"**包咸《论语包氏章句》："讦，谓攻发人之阴私。"朱熹《四书集注》："恶徼以下，子贡之言也。徼，伺察也。讦，谓攻发人之阴私。"杨时："仁者无不爱，则君子疑若无恶矣。子贡之有是心也，故问焉以质其是非。"

[译文]

子贡说："君子也有憎恶吗？"孔子说："有憎恶。君子憎恶宣扬别人的坏处，憎恶在下者毁谤在上者，憎恶勇而无礼的人，憎恶果敢而固执的人。"孔子说："赐啊，你也有憎恶吗？"子贡说："我憎恶把剽窃他人作为智的人，憎恶把不谦逊作为勇的人，憎恶把攻讦作为直的人。"

[原文]

子曰："唯女子与小人为难养也，近之则不孙，远之则怨。"朱熹《四书集注》："此小人，亦谓仆隶下人也。君子之于臣妾，庄以莅之，慈以畜之，则无二者之患矣。"

[译文]

孔子说："只有女子和小人难以相处，亲近了就放肆，疏远了就抱怨。"

[原文]

子曰："年四十而见恶焉，其终也已。"郑玄《论语郑氏注》："年在不惑而为人所恶，终无善行。"朱熹《四书集注》："四十，成德之时。见恶于人，则止于此而已，勉人及时迁善改过也。"

[译文]

孔子说："到了四十岁还被人厌恶，这辈子就没希望了。"

微子第十八

题解

正义曰：此篇论天下无道，礼坏乐崩，君子仁人或去或死，否则隐沦岩野，周流四方，因记周公戒鲁公之语，四乳生八士之名。以前篇言群小在位，则必致仁人失所，故以此篇次之。

——邢昺《论语注疏》

[原文]

微子去之，箕子为之奴，比干谏而死。马融《论语训说》："微、箕，二国名。子，爵也。微子，纣之庶兄。箕子、比干，纣之诸父。微子见纣无道，早去之。箕子佯狂为奴，比干以谏见杀。"朱熹《四书集注》："微、箕，二国名。子，爵也。微子，纣庶兄。箕子、比干，纣诸父。微子见纣无道，去之以存宗祀。箕子、比干皆谏，纣杀比干，囚箕子以为奴，箕子因佯狂而受辱。"**孔子曰："殷有三仁焉。"**何晏《论语集解》："仁者爱人。三人行异而同称仁，以其俱在忧乱宁民。"朱熹《四书集注》："三人之行不同，而同出于至诚恻怛之意，故不咈乎爱之理，而有以全其心之德也。"杨时："此三人者，各得其本心，故同谓之仁。"

坐怀不乱

柳下惠既有治国安邦之才，又具正人君子之风。《荀子·大略》载：柳下惠夜宿郭门，见一女子全身淋湿，无处投宿。柳下惠怕她受冷，便敞开衣襟裹女在怀，二人坐了一夜，没有发生任何非礼行为。

[译文]

纣王昏庸残暴，微子便辞官而去，箕子成了他的奴隶，比干进谏身亡。孔子说："殷代有三位仁人。"

[原文]

柳下惠为士师，孔安国《论语孔氏训解》："士师，典狱之官。"**三黜。人曰："子未可以去乎？"曰："直道而事人，焉往而不三黜？**孔安国《论语孔氏训解》:“苟直道以事人，所至之国俱当复三黜。”**枉道而事人，何必去父母之邦。”** 朱熹《四书集注》:“焉，于虔反。士师，狱官。黜，退也。柳下惠三黜不去，而其辞气雍容如此，可谓和矣。然其不能枉道之意，则有确乎其不可拔者。是则所谓必以其道，而不自失焉者也。”

［译文］

柳下惠担任典狱官，多次被罢免。有人说:“你不能离去吗？”柳下惠说:“以正直的道义来侍奉他人，到哪里不被多次罢免呢？以歪门邪道来侍奉他人，何必要离开生我养我的国家呢？”

［原文］

齐景公待孔子，曰:“若季氏则吾不能，以季、孟之间待之。” 孔安国《论语孔氏训解》:“鲁三卿，季氏为上卿，最贵；孟氏为下卿，不用事。言待之以二者之间。”**曰:“吾老矣，不能用也。”孔子行。** 何晏《论语集解》:“以圣道难成，故云吾老不能用。”朱熹《四书集注》:“鲁三卿，季氏最贵，孟氏为下卿。孔子去之，事见世家。然此言必非面语孔子，盖自以告其臣，而孔子闻之尔。”程颐《程氏论语解》:“季氏强臣，君待之之礼极隆，然非所以待孔子也。以季、孟之间待之，则礼亦至矣。然复曰‘吾老矣不能用也’，故孔子去之。盖不系待之轻重，特以不用而去尔。”

［译文］

齐景公接待孔子时说:“像鲁国重用季氏那样，我做不到。将用次于季氏、高于孟氏的待遇来接待你。”孔子说:“我老了，没有什么作为了。”孔子就离开了齐国。

晏婴沮封

齐景公问孔子怎样治理国家，孔子说:“要节省财力。”景公很高兴，想把尼谿的土地赏赐给他，遭到晏婴的反对。景公对孔子说:“我老了，不能用你了。”于是孔子离开了齐国。

［原文］

齐人归女乐，季桓子受之。三日不朝(cháo)，孔子行。 孔安国《论语孔氏训解》:“桓子，季孙斯也，使定公受齐之女乐，君臣相与观之，废朝礼三日。”朱熹《四书集注》:“季桓子，鲁大夫，名斯。按《史记》，‘定公十四年，孔子为鲁司寇，摄行相事。齐人惧，归女乐以沮之。’尹焞：“受女乐而怠于政事如此，其简贤弃礼，不足与有为可知矣。夫子所以行也，所谓见几而作，不俟终日者与？”范宁《论语范氏注》：“此篇记仁贤之出处，而折中以圣人之行，所以明中庸之道也。”

[译文]

齐人赠送善舞的美女，季桓子接受了，一连几天没有上朝，孔子就离开了。

[原文]

楚狂接舆孔安国《论语孔氏训解》：“接舆，楚人。佯狂而来歌，欲以感切孔子。”**歌而过孔子曰：“凤兮！凤兮！何德之衰？**孔安国《论语孔氏训解》：“比孔子于凤鸟。凤鸟待圣君乃见，非孔子周行求合，故曰衰。”**往者不可谏，**孔安国《论语孔氏训解》：“已往所行，不可复谏止。”**来者犹可追。**孔安国《论语孔氏训解》：“自今已来，可追自止，辟乱隐居。”**已而，已而！今之从政者殆而！”**孔安国《论语孔氏训解》：“已而已而者，言世乱已甚，不可复治也。再言之者，伤之深也。”朱熹《四书集注》：“接舆，楚人，佯狂辟世。夫子时将适楚，故接舆歌而过其车前也。凤有道则见，无道则隐，接舆以比孔子，而讥其不能隐为德衰也。来者可追，言及今尚可隐去。已，止也。而，语助辞。殆，危也。接舆盖知尊孔子而趋不同者也。”**孔子下，欲与之言。趋而辟之，不得与之言。**包咸《论语包氏章句》：“下，下车。”朱熹《四书集注》：“孔子下车，盖欲告之以出处之意。接舆自以为是，故不欲闻而避之也。”

楚狂接舆

接舆是春秋时楚国的隐士，平时“躬耕以食”，佯狂不仕，所以也被人们称为“楚狂接舆”。《论语·微子》记载他以《凤兮歌》讽刺孔子，谓：“往者不可谏，来者犹可追。”并拒绝和孔子交谈。此图表现了接舆走过孔子的车子唱歌的情景。

[译文]

楚国的狂人接舆唱着歌走过孔子身边说：“凤凰啊凤凰，你的德行为何衰微了？过去的不能挽回，未来的还能补救。算了算了，现在的执政者无可救药！”孔子走下车来想和他说话，他却快步避开了，孔子没能和他说上话。

［原文］

长沮、桀溺耦而耕，孔子过之，使子路问津焉。郑玄《论语郑氏注》：“长沮、桀溺，隐者也。耜广五寸，二耜为耦。津，济渡处。”朱熹《四书集注》：“溺，乃历反。二人，隐者。耦，并耕也。时孔子自楚反乎蔡。津，济渡处。”**长沮曰：“夫(fú)执舆者为谁？”子路曰：“为孔丘。”曰：“是鲁孔丘与？”曰：“是也。”曰：“是知津矣。”**马融《论语训说》：“言数周流，自知津处。”朱熹《四书集注》：“执舆，执辔在车也。盖本子路御而执辔，今下问津，故夫子代之也。知津，言数周流，自知津处。”**问于桀溺，桀溺曰：“子为谁？”曰：“为仲由。”曰：“是鲁孔丘之徒与？”对曰：“然。”曰：“滔滔者天下皆是也，而谁以易之？**孔安国《论语孔氏训解》：“滔滔，周流之貌。言当今天下治乱同，空舍此适彼，故曰谁以易之。”**且而与其从辟(bì)人之士也，岂若从辟世之士哉？”**何晏《论语集解》：“士有辟人之法，有辟世之法。长沮、桀溺谓孔子为士，从辟人之法；己之为士，则从辟世之法。”**耰(yōu)而不辍。**郑玄《论语郑氏注》：“耰，覆种也。辍，止也。覆种不止，不以津告。”朱熹《四书集注》：“滔滔，流而不反之意。以，犹与也。言天下皆乱，将谁与变易之？而，汝也。辟人，谓孔子。辟世，桀溺自谓。耰，覆种也。亦不告以津处。”**子路行以告。夫子怃(wǔ)然**何晏《论语集解》：“为其不达己意而便非己也。”**曰：“鸟兽不可与同群，**孔安国《论语孔氏训解》：“隐于山林是同群。”**吾非斯人之徒与而谁与？**孔安国《论语孔氏训解》：“吾自当与此天下人同群，

子路问津

鲁哀公五年（前491），孔子从叶返回蔡国，忘记了渡口，看到长沮、桀溺在耕田，就让子路去问。他们说：“像洪水一样的坏事到处都有，谁能改变呢？你与其跟着逃避坏人的人，哪赶得上跟着我们这些逃避乱世的人呢？”说完仍然进行耕作。

安能去人从鸟兽居乎？”**天下有道，丘不与易也。”**何晏《论语集解》：“言凡天下有道者，丘皆不与易也，己大而人小故也。”朱熹《四书集注》：“怃然，犹怅然，惜其不喻己意也。言所当与同群者，斯人而已，岂可绝人逃世以为洁哉？天下若已平治，则我无用变易之。正为天下无道，故欲以道易之耳。”程颐《程氏论语解》：“圣人不敢有忘天下之心，故其言如此也。”张子：“圣人之仁，不以无道必天下而弃之也。”

[译文]

长沮、桀溺并排耕地，孔子经过那里，叫子路去询问渡口在哪里。长沮说：“那个驾车的人是谁啊？”子路说：“是孔丘。”长沮说：“是鲁国的孔丘吗？”子路说：“是的。”长沮说：“他知道渡口在哪里。”子路去问桀溺，桀溺说：“你是谁？”子路说：“是仲由。”桀溺说：“是鲁国孔丘的门徒吗？”子路答道：“是的。”桀溺说：“滔滔的洪水到处都是，谁能改变它呢？你与其跟随躲避世人的人，何不跟随躲避乱世的人呢？”说完，不停手地耙土覆种。子路回来把这些话告诉孔子，孔子茫然若失地说：“鸟兽是不能和睦共处的，我辈不和世人相处，又和谁待在一起呢？天下清平，我就不会去改变它了。”

[原文]

子路从而后，遇丈人，以杖荷蓧(diào)。包咸《论语包氏章句》：“丈人，老人也。蓧，竹器。”**子路问曰：“子见夫子乎？”丈人曰：“四体不勤，五谷不分。孰为夫子？”**包咸《论语包氏章句》：“丈人云：‘不勤劳四体，不分殖五谷，谁为夫子而索之邪？’”**植其杖而芸。**孔安国《论语孔氏训解》：“植，倚也。除草曰芸。”朱熹《四书集注》：“丈人，亦隐者。蓧，竹器。分，辨也。五谷不分，犹言不辨菽麦尔，责其不事农业而从师远游也。植，立之也。芸，去草也。”**子路拱而立。**朱熹《四书集注》：“知其隐者，敬之也。”**止子路宿，杀鸡为黍而食(sì)之，见(xiàn)其二子焉。明日，子路行以告。子曰：“隐者也。”使子路反见之。至则行矣。**孔安国《论语孔氏训解》：“子路反至其家，丈人出行不在。”朱熹《四书集注》：“孔子使子路反见之，盖欲告之以君臣之义。而丈人意子路必将复来，故先去之以灭其迹，亦接舆之意也。”**子路曰：“不仕无义。**郑玄《论语郑氏注》：“留言以语丈人之二子。”**长幼之节，不可废也；君臣之义，如之何其废之？**孔安国《论语孔氏训解》：“言女知父子相养不可废，反可废君臣之义邪？”**欲洁其身，而乱大伦。**包咸《论语包氏章句》：“伦，道理也。”**君子之仕也，行其义也。道之不行，已知之矣。”**包咸《论语包氏章句》：“言君子之仕，所以行君臣之义，不必自己道得行。孔子道不见用，自已知之。”朱熹《四书集注》：“子路述夫子之意如此。盖丈人之接子路甚倨，而子路益恭，丈人因见其二子焉。则于长幼之节，固知其不可废矣，故因其所明以晓之。伦，序也。人之大伦有五：父子有亲，君臣有义，夫妇有别，长幼有序，朋友有信是也。仕所以行君臣之义，故虽知道之不行而不可废。然谓之义，则事之可否，身之去就，亦自有不可苟者。是以虽不洁身以乱伦，亦非忘义以殉禄也。福州有国初时写本，路下有‘反子’二字，以此为子路反而夫子言之也。未知是否？”

[译文]

子路跟着孔子赶路，落在了后面，遇见一位老人，用拐杖担着锄草的农具。子路问道：“老丈看见夫子了吗？”老人说：“四体不勤，五谷不分，谁是夫子？”说完插下拐杖去除草，子路拱着手站在一边。老人留子路住宿，杀鸡做饭给他吃，让自己的两个儿子与子路相见。第二天，子路赶上去把这些话告诉了孔子，孔子说：“是隐者啊！”让子路返回去见他，到了那里老人已经离开了。子路说：“不出仕是不合乎义的。长幼之间的礼节尚且不能废除，君臣之间的大义怎么能废除呢？要想洁净自身却扰乱了大的伦理关系。君子的出仕，是履行君臣之间的大义，主张不能实行是早就明白的。”

[原文]

逸民：伯夷、叔齐、虞仲、夷逸、朱张、柳下惠、少(shào)连。何晏《论语集解》：“逸民者，节行超逸也。”包咸《论语包氏章句》：“此七人皆逸民之贤者。”朱熹《四书集注》：“逸，遗逸。民者，无位之称。虞仲，即仲雍，与大伯同窜荆蛮者。夷逸、朱张，不见经传。少连，东夷人。”**子曰：“不降其志，不辱其身，伯夷、叔齐与(yú)！”**郑玄《论语郑氏注》：“言其直己之心，不入庸君之朝。”**谓：“柳下惠、少连，降志辱身矣。言中伦，行中(zhòng)虑，其斯而已矣。”**孔安国《论语孔氏训解》：“但能言应伦理，行应思虑，如此而已。”朱熹《四书集注》：“柳下惠事见上。伦，义理之次第也。虑，思虑也。中虑，言有意义合人心。少连事不可考。然《记》称其‘善居丧，三日不怠，三月不解。期悲哀，三年忧’。则行之中虑，亦可见矣。”**谓：“虞仲、夷逸，隐居放言。**包咸《论语包氏章句》：“放，置也。不复言世务。”**身中清，废中权。**马融《论语训说》：“清，纯洁也。遭世乱，自废弃以免患，合于权也。”朱熹《四书集注》：“仲雍居吴，断发文身，

西河返驾

孔子到晋国去，走到黄河边，听说窦鸣犊、舜华死了，在河边叹息着说：“真美呀，浩浩荡荡的水，我不能过河西去，是我的命不好啊！窦、舜两人是晋国贤明的大夫，赵简子掌握了政权，就把他们杀了。鸟兽对不义的举动还知道避开，何况人呢？”于是就返回去了。

裸以为饰。隐居独善，合乎道之清。放言自废，合乎道之权。”**我则异于是，无可无不可。”**马融《论语训说》：“亦不必进，亦不必退，唯义所在。”朱熹《四书集注》：“孟子曰：‘孔子可以仕则仕，可以止则止，可以久则久，可以速则速。’所谓无可无不可也。”

[译文]

隐逸的人有：伯夷、叔齐、虞仲、夷逸、朱张、柳下惠、少连。孔子说：“不降低自己的志向，不污辱自己的身份，是伯夷、叔齐吧！”又说：“柳下惠、少连是降低了自己的志向，辱没了自己的身份，但言谈合乎法度，行为经过思虑，仅此而已。”又说：“虞仲、夷逸是隐居而放肆直言，行为廉洁，废弃自我合乎权变。我和他们都不一样，没有什么可以，也没有什么不可以。”

[原文]

大(tài)师挚适齐，朱熹《四书集注》：“大师，鲁乐官之长。挚，其名也。”**亚饭干适楚，**孔安国《论语孔氏训解》：“亚，次也。次饭，乐师也。挚、干皆名。”**三饭缭适蔡，四饭缺适秦。**包咸《论语包氏章句》：“三饭、四饭，乐章名，各异师。缭、缺皆名也。”朱熹《四书集注》：“亚饭以下，以乐侑食之官。干、缭、缺，皆名也。”**鼓方叔入于河，**包咸《论语包氏章句》：“鼓，击鼓者。方叔，名。入，谓居其河内。”朱熹《四书集注》：“鼓，击鼓者。方叔，名。河，河内。”**播鼗(táo)武入于汉，**孔安国《论语孔氏训解》：“播，摇也。武，名也。朱熹《四书集注》：“播，摇也。鼗，小鼓。两旁有耳，持其柄而摇之，则旁耳还自击。武，名也。汉，汉中。”**少(shào)师阳、击磬襄入于海。**孔安国《论语孔氏训解》：“鲁哀公时，礼坏乐崩，乐人皆去。阳，襄皆名。”朱熹《四书集注》：“少师，乐官之佐。阳、襄，二人名。襄即孔子所从学琴者。海，海岛也。此记贤人之隐遁以附前章，然未必夫子之言也。末章放此。”

[译文]

太师挚去了齐国，亚饭乐师干去了楚国，三饭乐师缭去了蔡国，四饭乐师缺去了秦国，鼓师方叔到了河内，摇鼗的乐师武到了汉中，少师阳、击磬的乐师襄到了海滨。

[原文]

周公谓鲁公孔安国《论语孔氏训解》："鲁公，周公之子伯禽，封于鲁。"**曰："君子不施其亲，**孔安国《论语孔氏训解》："施，易也。不以他人之亲易己之亲。"**不使大臣怨乎不以。**孔安国《论语孔氏训解》："以，用也。怨不见听用。"**故旧无大故，则不弃也。无求备于一人。"**孔安国《论语孔氏训解》："大故，谓恶逆之事。"朱熹《四书集注》："施，陆氏本作弛。福本同。鲁公，周公子伯禽也。弛，遗弃也。以，用也。大臣非其人则去之，在其位则不可不用。大故，谓恶逆。"

[译文]

周公对鲁公伯禽说："君子不怠慢自己的亲属，不让大臣抱怨不被重用，故臣旧属没有大的过错不要放弃，不要对一个人求全责备。"

[原文]

周有八士：伯达、伯适、仲突、仲忽、叔夜、叔夏、季随、季騧。包咸《论语包氏章句》："周时四乳生八子，皆为显士，故记之尔。"朱熹《四书集注》："或曰'成王时人'，或曰'宣王时人'。盖一母四乳而生八子也，然不可考矣。"

[译文]

周代有八位贤士：伯达、伯适、仲突、仲忽、叔夜、叔夏、季随、季騧。

子张第十九

题 解

此篇皆记弟子之言，而子夏为多，子贡次之。盖孔门自颜子以下，颖悟莫若子贡；自曾子以下，笃实无若子夏。故特记之详焉。凡二十五章。

——朱熹《论语集注》

正义曰：此篇记士行、交情、仁人、勉学，或接闻夫子之语，或辨扬圣师之德，以其皆弟子所言，故善次诸篇之后。

——邢昺《论语注疏》

[原文]

子张曰："士见危致命，孔安国《论语孔氏训解》："致命，不爱其身。"**见得思义，祭思敬，丧思哀，其可已矣。"**朱熹《四书集注》："致命，谓委致其命，犹言授命也。四者立身之大节，一有不至，则余无足观。故言士能如此，则庶乎其可矣。"

[译文]

子张说："士人遇到危难献出生命，遇到得益考虑大义，祭祀时想到恭敬，守丧时想到哀伤，大概就可以了。"

[原文]

子张曰："执德不弘，信道不笃，焉能为有？焉能为亡（wú）？"孔安国《论语孔氏训解》："言无所轻重。"朱熹《四书集注》："有所得而守之太狭，则德孤；有所闻而信之不笃，则道废。焉能为有无，犹言不足为轻重。"

[译文]

子张说："持守德行而不光大，信奉大道而不笃实，这样的人怎能算他存在？又怎能算他不存在？"

[原文]

子夏之门人问交于子张。孔安国《论语孔氏训解》："问与人交接之道。"**子张曰："子夏云何？"对曰："子夏曰：'可者与之，其不可者拒之。'"子张曰："异乎吾所闻：君子尊贤而容众，嘉善而矜不能。我之大贤与（yú），于人何所不容？我之不贤与，人将拒我，如之何其拒人也？"**包咸《论语包氏章句》："友交当如子夏，泛交当如子张。”朱熹《四书集注》：“子夏之言迫狭，子张讥之是也。但其所言亦有过高之病。盖大贤虽无所不容，然大故亦所当绝；不贤固不可以拒人，然损友亦所当远。学者不可不察。”

［译文］

子夏的门徒向子张询问交往，子张说：“子夏是怎么说的？”门徒答道：“子夏说：‘能交往的就结交，不能交往的就拒绝。’”子张说：“我所听说的与这不一样。君子尊重贤明，但容纳众人；赞美善行，但怜惜缺乏能力的人。我如果很贤明，有什么不能容纳别人的呢？我如果不贤明，别人将拒绝我，我又怎么有机会去拒绝别人呢？”

［原文］

子夏曰：“虽小道，必有可观者焉；何晏《论语集解》：“小道，谓异端。”**致远恐泥(nì)，**包咸《论语包氏章句》：“泥难不通。”**是以君子不为也。”**朱熹《四书集注》：“小道，如农圃医卜之属。泥，不通也。”杨时：“百家众技，犹耳目鼻口，皆有所明而不能相通。非无可观也，致远则泥矣，故君子不为也。”

［译文］

子夏说：“即使是小技能，也必定有可取的地方。因为怕妨碍远大的事业，所以君子不去从事。”

［原文］

子夏曰：“日知其所亡(wú)，孔安国《论语孔氏训解》：“日知其所未闻。”**月无忘其所能，可谓好(hào)学也已矣。”**朱熹《四书集注》：“亡，无也。谓己之所未有。”尹焞：“好学者日新而不失。”

［译文］

子夏说：“每天学到所未知的，每月不遗忘所学得的，可以称为好学了。”

［原文］

子夏曰：“博学而笃志，孔安国《论语孔氏训解》：“广学而厚识之。”**切问而近思，**何晏《论语集解》：“切问者，切问于己所学未悟之事。近思者，思己所未能及之事。

因乐求贤

晋悼公与司马侯登讨论何谓快乐，司马侯登说只有享受德与义的快乐才是真的快乐。

泛问所未学，远思所未达，则于所习者不精，所思者不解。”**仁在其中矣。”**朱熹《四书集注》：“四者皆学问思辨之事耳，未及乎力行而为仁也。然从事于此，则心不外驰，而所存自熟，故曰仁在其中矣。”

[译文]

子夏说：“广泛学习，志向坚定，以切己之事问人，切实地思考现实问题，仁就在其中了。”

[原文]

子夏曰：“百工居肆以成其事，君子学以致其道。”包咸《论语包氏章句》：“言百工处其肆则事成，犹君子学以致其道。”朱熹《四书集注》：“肆，谓官府造作之处。致，极也。工不居肆，则迁于异物而业不精。君子不学，则夺于外诱而志不笃。”尹焞：“学所以致其道也。百工居肆，必务成其事。君子之于学，可不知所务哉？”

[译文]

子夏说：“匠师们通过在作坊里劳动来完成自己的工作，君子通过学习来获取大道。”

[原文]

子夏曰：“小人之过也必文(wèn)。”孔安国《论语孔氏训解》：“文饰其过，不言情实。”朱熹《四书集注》：“文，饰之也。小人惮于改过，而不惮于自欺，故必文以重其过。”

[译文]

子夏说：“小人对于自己的过错必定加以掩饰。”

[原文]

子夏曰：“君子有三变：望之俨然，即之也温，听其言也厉。”郑玄《论语郑氏注》：“厉，严正。”朱熹《四书集注》：“俨然者，貌之庄。温者，色之和。厉者，辞之确。”程颐《程氏论语解》：“他人俨然则不温，温则不厉，惟孔子全之。”谢良佐：“此非有意于变，盖并行而不相悖也，如良玉温润而栗然。”

[译文]

子夏说：“君子有三种变化：远望神态庄严，来到面前温和可亲，听他说话严厉不苟。”

[原文]

子夏曰：“君子信而后劳其民，未信则以为厉己也；王肃《论语王氏义说》:“厉,犹病也。”**信而后谏,未信则以为谤己也。”**朱熹《四书集注》:“信,谓诚意恻怛而人信之也。厉,犹病也。事上使下,皆必诚意交孚,而后可以有为。”

[译文]

子夏说:“君子得到信任后才能役使民众,没有得到信任,民众就会以为是苛待他们;民众得到信任才能劝谏,没有得到信任,君主就会以为是毁谤自己。”

[原文]

子夏曰:“大德不逾闲,孔安国《论语孔氏训解》:“闲,犹法也。”**小德出入可也。”**孔安国《论语孔氏训解》:“小德不能不逾法,故曰出入可。”朱熹《四书集注》:“大德、小德,犹言大节、小节。闲,阑也,所以止物之出入。言人能先立乎其大者,则小节虽或未尽合理,亦无害也。”

[译文]

子夏说:“大的操行不超越界限,小的操行有所出入没有关系。”

[原文]

子游曰:“子夏之门人小子,当洒扫、应对、进退,则可矣。抑末也,本之则无。如之何?”包咸《论语包氏章句》:“言子夏弟子,但当对宾客修威仪礼节之事则可。然此但是人之末事耳,不可无其本,故云本之则无,如之何?”朱熹《四书集注》:“子游讥子夏弟子,于威仪容节之间则可矣。然此小学之末耳,推其本,如《大学》正心诚意之事,则无有。”**子夏闻之曰:“噫!**孔安国《论语孔氏训解》:“噫,心不平之声。”**言游过矣!君子之道,孰先传焉?孰后倦焉?**包咸《论语包氏章句》:“言先传业

东方朔

东方朔,武帝时为太中大夫。他性格诙谐滑稽,爱好喝酒。据说,君山上有美酒数斗,如能喝到,可以不死为神仙。武帝得知后,派了栾巴带童男童女数十人到山上求之,果然得到了仙酒。武帝未喝之前,东方朔就偷偷地喝光了。于是武帝大怒,下令推东方朔出去斩首。东方朔就说:“假如酒有灵验,你杀我,我也不死;要是没有灵验,这酒有什么用呢?”武帝想了一下,明白了其中的道理,笑着把他放了。

者必先厌倦，故我门人先教以小事，后将教以大道。”**譬诸草木，区以别矣。**马融《论语训说》：“言大道与小道殊异。譬如草木，异类区别，言学当以次。”**君子之道，焉可诬也？**马融《论语训说》：“君子之道，焉可使诬言我门人但能洒扫而已。”**有始有卒者，其惟圣人乎！”**孔安国《论语孔氏训解》：“终始如一，唯圣人耳。”朱熹《四书集注》：“倦，如诲人不倦之倦。区，犹类也。言君子之道，非以其末为先而传之，非以其本为后而倦教。但学者所至，自有浅深，如草木之有大小，其类固有别矣。若不量其浅深，不问其生熟，而概以高且远者强而语之，则是诬之而已。君子之道，岂可如此？若夫始终本末一以贯之，则惟圣人为然，岂可责之门人小子乎？”

[译文]

子游说：“子夏门下的后生，担任打扫卫生、接待客人之类的事是可以的。不过这只是末节，根底却没有，怎么行呢？”子夏听到后说：“唉，子游错了！君子的大道，哪些先传授？哪些后讲述？以草木来做比喻，是区分为各种门类的。但君子的大道怎么可以歪曲呢？能有始有终的，大概只有圣人吧！”

[原文]

子夏曰：“仕而优则学，马融《论语训说》：“行有余力，则以学文。”**学而优则仕。”**朱熹《四书集注》：“优，有余力也。仕与学理同而事异，故当其事者，必先有以尽其事，而后可及其余。然仕而学，则所以资其仕者益深；学而仕，则所以验其学者益广。”

[译文]

子夏说：“出仕而有余力的就学习，学习而有余力的就出仕。”

[原文]

子游曰：“丧致乎哀而止。”孔安国《论语孔氏训解》：“毁不灭性。”朱熹《四书集注》：“致极其哀，不尚文饰也。”杨时：“‘丧，与其易也宁戚’，不若礼不足而哀有余之意。”

[译文]

子游说：“居丧达到哀恸的程度就行了。”

论字知非

宋仁宗时，张士逊拜见宰相王旦，极力称赞太子的书法很有法度，王旦反问他：“你的职责仅仅是这个吗？”张听后才知道自己的失职，以后每天用古人处事从善的道德观规劝太子。

[原文]

子游曰："吾友张也，为难能也。包咸《论语包氏章句》："言子张容仪之难及。"**然而未仁。"**朱熹《四书集注》："子张行过高，而少诚实恻怛之意。"

[译文]

子游说："我的朋友子张真是难能可贵，但尚未达到仁人的境界。"

[原文]

曾子曰："堂堂乎张也，难与并为仁矣。"郑玄《论语郑氏注》："言子张容仪盛，而于仁道薄也。"朱熹《四书集注》："堂堂，容貌之盛。言其务外自高，不可辅而为仁，亦不能有以辅人之仁也。"范宁《论语范氏注》"子张外有余而内不足，故门人皆不与其为仁。子曰：'刚、毅、木、讷近仁。'宁外不足而内有余，庶可以为仁矣。"

[译文]

曾子说："仪表堂堂的子张啊，难以与他一起做到仁。"

[原文]

曾子曰："吾闻诸夫子：人未有自致者也，必也亲丧乎！"马融《论语训说》："言人虽未能自致尽于他事，至于亲丧，必自致尽。"朱熹《四书集注》："致，尽其极也。盖人之真情所不能自已者。"尹焞："亲丧固所自尽也，于此不用其诚，恶乎用其诚。"

[译文]

曾子说："我听夫子说，人没有自动尽情地表露自己感情的，要是有，那一定是父母亲的丧事！"

[原文]

曾子曰："吾闻诸夫子：孟庄

亲尝汤药

汉文帝刘恒，汉高祖第三子，为薄太后所生。高后八年（前180）即帝位。他以仁孝之名，闻于天下，侍奉母亲从不懈怠。母亲卧病三年，他常常目不交睫，衣不解带；母亲所服的汤药，他亲口尝过后才放心让母亲服用。他在位二十四年，重德治，兴礼仪，注重发展农业，使西汉社会稳定，人丁兴旺，经济得到恢复和发展，他与汉景帝的统治时期被誉为"文景之治"。

子之孝也，其他可能也；其不改父之臣，与父之政，是难能也。” 马融《论语训说》：“孟庄子，鲁大夫仲孙连也。谓在谅阴之中，父臣及父政虽有不善者，不忍改也。”朱熹《四书集注》：“孟庄子，鲁大夫，名速。其父献子，名蔑。献子有贤德，而庄子能用其臣，守其政。故其他孝行虽有可称，而皆不若此事之为难。”

[译文]

曾子说：“我听夫子说，孟庄子的孝，别的方面其他人都能做到；但不更换父亲的臣属与父亲的施政方针，这是别人难以做到的。”

[原文]

孟氏使阳肤为士师， 包咸《论语包氏章句》：“阳肤，曾子弟子。士师，典狱之官。” **问于曾子。曾子曰：“上失其道，民散久矣。如得其情，则哀矜而勿喜。”** 马融《论语训说》：“民之离散为轻漂犯法，乃上之所为，非民之过，当哀矜之，勿自喜能得其情。”朱熹《四书集注》：“阳肤，曾子弟子。民散，谓情义乖离，不相维系。”谢良佐：“民之散也，以使之无道，教之无素。故其犯法也，非迫于不得已，则陷于不知也。故得其情，则哀矜而勿喜。”

[译文]

孟孙氏让阳肤担任典狱官，阳肤向曾子求教。曾子说：“在上者失去了自己的准则，民众离散很久了。你如果得知他们的实情，要同情、可怜他们，不要沾沾自喜。”

妲己害政

纣王不但投妲己所好，作“新淫之声、北鄙之舞、靡靡之乐”，还搜刮百姓钱财，修建起高大宏丽的鹿台，里面置满奇珍宝物。同时，“积糟为邱，流酒为池，悬肉为林，使人裸形相逐其间”，彻夜长饮，欢嬉达旦。真可谓荒淫之极。

[原文]

子贡曰：“纣之不善，不如是之甚也。是以君子恶（wù）居下流，天下之恶皆归焉。” 孔安国《论语孔氏训解》：“纣为不善，以丧天下，后世憎甚之，皆以天下之恶归之于纣。”朱熹《四书集注》：

“下流，地形卑下之处，众流之所归。喻人身有污贱之实，亦恶名之所聚也。子贡言此，欲人常自警省，不可一置其身于不善之地。非谓纣本无罪而虚被恶名也。”

[译文]

子贡说：“殷纣王不好的地方，不像人们所说的那么厉害。所以君子厌恶处于下等的品类，因为一旦如此，普天之下的坏事都会归到他身上来。”

[原文]

子贡曰：“君子之过也，如日月之食焉。过也，人皆见之；更(gēng)也，人皆仰之。” 孔安国《论语孔氏训解》：“更，改也。”

[译文]

子贡说：“君子的过错，就如同日食、月食。有过错时人人都见到，改正时人人都敬仰。”

[原文]

卫公孙朝(cháo) 马融《论语训说》：“公孙朝，卫大夫。” **问于子贡曰：“仲尼焉学？”子贡曰：“文、武之道，未坠于地，在人。贤者识(zhì)其大者，不贤者识其小者，莫不有文、武之道焉。夫子焉不学？** 孔安国《论语孔氏训解》：“文、武之道，未坠落于地，贤与不贤各有所识。夫子无所不从学。” **而亦何常师之有？”** 孔安国《论语孔氏训解》：“无所不从学，故无常师。”朱熹《四书集注》：“文、武之道，谓文王、武王之谟训功烈，与凡周之礼乐文章，皆是也。在人，言人有能记之者。识，记也。”

[译文]

卫国的公孙朝询问子贡说：“仲尼先生学自何处？”子贡说：“文王、武王的大道并没有崩坏，还在人世间。贤者认识它大的方面，不贤者认识它小的方面，无处不具有文王、

三垄植楷

孔子死后，弟子们庐墓守陵，都带着各地的树木种植在墓旁。子贡种植的楷树在墓前甬道的左边，非常高大，直到今天，老干犹在。

武王的大道。夫子怎么不学习呢？又为何要有一定的师承呢？”

[原文]

叔孙武叔语大夫马融《论语训说》：“鲁大夫叔孙州仇。武，谥。”**于朝，曰：“子贡贤于仲尼。”**朱熹《四书集注》：“武叔，鲁大夫，名州仇。”**子服景伯以告子贡。子贡曰：“譬之宫墙，赐之墙也及肩，窥见室家之好。**朱熹《四书集注》：“墙卑室浅。”**夫子之墙数仞，不得其门而入，不见宗庙之美，百官之富。**朱熹《四书集注》：“七尺曰仞。不入其门，则不见其中之所有，言墙高而宫广也。”**得其门者或寡矣。夫子之云，不亦宜乎！”**包咸《论语包氏章句》：“夫子，谓武叔。”朱熹《四书集注》：“此夫子，指武叔。”

[译文]

叔孙武叔在朝堂上告诉大夫们说：“子贡比仲尼强。”子服景伯把这些话告诉了子贡，子贡说：“若以围墙来作比喻，我家的围墙跟肩头一样高，所以能窥见房屋的美好；夫子的围墙有几丈高，不找到它的门走进去，就见不到宗庙的壮观、房屋的富丽。能找到它的门的人也许不多，叔孙夫子的说法不也是很自然的吗？”

[原文]

叔孙武叔毁仲尼。子贡曰：“无以为也，仲尼不可毁也。他人之贤者，丘陵也，犹可逾也；仲尼，日月也，无得而逾焉。人虽欲自绝，其何伤于日月乎？多见其不知量也！”何晏《论语集解》：“言人虽自绝弃于日月，其何能伤之乎？适足自见其不知量也。”朱熹《四书集注》：“无以为，犹言无用为此。土高曰丘，大阜曰陵。日月，喻其至高。自绝，谓以谤毁自绝于孔子。多，与只同，适也。不知量，谓不自知其分量。”

[译文]

叔孙武叔毁谤孔子，子贡说：“不要这样做，仲尼先生是诋毁不了的。其他的贤者是丘陵，还能超越；仲尼先生的为人是日月，是不可能超越的。即使人要自绝于日月，对日月又会有什么损害呢？恰好表明他不自量力而已。”

[原文]

陈子禽谓子贡曰：“子为恭也，仲尼岂贤于子乎？”朱熹《四书集注》：“为恭，谓为恭敬推逊其师也。”**子贡曰：“君子一言以为知，一言以为不知，言不可不慎也。**朱熹《四书集注》：“责子禽不谨言。”**夫子之不可及也，犹天之不可阶而升也。**朱熹《四书集注》：“阶，梯也。大可为也，化不可为也，故曰不可阶而升。”**夫子之得邦家者，**孔安国《论语孔氏训解》：“谓为诸侯若卿大夫。”**所谓立之斯立，道之斯行，绥之斯来，动之斯和。其生也荣，其死也哀，如之何其可及也。”**孔安国《论语孔氏训解》：“绥，安也。言孔子为政，其立教则无不立，道之则莫不兴行，安之则远者来至，动之则莫不和睦，故能生则荣显，死则哀痛。”朱熹《四书集注》：“立之，谓植其生也。道，引也，谓教之也。行，从也。绥，安也。来，归附也。动，谓鼓舞之也。和，所谓于变时雍。言其感应之妙，神速如此。荣，谓莫不尊亲。哀，则如丧考妣。”

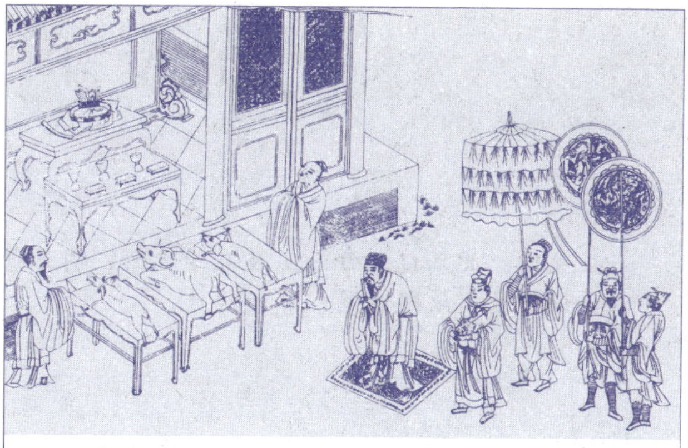

汉高祀鲁

鲁国人依照时令奉祀孔子墓，后人在孔子故居里保藏了孔子的衣、冠、琴、车、书，到了汉代已经二百多年了，从未断绝。汉高祖刘邦路过曲阜，也用太牢（牛、羊、猪各一只）祭祀孔子。可谓“其生也荣，其死也哀”。

[译文]

陈子禽对子贡说：“你做得太谦恭了，仲尼难道比你强吗？”子贡说：“君子能由一句话表现出他的明智，能由一句话表现出他的不明智，所以言语不可以不谨慎。夫子的不可企及，犹如登天不能沿着台阶爬上去一样。夫子如果获得了封国封邑，真所谓要使人们自立就自立，引导他们就前进，安抚他们就来归附，鼓动他们就应和。他在世时誉满天下，去世后会备受哀悼，我怎么能比得上呢？”

尧曰第二十

题解

正义曰：此篇记二帝三王及孔子之语，明天命政化之美，皆是圣人之道，可以垂训将来，故殿诸篇，非所次也。

——邢昺《论语注疏》

[原文]

尧曰："咨！尔舜！天之历数在尔躬。何晏《论语集解》："历数，谓列次也。"**允执其中。四海困穷，天禄永终。"**包咸《论语包氏章句》："允，信也。困，极也。永，长也。言为政信执其中则能穷极四海，天禄所以长终。"朱熹《四书集注》："此尧命舜，而禅以帝位之辞。咨，嗟叹声。历数，帝王相继之次第，犹岁时气节之先后也。允，信也。中者，无过不及之名。四海之人困穷，则君禄亦永绝矣，戒之也。"**舜亦以命禹。**孔安国《论语孔氏训解》："舜亦以尧命己之辞命禹。"朱熹《四书集注》："舜后逊位于禹，亦以此辞命之。今见于《虞书·大禹谟》，比此加详。"**曰："予小子履，敢用玄牡，敢昭告于皇皇后帝：**孔安国《论语孔氏训解》："履，殷汤名。此伐桀告天之文。殷家尚白，未变夏礼，故用玄牡。皇，大。后，君也。大，大君。帝，谓天帝也。《墨子》引《汤誓》，其辞若此。"**有罪不敢赦。**包咸《论语包氏章句》："顺天奉法，有罪者不敢擅赦。"**帝臣不蔽，简在帝心。朕躬有罪，无以万方；万方有罪，罪在朕躬。"**孔安国《论语孔氏训解》："无以万方，万方不与也。万方有罪，我身之过。"朱熹《四书集注》："此引《商书·汤诰》之辞。盖汤既放桀而告诸侯也。与《书》文大同小异。曰上当有汤字。履，盖汤名。用玄牡，夏尚黑，未变其礼也。简，阅也。言桀有罪，己不敢赦。而天下贤人，皆上帝之臣，己不敢蔽。简在帝心，惟帝所命。此述其初请命而伐桀之辞也。又言君有罪非民所致，民有罪实君所为，见其厚于责己薄于责人之意。此其告诸侯之辞也。"**周有大赉(lài)，**何晏《论语集解》："周，周家。赉，赐也。言周家受天大赐，富于善人，有乱臣十人是也。"**善人是富。**朱熹《四书集注》："此以下述武王事。赉，予也。武王克商，大赉于四海。见《周书·武成篇》。此言其所富者，皆善人也。《诗序》云

‘赉所以锡予善人’，盖本于此。”**“虽有周亲，不如仁人。**孔安国《论语孔氏训解》：“亲而不贤不忠则诛之，管、蔡是也。仁人，谓箕子、微子。来则用之。”**百姓有过，在予一人。”**朱熹《四书集注》：“此《周书·太誓》之辞。”孔安国《论语孔氏训解》：“周，至也。言纣至亲虽多，不如周家之多仁人。”**谨权量，审法度，修废官，四方之政行焉。**包咸《论语包氏章句》：“权，秤也。量，斗斛。”朱熹《四书集注》：“权，称锤也。量，斗斛也。法度，礼乐制度皆是也。”**兴灭国，继绝世，举逸民，天下之民归心焉。**朱熹《四书集注》：“兴灭继绝，谓封黄帝、尧、舜、夏、商之后。举逸民，谓释箕子之囚，复商容之位。三者皆人心之所欲也。”**所重：民、食、丧、祭。**孔安国《论语孔氏训解》：“重民，国之本也。重食，民之命也。重丧，所以尽哀。重祭，所以致敬。”朱熹《四书集注》：“《武成》曰：‘重民五教，惟食丧祭’。”**宽则得众，信则民任焉，敏则有功，公则说（yuè）。**孔安国《论语孔氏训解》：“言政教公平则民说矣。凡此，二帝三王所以治也，故传以示后世。”朱熹《四书集注》：“说，音悦。此于武王之事无所见，恐或泛言帝王之道也。”杨时：“《论语》之书，皆圣人微言，而其徒传守之，以明斯道者也。故于终篇，具载尧舜咨命之言，汤武誓师之意，与夫施诸政事者。以明圣学之所传者，一于是而已。所以著明二十篇之大旨也。《孟子》于终篇，亦历叙尧、舜、汤、文、孔子相承之次，皆此意也。”

真宗祀鲁

宋真宗封禅泰山，路过曲阜，拜谒孔子庙，起初制定的礼仪是跪地而不叩头，真宗认为不够尊敬，特意酌酒以献，再拜行礼。拜谒叔梁纥庙堂，又命大臣分别祭奠七十二弟子。又到孔林行礼，还将此次祭祀用的祭器留在庙内，追封孔子为“玄圣文宣王”。

[译文]

尧说：“啊！舜啊，上天的运数落在了你的身上，恰当地把握住它的正道。如果天下都困顿穷苦，上天给你的禄位就会永远终止。”舜也用这番话来告诫禹。成汤说：“在下后辈履，冒昧地用黑色的公牛来明白地祈告伟大的天帝：有罪的人我不敢擅自赦免，上帝的臣属我不敢掩蔽遗漏，请上帝加以鉴察。我个人有罪，不要加罪于四方诸侯；四方诸侯有罪，责任都在于我个人。”周室得到上天的赏赐，善人得以富有。周武王说：“即使有亲近的亲属，也不如有仁德的人士。百姓有过错，责任在我一人。”慎重地确定度量衡，审察礼乐制度，恢复废弃的官职，政令就能在全国通行。复兴灭亡的国家，承续断绝的后代，举用隐逸的人才，天下的民众就会从内心归服。应该重视民众、粮食、丧葬、祭祀。宽厚就会获得白姓的拥护，诚实就会得到民众的信任，敏捷就会有功绩，公正就会使众人幸福。

［原文］

子张问于孔子曰：“何如斯可以从政矣？”子曰：“尊五美，屏四恶，孔安国《论语孔氏训解》：“屏，除也。”**斯可以从政矣。”子张曰：“何谓五美？”子曰：“君子惠而不费，劳而不怨，欲而不贪，泰而不骄，威而不猛。”子张曰：“何谓惠而不费？”子曰：“因民之所利而利之，斯不亦惠而不费乎？**王肃《论语王氏义说》：“利民在政，无费于财。”**择可劳而劳之，又谁怨？欲仁而得仁，又焉贪？君子无众寡，无小大，无敢慢，**孔安国《论语孔氏训解》：“言君子不以寡小而慢也。”**斯不亦泰而不骄乎？君子正其衣冠，尊其瞻视，俨然人望而畏之，斯不亦威而不猛乎？”子张曰：“何谓四恶？”子曰：“不教而杀谓之虐；不戒视成谓之暴；**马融《论语训说》：“不宿戒而责目前成，为视成。”**慢令致期谓之贼；**孔安国《论语孔氏训解》：“与民无信而虚刻期。”**犹之与人也，出（chù）纳之吝，谓之有司。”**孔安国《论语孔氏训解》：“谓财物俱当与人，而吝啬于出纳惜难之，此有司之任耳，非人君之道。”朱熹《四书集注》：“虐，谓残酷不仁。暴，谓卒遽无渐。致期，刻期也。贼者，切害之意。缓于前而急于后，以误其民，而必刑之，是贼害之也。犹之，犹言均之也。均之以物与人，而于其出纳之际，乃或吝而不果。则是有司之事，而非为政之体。所与虽多，人亦不怀其惠矣。项羽使人，有功当封，刻印刓，忍弗能予，卒以取败，亦其验也。”

［译文］

子张询问孔子说：“怎样才能治理国政呢？”孔子说：“尊重五种美德，摒弃四种恶习，才能治理国政。”子张说：“是哪五种美德呢？”孔子说：“君子施予恩惠而不浪费，使百姓劳动而百姓不怨恨，有欲望而百姓不贪婪，安详而不骄傲，威严而不凶猛。”子张说：“什么叫作施予恩惠而不浪费呢？”孔子说：“按着百姓有利的地方去给他们利益，不就施予恩惠而不浪费了吗？择取该使百姓劳动的时候才让他们劳动，又有谁怨恨呢？要求仁而得到了仁，还贪婪什么呢？无论多少，无论大小，君子都不敢怠慢，不就安详而不骄傲了吗？君子端正自己的衣冠，庄重自己的仪态，严肃得使人望而生畏，不就威严而不凶猛了吗？”子张说：“是哪四种恶习呢？”孔子说：“不加教诲就杀戮叫作暴虐；不先告诫就要求成功叫作暴躁；懈怠政令却突然限期完成叫作贼害；同样给人东西，该给的时候却吝啬叫作器量狭小。”

[原文]

子曰：“不知命，无以为君子也。孔安国《论语孔氏训解》：“命，谓穷达之分。”程颐《程氏论语解》：“知命者，知有命而信之也。人不知命，则见害必避，见利必趋，何以为君子？”**不知礼，无以立也。**朱熹《四书集注》：“不知礼，则耳目无所加，手足无所措。”**不知言，无以知人也。”**马融《论语训说》：“听言则别其是非也。”朱熹《四书集注》：“言之得失，可以知人之邪正。”尹焞：“知斯三者，则君子之事备矣。弟子记此以终篇，得无意乎？学者少而读之，老而不知一言为可用，不几于侮圣言者乎？夫子之罪人也，可不念哉？”

梦奠两楹

孔子患病，子贡去看望，孔子正拄杖在门口唱道：“泰山要倒了，梁木要断了，有学问的人要死了。”子贡听后赶快走进去，孔子说：“殷人停灵在两楹之间，我是殷的后人，昨晚梦见棺木放置在两楹之间，现在天下没有贤明的君王，谁能尊道呢？我要死了。”过了七日，孔子去世。可见，孔子是知命的人。

[译文]

孔子说：“不知晓命运，就无法成为君子；不知晓礼仪，就无法立身处世；不懂得分析别人的言论，就无法了解别人。”

附：历代名家谈儒学

程颐读《论语》《孟子》法

据清仿宋大字本补。

程子曰：“学者当以《论语》《孟子》为本。《论语》《孟子》既治，则六经可不治而明矣。读书者当观圣人所以作经之意，与圣人所以用心，圣人之所以至于圣人，而吾之所以未至者，所以未得者。句句而求之，昼诵而味之，中夜而思之，平其心，易其气，阙其疑，则圣人之意可见矣。”

程子曰：“凡看文字，须先晓其文义，然后可以求其意。未有不晓文义而见意者也。”

程子曰：“学者须将《论语》中诸弟子问处便作自己问，圣人答处便作今日耳闻，自然有得。虽孔、孟复生，不过以此教人。若能于《语》《孟》中深求玩味，将来涵养成甚生气质！”

程子曰：“凡看《语》《孟》，且须熟读玩味。须将圣人言语切己，不可只作一场话说。人只看得二书切己，终身尽多也。”

程子曰：“《论》《孟》只剩读，便自意足。学者须是玩味。若以语言解，意便不足。”

或问：“且将《论》《孟》紧要处看，如何？”程子曰：“固是好，但终是不浃洽耳。”

程子曰：“孔子言语句句是自然，孟子言语句句是事实。”

程子曰：“学者先读《论语》《孟子》，如尺度权衡相似，以此去量度事物，自然见得长短轻重。”

程子曰：“读《论语》《孟子》而不知道，所谓‘虽多，亦奚以为’。”

梁启超谈儒学

梁启超讲儒家思想

其 一

儒家言道言政，皆植本于“仁”。不先将仁字意义说明，则儒家思想末由理解也。仁者何？以最粗浅之今语释之，则同情心而已。“樊迟问仁，子曰：爱人。”（《论语》）谓对于人类有同情心也。然人曷为而有同情心耶？同情心曷为独厚于人类耶？孔子曰：

仁者人也。（《中庸》）

此言“仁”之概念与“人”之概念相函。再以今语释之，则仁者人格之表征也。故欲知“仁”之为何，当先知“人”之为何，“人”何以名，吾侪因知有我故比知有人，我圆颅而方趾，横目而睿心，因此凡见有颅、趾、目、心同于我者，知其与我同类。凡属此一类者，锡予以一“大共名”谓之“人”。人也者，通彼我而始得名者也。彼我通，斯为仁，故“仁”之字从二人。郑玄曰：“仁，相人偶也。”（《礼记》注）非人与人相偶，则“人”之概念不能成立。申言之，若世界上只有一个人，则所谓“人格”者决无从看出。人格者，以二人以上相互间之“同类意识”而始表现者也。既尔，则亦必二人以上交相依赖，然后人格始能完成。

智的方面所表现者为同类意识。情的方面所表现者为同情心。荀子所谓“有知之属，莫不知爱其类也”。爱类观念，以消极的形式发动者则谓之恕，以积极的形式发动者则谓之仁。子贡问一言可以终身行，孔子曰：

其恕乎。己所不欲，勿施于人。

于文，如心为恕，推己度人之谓也。惟有同类意识故可以相推度，吾所不欲者以施诸犬马，或适为彼所大欲焉，未可知也。我既为人彼亦为人，我感受此而觉苦痛，则知彼感受焉而苦痛必同于我，如吾心以度彼，而“勿施”焉。即同情心之消极的发动也，故孟子曰：

强恕而行，求仁莫近焉。

消极的恕，近仁而已。积极的仁，则更有进。孔子曰：

夫仁者，己欲立，而立人；己欲达，而达人。能近取譬，可谓仁之方也已。

譬者比也。以有我比知有彼，以我所欲比知彼所欲，是谓“能近取譬”。近取譬即“如心”之恕也。然恕与仁复异名者，恕主于推其所不欲，仁主于推其所欲。我现在所欲立之地位，必与我之同类相倚而并立，我将来所欲到达之地位，必与我之同类骈进而共达。何也？人类生活方式皆以联带关系（即相人偶）行之，非人人共立此地位，则我决无从独立；非人人共达此地位，则我决无从

独达。立人达人者，非立达别人之谓，乃立达人类之谓。彼我合组成人类，故立达彼即立达人类，立达人类即立达我也。用“近譬”的方法体验此理，彻底明了，是谓“仁之方”。手足麻痹，称为“不仁”，为其同在一体之中而彼我痛痒不相省也。二人以上相偶，始能形成人格之统一体，同在此统一体之中而彼我痛痒不相省，斯谓之不仁。反是斯谓仁。是故仁不仁之概念可得而言也。曰不仁者，同类意识麻木而已矣；仁者，同类意识觉醒而已矣。

儒家曷为对于仁之一字如此其重视耶？儒家一切学问，专以“研究人之所以为人者”为其范围，故孟子曰：

> 仁也者，人也。合而言之道也。

荀子曰：

> 道，仁之隆也。……非天之道，非地之道，人之所以道也。（《儒效》）

吾侪若离却人之立脚点以高谈宇宙原理物质公例，则何所不可？顾儒家所确信者，以为“人能弘道，非道弘人”。故天之道、地之道等等悉以置诸第二位，而惟以“人之所以道”为第一位。质言之，则儒家舍人生哲学外无学问，舍人格主义外无人生哲学也。

吾为政治思想史，曷为先缕缕数千言论人生哲学耶？则以政治为人生之一部门，而儒家政论之全部，皆以其人生哲学为出发点，不明乎彼，则此不得而索解也。今当入本题矣。孔子下“政”学之定义，与其所下仁字定义同一形式，曰：

> 政者，正也。

然则如何始谓之正，且何由以得其正耶？彼有“平天下絜矩之道”在。所谓：

> 所恶于上，毋以使下；所恶于下，毋以事上。所恶于前，毋以先后；所恶于后，毋以从前。所恶于右，毋以交于左；所恶于左，毋以交于右。此之谓絜矩之道。（《大学》）

儒家政治对象在“天下”。然其于天下不言治而言平，又曰：“天下国家可均。”平也，均也，皆正之结果也。何以正之？道在絜矩。矩者以我为标准，絜者以我量彼。荀子曰：

> 圣人者，以己度者也，故以人度人，以情度情，以类度类。（《非相》）

故絜矩者，即所谓能近取譬也，即所谓同类意识之表现也。吾侪读此章，有当注意者两点：

第一，所谓絜矩者，纯以平等对待的关系而始成立，故政治决无片面的权利义务。

第二，所谓絜矩者，须人人共絜此矩，各絜此矩，故政治乃天下人之政治，非一人之政治。

此文絜矩之道，专就消极的“恕”而言，即荀子所谓“除怨而无妨害人”也。

欲社会能为健全的结合，最少非相互间各承认此矩之神圣焉不可。然“矩”之作用，不以此为止，更须进而为积极的发动，夫然后谓之“仁”。孟子曰：

> 仁者以其所爱及其所不爱。

又曰：

人皆有所不忍，达之于其所忍，仁也。

人类莫不有同类意识，然此“意识圈”以吾身为中心点，随其环距之近远以为强弱浓淡。故爱类观念，必先发生于其所最亲习，吾家族则爱之，非吾家族则不爱；同国之人则不忍，异国人则忍焉。由所爱以“及其所不爱”，由所不忍以“达于其所忍”，是谓同类意识之扩大。孟子曰：“古之人所以大过人者，无他焉，善推其所为而已矣。”推者何？扩大之谓也。然则所以推之道奈何？彼之言曰：

老吾老，以及人之老；幼吾幼，以及人之幼，天下可运诸掌。《诗》云：“刑于寡妻，至于兄弟，以御于家邦。”言举斯心加诸彼而已。

“举斯心加诸彼”，即“能近取譬”“老吾老以及人之老……”，即“欲立立人，欲达达人”。循此途径使同类意识圈日扩日大，此则所谓“仁之方”也。

明乎此义，则知儒家之政治思想，与今世欧美最流行之数种思想，乃全异其出发点。彼辈奖厉人情之析类而相嫉，吾侪利导人性之合类而相亲。彼辈所谓国家主义者，以极褊狭的爱国心为神圣，异国则视为异类，虽竭吾力以蹙之于死亡，无所谓“不忍”者存，结果则糜烂其民而战以为光荣，正孟子所谓“不仁者以其所不爱及其所爱”也。彼中所谓资本阶级者，以不能絜矩，故恒以己所不欲者施诸劳工，其罪诚无可恕，然左袒劳工之人——如马克思主义者流，则亦日日鼓吹以己所不欲还施诸彼而已。《诗》曰：“人之无良，相怨一方。”以此为教，而谓可以改革社会使之向上，吾未之闻。孟子曰：

离则不祥莫大焉。（《离娄上》）

荀子曰：

彼将厉厉焉，日日相离嫉也；我今将顿顿焉，日日相亲爱也。（《王制》）

以吾侪诵法孔子之中国人观之，所谓社会道德者，最少亦当以不相离嫉为原则。同类意识，只有日求扩大，而断不容奖励此意识之隔断及缩小以为吉祥善事。是故所谓“国民意识”“阶级意识”者，在吾侪脑中殊不明了，或竟可谓始终未尝存在。然必以此点为吾侪不如人处，则吾之不敏，殊未敢承。

且置此事，复归本文。儒家之理想的政治，则欲人人将其同类意识扩充到极量，以完成所谓“仁”的世界。此世界名之曰“大同”。大同政治之内容，则如《礼记·礼运篇》所说：

大道之行也，天下为公，选贤与能，讲信修睦。故人不独亲其亲，不独子其子，使老有所终，壮有所用，幼有所长，鳏寡孤独废疾者皆有所养。男有分，女有归；货恶其弃于地也，不必藏诸己；力恶其不出于身也，不必为己。是故谋闭而不兴，盗窃乱贼而不作，故外户而不闭。是谓大同。

此章所包含意义当分三段解剖之：

一、“天下为公，选贤与能，讲信修睦”，此就纯政治的组织言。所言“天下”与下文之“城郭沟池以为固”相对，盖主张“超国家”的组织，以全世界为政治对象。所言“为公”及“选贤与能”，与下文之“大人世及以为礼”相对，盖不承认任何阶级之世袭政权，主张政府当由人民选举。所言“讲信修睦”，指地域团体（近于今世所谓“国际的”而性质不同），相互间关系，主张以同情心为结合基本。

二、“故人不独亲其亲……女有归”，此就一般社会组织言。主张以家族为基础，而参以“超家族”的精神。除老壮幼男女废疾等生理差别外，让人类一切平等。在此生理差别上，充分利用之以行互助，其主要在“壮有所用”一语，老幼皆受社会公养，社会所以能举此者，则由壮者当以三四十年服务于社会也。

《大戴记》云：“六十以上，上所养也。十五以下，上所长也。”“上”即国家或社会之代词。

三、“货恶其弃于地也，不必藏诸己；力恶其不出于身也，不必为己”，此专就社会组织中关于经济条件者而言。货恶弃地，则凡可以增加生产者皆所奖励，然不必藏诸己，则资本私有甚非所重，不惟不肯掠取剩余价值而已。力恶不出，故常认劳作为神圣，然不必为己，不以物质享乐目的渎此神圣也。此其义蕴，与今世社会主义家艳称之“各尽所能，各取所需”两格言正相函，但其背影中别有一种极温柔敦厚之人生观在，有一种“无所谓而为”的精神在，与所谓“唯物史论”者流乃适得其反也。

儒家悬此以为政治最高理想之鹄，明知其不能骤几也，而务向此鹄以进行。故孔子自言曰：“丘未之逮也，而有志焉。”（《礼运》此文之冠语）进行之道奈何？亦曰以同类意识为之枢而已。故曰：

圣人耐（即能字）以天下为一家，中国为一人，非意之也（意即臆字，言非臆度之谈）。必知其情，辟（即譬字）于义，明于其利，达于其患，然后能为之。（《礼运》末段文）

不仁之极，则感觉麻木，而四肢痛痒互不相知；仁之极，则感觉锐敏，而全人类情义利患之于我躬，若电之相震也。信乎“以天下为一家，中国为一人，非意之也”。

其二

大同者，宇宙间一大人格完全实现时之圆满相也。然宇宙固永无圆满之时，圆满则不复成为宇宙。儒家深信此理，故《易》卦六十四，始“乾”而以“未济”终焉。然则在此不圆满之宇宙中，吾人所当进行者何事耶？曰：吾人常以吾心力所能逮者向上一步，使吾侪所向往之人格实现宇宙圆满的理想稍进一著稍增一分而已。其道奈何？曰：吾侪固以同类意识扩大到极量为职志，然多数人此意识方在麻木状态中，遑言扩大。故未谈扩大以前，当先求同类意识之觉醒，觉醒之第一步，则就其最逼近、最简单之“相人偶”以启发之。与父偶则为子，与子偶则为父，与夫偶则为妇，与妇偶则为夫……先从此等处看出人格相互关系，然后有扩充之可言。此则伦理之所由立也。《论语》记：

齐景公问政于孔子，孔子对曰："君君，臣臣，父父，子子。"公曰："善哉，信如君不君，臣不臣，父不父，子不子，虽有粟，吾得而食诸？"

《大学》称"止于至善"。其条理则：

为人君，止于仁；为人臣，止于敬；为人子，止于孝；为人父，止于慈；与国人交，止于信。

《中庸》述孔子言亦云：

所求乎子，以事父；所求乎臣，以事君；所求乎弟，以事兄；所求乎朋友，先施之。

此即絜矩之道应用于最切实者。凡人非为人君即为人臣，非为人父即为人子，而且为人君者同时亦为人臣或尝为人臣，为人父者同时亦为人子或尝为人子，此外更有不在君臣父子等关系范围中者，则所谓"朋友"，所谓"与国人交"。君如何始得为君？以其履行对臣的道德责任，故谓之君，反是则君不君。臣如何始得为臣？以其履行对君的道德责任，故谓之臣，反是则臣不臣。父子、兄弟、夫妇、朋友莫不皆然，若是者谓之五伦。后世动谓儒家言三纲五伦，非也。儒家只有五伦，并无三纲。五伦全成立于相互对等关系之上，实即"相人偶"的五种方式。故《礼运》从五之偶言之，亦谓之"十义"（父慈、子孝、兄良、弟悌、夫义、妇听、长惠、幼顺、君仁、臣忠）。人格先从直接交涉者体验起，同情心先从最亲近者发动起，是之谓伦理。

君字不能专作王侯解。凡社会组织，总不能无长属关系。长即君，属即臣。例如学校，师长即君，生徒即臣。工厂经理即君，厂员即臣。师长对生徒，经理对厂员，宜止于仁。生徒对师长所授学业，厂员对经理所派职守，宜止于敬。不特此也。凡社会皆以一人兼君臣二役，师长对生徒为君，对学校为臣，乃至天子对天下为君，对天为臣。儒家所谓君臣，应作如是解。

凡伦理必有差等，"于所厚者薄，无所不薄也"。（《孟子》）故先务厚其所不得不厚者焉。于是乎有所谓"亲亲之杀，尊贤之等"。（《中庸》）即吾前文所谓意识圈以吾身为中心点，随其环距之近远以为强弱浓淡也。此环距之差别相，实即所以表现同类意识觉醒之次第及其程度。墨家不承认之，儒家则承认之且利用之。此两宗之最大异点也。

儒家欲使各人将最切近之同类意识由麻木而觉醒，有一方法焉，曰："正名。"此方法即以应用于政治。《论语》记：

子路曰："卫君待子而为政，子将奚先？"子曰："必也正名乎。"子路曰："有是哉！子之迂也。奚其正？"子曰："野哉由也。君子于其所不知，盖阙如也。名不正则言不顺，言不顺则事不成，事不成则礼乐不兴，礼乐不兴则刑罚不中，刑罚不中则民无所措手足。故君子名之必可言也，言之必可行也。君子于其言，无所苟而已矣。"

吾侪幼读此章，亦与子路同一感想，觉孔子之迂实甚。继读后儒之解释，而始知其深意之所存。董仲舒《春秋繁露》云：

名者，大理之首章也。录其首章之意以窥其中之事，则是非可知，逆顺自著……（《深察名号篇》）

又云：

名生于真，非其真弗以为名。名者，圣人之所以真物也，故凡百议（原作讥疑误）有黮黮者；各反其真，则黮黮者还昭昭耳。欲审曲直，莫如引绳；欲审是非，莫如引名。名之审于是非也，犹绳之审于曲直也。诘其名实，观其离合，则是非之情，不可以相谰已。（同上）

荀子云：

王者之制名，名定而实辨，道行而志通，则慎率民而一焉。……今圣王没，名守慢，奇辞起，名实乱，是非之形不明，则虽守法之吏诵数之儒，亦皆乱也。……异形离心交喻，异物名实互纽，贵贱不明，同异不别。如是则志必有不喻之患，而事必有困废之祸，……（《正名篇》）

君君臣臣父父子子，则名实相应，斯可贵。君不君臣不臣……则名不副实，斯可贱。此文“明贵贱”当作如是解，非指地位之尊卑言。

荀、董书中此两篇，皆《论语》正名章注脚。欲知儒家对于“正名”之义曷为如此其重视，当先略言名与实之关系。实者，事物之自性相也。名者，人之所命也。每一事物抽出其属性而命以一名，睹其名而其“实”之全属性具摄焉。所谓“录其首章之意以窥其中之事”也。由是循名以责实，则有同异离合是非顺逆贵贱之可言。第一步，名与实相应谓之同谓之合，不相应谓之异谓之离。第二步，同焉合焉者谓之是谓之顺，异焉离焉者谓之非谓之逆。第三步，是焉顺焉者则可贵，非焉逆焉者则可贱。持此以裁量天下事理，则犹引绳以审曲直也。此正名之指也。

《繁露·深察名号篇》举命名之一例云：

合五科以一言谓之君：君者元也，君者原也。君者权也，君者温也，君者群也。

此言君之一名，含有此五种属性，必具此五乃副君名，缺一则君不君矣。

正名何故可以为政治之本耶？其作用在使人“顾名思义”。则麻木之意识可以觉醒焉，即如子路所假设“待子为政”之卫君。其人即拒父之出公辄也。其父蒯聩，名为人父，实则父不父；辄名为人子，实则子不子。持名以衡其是非贵贱，则俱非也，俱贱也。使各能因其名以自警觉，则父子相人偶之意识可以回复矣。又如今中华民国号称共和，“共和”一名所含属性何如？未或能正也。从而正之，使人人能“录其首章之意以窥其中之事”，以力求实际之足以副此名者，则可以使共和之名“如其真”矣。此正名之用也。

孔子正名之业在作《春秋》。庄子曰：“《春秋》以道名分。”（《天下篇》）董子曰：“《春秋》辨物之理以正其名，名物如其真，不失秋毫之末。”（《繁露·深察名号篇》）司马迁曰：“《春秋》文成数万，其指数千，万物聚散，皆在《春秋》。”（《太史公自序》）

盖孔子手著之书，惟有一种，其书实专言政治，即《春秋》也。故孟子曰："《春秋》天子之事也。"其书义例繁赜，非本文所能具详。举要言之，则儒家伦理之结晶体。从正名所得的条理，将举而措之以易天下者也。故《春秋》有三世之义，始据乱，次升平，终太平。谓以此为教，则人类意识渐次觉醒，可以循政治上所悬理想之鹄而日以向上也。

"仁"之适用于各人之名分者谓之义，"义者宜也"。(《中庸》)其析为条理者谓之礼，"礼者所以履也"。(《礼器》)孔子言政，以义礼为仁之辅，而孟子特好言义，荀子尤善言礼，当别于第六、七两章详解之。(编者按：即本文《其四——孟子》《其五——荀子》)

其三

儒家此种政治，自然是希望有圣君贤相在上，方能实行。故吾侪可以名之曰"人治主义"。人治主义之理论何由成立耶？儒家以为圣贤在上位，可以移易天下，所谓：

君子……修己以敬……修己以安人……修己以安百姓。(《论语》)

君子笃恭而天下平。(《中庸》)

君子之守，修其身而天下平。(《孟子》)

问其何以能如此？则曰在上者以心力为表率，自然能如此。故曰：

政者正也，子帅以正，孰敢不正？(《论语》)

子欲善，而民善矣。君子之德，风也；小人之德，草也；草上之风，必偃。(同上)

上好礼，则民莫敢不敬；上好义，则民莫敢不服；上好信，则民莫敢不用情。(同上)

上老老，而民兴孝；上长长，而民兴弟；上恤孤，而民不悖。(《大学》)

此类语句，见于儒家书中者，不可枚举。既已如此，则政治命脉殆专系君主一人之身。故曰：

君仁莫不仁，君义莫不义，君正莫不正，一正君而国定矣。(《孟子》)

惟其如此，则所谓善政者必

待其人而后行。(《中庸》)

惟其如此，故：

惟仁者宜在高位，不仁者而在高位，是播其恶于众也。(《孟子》)

虽然，仁者不出世，而不仁者接踵皆是。如何能使在高位者必皆仁者耶？儒家对此问题，遂不能作圆满解答。故其结论落到：

其人存则其政举，其人亡则其政息。(《中庸》)

儒家之人治主义，所以被法家者流抨击而几至于麋灭者，即在此点。敌派

之论调，至叙述彼派时更定其评价，今不先赘。

吾侪今所欲讨论者，儒家之人治主义，果如此其脆薄而易破耶？果真如世俗所谓“贤人政治”者，专以一圣君贤相之存没为兴替耶？以吾观之，盖大不然。吾侪既不满于此种贤人政治，宜思所以易之，易之之术，不出二途：其一，以“物治”易“人治”。如法家所主张，使人民常为机械的受治者。其二，以“多数人治”易“少数人治”。如近世所谓“德谟克拉西”以民众为政治之骨干。此二途者，不待辨而知其应采第二途矣。而儒家政治论精神之全部，正向此途以进行者也。

儒家深信非有健全之人民，则不能有健全之政治。故其言政治也，惟务养成多数人之政治道德、政治能力及政治习惯，谓此为其政治目的也可，谓此为其政治手段也亦可。然则挟持何具以养成之耶？则亦彼宗之老生常谈——仁、义、德、礼等而已。就中尤以礼为主要之工具，故亦名之曰“礼治主义”。孔子尝论礼与法功用之比较曰：

> 凡人之知，能见已然，不能见将然。礼者禁于将然之前，而法者禁于已然之后……礼云，礼云，贵绝恶于未萌，而起敬于微眇，使民日徙善远罪而不自知也。（《大戴礼记·礼察篇》《小戴礼记·经解篇》）

此言礼之大用，可谓博深切明。法禁已然，譬则事后治病之医药；礼防未然，譬则事前防病之卫生术。儒家之以礼导民，专使之在平日不知不觉间从细微地方起养成良好习惯，自然成为一健全之人民也。孔子又曰：

> 礼义以为纪……示民有常，如有不由此者，在势者去，众以为殃。（《礼运》）

法是恃政治制裁力发生功用。在此政府之下，即不能不守此政府之法。礼则不然，专恃社会制裁力发生功用，愿守此礼与否，尽可随人自由。但此礼既为社会所公认时，有不守者则视同怪物。（众以为殃）虽现在有势位之人，亦终被摈弃，（在势者去）此种制裁力虽不能谓全无流弊，（第七章别论之。编者按：即本文《其五——荀子》）然最少亦比法治的流弊较轻，则可断言。孔子于是下一决论曰：

> 道之以政，齐之以刑，民免而无耻。道之以德，齐之以礼，有耻且格。（《论语》）

此章在中外古今政治论中，实可谓为最彻底的见解。试以学校论，道之以政齐之以刑，则如立无数规条罚则，如何如何警学生之顽，如何如何防学生之惰，为师长者则自居警察，以监视之勤干涉之周为尽职。其最良之结果，不过令学生兢兢焉期免于受罚，然以期免受罚之故，必至用种种方法以逃监察之耳目，或于条文拘束所不及之范围内故意怠恣，皆所难免。养成此种卑劣心理，人格便日渐堕落而不自觉，故曰免而无耻。道之以德齐之以礼者，则专务以身作则，为人格的感化，专务提醒学生之自觉，养成良好之校风。校风成后，有干犯破坏者，不期而为同辈所指目，其人即亦羞愧无以自容，不待强迫，自能洗其心而革其面也。故曰有耻且格。此二术者，利害比较，昭然甚明。学校且然，国家尤甚。且如英国人者，以最善运用宪政闻于今世者也。问彼有宪法乎？无有也。有选举法议院法乎？无有也。藉曰有之，则其物固非如所谓“宪令著于官府”，不过一种无文字的信条深入人心而已。然而举天下有成文宪法之国民，未闻有一焉能如英人之善于为政者。此其故可深长思也。无文字的信条，谓之习惯，习惯之合理者，儒家命之曰“礼”，故“礼也者，理之不可易者也”。(《乐记》)儒家确信非养成全国人之合理的习惯，则无政治可言。不此之务，而鰓鰓然朝制一法律暮颁一条告，不惟无益而徒增其害。此礼治主义根本精神所在也。

儒家固希望圣君贤相，然所希望者，非在其治民莅事也，而在其“化民成俗”，(《学记》)所谓：

劳之，来之，匡之，直之，辅之，翼之，使自得之。(《孟子》)

政治家惟立于扶翼匡助的地位，而最终之目的乃在使民“自得”。以“自得”之民组织社会，则何施而不可者。如此则政治家性质，恰与教育家性质同。故曰：“天相下民，作之君，作之师。”(《孟子》引《逸书》)吾得名之曰：“君师合一主义”。抑所谓扶翼匡助，又非必人人而抚摩之也。儒家深信同类意识之感召力至伟且速，谓欲造成何种风俗，惟在上者以身先之而已。前文所引“上好礼，则民莫敢不敬……”“上老老，而民兴孝……”诸义，其所重全在此一点，即以在上者之人格与一般人民人格相接触，使全人类之普遍人格循所期之目的以向上。是故：

民日迁善而不知为之者。(《孟子》)

此种感召力，又不徒上下之交而已，一般人相互关系，莫不有然。故曰：

一家仁，一国兴仁；一家让，一国兴让；一人贪暴，一国作乱：其机如此。(《大学》)

一人一家之在一国，如一血轮之在一体也。或良或窳，其影响皆立遍于全部。所谓“正己而物正”者，非独居上位之人为然也，凡人皆当有事焉。故《大学》言修身齐家治国平天下之事，而云：

自天子以至于庶人，壹是皆以修身为本。

由此言之，修其身以平天下，匪直天子也，庶人亦然。故：

或谓孔子曰：“子奚不为政？”子曰：“《书》云：‘孝乎。惟孝友于兄弟，施于有政。’是亦为政，奚其为为政！”《论语》)

由孔子之言，则亦可谓全国人无论在朝、在野，皆“为政”之人。吾人之行动无论为公、为私，皆政治的行动也。此其义虽若太玄渺而无畔岸，虽然，吾侪苟深察“普遍人格”中各个体之相互的关系，当知其言之不可易。呜呼，此真未易为“机械人生观者流”道也。

明乎此义，则知儒家所谓人治主义者，绝非仅恃一二圣贤在位以为治，而实欲将政治植基于“全民”之上。荀子所谓“有治人无治法”，其义并不谬，实即孔子“人能弘道，非道弘人”之旨耳，如曰法不待人而可以为治也，则今欧美诸法之见采于中华民国者多矣，今之政，曷为而日乱耶？

要而论之，儒家之言政治，其唯一目的与唯一手段，不外将国民人格提高。以目的言，则政治即道德，道德即政治。以手段言，则政治即教育，教育即政治。道德之归宿，在以同情心组成社会；教育之次第，则就各人同情心之最切近最易发动者而浚启之。“孩提之童，无不知爱其亲，及其长也，无不知敬其兄。”（《孟子》）人苟非甚不仁，则未有于其所最宜同情之人（父母兄弟）而不致其情者。既有此同情，即可藉之为扩充之出发点。故曰：

君子笃于亲，则民兴于仁。故旧不遗，则民不偷。（《论语》）

又曰：

慎终追远，民德归厚矣。（《论语》）

全社会分子，人人皆厚而不偷以共趋向于仁，则天下国家之治平，举而措之而已矣。何以能如是？则“施由亲始”，（《孟子》）“杀人之父者，人亦杀其父；杀人之兄者，人亦杀其兄”。（《孟子》）故“爱亲者不敢恶于人，敬亲者不敢慢于人”。（《孝经》）儒家利用人类同情心之最低限度为人人所同有者，而灌植之扩充之，使达于最高限度，以完成其所理想之“仁的社会”。故曰：

人人亲其亲，长其长，而天下平。（《孟子》）

儒家此种理想，自然非旦夕可致，故孔子曰：

如有王者，必世而后仁。（《论语》）

又曰：

善人为邦百年，亦可以胜残去杀矣。（《论语》）

后儒谓“王道无近功”，信然。盖儒家政治之目的，诚非可以一时一地之效率程也。宇宙本为不完成之物，创造进化曾靡穷期，安有令吾侪满足之一日。满足则乾坤息矣。或评孔子曰：

是知其不可而为之者与。

夫“不可”固宇宙之常态也，而“为之”则人之所以为人道也。孔子曰：

鸟兽不可与同群，吾非斯人之徒与而谁与？天下有道，丘不与易也。（《论语》）

同类意识与同情心发达到极量，而行之以“自强不息”。斯则孔子之所以为孔子而已。

其四——孟子

儒家政治思想，其根本始终一贯。惟自孔子以后经二百余年之发挥光大，自宜应时代之要求，为分化的发展，其末流则孟子、荀卿两大家，皆承孔子之绪，而持论时有异同，盖缘两家对于人性之观察异其出发点。孔子但言“性相近习相远”，所注重者在养成良“习”而止，而性之本质如何，未尝剖论。至孟子主张性善，荀卿主张性恶。所认之性既异，则所以成“习”之具亦自异，故同一儒家言而间有出入焉。然亦因此而于本宗之根本义益能为局部细密的发明，故今于两家特点更分别论之。

儒家政治论，本有唯心主义的倾向，而孟子为尤甚。“生于其心，害于其政，发于其政，害于其事。”（《公孙丑上》《滕文公下》）此语最为孟子乐道。“正人心”“格君心”等文句，书中屡见不一见。孟子所以认心力如此其伟大者，皆从其性善论出来。故曰：

人皆有不忍人之心。先王有不忍人之心，斯有不忍人之政矣。以不忍人之心，行不忍人之政，治天下可运诸掌。(《公孙丑上》)

何故不忍人之心，效力如此其伟大耶？孟子以为人类心理有共通之点，此点即为全人类沟通之秘钥。其言曰：

故凡同类者举相似也，何独至于人而疑之？……口之于味也，有同耆焉；耳之于声也，有同听焉；目之于色也，有同美焉。至于心独无所同然乎！(《告子上》)

何谓心之所同然？

恻隐之心，人皆有之；羞恶之心，人皆有之；辞让之心，人皆有之；是非之心，人皆有之……恻隐之心，仁之端也；羞恶之心，义之端也；辞让之心，礼之端也；是非之心，智之端也。……凡有四端于我者，知皆扩而充之矣。若火之始然，泉之始达，苟能充之，足以保四海。……(《公孙丑上》)

人皆有同类的心，而心皆有善端，人人各将此心扩大而充满其量，则彼我人格相接触，遂形成普遍圆满的人格。故曰“苟能充之足以保四海”也。此为孟子人生哲学、政治哲学之总出发点。其要义已散见前数章中，可勿再述。

孟子之最大特色，在排斥功利主义。孔子虽有“君子喻义，小人喻利”之言，然《易传》言“利者义之和”，言“以美利利天下”，《大学》言“乐其乐而利其利”，并未尝绝对的以“利”字为含有恶属性，至孟子乃公然排斥之。全书发端记与梁惠王问答，即昌言：

何必曰利，亦有仁义而已矣。王曰：何以利吾国？大夫曰：何以利吾家？士庶人曰：何以利吾身？上下交征利，而国危矣。万乘之国，弑其君者，必千乘之家。千乘之国，弑其君者，必百乘之家。万取千焉，千取百焉，不为不多矣。苟为后义而先利，不夺不餍。(《梁惠王上》)

宋牼将以利不利之说说秦楚罢兵，孟子谓“其号不可”。其言曰：

先生以利说秦楚之王，秦楚之王悦于利，以罢三军之师，是三军之士，乐罢而悦于利也。为人臣者，怀利以事其君；为人子者，怀利以事其父；为人弟者，怀利以事其兄。是君臣、父子、兄弟，终去仁义，怀利以相接，然而不王者，未之有也。……何必曰利。(《告子下》)

书中此一类语句甚多，不必枚举。要之此为孟子学说中极主要的精神，可以断言：后此董仲舒所谓“正其谊不谋其利，明其道不计其功”，即从此出。此种学说在二千年社会中，虽保有相当势力，然真能实践者已不多。及近十余年泰西功利主义派哲学输入，浮薄者或曲解其说以自便，于是孟、董此学，几成为嘲侮之鹄。今不能不重新彻底评定其价值。

营私罔利之当排斥，此常识所同认，无俟多辨也。儒家——就中孟子所以大声疾呼以言利为不可者，并非专指一件具体的牟利之事而言，乃是言人类行为不可以利为动机。申言之，则凡计较利害——打算盘的意思，都根本反对，

认为是“怀利以相接”，认为可以招社会之灭亡。此种见解，与近世（就中美国人尤甚）实用哲学者流专重“效率”之观念正相反。究竟此两极端的两派见解孰为正当耶？吾侪毫不迟疑地赞成儒家言。吾侪确信“人生”的意义不是用算盘可以算得出来。吾侪确信人类只是为生活而生活，并非为求得何种效率而生活。有绝无效率的事或效率极小的事，吾侪理应做或乐意做者，还是做去。反是，虽常人所指为效率极大者，（无论为常识所认的效率或为科学方法分析评定的效率）吾侪有许多不能发见其与人生意义有何等关系。是故吾侪于效率主义，已根本怀疑。即让一步，谓效率不容蔑视，然吾侪仍确信效率之为物不能专以物质的为计算标准，最少亦要通算精神物质之总和（实则此总和是算不出来的）。又确信人类全体的效率，并非由一个一个人一件一件事的效率相加或相乘可以求得。所以吾侪对于现代最流行的效率论，认为是极端浅薄的见解，绝对不能解决人生问题。

“利”的性质，有比效率观念更低下一层者，是为权利观念。权利观念，可谓为欧美政治思想之唯一的原素。彼都所谓人权，所谓爱国，所谓阶级斗争等种种活动，无一不导源于此。乃至社会组织中最简单、最密切者如父子、夫妇相互之关系，皆以此观念行之。此种观念，入到吾侪中国人脑中，直是无从理解。父子、夫妇间，何故有彼我权利之可言，吾侪真不能领略此中妙谛。此妙谛既未领略，则从妙谛推演出来之人对人权利，地方对地方权利，机关对机关权利，阶级对阶级权利，乃至国对国权利，吾侪一切皆不能了解。既不能了解，而又艳羡此“时髦”学说谓他人所以致富强者在此，必欲采之以为我之装饰品。于是如邯郸学步，新未成而故已失。比年之蜩螗沸羹不可终日者岂不以此耶？我且勿论，彼欧美人固充分了解此观念，恃以为组织社会之骨干者也。然其社会所以优越于我者何在？吾侪苦未能发明，即彼都人士亦窃窃焉疑之，由孟子之言，则直是“交征利”“怀利以相接”“不夺不餍”“然而不王者，未之有也”。质而言之，权利观念，全由彼我对抗而生，与通彼我之“仁”的观念绝对不相容。而权利之为物，其本质含有无限的膨胀性，从无自认为满足之一日。诚有如孟子所谓：“万取千千取百而不餍”者，彼此扩张权利之结果，只有“争夺相杀谓之人患”（《礼运》）之一途而已。置社会组织于此观念之上而能久安，未之前闻。欧洲识者，或痛论彼都现代文明之将即灭亡，殆以此也。我儒家之言则曰：

> 能以礼让为国，夫何有？（《论语》）

此语入欧洲人脑中，其不能了解也或正与我之不了解权利同。彼欲以交争的精神建设彼之社会，我欲以交让的精神建设我之社会。彼笑我懦，我怜彼犷，既不相喻，亦各行其是而已。

孟子既绝对的排斥权利思想，故不独对个人为然，对国家亦然，其言曰：

> 我能为君辟土地，充府库，今之所谓良臣，古之所谓民贼也。……我能为君约与国，战必克，今之所谓良臣，古之所谓民贼也。……（《告子下》）

又曰：

> 争地以战，杀人盈野；争城以战，杀人盈城。此所谓率土地而食

人肉，罪不容于死。故善战者服上刑，连诸侯者次之，辟草莱任土地者次之。(《离娄上》)

由孟子观之，则今世国家所谓军政财政外交与夫富国的经济政策等等，皆罪恶而已。何也？孟子以为凡从权利观念出发者，皆罪恶之源泉也。惟其如是，故孟子所认定之政治事项，其范围甚狭。

滕文公问为国。孟子曰：民事不可缓也。(《滕文公上》)

民事奈何？从消极的方面说，先要不扰民。所谓：

不违农时，谷不可胜食也。数罟不入洿池，鱼鳖不可胜食也。斧斤以时入山林，材木不可胜用也。谷与鱼鳖不可胜食，材木不可胜用，是使民养生丧死无憾也。养生丧死无憾，王道之始也。(《梁惠王上》)

从积极的方面说，更要保民。保民奈何？孟子以为：

无恒产而有恒心者，惟士为能。若民则无恒产，因无恒心；苟无恒心，放辟邪侈，无不为矣。及陷乎罪，然后从而刑之，是罔民也。是故明君制民之产，必使仰足以事父母，俯足以畜妻子，乐岁终身饱，凶年免于死亡。然后驱而之善，故民之从之也轻。(《梁惠王上》)

政治目的，在提高国民人格，此儒家之最上信条也。孟子却看定人格之提高，不能离却物质的条件，最少亦要人人对于一身及家族之生活得确实保障，然后有道德可言。当时唯一之生产机关，自然是土地。孟子于是提出其生平最得意之土地公有的主张，即井田制度。其说则：

方里而井，井九百亩，其中为公田，八家皆私百亩，同养公田。(《滕文公上》)

五亩之宅，树之以桑，五十者可以衣帛矣。鸡豚狗彘之畜，无失其时，七十者可以食肉矣。百亩之田，勿夺其时，八口之家，可以无饥矣。(《梁惠王上》)

既已人人有田可耕，有宅可住，无忧饥寒，虽然：

饱食暖衣，逸居而无教，则近于禽兽。(《梁惠王上》)

于是：

设为庠序学校以教之。(《梁惠王上》)

使：

壮者以暇日，修其孝弟忠信。(《梁惠王上》)

在此种保育政策之下，其人民：

死徙无出乡，乡田同井，出入相友，守望相助，疾病相扶持，则百姓亲睦。(《梁惠王上》)

孟子所言井田之制，大略如是。此制，孟子虽云三代所有，然吾侪未敢具信。或远古习惯有近于此者，而儒家推演以完成之云尔，后儒解释此制之长处，谓“井田之义，一曰无泄地气，二曰无费一家，三曰同风俗，四曰合巧拙，五曰通财货”。

（《公羊传·宣十五》何注）此种农村互助的生活，实为儒家理想中最完善之社会组织。所谓“王者之民皞皞如也”。（《尽心上》）虽始终未能全部实行，然其精神深入人心，影响于我国国民性者实非细也。

由是观之，孟子言政治，殆不出国民生计、国民教育两者之范围。质言之，则舍民事外无国事也。故曰：

民为贵，社稷次之，君为轻。（《尽心下》）

政府施政，一以顺从民意为标准。

所欲，与之聚之；所恶，勿施尔也。（《离娄上》）

顺从民意奈何？曰：当局者以民意为进退：

左右皆曰贤，未可也；诸大夫皆曰贤，未可也；国人皆曰贤，然后察之，见贤焉，然后用之。左右皆曰不可，勿听；诸大夫皆曰不可，勿听；国人皆曰不可，然后察之，见不可焉，然后去之。（《梁惠王下》）

其施政有反于人民利益者，则责备之不稍容赦。其言曰：

杀人以梃与刃，有以异乎？曰：无以异也。以刃与政，有以异乎？曰：无以异也。曰：庖有肥肉，厩有肥马，民有饥色，野有饿莩。此率兽而食人也。兽相食，且人恶之，为民父母行政，不免于率兽而食人，恶在其为民父母也？（《梁惠王上》）

此等语调，不惟责备君主专制之政而已。今世欧美之中产阶级专制，劳农阶级专制，由孟子视之，皆所谓“杀人以政，不免于率兽而食人”者也。

儒家之教，虽主交让，然亦重正名。“欲为君，尽君道。”（《离娄下》）既不尽君道，则不能复谓之君。故：

齐宣王问曰：“汤放桀，武王伐纣，有诸？”孟子对曰：“于传有之。”曰：“臣弑其君可乎？”曰：“贼仁者，谓之贼，贼义者，谓之残，残贼之人，谓之一夫。闻诛一夫纣矣，未闻弑君也。”（《梁惠王上》）

儒家认革命为正当行为，故《易传》曰：“汤武革命，顺乎天而应乎人。”（《革·彖传》）孟子此言，即述彼意而畅发之耳。虽然，儒家所主张之革命，在为正义而革命，若夫为扩张一个人或一阶级之权利而革命，殊非儒家所许。何也？儒家固以权利观念为一切罪恶之源泉也。

孟子言仁政，言保民，今世学者汲欧美政论之流，或疑其奖励国民依赖根性，非知治本，吾以为此苛论也。孟子应时主之问，自当因其地位而责之以善。所谓“与父言慈，与子言孝”。不主张仁政，将主张虐政耶？不主张保民，将主张残民耶？且无政府则已，有政府，则其政府无论以何种分子何种形式组织，未有不宜以仁政保民为职志者也。然则孟子之言，何流弊之有？孟子言政，其所予政府权限并不大。消极的保护人民生计之安全，积极的导引人民道德之向上，曷尝于民政有所障耶？

其五——荀子

荀子与孟子，同为儒家大师，其政治论之归宿点全同，而出发点则小异。孟子信性善，故注重精神上之扩充。荀子信性恶，故注重物质上之调剂。荀子论社会起源，最为精审。其言曰：

水火有气而无生，草木有生而无知，禽兽有知而无义，人有生、有气、有知、亦且有义，故最为天下贵也。力不若牛，走不若马，而牛马为用何也？曰：人能群彼不能群也。人何以能群？曰：分。分何以能行？曰：义。故义以分则和，和则一，一则多力，多力则强，强则胜物。(《王制》)

此言人之所以贵于万物者，以其能组织社会。社会成立，则和而一，故能强有力以制服自然。社会何以能成立？在有分际。分际何以如此其重要？荀子曰：

万物同宇而异体，无宜而有用为人（王念孙曰："为"读曰于，古同声通用，言万物于人虽无一定之宜，而皆有用于人）数也。人伦并处，同求而异道，同欲而异知，生也，(王念孙曰：生读为性）皆有可也。知愚同，所可异也。知愚分，势同而知异。行私而无祸，纵欲而不穷，则民心奋而不可说也。……天下害生纵欲，欲恶同物，欲多而物寡，寡则必争矣。……离居不相待则穷，群而无分则争，穷者患也，争者祸也。救患除祸，莫若明分使群矣。(《富国》)

又曰：

礼起于何也？曰：人生而有欲，欲而不得则不能无求，求而无度量分界则不能不争，争则乱，乱则穷。先王恶其乱也，故制礼义以分之，以养人之欲，给人之求。使欲必不穷乎物，物必不屈于欲，两者相持而长。是礼之所起也。(《礼论》)

又曰：

分均则不偏（案：当作遍），势齐则不壹，众齐则不使……夫两贵之不能相事，两贱之不能相使，是天数也。势位齐而欲恶同，物不能澹（杨注云澹读为赡）则必争，争则必乱，乱则穷矣。先王恶其乱也，故制礼义以分之。使有贫富贵贱之等足以相兼临者，是养天下之本也。《书》曰："维齐非齐。"此之谓也。(《王制》)

此数章之文极重要，盖荀子政论全部之出发点。今分数层研究之。第一层，从纯物质方面说，人类不能离物质而生活，而物质不能为无限量的增加，故常不足以充餍人类之欲望。(欲多物寡，物不能赡)第二层，从人性方面说，孟子言"辞让之心人皆有之"。荀子正与相反，谓争夺之心，人皆有之。(纵欲而不穷，不能不争)第三层，从社会组织动机说，既不能不为社会的生活，(离居不相待则穷)然生活自由的相接触，争端必起。(群而无分则争)第四层，从社会组织理法说，惟有使各人在某种限度内为相当的享用，庶物质分配不至竭蹶。(以度量分界，养人之欲，给人之求)第五层，从社会组织实际说，承认社会不平等，(有贫富贵贱之等，维齐非齐)谓只能于不平等中求秩序，生活不能离开物质，理甚易明。孔子说富之教之，孟子说恒产恒心，未尝不见及此点。荀子从人性不能无欲说起，由欲有求，由求有争，因此不能不有度量分界以济其穷。剖析极为精审，而颇与唯物史观派之论调相近，盖彼生战国末受法家者流影响不少也。荀子不承认“欲望”是人类恶德，但以为要有一种“度量分界”，方不至以我个人过度的欲望，侵害别人分内的欲望。此种度量分界，名之曰礼。儒家之礼治主义，得荀子然后大成，亦至荀子而渐滋流弊，今更当一评骘之。《坊记》云：

礼者，因人之情而为之节文以为民坊者也。

“人之情”固不可拂，然漫无节制，流弊斯滋。故子游曰：

有直道而径行者，夷狄之道也。礼道则不然，人喜则斯陶，斯陶咏，咏斯犹（郑注：犹当为摇声之误也），犹斯舞，愠斯戚，戚斯叹，叹斯辟（郑注：辟拊心也），辟斯踊矣。品节斯，斯之谓礼。（《檀弓》）

礼者，因人之情欲而加以品节，使不至一纵而无极，实为陶养人格之一妙用。故孔子曰：“礼之用和为贵。”又曰：“恭而无礼则劳，慎而无礼则葸，勇而无礼则乱，直而无礼则绞。”通观《论语》所言礼，大率皆从精神修养方面立言，未尝以之为量度物质工具。荀子有感于人类物质欲望之不能无限制也，于是应用孔门所谓礼者以立其度量分界（此盖孔门弟子早有一派，非创自荀子，特荀子集其大成耳），其下礼之定义曰：

礼者，断长续短，损有余益不足，达爱敬之文，而滋成行文之美者也。（《礼论》）

“断长续短，损有余益不足”云者，明明从物质方面说，故曰：

人之情，食欲有刍豢，衣欲有文绣，行欲有舆马，又欲夫余财蓄积之富也。然而穷年累世不知不足（杨注云：当为不知足），是人之情也。今人之生也，方知蓄鸡狗猪彘，又畜牛羊，然而食不敢有酒肉。余刀布，有囷窌，然而衣不敢有丝帛。约者有筐箧之藏，然而行不敢有舆马。是何也？非不欲也，几不（王念孙谓此二字涉下文而衍）长虑顾后而恐无以继之故也。……今夫偷生浅知之属，曾此而不知也。粮食大侈，不顾其后，俄则屈安穷矣（杨注云：安，语助也，犹言屈然穷。案：荀子书中，安字或案字多作语助辞用）。是其所以不免于冻饿操瓢囊为沟壑中瘠者也。况（案：况当训譬）夫先王之道、仁义之统、诗书礼乐之分乎。彼固天下之大虑也，将为天下生民之属长虑顾后而保万世也……（《荣辱》）

荀子以为人类总不容纵物质上无壑之欲，个人有然，社会亦有然。政治家之责任，在将全社会物质之量，通盘筹算，使人人不至以目前“太侈”之享用，招将来之“屈穷”。所谓“欲必不穷乎物，物必不屈于欲”也。其专从分配问题言生计，正与孟子同，而所论比孟子尤切实而缜密。然则其分配之法如何？荀子曰：

夫贵为天子，富有天下，是人情之所同欲也。然则从人之欲，则势不能容，物不能赡也。故先王案为之制礼义以分之，使有贵贱之等，长幼之差，知愚、能不能之分，皆使人载其事而各得其宜，然后使悫（俞樾曰：悫当作穀声之误也）禄多少厚薄之称。……故或禄天下而不自以为多，或监门、御旅、抱关击柝而不自以为寡，故曰：斩（刘台拱曰：斩

读如儳。《说文》"儳儳，互不齐也"）而齐，枉而顺，不同而一。（《荣辱》）

荀子所谓度量分界：（一）贵贱，（二）贫富（《王制篇》所说），（三）长幼，（四）知愚，（五）能不能。以为人类身分、境遇、年龄、材质上万有不齐，各应于其不齐者以为物质上享用之差等，是谓"各得其宜"，是谓义。将此义演为公认共循之制度，是谓礼。荀子以为持此礼义以治天下，则：

以治情则利，以为名则荣，以群则和，以独则足。（《荣辱》）

是故孔子言礼专主"节"（《论语》所谓不以礼节之亦不可行），荀子言礼专主"分"。荀子以为只须将礼制定，教人"各安本分"，则在社会上相处，不至起争夺（以群则和），为个人计，亦可以知足少恼（以独则足）。彼承认人类天然不平等，而谓各还其不平等之分际，斯为真平等。故曰："维齐非齐。"然则荀子此说之价值何如？曰：长幼、知愚、能不能之差别，吾侪绝对承认之。至于贵贱贫富之差别，非先天所宜有，其理甚明。此差别从何而来？惜荀子未有以告吾侪。推荀子之意，自然谓以知愚、能不能作贵贱、贫富之标准。此说吾侪固认为合理，然此合理之标准何以能实现？惜荀子未能予吾侪以满意之保障也。以吾观之，孔子固亦主张差等，然其所谓差等者与后儒异。孔子注重"亲亲之杀"，即同情心随其环距之远近而有浓淡强弱，此为不可争之事实。故孔子因而利导之，若夫身分上之差等，此为封建制度下相沿之旧，孔子虽未尝竭力排斥，然固非以之为重。孔门中子夏一派，始专从此方面言差等。而荀子更扬其波，《礼论》篇中历陈天子应如何，诸侯应如何，大夫应如何，士应如何，庶人应如何。《戴记》中《礼器》《郊特牲》《玉藻》等篇，皆同此论调，断断于贵贱之礼数。其书出荀子前抑出其后，虽未能具断，要之皆荀子一派之所谓礼，与孔子盖有间矣。

荀子生战国末，时法家已成立，思想之互为影响者不少，故荀子所谓礼，与当时法家所谓法者，其性质实极相逼近。荀子曰：

礼岂不至矣哉。立隆以为极，而天下莫之能损益也……故绳墨诚陈矣，则不可欺以曲直；衡诚县矣，则不可欺以轻重；规矩诚设矣，则不可欺以方圆；诸子审于礼，则不可欺以诈伪。故绳者直之至，衡者平之至，规矩者方圆之至，礼者人道之极也。（《礼论》）

法家之言曰："有权衡者不可欺以轻重，有尺寸者不可差以长短，有法度者不可诬以诈伪。"（马总《意林》引《慎子》）两文语意若合符节，不过其功用一归诸礼一归诸法而已。究竟两说谁是耶？吾宁取法家。何也？如荀子说，纯以计较效率为出发点，既计效率，则用礼之效率不如用法，吾敢昌言也。法度严明，诈伪不售，吾能信之，谓"审礼则不可欺以诈"，则礼之名义为人所盗用，饰貌而无实者，吾侪可以触目而举证矣。故荀子之言，不彻底之言也。慎子又曰："一兔走，百人追之；积兔于市，过而不顾；非不欲兔，分定不可争也。"荀子之以分言礼，其立脚点正与此同。质言之，则将权力之争夺变为权利之认定而已。认定权利以立度量分界，洵为法治根本精神。揆诸孔子所谓"道之以德齐之以礼"者，恐未必然也。

复次，礼为合理的习惯，前既言之矣。欲使习惯常为合理的，非保持其弹力性不可；欲保持其弹力性，则不容有固定之条文。盖必使社会能外之顺应环

境，内之浚发时代心理，而随时产出“活的良习惯”，夫然后能合理。其机括在个性与个性相摩，而常有伟大人物，出其人格以为群众表率，群众相与风而习焉，反是则“众以为殃”，斯则所谓礼矣。《易传》曰：“通其变，使民不倦；神而化之，使民宜之。”惟“不倦”故“宜”。此礼之所以可尊也。荀派之言礼也不然，其说在“立隆以为极，而天下莫之能损益”。吾闻之孔子矣，“殷因于夏礼，所损益，可知也。周因于殷礼，所损益，可知也”。(《论语》) 未闻以莫能损益为礼之属性也。荀派所以以此言礼者，盖由当时法家者流，主张立固定之成文法以齐一其民，其说壁垒甚坚，治儒术者不得不提出一物焉与之对抗。于是以己宗夙所崇尚之礼充之，于是所谓“礼仪三百威仪三千”者，遂成为小儒占毕墨守之宝典，相互致谨于繁文缛节。“两戴记”所讨论之礼文，什九皆此类也。他宗非之曰：“累寿不能尽其学，当年不能究其礼。”(《墨子·非儒篇》) 岂不以是耶？吾侪所以不满于法治主义者，以其建设政治于“机械的人生观”之上也。如荀派之所言礼则其机械性与法家之法何择？以《大清通礼》比《大清律例》《大清会典》，吾未见《通礼》之弹力性能强于彼两书也，等是机械也。法恃国家制裁，其机械力能贯彻；礼恃社会制裁，其机械力不贯彻。故以荀派之礼与法家之法对抗，吾见其进退失据而已。要而论之，无论若何高度之文化，一成为结晶体，久之必僵腐而蕴毒。儒家所以不免有流弊为后世诟病者，则由荀派以“活的礼”变为“死的礼”使然也。虽然，凡荀子之言礼，仍壹归于化民成俗，与孔子提高人格之旨不戾。此其所以为儒也。

孔子常言君子，君子即指有伟大人格可以为群众表率者。如“君子笃于亲，则民兴于仁”，“君子之德，风；小人之德，草”等，皆当如是解。

儒家言礼，与乐相辅，二者皆陶养人格之主要工具焉。荀子言乐，精论最多，善推本于人情而通之于治道，其言曰：

> 夫乐者乐也，人情之所必不免也，故人不能无乐。乐则必发于声音，形于动静……形而不为道，则不能无乱；先王恶其乱也，故制雅颂之声以道之，使其声足以乐而不流，使其文足以辨而不諰，使其曲直、繁省、廉肉、节奏足以感动人之善心，使夫邪污之气无由得接焉……
>
> 凡奸声感人而逆气应之，逆气成象而乱生焉；正声感人而顺气应之，顺气成象而治生焉。……故乐行而志清……耳目聪明，血气和平，移风易俗，天下皆宁，美善相乐。故曰乐者乐也。君子乐得其道，小人乐得其欲……故乐者所以道乐也……乐行而民乡方矣。(《乐论》)

《荀子·乐论篇》与《小戴记》中之《乐记》，文义相同者甚多，疑《乐记》本诸荀子也。

此言音乐与政治之关系，可谓博深切明。“美善相乐”一语，实为儒家心目中最高的社会人格，社会能如是，则天下之平，其真犹运诸掌也。故儒家恒以教育与政治并为一谈，盖以为非教育则政治无从建立，既教育则政治自行所无事也。

孔子谓《韶》“尽美矣，又尽善也”，谓《武》“尽美矣，未尽善也”。美善合一，是孔子理想的人格。

中国思想史上的儒学统一时代

泰西之政治，常随学术思想为转移；中国之学术思想，常随政治为转移，此不可谓非学界之一缺点也。是故政界各国并立，则学界亦各派并立；政界共主一统，则学界亦宗师一统。当战国之末，虽有标新领异如锦如荼之学派，不数十年，摧灭以尽；岿然独存者，惟一儒术。而学术思想进步之迹，亦自兹凝滞矣。夫进化之与竞争相缘者也，竞争绝则进化亦将与之俱绝。中国政治之所以不进化，曰惟共主一统故；中国学术所以不进化，曰惟宗师一统故。而其运皆起于秦、汉之交。秦、汉之交，实中国数千年一大关键也。抑泰西学术，亦何尝不由分而合，由合而分，递衍递嬗；然其凝滞不若中国之甚者，彼其统一之也以自力，此其统一之也以他力。所谓自力者何？学者各出其所见，互相辩诘，互相折衷，竞争淘汰，优胜劣败。其最合于真理最适于民用者，则相率而从之。衷于至当，异论自熄。泰西近日学界所谓定义、公例者，皆自此来也。所谓他力者何？有居上位、握权力者，从其所好，而提倡之，而左右之。有所奖厉于此，则有所窒抑于彼，其出入者谓之邪说异端，谓之非圣无法。风行草偃，民遂移风。泰西中古时代之景教，及吾中国数千年之孔学，皆自此来也。由前之道，则学必日进；由后之道，则学必日退。征诸前事，有明验矣。故儒学统一者，非中国学界之幸，而实中国学界之大不幸也。今请先语其原因，次叙其历史，次条其派别，次论其结果。

其原因

儒学统一云者，他学销沈之义也。一兴一亡之间，其原因至赜至杂。约而论之，则有六端：

天下大乱，兵甲满地，学者之日月，皆销蚀于忧皇扰攘之中，无复余裕以从事学业。而霸者复肆其残忍凶悍之手段，草薙而禽狝之。苟非有过人之精神毅力，则不能抱持其所学，以立于此棼乱暗黑之世界。故经周末兼并之祸，重以秦皇焚坑一役，而前此之道术，若风扫落叶，空卷残云，实诸学摧残之总原因，儒学与他学共之者也。此其一。

破坏不可以久也，故受之以建设。而其所最不幸者，则建设之主动力，非由学者而由帝王也。帝王既私天下，则其所以保之者，莫亟于靖人心。事杂言庞，各是所是而非所非，此人心所以滋动也。于是乎靖之之术，莫若取学术思想而一之。故凡专制之世，必禁言论、思想之自由。秦、汉之交，为中国专制政体发达完备时代；然则其建设之者，不惟其分而惟其合，不喜其并立而喜其一尊，势使然也。此其二。

既贵一尊矣，然当时百家，莫不自思以易天下，何为不一于他而独一于孔？是亦有故。周末大家，足与孔并者，无逾老、墨。然墨氏主平等，大不利于专制；老氏主放任，亦不利于干涉：与霸者所持之术，固已异矣。惟孔学则严等差，贵秩序，而措而施之者，归结于君权；虽有大同之义，太平之制，而密勿微言，闻者盖寡；其所以干七十二君，授三千弟子者，大率上天下泽之大义，扶阳抑阴之庸言，于帝王驭民，最为适合，故霸者窃取而利用之以宰制天下。汉高在马上，取儒冠以资溲溺；及既定大业，则适鲁而以太牢祀矣。盖前此则孔学可以为之阻力，后此则孔学可以为之奥援也。此其三。

然则法家之言，其利于霸者更甚，何为而不用之？曰：法家之为利也显而骤，其流弊多；儒家之为利也隐而长，其流弊少。夫半开之民之易欺也，朝四暮三则众狙喜，且笞且饴则群儿服。故宋修《太平御览》以彀英雄，清开博学鸿词以戢反侧，盖逆取顺守，道莫良于此矣。孔学说忠孝，道中庸，与民言服从，与君言仁政，其道可久，其法易行；非如法家之有术易以兴、无术易以亡也。然则孔学所以独行，所谓教竞君择，适者生存，亦天演学公例所不可逃也。此其四。

以上诸端，皆由他动力者也。至其由自动力者，则亦有焉。盈虚消长，万物之公例也。以故极盛之余，每难为继。彼希腊学术，经亚里士多德后而渐衰；近世哲理，经康德后而稍微。此亦人事之无如何者矣。九流既茁，精华尽吐；再世以后，民族之思想力既倦，震于前此诸大师之学说，以为不复可加，不复可几及，故有因袭，无创作，有传受，无扩充，势使然矣。然诸家道术，大率皆得一察焉以自好，承于前者既希，其传于后也亦自不广。孔学则祖述尧、舜，宪章文、武，在先师虽有改制法后之精神，在后学可以抱残守缺为尽责。是故无赴汤蹈火之实力，则不能传墨学；无幽玄微妙之智慧，不足以传老学。至于儒术，则言训诂者可以自附焉，言校勘者可以自附焉，言典章制度者可以自附焉，言心性理气者可以自附焉。其取途也甚宽，而所待于创作力也甚少，所以诸统中绝，而惟此为昌也。此其五。

抑诸子之立教也，皆自欲以笔舌之力，开辟涂径，未尝有借助于时君之心。如墨学主于锄强扶弱，势力愈盛者，则其仇之愈至；老学则刍狗万物，轻世肆志，往往玩弄王侯，以鸣得意。然则彼其学，非直霸者不取之，抑先自绝也。孔学不然，以用世为目的，以格君为手段。故孔子及身，周游列国，高足弟子，友交诸侯；为东周而必思用我，行仁术而必藉王齐。盖儒学者，实与帝王相依附而不可离者也。故陈涉起而孔鲋往，刘季兴而叔孙从，恭顺有加，强聒不舍，捷足先得，谁曰不宜？此其六。

其历史

具彼六因，儒学所以视他学占优胜者，其故可知矣。虽然，其发达亦非一朝一夕之故。请略叙之。

（一）萌芽时代。当孔子之在世，其学未见重于时君也。及魏文侯，受经子夏，继以段干木、田子方，于是儒教始大于西河。文侯初置博士官，实为以国力推行孔学之始。儒教第一功臣，舍斯人无属矣。其次者为秦始皇。始皇焚坑之虐，后人以为敌孔教，实非然也。始皇所焚者，不过民间之书，百家之语；所坑者，不过咸阳诸生侯生、卢生等四十余人，未尝与儒教全体为仇也。岂惟不仇，且自私而自尊之。其焚书之令云：有欲学者，以吏为师。非禁民之学也，禁其于国立学校之外，有所私业而已。所谓吏者何？则博士是也。秦承魏制，置博士官，伏生、叔孙通、张苍，史皆称其故秦博士。盖始皇一天下，用李斯之策，固已知辨上下、定民志之道，莫善于儒教矣。然则学术统一与政治统一，同在一时，秦皇亦儒教之第二功臣也。汉高蚤年最恶儒，有儒冠者辄溲溺之，其吐弃也至矣。而郦食其、叔孙通、陆贾等，深自贬抑，包羞忍垢以从之。及天下既定，诸将争夺喧哗，引为深患。叔孙通乃缘附古制，为草朝仪，导之使知皇帝之贵，然后信孔学之真有利于人主。陆贾献《新语》，益知马上之不可以治天下。于是过鲁以太牢祠孔子，喟然兴学，以贻后昆。汉高实儒教之第三功臣也。

（二）交战时代。虽然，天下事非一蹴可几者。当汉之初，儒教以外，诸学派其焰未衰。墨也，老也，法也，皆当时与孔学争衡者也。其在墨家，游侠一派独盛，朱家、郭解之流，为一时士夫所崇拜。太史公曰：“儒以文乱法，而侠以武犯禁。”儒谓孔也，侠谓墨也。盖孔、墨两派，在当时社会，势力殆相埒焉。（秦汉时人常以仲尼、墨翟并称，或以儒墨、儒侠并称。南海先生所著《孔子改制考》尝汇钞之，得百余条。）其在道家，则汉初之时，殆夺孔席。盖公之教曹参，（史称曹参为齐悼惠王相，召诸儒百数，问安集百姓之道，言人人殊，莫知所从。闻胶西有盖公者，善黄、老言，请见之。盖公为言治道清静，则民自定。曹参大悦，师之。后相汉，日饮醇酒，与民休息，皆得力于道家言也。）黄生之事窦后，（《汉书·外戚传》云：“太后好黄帝、老子言。景帝及诸窦不得不读《老子》，尊其术。”按：窦后为文帝后，文帝即位之年即册立，而崩于武帝建元六年。此四十五年间，势倾外廷，天子、宰相莫敢逆。登高而呼，故道家言披靡朝野。史称老徒黄生与儒徒辕固生尝辨难于帝前。窦后怒，使辕固入圈刺豕，欲杀之。其束缚言论自由，可见一斑矣。）此倡之自上者也；淮南王之著《鸿烈》解，（高诱注《淮南子》云：天下方术之士多归淮南，于是苏飞、李尚、左吴、田由、雷被、毛被、伍被、晋昌等八人，及诸儒大山、小山之徒，讲论道德，总统仁义，以著此书。其旨近于《老子》，淡泊无为，蹈虚守静云云。）司马谈之《论六家要旨》，（《史记·太史公自序》，列其父谈所论六家要旨，谓儒、墨、阴阳、名、法、道各有所长，而归本于道家。班固讥史公“先黄老而后六经”，实则此乃谈之言，非迁之言也。）此演之自下者也。故当时儒学虽磅礴郁积于下，而有压之于上者，故未能得志焉。其在法家，则景帝时代，晁错用事，（史称错与雒阳宋孟、刘带同学申、商刑名之学于轵县张恢。然则张恢殆当时法家大师也。）权倾九卿，法令多所更定。而武帝虽重儒术，实好察察之明，任用桑弘羊辈，欲行李悝、商鞅之术以治天下，故儒、法并立，而相水火于朝廷。（《盐铁论》一书，实数千年争辩学术之第一大公案也。《盐铁论》，汉桓宽撰，乃叙述始元六年丞相、御史与所举贤良文学论辩盐铁均输之利害者也。两党各持一见，互相诘难，洋洋十数万言。以视英国议院争爱尔兰自治案、改正选举法案者，其论辩之激烈、持理之坚确，殆有过之无不及，实为中国学界、政界放一大异彩也。）由此观之，当儒学将定未定之际，与之争统者凡三家。就中随分为三小时期：第一期，为儒、墨之争。承战国“武士道”之余习，四公子（孟尝、平原、信陵、春申。）之遗风，犹赫赫印人耳目，故重然诺、锄强扶弱之美德，犹为一世所称羡，尚气之士，每不惜触禁网以赴之，而诋儒为柔巽者有焉矣。虽然，其道最不利于霸者，朝廷豪族，日芟而月锄之，文、景以降，殆萎绝矣。第二期，为儒、道之争。道家有君（如窦太后、文帝、景帝等。）相（如曹参、汲黯）等。以为之后援，故其势滋盛；而经数百年战争丧乱之后，与民休息，其道术固有适宜于当时之天择者，故气焰骤扬，而诋儒为虚伪繁缛者有焉矣。虽然，帝者之好

尚变，而其统之盛衰亦与俱变。第三期，为儒、法之争。儒、法两有利于世主，而法家之利显而近，儒家之利隐而长。景、武之时，急于功名，法语斯起，而诋儒为迂腐不切者有焉矣。然当时儒、法胜负之数，颇不在世主而在两造之自力。盖法家之有力者，不能善用其术，缘操切以致挫败；而儒家养百年来之潜势力，人才济济，颇能不畏强御以伸其主义，故朝、野两途，皆占全胜也。自兹以往，而儒学之基础始定。

（三）确立时代。自魏文侯以后，最有功于儒学者，不得不推汉武帝。然武帝当窦后未殁以前，不能实行所志。彼其第一次崇儒政策，以武帝之雄才大略主持于上，窦婴以太后之亲为丞相，田蚡以帝舅为太尉，赵绾为御史大夫，王臧为郎中令，皆推崇儒术，将迎申公于鲁，设明堂，制礼作乐，文致太平。然太后一怒，绾、臧下吏。婴、蚡罢斥，遂以蹉跌。卒至后崩，蚡复为相，董仲舒对策贤良，请表章六艺，罢黜百家，凡非在六艺之科者绝勿进。自兹以往，儒学之尊严，迥绝百流。遂乃兴学校，置博士，设明经射策之科。公孙弘徒以缘饰经术，起家布衣，封侯策相。二千年来国教之局，乃始定矣。

（四）变相时代。一尊既定，尊经逾笃，每行一事，必求合于六艺之文。哀、平之间，新都得政，因缘外戚，遂觊非常；然必附会经文，始足以箝盈廷之口。求诸古人，惟有周公可以附合，爰使刘歆制作伪经，随文窜入。力有不足，假借古书。古人削竹为篇，漆书其上，今之一卷，古可专本。其为工也多，故传书甚少；其转徙也艰，故受毁甚易；其为费也不资，故白屋之士不能得书者甚众。以此三者，故图书悉萃秘府。歆既亲典中书，任意抑扬，纵怀改窜，谓此石渠秘籍，非民间有也，人孰不从而信之？即不见信，又孰从而难之？况有君权，潜为驱督，于是鸿都太学，承用其书，奉为太师，视为家法。莒人灭鄫，吕种易嬴，自兹以往，而儒之为儒，又非孔子之旧矣。

（五）极盛时代。虽然，新歆之学，固未能遽以尽易天下也。而东汉百余年间，孔学之全盛，实达于极点。今请列西汉与东汉之比较：（一）西汉有异派之争，而东汉无有也；（西汉前半纪三小期之交战时代，不待言矣；即武帝别黑白、定一尊以后，亦尚有如汲黯之治黄老，桑弘羊、张汤之治刑法者。东汉则真绝矣。）（二）东汉帝者皆受经讲学，而西汉无有也；（明帝亲临辟雍，养三老五更。自章帝以下，史皆称其受经渊源。）（三）西汉传经之业，专在学官，而东汉则散诸民间也；（凡学权垄断于一处者，学必衰；散布诸民间者，学必盛。泰西古学复兴时代，学权由教会移于平民，遂开近代之治，其明证也。西汉非诣博士不得受业，虽有私授，而其传不广。东汉则讲学之风，盛于一时。史所载如刘昆弟子常五百余人；洼丹徒众数百人；杨伦讲授大泽中，弟子千余人；薛汉教授常数百人；杜抚弟子千余人；曹曾、魏应、宋登、丁恭皆弟子数千人，楼望九千余人；牟长门下著录万余人；蔡玄万六千人。诸如比者，不可枚举。）（四）西汉传经，仅凭口说，而东汉则著书极盛也。（西汉说经之书，惟有《春秋繁露》《韩诗外传》一二种，其余皆口授而已。东汉则除贾、马、许、郑、服、何诸大家，著述传世人人共见者不计外，其《儒林传》所载，如周防著四十万言，伏恭著二十万言，景鸾著五十万言，其余数万言者，尚指不胜屈。）故谓东京儒术之盛，上轶往轨，下绝来尘，非过言也。

其派别

竞争之例，与天演相终始。外竞既绝，内竞斯起；于群治有然，于学术亦有然。《韩非子·显学》篇，谓孔子卒后，儒分为八。顾汉代儒学虽极盛，而所谓八儒者，则渺不可睹。其条叶附萼，千差万别，又迥非初开宗时之情状矣。今欲言汉儒之派别，请先言汉以前之派别。

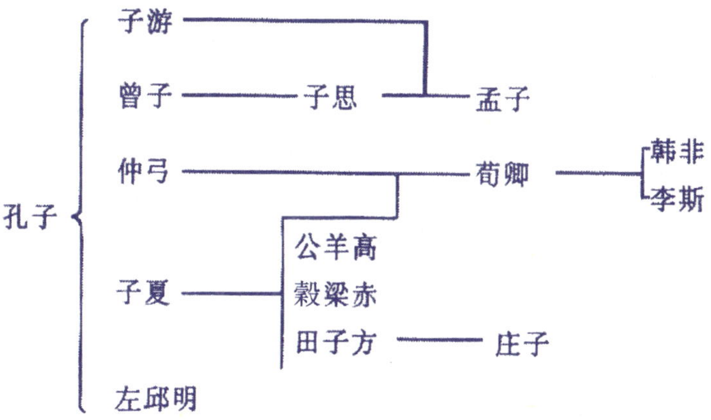

表例说明：

一、其流派不光大者不列。一、列子游于孟子派者，孟子言大同，而大同之说，本于《礼运》，《礼运》为子游所传。《荀子·非十二子》篇攻思、孟条下又云："以为仲尼、子游，为兹厚于后世。"故知孟子之学出于子游也。一、列仲弓于荀卿派者，《非十二子》篇以仲尼、子弓并称。《论语》言："雍也可使南面。"正荀子君权之学说所自出也。

孔子之学，本有微言、大义两派。微言亦谓之大同，大义亦谓之小康；大同亦谓之太平，小康亦谓之拨乱，谓之升平。拨乱、升平、太平，《春秋》谓之"三世"。三世之中，复各含三世，如太平之拨乱，太平之升平，太平之太平等是也。大义之学，荀卿传之；微言之学，孟子传之。至微言中最上乘，所谓太平之太平者，或颜氏之子其庶几乎，而惜其遗绪之湮没而不见也。庄生本南派巨子，而复北学于中国，含英咀华，所得独深，殆绍颜氏不传之统者哉！然其嗣续固不可以专属于孔氏。然则孔学在战国，则固已仅余孟、荀两家，最为光大。而二派者，孔子之时，便已参商；迨及末流，截然相反。孟子治《春秋》，荀子治《礼》；（《春秋》孔子所自作，明改制致太平之意者也；《礼》孔子所雅言，为寻常人说法者也。）孟子道性善，荀子言性恶；（两义皆孔子所有。言大同者必言性善，太平世当人人平等也；言小康者必言性恶，拨乱世当以贤治不肖也。故言性善者必言扩充，近于自由主义；言性恶者必言克治，近于督制主义。）孟子称尧舜，荀子法后王；（尧舜者，大同之代表也，《礼运》所谓"大道之行也，天下为公，选贤与能"等是也；后王者，禹、汤、文、武、成王、周公，小康之代表也，《礼运》所谓"三代之英"、所谓"六君子"也，所谓"天下为家，各亲其亲，各子其子，货力为己，大人世及以为礼，……礼义以为纪"等是也。）此其大端也。若其小节，更仆难终。孟子既殁，公孙丑、万章之徒，不克负荷，其道无传。荀子身虽不见用，而其弟子韩非、李斯等，大显于秦，秦人之政，壹宗非、斯。汉世六经家法，强半为荀子所传；（见汪容甫《述学》。）而传经诸老师，又多故秦博士。故自汉以后，名虽为昌明孔学，实则所传者，仅荀学一支派而已。此真孔学之大不幸也。（汉代学术在荀派以外者，惟《公羊春秋》耳。）

汉儒流派繁多，综其大别，可分两种：

（一）说经之儒。在昔书籍之流布不易，故欲学者皆凭口说，非师师相传，其学无由，故家法最重焉。今请将各经传授本师，列表如下：

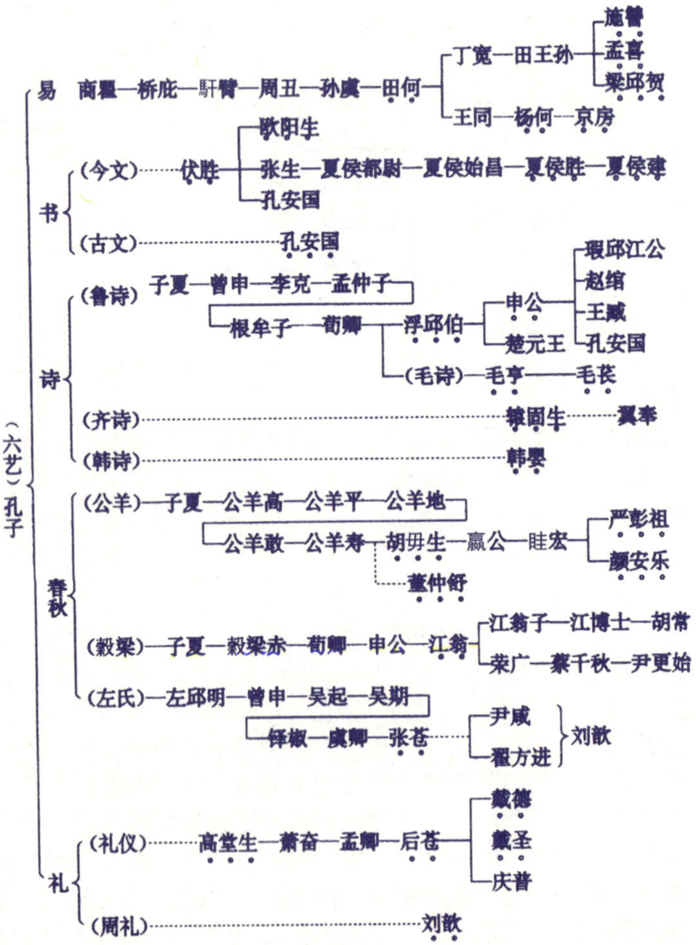

表例说明：

一、凡传授不断者，以——为识；传授不明者，以……为识。二、所表传授人，只据故书，其真伪非著者之责任。三、每经于汉初第一本师，下施“.”为识；立于学官者，下施“。”为识。

由此观之，《鲁诗》《毛诗》《穀梁春秋》《左氏春秋》，皆出自荀卿，传有明文；而伏生、辕固生、张苍，皆故秦博士；《礼经》传授，高堂生之前，虽不可考，然荀卿一书，皆崇礼由礼之言，“两戴记”又多采荀卿文字，则其必传自荀门，可以推见。若是乎，两汉经术，其为荀学者十而七八，昭昭然也。

论两汉经学学派，最当注意者，今古文之争是也。今文传自西汉之初，所谓“十四博士列于学官”者是也；古文兴于西汉之末，新莽篡国、刘歆校书时所晚出者也。今文虽不足以尽孔学，然犹不失为孔学一支流；古文则经乱贼伪师之改窜附托，其与孔子之意背而驰者，往往然矣。古文虽不盛于汉代，然汉末、魏、晋间，马融、郑玄、王肃之徒，大扬其波；逾六朝以及初唐，沏定《五经正义》，皆为古文学独占时代。盖自是而儒者所传习，不惟非孔学之旧，抑又非荀学之旧矣。今将汉代所立于学官者，列其今古文之派为一表（见下页）：

综而论之，两汉经师，可分四种：（其一）口说家。专务抱残守缺，传与其人，家法谨严，发明颇少。如田何、丁宽、伏生、欧阳生、申公、辕固生、胡毋生、江翁、高堂生等其人也。（其二）经世家。衍经术以言政治，所谓“以《禹贡》行水，以《洪范》察变，以《春秋》折狱，以三百五篇当谏书”。如贾谊、董仲舒、龚胜、萧望之、匡衡、刘向等其人也。（其三）灾异家。灾异之说何自起乎？孔子小康之义，势不得不以一国之权托诸君主。而又恐君主之权无限，而暴君益乘以为虐也，于是乎思所以制之。乃于《春秋》特著以元统天、以天统君之义，而群经亦往往三致意焉。其即位也，誓天而治；其崩薨也，称天而谥。是盖孔子所殚思焦虑，计无复之，而不得已出于此途者也。不然，以孔子之圣智，宁不知日蚀、彗见、地震、星孛、鹢退、石陨等地文之现象，动物之恒情，于人事上、政治上毫无关系也。而断断然视之若甚郑重焉者，毋亦以民权既未能兴，则政府之举动措置，既莫或监督之而匡纠之，使非于无形中有所以相慑，则民贼更何忌惮也。孔子盖深察夫据乱时代之人类，其宗教迷信之念甚强也，故利用之而申警之。若曰：“某某者天神震怒之象也，某某者地祇怨恫之征也，其必由人主之失德使然也。是不可不恐惧，是不可不修省。”夫人主者，无论何人，无论何时，夫安能无失德？则虽灾变日起，而无不可以附会。但使稍自爱者，能恐惧一二，修省一二，则生民之祸，其亦可以稍弭。此孔子言灾异之微意也。虽其术虚渺迂远，断不足以收匡正之实效，然用心盖良苦矣。江都最知此义，故其对天人策，三致意焉。汉初，大儒之言灾异，大率宗此旨也。及于末流，寝乖本谊，牵合附会，自惑惑人。如《书》则有《洪范五行》，《礼》则有《明堂阴阳》，《易》则京房之象数灾异，《诗》则翼奉之五际六情，（齐诗派。）至于《春秋》，又益甚焉。训至谶纬之学，支离诞妄，不可穷诘，骎骎竞起，以夺孔席，则两汉学者之罪也。（其四）训诂家。汉初大师之传经也，循其大体，玩经文，（见《汉书·艺文志》。）不为章句训故，举大义而已，见《汉书·儒林传》。故读一经通一经之义，明一义得一义之用。自莽、歆以后，提倡校勘诂释之学，逮东都之末，则贾、马、许、郑，益覃心于笺注，以破碎繁难相夸尚，于是学风又一变。近启有唐陆（德明）、孔（颖达）之渊源，远导近今段（玉裁）、王（引之）之嚆矢，买椟还珠，去圣愈远。盖两汉经学，虽称极盛，而一乱于灾异，再乱于训诂。灾异乱其义，训诂乱其言，至是益非孔学之旧，而斯道亦稍陵夷衰微矣。

（二）著书之儒。今所传汉代著述，除经注词赋外，其稍成一家言者，有若陆贾之《新语》，贾谊之《新书》，董仲舒之《春秋繁露》，司马迁之《史记》，

淮南王安之《淮南子》，桓宽之《盐铁论》，刘向之《说苑》《新序》，扬雄之《法言》《太玄》，王充之《论衡》，王符之《潜夫论》，仲长统之《昌言》，许慎之《说文解字》等，四百年中，寥寥数子而已。而《说文》不过字书，于学术思想全无关系。《盐铁论》专纪一议案，亦非可以列于作者之林。《新语》真赝未定，《新书》割缀所成，未足以概作者之学识。要之汉家一代著述，除《淮南子》外，皆儒家言也。而其有一论之价值者，惟董仲舒、司马迁、刘向、扬雄、王充、王符、仲长统七人而已。江都《繁露》，虽以说经为主，然其究天人相与之故，衍微言大义之传，实可为西汉学统之代表。《史记》千古之绝作也，不徒为我国开历史之先声而已，其寄意深远，其托义皆有所独见，而不徇于流俗。本纪之托始尧舜（五帝）也，世家之托始泰伯也，列传之托始伯夷也，皆贵其让国让天下，以诛夫民贼之视国土为一姓产业者也；陈涉而列诸世家也，项羽而列诸本纪也，尊革命之首功，不以成败论人也；孔子而列诸世家也，仲尼弟子而为列传也，尊教统也；《孟荀列传》而包含余子也，著两大师以明群学末流之离合也；老子、韩非同传，明道、

汉代群经立于学官者之宗派

- 易
  - 杨（何） 武帝时立
  - 施（雠） 宣帝时立
  - 孟（喜） 同上
  - 梁邱（贺） 同上
  - 京（房） 元帝时立
  - 《易》皆今文无古文
- 书
  - （今文）
    - 欧阳 武帝时立
    - 大夏侯（胜） 宣帝时立
    - 小夏侯（建） 同上
  - （古文）孔（安国） 平帝时立
- 诗
  - （今文）
    - 鲁（申公） 武帝时立
    - 齐（辕固） 同
    - 韩（婴） 同
  - （古文）毛（苌） 平帝时立
- 礼
  - （今文）
    - 后（苍） 武帝时立
    - 大戴（德） 宣帝时立
    - 小戴（圣） 同
  - （古文）
    - 逸礼 平帝时立
    - 周官 未得立
- 春秋
  - （今文）
    - 公羊 武帝时立
    - 穀梁 元帝时立
    - 严（彭祖） 东汉初立
    - 颜（安乐） 同
    - （严、颜）二家皆《公羊》支子出于胡毋生者也
  - （古文）左氏 平帝时立

法二家之关系也；游侠有传，刺客有传，厉尚武之精神也；龟策有传，日者有传，破宗教之迷信也；货殖有传，明生计学之切于人道也。故太史公诚汉代独一无二之大儒矣。彼其家学渊源，既已深邃，(《太史公自序》，称其父谈“学天官于唐都，受《易》于杨何，习道论于黄子”。）生于天下之中央，而足迹遍海内，(《自序》云：“迁生龙门，耕牧河山之阳。……二十而南游江、淮，上会稽，探禹穴，窥九疑，浮于沅、湘，北涉汶、泗，讲业齐、鲁之都……厄困鄱、薛、彭城，过梁、楚以归。于是仕为郎中，奉使西征巴、蜀以南，南略邛、笮、昆明，还报命。”盖今日版图，除两广、贵州、福建、甘肃五省外，史公足迹皆遍矣。）其于孔子之学，独得力于《春秋》，(《自序》称吾闻诸董生曰云云，盖史公于董子，必有渊源矣。《公羊传》屡引子司马子曰云云，吾友仁和夏曾佑，以为必史公也。）而南派、北东派、北西派之精华，皆能咀嚼而融化之。又世在史官，承胚胎时代种种旧思想，磅礴郁积，以入于一百三十篇之中，虽谓史公为上古学术思想之集大成可也。刘中垒粹然醇儒，然为当时阴阳五行说所困，不能自拔。《说苑》陈义至浅，殆无足云。扬子云新莽大夫，曲学阿世，著《太玄》以拟《易》，著《法言》以拟《论语》，是足以代表当时学者乏创作力，而惟存模拟性也。王仲任颇思为穷理察变之学，然学识不足以副之，摭其小而遗其大。吾友余杭章炳麟，以比希腊之烦琐哲学，斯为近矣。节信（王符）、公理（仲长统）虽文辞斐然，然止于政论，指摘当时末流之弊而已，于数千年学术思想界中，不足以占一席。若是乎两汉之以著述鸣者，惟江都、龙门二子，独有心得，为学界放一线光明而已。嗟乎！斯道之衰，一何至是。君子观于此而益叹言论自由、思想自由之不可以已如是其甚也！

其于说经著书之外，足以觇当时文明之迹者，则词赋为最优。而枚乘、司马相如、扬雄、班固等，其代表人也。而唐都、洛下闳之历数，张仲景之医方，（著《伤寒论》。）张衡之技巧，（制地动仪。）亦有足多者焉。

其结果

儒学统一之运，既至两汉而极盛，其结果则何如？试举荦荦大者论之。

一曰名节盛而风俗美也。儒学本有名教之目，故砥砺廉隅，崇尚名节，以是为一切公德私德之本。孝武表章六艺，师儒虽盛，而斯义未昌，故新莽居摄，颂德献符者遍天下。光武有鉴于此，故尊崇节义，敦厉名实，以“经明行修”四字，为进退士类之标准。故东汉二百年间，而孔子之所谓“儒行”者，渐渍社会，寖成风俗。至其末造，朝政昏浊，国事日非，而党锢之流，独行之辈，依仁蹈义，舍命不渝，风雨如晦，鸡鸣不已，让爵让产，史不绝书，或千里以急朋友之难，或连轸以犯时主之威。论者谓三代以下，风俗之美，莫尚于东京，非过言也。夫当时所谓“名节”者，其果人人出于真心与否，吾不敢言。虽然，孟德斯鸠不云乎：“立君之国，以名誉心为元气。”孔子之政治思想（专就其小康之统言），则正孟德斯鸠所谓“立君政体”也，故其所以维持之者，莫急于尚名。沿至东京，而儒效极矣。《南史》有云：“汉世士务修身，故忠孝成俗。至于乘轩服冕，非此莫由。”顾亭林亦云：“名之所在，上之所庸，而忠信廉洁者，显荣于世；名之所去，上之所摈，而怙侈贪得者，废锢于家。即不无一二矫伪之徒，犹愈于肆然而为利者。”又曰：“虽不能使天下之人以义为利，犹使之以名为利。”

名节者，实东汉儒教一最良之结果也。虽其始或为“以名为利”之一念所驱而非其本相乎；至其寖成风俗，则其欲利之第一性，或且为欲名之第二性所掩夺，而舍利取名者往往然矣。是孔学所以坊民之要具也。

二曰民志定而国小康也。孔子之论政，虽有所谓大同之世，太平之治，其所雅言者，总不出上大卜泽，君臣大防。故东汉承其学风，斯旨最畅。范蔚宗之论，以为“桓、灵之间，君道秕僻，朝纲日陵，国隙屡启。自中智以下，靡不审其崩离。而权强之臣，息其窥盗之谋；豪俊之夫，屈于鄙生之议。”（《后汉书·儒林传论》。）“所以倾而未颠，抑而未溃，岂非仁人君子心力之为乎？”（同，《左雄传论》。）诚哉其知言也，儒教之结果使然也。自兹以往，二千余年，以此义为国民教育之中心点。宋贤大扬其波，基础益定。凡缙绅上流，束身自好者，莫不兢兢焉。义理既入于人心，自能消其枭雄跋扈之气，束缚于名教以就范围。若汉之诸葛，唐之汾阳，近世之曾、左，皆食其赐者也。夫共和之治，既未可骤几，则与其乱臣贼子，继踵方轨，以暴易暴，诚不如戢其戾气，进之恭顺，而国本可以不屡摇，生民可以不涂炭。两汉以后所以弑逆之祸稍杀于春秋，而权臣日少一日者，儒教治标之功，不可诬也。

此其结果之良者也。若其不良者则亦有焉。

三曰民权狭而政本不立也。儒教之政治思想，有自相矛盾者一事，则君、民权限不分明是也。大抵先秦政论，有反对极端之两派：曰法家，曰道家。而儒实执其中。法家主干涉，道家主放任。惟干涉也，故君与民为强制之关系；惟放任也，故君与民为合意之关系。（即近于契约之关系。）惟强制关系也，故重等差；惟合意关系也，故贵平等。惟等差也，故压制暴威；惟平等也，故自由自治。此两者虽皆非政治之正轨，要之首尾相应，成一家言者也。儒家则不然。其施政手段，则干涉也；（保民、牧民，皆干涉政策之极轨也。）其君臣名分，则强制也；（所谓“君臣之义，无所逃于天地之间”。）其社会秩序，则等差也；（《中庸》“亲亲之杀，尊贤之等，礼所生也”。）惟其政治之目的，则以压制暴威为大戒。夫以压制暴威为大戒，岂非仁人君子之极则耶？而无如不揣其本而齐其末，道固未有能致者也。儒教之所最缺点者，在专为君说法，而不为民说法。其为君说法奈何？若曰：汝宜行仁政也，汝宜恤民隐也，汝宜顺民之所好恶也，汝宜采民之舆论以施庶政也。是固然也。若有君于此，而不行仁政，不恤民隐，不顺民之所好恶，不采民之舆论，则当由何道以使之不得不如是乎？此儒教所未明答之问题也。夫有权之人之好滥用其权也，犹虎狼之嗜人肉也。向虎狼谆谆说法，而劝其勿食人，此必不可得之数也。谓余不信，则试观二千年来，孔教极盛于中国，而历代君主，能服从孔子之明训，以行仁政而事民事者，几何人也？然则其道当若何？曰：不可不箝制之以民权。当其暴威之未行也，则有权以监督之；当其暴威之方行也，则有权以屏除之；当其暴威之既革也，且有权以永绝之。如是然后当权者有所惮、有所缚，而仁政之实乃得行。儒教不然，以犯上作乱为大戒，犹可言也；寖假而要君，亦为大不敬矣，犹可言也；寖假而庶人议政，亦为无道矣。（儒教亦多非常异义，如汤武革命、顺天应人之象，视民草芥、视君寇仇之义，闻诛一夫、未闻弑君之言，皆所以限制暴威之不二法门也。虽然，争权而必出于革命，惨矣，伤矣。且革命之后，复无所以限其君权者，前虎退而后狼进，是革之无已时，而国将何以立也！故徒杀一虎杀一狼，不可也，必求所以绝虎狼之迹者；即不能，亦必使虎狼不能食人。由前之说，则共和政体是也；由后之说，则立宪君主政体是也。欲成郅治，舍此何以哉！而惜乎儒者之有所顾忌而不敢昌言也。此所以虽有仁心，而二千年不能蒙其泽也。）是何异语人曰：吾已诫虎狼勿噬汝，汝但恭顺俯伏于其侧，虽犯汝而不可校也。虽曰小康时代，民智民力未充实，或有不能遽语于此者乎？虽然，其立言之偏，流弊之长，则虽加刀于我颈，我固不得为古人讳也。故儒家小康之言，其优于法家者仅一间耳。法家以为君也者有权利无义务，民也者有义务无权利；儒家（专指小康）以为君也者有权利有义务，民也者有义务无权利。其言君之有义务也，是其所以为优也。虽然，义务必期于实行。不然，则与无义务等耳。夫其所以能实行者何也？必赖对待者之权利以监督之。今民之权利，既怵于学说而不敢自有；则君之义务，其何附焉？此中国数千年政体，所以儒其名而法其实也。（吾非崇道家言。道家思想之乖谬而不完全更甚也。）故夫东京末叶，鸿都学生、郡国党锢诸君子，膏斧钺、实牢槛而不悔，往车虽折，而来轸益遒。以若此之民德，若此之士气，苟其加以权利思想，知要君之必非罪恶，而争政之实为本权，则中国议会之治，虽兴于彼时可也。徒以一间未达，仅以补衮阙为责任，以清君侧为旗帜，曾不能乘此实力，为百世开治平，以视希腊、罗马之先民，其又安能无愧也！呜呼！吾不敢议孔子，吾不能不罪荀卿焉矣。

四曰一尊定而进化沉滞也。进化与竞争相倚，此义近人多能言之矣。盖宇宙之事理，至繁赜也。必使各因其才，尽其优胜劣败之作用，然后能相引以俱上。若有一焉，独占势力，不循天则以强压其他者，则天演之神能息矣。故以政治论，使一政党独握国权，而他政党不许容喙；苟容喙者，加以戮逐，则国政未有能进者也。若是者谓之政治之专制。学说亦然。使一学说独握人人良心之权，而他学说不为社会所容，若是者谓之学说之专制。苟专制矣，无论其学说之不良也；即极良焉，而亦阻学问进步之路。此征诸古今万国之历史而皆然者也。儒教之在中国也，佛教之在印度及亚洲诸国也，耶教之在泰西也，皆曾受其病者也。但泰西则自四百年来，异论蜂起，举前此之缚轭而廓清之，于是乎有哲学与宗教之战，有科学与宗教之战。至于今日，而护耶教者自尊之如帝天，非耶教者自攻之如粪土。要之欧洲今日学术之昌明，为护耶教者之功耶？为攻耶教者之功耶？平心论之，两者皆与有力焉。而赫胥黎、斯宾塞之徒，尤倜乎远矣。而泰东诸国，则至今犹生息于一尊之下，此一切群治，所以瞠乎后也。吾之为此言，读者勿以为吾欲攻孔子以为耶氏先驱也。耶氏专制之毒，视中国殆十倍焉。吾孔子非自欲以其教专制天下也；末流失真，大势趋于如是，孔子不任咎也。若耶则诚以专制排外为独一法门矣。故罗马教会最全盛之时，正泰西历史最黑暗之日。吾岂其于今日，乃欲摭他人吐弃之唾余而引而亲之？但实有见夫吾中国学术思想之衰，实自儒学统一时代始。按之实迹而已然，证之公例而亦合，吾又安敢自枉其说也！吾更为读者赘一言：吾之此论，非攻儒教也，攻一尊也。一尊者，专制之别名也。苟为专制，无论出于谁氏，吾必尽吾力所及以拽倒之。吾自认吾之义务当然耳。若夫孔子，则固云"万物并育而不相害，道并行而不相悖"，孔子之恶一尊也亦甚矣。此乃孔子之所以为大所以为圣，而吾所顶礼赞叹而不能措者也。

或曰儒教太高尚而不能逮下，亦其结果不良之一端焉。盖当人智未盛之时，

祸福迷信之念，在所不免。顾儒教全不及此，使骙愚妇孺，无所依仰，夫以是而不得不出于他途。坐是之故，道家入之，释家入之，驯至衰了凡派所谓太上老君、文昌帝君者纷纷入之，未始非乘儒教之虚隙而进也。虽然，以祸福迷信之说牖民，虽非无利，而利或不胜其敝。吾中国国教之无此物，君子盖以此自喜焉。

阳明学派之余波及其修正

——黄梨洲　附：孙夏峰　李二曲　余姚王学家　李穆堂

凡一个有价值的学派，已经成立而且风行，断无骤然消灭之理，但到了末流，流弊当然相缘而生。继起的人，往往对于该学派内容有所修正，给他一种新生命，然后可以维持于不敝。王学在万历、天启间，几已与禅宗打成一片。东林领袖顾泾阳（宪成）、高景逸（攀龙）提倡格物，以救空谈之弊，算是第一次修正。刘蕺山（宗周）晚出，提倡慎独，以救放纵之弊，算是第二次修正。明清嬗代之际，王门下唯蕺山一派独盛，学风已渐趋健实。清初讲学大师，中州有孙夏峰，关中有李二曲，东南则黄梨洲。三人皆聚集生徒，开堂讲道，其形式与中晚明学者无别，所讲之学，大端皆宗阳明，而各有所修正。三先生在当时学界各占一部分势力，而梨洲影响于后来者尤大。梨洲为清代浙东学派之开创者，其派复衍为二。一为史学，二即王学。而稍晚起者有江右之李穆堂，则王学最后一健将也。今本讲以梨洲为中坚，先以夏峰、二曲，而浙东诸儒及穆堂附焉。清代阳明学之流风余韵，略具于是矣。

孙夏峰，名奇逢，字启泰，号钟元，直隶容城人，生明万历十二年（1584），卒清康熙十四年（1675），年九十二。他在清初诸儒中最为老辈。当顺治元年（1644）已经六十三岁了。他在明季以节侠闻。天启间魏阉窃柄，荼毒正人，左光斗、魏大中、周顺昌被诬下狱时，一般人多惧祸引避，夏峰与其友鹿伯顺（善继）倾身营救，义声动天下。此外替个人急难主持公道，替地方任事开发公益，所做的事很不少。崇祯九年，清师入关大掠，畿辅列城俱陷。他以一诸生督率昆弟亲戚，调和官绅，固守容城。清兵攻之不下而去。其后流寇遍地，人无安枕，他率领子弟门人入易州五公山避乱，远近闻风来依者甚众。他立很简单的规条互相约束，一面修饬武备抵抗寇难，一面从容讲学，养成很健全的风俗。在中国历史上，三国时代田子春以后，夏峰算是第二个人了。鼎革以后，他依旧家居讲学。未几，清廷将畿辅各地圈占，赏给旗员作采地。他的田园庐墓都被占去，举家避地南下。河南辉县之百泉山——即夏峰，亦名苏门山，为宋时邵康节所曾居。他因仰慕昔贤，暂流寓在那里。后来有一位马光裕，把自己的田分送给他，他便在夏峰躬耕终老。所以学者称为夏峰先生。他在明清两代被荐举十数次，屡蒙诏书特征，他始终不出。他八十一岁的时候（康熙三年），曾有人以文字狱相诬陷。他闻信，从容说道："天下事只论有愧无愧，不论有祸无祸。"即日投呈当局请对簿，后亦无事。他的祖父从阳明高弟邹东廓（守益）受学，他的挚友鹿伯顺又专服膺阳明，所以他的学问自然是得力于阳明者最深。但他并无异同门户之见，对于程、朱、陆、王，各道其长而不讳其短。门人有问晦翁、阳明得失者，他说：

门宗分裂（按：此四字疑有误），使人知反而求诸事物之际，晦翁之功也。然晦翁没而天下之实病不可不泄。词章繁兴，使人知反而求诸心性之中，阳明之功也。然阳明没而天下之虚病不可不补。（《夏峰语录》）

又说：

诸儒学问，皆有深造自得之处，故其生平各能了当一件大事。虽其间异同纷纭，辩论未已，我辈只宜平心探讨，各取其长，不必代他人争是非求胜负也。一有争是非求胜负之心，却于前人不相干，便是己私，便是浮气。此病关系殊不小。（同上）

他对于朱王两派之态度，大略如此。他并不是模棱调停。他确见得争辩之无谓，这是他独到之处。但他到底是王学出身，他很相信阳明所谓“朱子晚年定论”，所以他不觉得有大异同可争。

他不像晚明人空谈心性，他是很切实办事的人。观前文所述他生平行事，可见大概了。他很注重文献，著有《理学宗传》二十六卷，记述宋明学术流派；又有《畿辅人物考》《中州人物考》《两大案录》《甲申大难录》《孙文正公年谱》《苏门纪事》等书，皆有价值之史料。

他因为年寿长，资格老，人格又高尚，性情又诚挚，学问又平实，所以同时人没有不景仰他，门生子弟遍天下。遗老如申凫孟（涵光）、刘五公（余佑）……达官如汤孔伯（斌）、魏环极（象枢）、魏石生（裔介）……皆及门受业。乃至乡农贩竖，他都不吝教诲。许多人见他一面，听他几句话，便奋志向上做人。要之，夏峰是一位有肝胆、有气骨、有才略的人。晚年加以学养，越发形成他的人格之尊严，所以感化力极大，屹然成为北学重镇。

李二曲，名颙，字中孚，陕西盩厔人，生明天启六年（1627），卒清康熙四十四年（1705），年七十九。他是僻远省份绝无师承的一位穷学者。他父亲当兵，死于流寇之难。他幼年穷得没有饭吃，有人劝他母亲把他送到县里当衙役。他母亲不肯，一定要令他读书，几次送他上蒙馆，因为没有钱纳脩金，各塾师都不收他。后来好容易认识字，便借书来读，自动地把学问磨炼出来。他学成之后，曾一度到东南，无锡、江阴、靖江、武进、宜兴各处的学者，相争请他讲演。在陕境内，富平、华阴，都是他常常设讲之地。康熙初年，陕抚荐他“山林隐逸”，特诏征他，力辞才免。其后又征博学鸿儒，地方官强迫起行。他绝粒六日，最后拔刀自刎，才肯饶他。他觉得为虚名所累，从此把门反锁，除顾亭林来访偶一开门外，连子弟也不见面。康熙帝西巡，传旨地方官必要召见他。他叹道：这回真要逼死我了！以废疾坚辞，幸而免。他并不是矫情鸣高，但不肯在清朝做官，是他生平的志气。他四十岁以前，尝著《经世蠡测》《时务急策》《十三经纠缪》《廿一史纠缪》等书，晚年以为这是口耳之学，无当于身心，不复以示人，专以返躬实践、悔过自新为主。所著《四书反身录》，极切实，有益修养。他教学者入手方法，说要“先观象山、慈湖、阳明、白沙之书，以洞斯道大原”。但对于晚明王学家之专好谈玄，却认为不对。他说：

先觉倡道，皆随时补救，如人患病不同，投药亦异。晦庵之后，

堕于支离葛藤，故阳明出而救之以致良知，令人当下有得。及其久也，易至于谈本体而略工夫……今日吾人通病，在于昧义命，鲜羞恶。苟有大君子，志切拯救，惟宜力扶廉耻……（《二曲集》卷十《南行述》）

观此，他的讲学精神，大略可见了。他绝对不作性命理气等等哲理谈，一力从切身处逼拶，所以他的感化力入人甚深。他自己拔自疏微，所以他的学风，带有平民的色彩。著有《观感录》一篇，所述皆晚明真儒起自贱业者，内盐丁、樵夫、吏胥、窑匠、商贾、农夫、卖油佣、戍卒、网巾匠各一人（见《二曲集》卷二十二）。

总而论之，夏峰、二曲，都是极结实的王学家。他们倔强坚苦的人格，正孔子所谓“北方之强”。他们的创造力虽不及梨洲、亭林，却给当时学风以一种严肃的鞭辟。说他们是王学后劲，可以当之无愧。

现在要讲清代王学唯一之大师黄梨洲了。

梨洲名宗羲，字太冲，浙江余姚人，生明万历三十八年（1610），卒清康熙十六年（1695），年八十五。他是王阳明的同里后学。他的父亲忠端公（尊素）是东林名士，为魏阉所害。他少年便倜傥有奇气，常袖长锥，思复父仇。年十九，伏阙上书讼父冤。崇祯初元，魏阉伏诛，他声誉渐高，隐然为东林子弟领袖。然而他从此折节厉学。从刘蕺山游，所得日益深粹。崇祯十七年（1644），北京陷贼，福王立于南京，阉党阮大铖柄政，骤兴党狱，名捕蕺山及许多正人，他也在其列。他避难亡命日本，经长崎达江户。（全谢山谓梨洲尝偕冯跻仲乞师日本，误也。他到日本在跻仲前四年。）明年，福王走，南京复，他和钱忠介（肃乐）起义兵守浙江拒清师，号世忠营。失败后，遁入四明山寨，把余兵交给王完勋（翊），自己跟着鲁王在舟山，和张苍水（煌言）、冯跻仲（京第）等力图匡复，仍常潜行往来内地，有所布置，清廷极畏忌他。他晚年自述说道：

自北兵南下，悬书购余者二，名捕者一，守围城者一，以谋反告讦者三，绝气沙墠者一昼夜，其他连染逻哨所及无岁无之，可谓濒于十死者矣。（《南雷余集·怪说》）

读此可以知道他奔走国难所经历的艰苦何如了。明统既绝，他才绝意国事，奉母乡居，从事著述。其后设“证人讲会”于浙东，从游者日众。“证人”者，以蕺山所著书名其会也。康熙十七年（1678），诏征博学鸿儒，许多人要荐他，他的门生陈锡嘏说：“是将使先生为叠山九灵之杀身也！”乃止。未几，开明史馆，清廷必欲罗致他，下诏督抚以礼敦聘。他力辞不往。乃由督抚就他家中将他的著述关于史事者钞送馆中。又聘他的儿子百家、他的门生万斯同入馆备顾问。他晚年在他父亲墓旁自营生圹，中置石床，不用棺椁。子弟疑之，他作《葬制或问》一篇，援赵邠卿、陈希夷例，戒身后无得违命。他所以如此者，据全谢山说是“身遭国变，期于速朽”，但或者是他关于人生问题一种特别见解，也未可知。总之我们佩服梨洲，不仅在他的学问，而实在他的人格。学者若要稍为详细的知道，请读全谢山的《梨洲先生神道碑铭》。（《鲒埼亭集》卷十一）

梨洲的父亲被逮入狱时，告诉他一句话“学者最要紧是通知史事，可读《献征录》”。所以梨洲自少时即致力史学。他家里藏书本甚多，同乡钮氏世学楼、祁氏澹生堂、范氏天一阁的书，都到处借钞借读，所以他记诵极博，各门学问都有所探索。他少年便从刘蕺山受学，终身奉为依归，所以清初王学，不能不认他为嫡派。全谢山总论梨洲学术曰：

公谓："明人讲学，袭语录之糟粕，不以六经为根柢，束书而从事于游谈。"故受业者必先穷经。经术所以经世，方不为迂儒之学，故兼令读书史。又谓："读书不多，无以证斯理之变化，多而不求于心，则为俗学。"故凡受公之教者，不堕讲学之流弊。公以濂洛之统，综会诸家，横渠之礼教，康节之数学，东莱之文献，艮斋、止斋之经济，水心之文章，莫不旁推交通，连珠合璧，自来儒林所未有也。

陈悔庐（汝咸）说：

梨洲黄子之教人，颇泛滥诸家，然其意在乎博学详说以集其成。而其归穷于蕺山慎独之旨，乍听之似驳，而实未尝不醇。（全谢山《大理陈公神道碑铭》）

这两段话对于梨洲学风，说得最为明白。谢山虽极其崇拜梨洲，然亦不阿其所好。他说：

先生之不免余议者则有二：其一，则党人之习气未尽，盖少年即入社会，门户之见，深入而不可猝去。其二，则文人之习气未尽，不免以正谊明道之馀技，犹留连于枝叶。（《鲒埼亭集·答问〔南雷〕学术帖子》）

这段话把梨洲的短处，也说得公平。总之梨洲纯是一位过渡人物，他有清代学者的精神，却不脱明代学者的面目。

梨洲之学，自然是以阳明为根柢，但他对于阳明所谓"致良知"有一种新解释。他说：

阳明说"致良知于事事物物"。致字即是行字，以救空空穷理，只在"知"上讨个分晓之非。乃后之学者，测度想象，求见本体，只在知识上立家当，以为良知。则阳明何不仍穷理格物之训，而必欲自为一说耶？（《明儒学案》卷十《姚江学案》）

像他这样解释致良知——说致字即是行字，很有点像近世实验哲学的学风。你想认识路，只要往前行过，便自了然，关着门冥想路程，总是枉用功夫，所以他于对本体的测度想像，都认为无益。梨洲的见解如此，所以他一生无日不做事，无日不读书，独于静坐参悟一类功夫，绝不提倡。他这种解释. 是否适合阳明本意，另为一问题，总之和王门所传有点不同了。所以我说梨洲不是王学的革命家，也不是王学的承继人，他是王学的修正者。

梨洲有一部怪书，名曰《明夷待访录》。这部书是他的政治理想。从今日青年眼光看去，虽像平平无奇，但三百年前——卢骚《民约论》出世前之数十年，有这等议论，不能不算人类文化之一高贵产品。其开卷第一篇《原君》，从社会起原说起，先论君主之职务，次说道：

……后之为人君者不然。以为天下利害之权，皆出于我，我以天下之利尽归于己，天下之害尽归于人，亦无不可。使天下人，不敢自私，不敢自利，以我之大私为天下之大公，始而惭焉，久而安焉，视天下

为莫大之产业，传诸子孙，受享无穷。……此无他，古者以天下为主，君为客，凡君之所毕世而经营者，为天下也。今也以君为主，天下为客，凡天下之无地而得安宁者，为君也，是以其未得之也，屠毒天下之肝脑，离散天下之子女，以博我一人之产业，曾不惨然，曰：我固为子孙创业也。其既得之也，敲剥天下之骨髓，离散天下之子女，以奉我一人之淫乐，视为当然，曰：此我产业之花息也。然则为天下之大害者，君而已矣。……而小儒规规焉，以君臣之义无所逃于天地之间，至桀、纣之暴，犹以为汤、武不当诛之。……岂天下之大，于兆民万姓之中，独私其一人一姓乎！……

其《原法》篇云：

……后之人主，既得天下，唯恐其祚命之不长也，子孙之不能保有也，思患于未然以为之法。然则其所谓法者，一家之法，而非天下之法也。……法愈密，而天下之乱即生于法之中，所谓非法之法也。……夫非法之法，前王不胜其利欲之私以创之，后王或不胜其利欲之私以坏之。坏之者固足以害天下，其创之者亦未始非害天下者也。……论者谓有治人无治法，吾以谓有治法而后有治人。……

其《学校》篇说：

……必使治天下之具皆出于学校，而后设学校之意始备。……天子之所是未必是，天子之所非未必非。天子亦遂不敢自为非是，而公其非是于学校。……

像这类话，的确含有民主主义的精神——虽然很幼稚——对于三千年专制政治思想为极大胆的反抗。在三十年前，我们当学生时代，实为刺激青年最有力之兴奋剂。我自己的政治运动，可以说是受这部书的影响最早而最深。此外书中各篇，如《田制》《兵制》《财计》等，虽多半对当时立论，但亦有许多警拔之说。如主张迁都南京，主张变通推广“卫所屯田”之法，使民能耕而皆有田可耕，主张废止金银货币，此类议论，虽在今日或将来，依然有相当的价值。

梨洲学问影响后来最大者，在他的史学。现行的《明史》，大半是万季野稿本，而季野之史学，实传自梨洲。梨洲替季野作《历代史表序》，其末段云：

嗟乎！元之亡也，危素趋报恩寺，将入井中。僧大梓云：“国史非公莫知，公死是死国之史也。”素是以不死，后修《元史》，不闻素有一辞之赞。及明之亡，朝之任史事者众矣，顾独藉一草野之万季野以留之，不亦可慨也夫！（《南雷文约》卷四）

前明遗献，大率皆惓惓于国史。梨洲这段话，足见其感慨之深。他虽不应明史馆之聘，然馆员都是他的后学，每有疑难问题，都咨询他取决。《历志》则求他审正后才算定稿，《地理志》则大半采用他所著《今水经》原文，其余史料经他鉴别的甚多（全作《神道碑铭》，缕举多条。）他关于史学的著述，有重修《宋史》，未成书，有《明史案》二百四十卷，已佚；有《行朝录》八种：一、《隆武纪年》，二、《赣州失事记》，三、《绍武争立纪》，四、《鲁纪年》，五、《舟山兴废》，六、《日本乞师纪》，七、《四明山寨纪》，八、《永历纪年》。其余如《赐姓本末》（记郑成功事）《海外恸哭记》《思旧录》等，今尚存，都是南明极重要史料。而其在学术上千古不磨的功绩，尤在两部学案。

中国有完善的学术史，自梨洲之著学案始。《明儒学案》六十二卷，梨洲一手著成。《宋元学案》，则梨洲发凡起例，仅成十七卷而卒，经他的儿子耒史（名百家）及全谢山两次补续而成。所以欲知梨洲面目，当从《明儒学案》求之。

著学术史有四个必要的条件：第一，叙一个时代的学术，须把那时代重要各学派全数网罗，不可以爱憎为去取。第二，叙某家学说，须将其特点提挈出来，令读者有很明晰的观念。第三，要忠实传写各家真相，勿以主观上下其手。第四，要把各人的时代和他一生经历大概叙述，看出那人的全人格。梨洲的《明儒学案》，总算具备这四个条件。那书卷首有“发凡”八条，说：

> 此编所列，有一偏之见，有相反之论。学者于其不同处，正宜着眼理会。……以水济水，岂是学问！

他这书以阳明学派为中坚。因为当时时代精神焦点所在，应该如此。但他对于阳明以外各学派，各还他相当位置，并不抹杀，正合第一条件。他又说：

> 大凡学有宗旨，是其人之得力处，亦是学者之入门处。……讲学而无宗旨，即有嘉言，是无头绪之乱丝也。学者而不能得其人之宗旨，即读其书，亦犹张骞初至大夏，不能得月氏要领。……每见钞先儒语录者，荟撮数条，不知去取之意谓何。其人一生之精神未尝透露，如何见其学术？

我们读《明儒学案》，每读完一案，便觉得这个人的面目活现纸上。梨洲自己说“皆从各人全集纂要钩玄”，可见他用功甚苦。但我们所尤佩服者，在他有眼光能纂钩得出，这是合第二个条件。梨洲之前，有位周海门曾著《圣学宗传》一书，他的范围形式都和《明儒学案》差不多。梨洲批评他道：“是海门一人之宗旨，非各家之宗旨。”梨洲这部书，虽有许多地方自下批评，但他仅在批评里头表示梨洲自己意见，至于正文的叙述却极忠实，从不肯拿别人的话作自己注脚，这是合第三个条件。他在每案之前，各做一篇极翔实的小传，把这个人的时代、经历、师友渊源详细说明，令读者能把这个人的人格捉摸到手，这是合第四个条件。所以《明儒学案》这部书，我认为是极有价值的创作，将来做哲学史、科学史、文学史的人，对于他的组织虽有许多应改良之处，对于他的方法和精神是永远应采用的。

此外梨洲之重要著作，如《易学象数论》六卷，力辩河洛方位图说之非，为后来胡朏明（渭）《易图明辨》的先导。如《授书随笔》一卷，则阎百诗（若璩）问《尚书》而作此告之，实百诗《古文尚书疏证》的先导。这两部书都于清代经学极有关系。他又最喜历算之学，著有《授时历故》《大统历推法》《授时历假如》《西历、回回历假如》《勾股图说》《开方命算》《割圆八线解》《测圆要义》等书，皆在梅定九（文鼎）以前，多所发明。其遗文则有《南雷文定》，凡五集，晚年又自删定为《南雷文约》四卷，又尝辑明代三百年之文为《明文海》四百八十二卷，又续辑《宋文鉴》《元文钞》，皆未成。

他的兄弟宗炎，字晦木，倜傥权奇过梨洲，尝以奔走国事为清吏所捕，梨

洲集壮士以计篡取之。著有《忧患学易》一书，考证《太极图》出自道士陈抟，其书今佚。梨洲子耒史，能传家学，续辑学案，又从梅定九学算，有著书。

梨洲弟子最著者万充宗（斯大）、万季野（斯同）兄弟，别见次讲。

阳明、蕺山、梨洲，皆浙东人。所以王学入到清代，各处都渐渐衰息，惟浙东的流风余韵，还传衍得很长。阳明同县（余姚）人著籍弟子最显者，曰徐曰仁（爱）、钱绪山（德洪）。明清之交名其学者，则梨洲与沈求如（国模）。求如亲受业绪山，年辈在梨洲上，国变时已八十余岁了。他的学风和梨洲不同，全然属于周海门（汝登）一派，几与禅宗无异。梨洲少年时，曾极力和他抗辩。余姚之姚江书院，实求如所创。求如弟子最著者曰韩遗韩（孔当）、邵鲁公（曾可），相继主讲姚江书院。而梨洲则倡证人学会。故康熙初年浙东王学，略成沈、黄两派对峙的形势。鲁公之孙邵念（鲁廷）采受业韩孔当，又从梨洲学算。念鲁继主姚江讲座最久，两派始归于一。时清圣祖提倡程朱学，孙承泽、熊锡履辈揣摩风气，专以诋毁阳明为事，念鲁常侃侃与抗不稍慑，著有《阳明王子传》《蕺山刘子传》《王门弟子传》《刘门弟子传》《宋遗民所知录》《明遗民所知录》《姚江书院志略》《东南纪事》（记南明闽浙事）《西南纪事》（记南明滇桂事）《思复堂文集》等书。盖阳明同里后辈能昌其学者以念鲁为殿，其兼擅史学，则梨洲之教也。念鲁族孙二云（晋涵），为乾嘉间小学名家，亦邃于史。而鄞县全谢山（祖望）与二云最交亲，同为浙学后劲，下方更专篇论之。

阳明虽浙人，而在赣服官讲学最久，故当时门下以江右为最盛。其后中绝殆将百年了，及康熙末而有临川李穆堂（绂）出。（乾隆十五年卒，年七十八。）穆堂并未尝以讲学自居，然其气象俊伟，纯从王学得来。他历仕康、雍、乾三朝，内而卿贰，外而督抚，皆经屡任。他办事极风烈而又条理缜密，但赋性伉直，常触忤权贵。所以一生风波极多。暮年卒以锢废终，而其气不稍挫。全谢山所作《临川李公神道碑铭》说：

> 公以博闻强识之学，朝章国故，如肉贯串，抵掌而谈，如决溃堤而东注。不学之徒，已望风不敢前席，而公扬休山立，左顾右盼，千人皆废，未尝肯少接以温言。故不特同事者恶之，即班行中亦多畏之。尝有中州一巨公，自负能昌明朱子之学，一日谓公曰："陆氏之学，非不岸然，特返之吾心，兀兀多未安者，以是知其于圣人之道未合也。"公曰："君方总督仓场而进羡余，不知于心安否？是在陆门，五尺童子且唾之矣！"其人失色而去，终身不复与公接。……世方以闭眉合眼喔咿儒睨伺察庙堂意旨，随声附和为不传之秘，则公之道宜其所往辄穷也。（《鲒埼亭集》卷十七）

凡豪杰之士，往往反抗时代潮流，终身挫折而不悔，若一味揣摩风气，随人毁誉，还有什么学问的独立。明末王学全盛时，依附王学的人，我们很觉得可厌。清康、雍间，王学为众矢之的，有毅然以王学自任者，我们却不能不崇拜到极地。并非有意立异，实则个人品格，要在这种地方才看出来。清代"朱学者流"——所谓以名臣兼名儒者，从我们眼中看来，真是一文不值。据我个人的批评，敢说：清代理学家，陆王学派还有人物，程朱学派绝无人物。李穆堂却算是陆王派之最后一人了。他所著书有《穆堂类稿》五十卷，《续稿》五十卷，

《别稿》五十卷,《春秋一是》二十卷,《陆子学谱》二十卷,《阳明学录》若干卷。除《类稿》外今不传。

邵念鲁、全谢山结浙中王学之局，李穆堂结江右王学之局。这个伟大学派，自此以后，便仅成为历史上名词了。我因为讲黄梨洲，顺带着把王学讲个结束，已经将时代躐讲几十年了。以后仍请读者回转眼光，再看明末清初别个学派。

清代经学之建设

——顾亭林　阎百诗　附：胡朏明　万充宗

清儒的学问，若在学术史上还有相当价值，那么，经学就是他们唯一的生命。清儒的经学，和汉儒、宋儒都根本不同，是否算得一种好学问，另为一问题。他们这一学派学问，也离不了进化原则，经一百多年才渐渐完成。但讲到“筚路蓝缕”之功,不能不推顾亭林为第一。顾亭林说:“古今安得别有所谓理学者！经学即理学也。自有舍经学以言理学者，而邪说以起。”又说：“今日只当著书，不当讲学。”他这两段话，对于晚明学风，表出堂堂正正的革命态度，影响于此后二百年思想界者极大。所以论清学开山之祖，舍亭林没有第二个人。

亭林初名绛,国变后改名炎武,字曰宁人,学者称为亭林先生。江苏昆山人。生明万历四十一年（1613），卒清康熙二十一年（1682），年七十。他是一位世家子弟——江南有名的富户。他承祖父命出继堂叔为子。他的母亲王氏，十六岁未婚守节,抚育他成人。他相貌丑怪,瞳子中白而边黑；性情耿介,不谐于俗,惟与同里归元恭（庄）为友，时有归奇顾怪之目。他少年便留心经世之学，最喜欢钞书。遍览二十一史，明代十三朝实录，天下图经，前辈文编说部，以至公移邸钞之类,有关于民生利害者,分类录出,旁推互证。著《天下郡国利病书》,未成而国难作。清师下江南，亭林纠合同志起义兵守吴江。失败后，他的朋友死了好几位，他幸而逃脱。他母亲自从昆山城破之日起绝粒二十七日而死，遗命不许他事满洲。他本来是一位血性男子，受了母亲这场最后热烈激刺的教训，越发把全生涯的方向决定了。他初时只把母亲浅殡，立意要等北京恢复、崇祯帝奉安后，才举行葬礼。过了两年，觉得这种希望很杳茫，勉强把母先葬。然而这一段隐痛，永久藏在他心坎中，终身不能忘却。他后来弃家远游，到老不肯过一天安逸日子，就是为此。他葬母之后，隆武帝（唐王）在福建，遥授他职方司主事。他本要奔赴行在，但因为道路阻隔，去不成。他看定了东南的悍将惰卒，不足集事，且民气柔脆，地利亦不宜于进取，于是决计北游，想通观形势，阴结豪杰，以图光复。曾五谒孝陵（明太祖陵在南京），六谒思陵（明怀宗陵在直隶昌平）。其时他的家早已破了,但他善于理财,故一生羁旅,曾无困乏。每到一地，他为有注意价值者，便在那里垦田。垦好了，交给朋友或门生经理，他又往别处去。江北之淮安，山东之章丘，山西雁门之北、五台之东，都有他垦田遗迹。可见他绝对的不是一位书呆子，他所提倡穷经致用之学，并非纸上空谈。若论他生平志事，本来不是求田问舍的人。原有的家产尚且弃而不顾，他到处经营这些事业，弄些钱做什么用处？我们试想一想。他下半世的生涯，大半消磨在

旅行中。他旅行，照例用两匹马换着骑，两匹骡驮带应用书籍。到一险要地方，便找些老兵退卒，问长问短，倘或和平日所闻不合，便就近到茶房里打开书对勘。到晚年，乃定居陕西之华阴，他说：“秦人慕经学，重处士，持清议，实他邦所少。而华阴绾毂关河之口，虽足不出户，而能见天下之人，闻天下之事。一旦有警，入山守险，不过十里之遥。若志在四方，则一出关门，亦有建瓴之势。”可见他即住居一地，亦非漫无意义。他虽南人，下半世却全送在北方，到死也不肯回家。他本是性情极厚、守礼极严的君子。他父母坟墓，忍著几十年不祭扫。夫人死了，也只临风一哭。为何举动反常到如此田地？这个哑谜，只好让天下万世有心人胡猜罢了。他北游以前，曾有家中世仆，受里豪嗾使，告他“通海”。（当时与鲁王、唐王通者，谓之通海。）他亲自把那仆人抓住投下海去，因此闹一场大官司，几乎送命。康熙三年，他在京，山东忽然闹什么文字狱，牵连到他。他立刻亲到济南对簿，入狱半年。这是他一生经过的险难。比起黄梨洲，也算平稳多了。康熙十七年开博学鸿儒科，都中阔人，相争要罗致他。他令他的门生宣言：“刀绳具在，无速我死。”次年开明史馆，总裁叶方蔼又要特荐他。他给叶信说：“七十老翁何所求？正欠一死。若必相逼，则以身殉之矣。”清廷诸人，因此再不敢惹他。他的外甥徐乾学、徐元文，少时由他抚养提拔。后来他们做了阔官，要迎养他南归，他无论如何都不肯。他生平制行极严。有一次徐乾学兄弟请他吃饭，入座不久，便起还寓。乾学等请终席张灯送归，他作色道：“世间惟有淫奔、纳贿二者皆于夜行之，岂有正人君子而夜行者乎？”其方正类如此。

我生平最敬慕亭林先生为人，想用一篇短传传写他的面影，自愧才力薄弱，写不出来。但我深信他不但是经师，而且是人师。我以为现代青年，很应该用点功夫，多参阅些资料，以看出他的全人格。有志于是者，请读全谢山《鲒埼亭集·亭林先生神道碑铭》，《亭林文集》中卷三《与叶讱庵书》《答原一、公肃两甥书》，卷四《与人书》十余篇，又《与潘次耕书》，《亭林余集》《王硕人行状》《答潘次耕书》等篇。若更要详细一点，请读张石洲的《亭林先生年谱》。

亭林学术大纲，略见于他所作《与友人论学书》（《文集》卷三），其文曰：

> ……窃叹夫百余年以来之学者，往往言心言性，而茫乎不得其解也。命与仁，孔子之所罕言也；性与天道，子贡之所未得闻也；性命之理，著之《易传》，未尝数以语人。其答问士也，则曰“行己有耻”。其为学，则曰“好古敏求”。其与门弟子言，举尧、舜相传所谓危微精一之说一切不道，而但曰“允执其中，四海困穷，天禄永终”。呜呼！圣人之所以为学者，何其平易而可循也。……今之君子则不然，聚宾客门人之学者数十百人，“譬诸草木，区以别矣”，而一皆与之言心言性。舍多学而识，以求一贯之方，置四海之困穷不言，而终日讲危微精一之说，是必其道之高于孔子，而其门弟子之贤于子贡也，我弗敢知也。《孟子》一书，言心言性，亦谆谆矣。乃至万章、公孙丑、陈代、陈臻、周霄、彭更之所问，与孟子之所答者，常在乎出处、去就、辞受、取与之间。以伊尹之元圣，尧舜其君其民之盛德大功，而其本乃在乎千驷一介之不视不取。伯夷、伊尹之不同于孔子也，而其同者则以“行

一不义，杀一不辜，而得天下不为”。是故性也，命也，天也，孔子之所罕言，而今之君子之所恒言也。出处、去就、辞受、取与之辨，孔子、孟子之所恒言，而今之君子所罕言也……我弗敢知也。愚所谓圣人之道者如之何？曰“博学于文”，曰“行己有耻”。自一身以至于天下国家，皆学之事也；自子臣弟友以至于出入、往来、辞受、取与之间，皆有耻之事也。耻之于人大矣！不耻恶衣、恶食，而耻匹夫、匹妇之不被其泽。……呜呼！士而不先言耻，则为无本之人；非好古而多闻，则为空虚之学。以无本之人，而讲空虚之学，吾见其日从事于圣而去之弥远也。……

亭林学术之最大特色，在反对向内的、主观的学问，而提倡向外的、客观的学问。他说：

自宋以后，一二贤智之徒，病汉人训诂之学，得其粗迹，务矫之以归于内；而“达道”“达德”“九经”“三重”之事置之不论，此真所谓“告子未尝知义”者也。（《日知录》卷七《行吾敬故谓之内也》条）

又说：

孟子言：“学问之道无他，求其放心而已矣。”然则但求放心，遂可不必学问乎？与孔子言“以思无益不如学也”者，何其不同耶？……孟子之意，盖欲能求放心，然后可以学问。“使弈秋诲二人弈，其一人专心致志，惟弈秋之为听；一人虽听之，一心以为有鸿鹄将至。……”此放心而不知求也。然但知求放心，而未尝“穷中罫之方，悉雁行之势”，亦必不能从事于弈。（同上《求其放心》条）

亭林著作中，像这类的话很不少，以上所引，不过略举为例。要之清初大师，如夏峰、梨洲、二曲辈，纯为明学余波。如船山、舜水辈虽有反明学的倾向，而未有所新建设，或所建设未能影响社会。亭林一面指斥纯主观的王学不足为学问，一面指点出客观方面许多学问途径来。于是学界空气一变，二三百年间跟着他所带的路走去。亭林在清代学术史所以有特殊地位者在此。

亭林所标“行己有耻，博学于文”两语，一是做人的方法，一是做学问的方法。做人为什么专标“行己有耻”呢？因为宋明以来学者，动辄教人以明心见性，超凡入圣。及其末流，许多人滥唱高调，自欺欺人，而行检之间，反荡然无忌惮。晚明政治混浊，满人入关，从风而靡，皆由于此。亭林深痛之，所以说：

古之疑众者行伪而坚，今之疑众者行伪而脆。（《文集》卷十四《与人书》）

亭林以为人格不立，便讲一切学问都成废话，怎样才能保持人格？他以为，最忌的是圆滑，最要的是方严。他说：

读屈子《离骚》之篇，（原文云：“彼尧舜之耿介兮，固中道而得路；何桀纣之昌披兮，夫惟捷径以窘步。”）乃知尧舜所以行出乎人者，以其耿介也。同乎流俗，合乎污世，则不可以入尧舜之道矣。（《日知录》卷十三《耿介》条）

老氏之学所以异乎孔子者，“和其光、同其尘”，此所谓似是而非也。《卜居》《渔父》二篇尽之矣。非不知其言之可从也，而义有所不当为也。扬子云而知此义也，《反离骚》其可不作矣。寻其大指，“生斯世也，为斯世也，善斯可矣”，此其所以为莽大夫与？（同上《乡原》条）

亭林欲树人格的藩篱，简单直捷提出一个“耻”字。他说：

礼义廉耻，是谓四维。四维不张，国乃灭亡。……然而四者之中，耻为尤要。故夫子之论士曰：“行己有耻”；孟子曰：“人不可以无耻，无耻之耻，无耻矣。”又曰：“耻之于人大矣。为机变之巧者，无所用耻焉。”所以然者，人之不廉而至于悖礼犯义，其原皆生于无耻也。故士大夫之无耻，谓之国耻。（同上《廉耻》条）

亭林以为无耻之习中于人心，非闹到全个社会灭亡不止。他尝借魏晋间风俗立论，极沉痛地说道：

有亡国，有亡天下。亡国与亡天下奚辨？曰：易姓改号，谓之亡国。“仁义充塞，而至于率兽食人，人将相食”，谓之亡天下。……保国者，其君其臣，肉食者谋之。保天下者，匹夫之贱与有责焉耳矣。（同上《正始》条）

他确信改良社会，是学者的天职，所以要人人打叠自己，说道：

匹夫之心，天下人之心也。

又说：

松柏后凋于岁寒，鸡鸣不已于风雨。

他自己称述生平说：

某虽学问浅陋，而胸中磊磊，绝无阉然媚世之习。（《与人书》十一）

他教训他最亲爱的门生，没有多话，但说：

自今以往，当思“以中材而涉末流”之戒。（《文集》卷四《与潘次耕书》）

总而言之，亭林是教人竖起极坚强的意志抵抗恶社会。其下手方法，尤在用严正的规律来规律自己，最低限度，要个人不至与流俗同化；进一步，还要用个人心力改造社会。我们试读亭林著作，这种精神，几于无处不流露。他一生行谊，又实在能把这种理想人格实现。所以他的说话，虽没有什么精微玄妙，但那种独往独来的精神，能令几百年后后生小子如我辈者，尚且“顽夫廉，懦夫有立志”。

亭林教人做学问，专标“博学于文”一语。所谓“文”者，非辞章之谓。“文”之本训，指木之纹理，故凡事物之条理亦皆谓之“文”。古书“文”字皆作此解。亭林说：

自身而至于家国天下，制之为度数，发之为音容，莫非文也。品节斯，斯之谓礼。（《日知录》卷七《博学于文》条）

亭林专标“博学于文”，其目的在反对宋明学者以谈心说性为学。他解释《论语》道：“夫子之文章，无非夫子之言性与天道，”故曰“吾无隐乎尔，吾无行、而不与二三子者。”（《日知录》卷七《夫子之言性与天道》条）其意以为，所谓人生哲学（性），所谓宇宙原理（天道），都散寄于事物条理（文章）之中。我们做学问，最要紧是用客观工夫，讲求事物条理，愈详博愈好，这便是“博学于文”。若厌他琐碎，嫌他粗浅，而专用主观的冥想去求“性与天道”，那却失之远了。他说：“昔之清谈谈老庄，今之清谈谈孔孟。……不考百王之典，不综当代之务……以明心见性之空言，代修己治人之实学。”（同上）正指此辈。

然则他自己“博学于文”的方法怎么样呢？他虽没有详细指授我们，我们可以从他的传记和著述中约略看出些来。

书籍自然是学问主要的资料。亭林之好读书，盖其天性。潘次耕《日知录序》说：“先生精力绝人，无他嗜好，自少至老，未尝一日废书。”据他自己说，十一岁便读《资治通鉴》。（《文集》卷二《钞书自序》）他纂辑《天下郡国利病书》，从崇祯己卯起，凡阅书一千余部。（《文集》卷六《肇域志序》）崇祯己卯，他年才二十六耳，其少年之用力如此。潘次耕请刻《日知录》，他说：要“以临终绝笔为定。”（《文集》卷四《与次耕书》）其老年之用力如此。他说：“生平所见之友，以穷以老而遂至于衰颓者什居七八。赤豹……复书曰：‘老则息矣，能无倦哉！’此言非也。”“君子之学，死而后已。”（《文集》卷四《与人书六》）大概亭林自少至老，真无一日不在读书中。他旅行的时候极多，所计画事情尤不少，却并不因此废学。这种剧而不乱、老而不衰的精神，实在是他学问大成的主要条件。

亭林读书，并非专读古书。他最注意当时的记录，又不徒向书籍中讨生活，而最重实地调查。潘次耕说：“先生足迹半天下，所至交其贤豪长者，考其山川风俗疾苦利病，如指诸掌。”（《日知录序》）全谢山说：“先生所至，呼老兵逃卒，询其曲折，或与平日所闻不合，则即坊肆中发书而对勘之。”（《亭林先生神道碑铭》）可见亭林是最尊实验的人。试细读《日知录》中论制度论风俗各条，便可以看出他许多资料，非专从纸片上可得。就这一点论，后来的古典考证家，只算学得“半个亭林”罢了。

亭林所以能在清代学术界占最要位置，第一，在他做学问的方法，给后人许多模范；第二，在他所做学问的种类，替后人开出路来。

其做学问的方法，第一要看他搜集资料何等精勤。亭林是绝顶聪明人，谅来谁也要承认。但他做工夫却再笨没有了。他从小受祖父之教，说“著书不如钞书”。（《文集》卷二《钞书自序》）他毕生学问，都从钞书入手。换一方面看，也可说他“以钞书为著书”。如《天下郡国利病书》《肇域志》，全属钞撮未经泐定者，无论矣。若《日知录》，实他生平最得意之作。我们试留心细读，则发表他自己见解者，其实不过十之二三，钞录别人的话最少居十之七八。故可以说他主要的工作，在钞而不在著。

有人问：“这样做学问法，不是很容易吗？谁又不会钞？”哈哈！不然，不然。有人问他《日知录》又成几卷，他答道：

> 尝谓今人纂辑之书，正如今人之铸钱。古人采铜于山，今人则买旧钱，名之曰废铜，以充铸而已。所铸之钱既已粗恶，而又将古人传世之宝舂锉碎散，不存于后，岂不两失之乎？承问《日知录》又成几卷，

盖期之以废铜；而某自别来一载，早夜诵读，反复寻究，仅得十余条，然庶几采山之铜也。(《文集》卷四《与人书十》)

你说《日知录》这样的书容易做吗？他一年工夫才做得十几条。我们根据这种事实，可以知道，不独著书难，即钞也不容易了。须知凡用客观方法研究学问的人，最要紧是先彻底了解一事件之真相，然后下判断。能否得真相，全视所凭藉之资料如何。资料，从量的方面看，要求丰备；从质的方面看，要求确实。所以资料之搜罗和别择，实占全工作十分之七八。明白这个意思，便可以懂得亭林所谓采山之铜与铜之分别何如。他这段话对于治学方法之如何重要，也可以领会了。

亭林的《日知录》，后人多拿来比黄东发的《黄氏日钞》和王厚斋的《困学纪闻》。从表面看来，体例像是差不多，细按他的内容，却有大不同处。东发、厚斋之书，多半是单词片义的随手札记。《日知录》不然，每一条大率皆合数条或数十条之随手札记而始能成，非经过一番"长编"工夫，决不能得有定稿。试观卷九宗室、藩镇、宦官各条，卷十苏、松二府田赋之重条，卷十一黄金、银、铜各条，卷十二财用、俸禄、官树各条，卷二十八押字、邸报、酒禁、赌博各条，卷二十九骑、驿、海师、少林僧兵、徒戎各条，卷三十古今神祠条，卷三十一长城条，则他每撰成一条，事前要多少准备工夫，可以想见。所以每年仅能成十数条，即为此。不然，《日知录》每条短者数十字，最长亦不过一二千字，何至旬月才得一条呢？不但此也，《日知录》各条多相衔接，含有意义。例如卷十三周末风俗、秦纪会稽山刻石、两汉风俗、正始、宋世风俗、清议、名教、廉耻、流品、重厚、耿介、乡原之十二条，实前后照应，共明一义，剪裁组织，煞费苦心。其他各卷各条，类此者也不少。所以我觉得，拿阎百诗的《潜丘札记》，和《黄氏日钞》《困学纪闻》相比，还有点像。顾亭林的《日知录》，却与他们都不像。他们的随手札记，性质属于原料或粗制品，最多可以比棉纱或纺线。亭林精心结撰的《日知录》，确是一种精制品，是篝灯底下纤纤女手亲织出来的布。亭林作品的价值全在此。后来王伯申的《经传释词》《经义述闻》，陈兰甫的《东塾读书记》都是模仿这种工作。这种工作正是科学研究之第一步，无论做何种学问都该用他。

亭林对于著述家的道德问题，极为注意。他说："凡作书者，莫病乎其以前人之书改窜为自作也。"(《文集》卷二《钞书自序》)又说："晋以下人，则有以他人之书而窃为己作者，郭象《庄子注》，何法盛《晋中兴书》之类是也。若有明一代之人，其所著书，无非窃盗而已。"(《日知录》卷十八《窃书》条)又说："今代之人，但有薄行而无俊才，不能通作者之义，其盗窃所成之书，必不如元本，名为'钝贼'何辞。"(同上)他论著述的品格，谓"必古人所未及就，后世之所必不可无者，而后为之"。(《日知录》卷十九《著书之难》条)他做《日知录》成书后常常勘改，"或古人先我而有者，则削之"。(《日知录·自序》)然则虽自己所发明而与前人暗合者尚且不屑存，何况剽窃！学者必须有此志气，才配说创造哩。自亭林极力提倡此义，遂成为清代学者重要之信条，"偷书贼"不复能存立于学者社会中，于学风所关非细。

大学者有必要之态度二：一曰精慎，二曰虚心。亭林著作最能表现这种精神。他说："著述之家，最不利乎以未定之书传之于人。"（《文集》卷四《与潘次耕书》）又说："古人书如司马温公《资治通鉴》，马贵舆《文献通考》，皆以一生精力为之。……后人之书，愈多而愈舛漏，愈速而愈不传。所以然者，视成书太易而急于求名也。"（《日知录》卷十九《著书之难》条）潘次耕请刻《日知录》，他说要再待十年。其初刻（《日知录·自序》）云："旧刻此八卷，历今六七年。老而益进，始悔向日学之不博，见之不卓。……渐次增改……而犹未敢自以为定。……盖天下之理无穷，而君子之志于道也，不成章不达。故昔日之所得，不足以为矜；后日之所成，不容以自限。"（《文集》卷二）我常想，一个人要怎样才能老而不衰？觉得自己学问已经成就，那便衰了。常常看出"今是昨非"，便常常和初进学校的青年一样。亭林说："人之为学，不可自小，又不可自大。……自小，少也；自大，亦少也。"（《日知录》卷七《自视欿然》条）他的《日知录》，阎百诗驳正若干条，他一见便欣然采纳。（见赵执信所作欣墓志）他的《音学五书》，经张力臣改正一二百处。（见《文集》卷四《与潘次耕书》）他说："时人之言，亦不敢没君子之谦也，然后可以进于学。"（《日知录》卷二十《述古》条）这种态度，真永远可为学者模范了。

亭林的著述，若论专精完整，自然比不上后人。若论方面之多，气象规模之大，则乾嘉诸老，恐无人能出其右。要而论之，清代许多学术，都由亭林发其端，而后人衍其绪。今列举其所著书目而择其重要者稍下解释如下：

《日知录》三十二卷，是他生平最得意的著作。他说："平生之志与业，皆在其中。"（《文集》卷三《与友人论门人书》）

又说："有王者起，将以见诸行事，以跻斯世于治古之隆，而未敢为今人道也。"（《文集》卷四《与人书二十五》）

又说："意在拨乱涤污，法古用夏，启多闻于来学，待一治于后王。"（《文集》卷六《与杨雪臣书》）

读这些话，可以知道他著书宗旨了。《四库总目提要》叙列这部书的内容："前七卷皆论经义，八卷至十二卷皆论政事，十三卷论世风，十四、十五卷论礼制，十六、十七卷论科举，十八至二十一卷论艺文，二十二至二十四卷论名义，二十五卷论古事真妄，二十六卷论史法，二十七卷论注书，二十八卷论杂事，二十九卷论兵及外国事，三十卷论天象术数，三十一卷论地理，三十二卷杂考证。"大抵亭林所有学问心得，都在这书中见其梗概。每门类所说的话，都给后人开分科研究的途径。

《天下郡国利病书》一百卷，《肇域志》一百卷，这两部书都是少作。《利病书》自序云："……乱后多有散佚，亦或增补。而其书本不曾先定义例，又多往代之言，地势民风，与今不尽合，年老善忘，不能一一刊正。……"《肇域志》自序亦略同，据此知并非成书了。但这两部书愿力宏伟，规模博大。后来治掌故学、地理学者，多感受他的精神。

《音学五书》三十八卷。这书以五部组织而成：一、《古音表》三卷，二、《易音》三卷，三、《诗本音》十卷，四、《唐韵正》二十卷，五、《音论》三卷。他自己对于这部书很满意，说道："某自五十以后，于音学深有所得，为《五书》以

续三百篇以来久绝之传。”(《文集》卷四《与人书二十五》)清儒多嗜音韵学，而且研究成绩极优良，大半由亭林提倡出来。

《金石文字记》六卷。亭林笃嗜金石，所至搜辑碑版，写其文字，以成此书。他对于金石文例，也常常论及。清代金石学大昌，亦亭林为嚆矢。

此外著述，尚有《五经同异》三卷，《左传杜解补正》三卷，《九经误字》一卷，《五经考》一卷，《求古录》一卷，《韵补正》一卷，《二十一史年表》十卷，《历代宅京记》二十卷，《十九陵图志》六卷，《万岁山考》一卷，《昌平山水记》二卷，《岱岳记》八卷，《北平古今记》十卷，《建康古今记》十卷，《营平二州史事》六卷，《官田始末考》一卷，《京东考古录》一卷，《山东考古录》一卷，《顾氏谱系考》一卷，《谲觚》一卷，《茀录》十五卷，《救文格论》《诗律蒙古》《下学指南》各一卷，《当务书》六卷，《菰中随笔》三卷，《文集》六卷，《诗集》五卷。其书或存或佚今不具注。但观其目，可以见其影响于后此学术界者如何矣。

要之，亭林在清学界之特别位置，一曰开学风，排斥理气性命之玄谈，专从客观方面研察事务条理。二曰开治学方法，如勤搜资料、综合研究，如参验耳目闻见以求实证，如力戒雷同剿说，如虚心改订、不护前失之类皆是。三曰开学术门类，如参证经训史迹，如讲求音韵，如说述地理，如研精金石之类皆是。独有生平最注意的经世致用之学，后来因政治环境所压迫，竟没有传人。他的精神，一直到晚清才渐渐复活。至于他的感化力所以能历久常新者，不徒在其学术之渊粹，而尤在其人格之崇峻。我深盼研究亭林的人，勿将这一点轻轻看过。

附：亭林学友表

亭林既老寿，且足迹半天下，虽不讲学，然一时贤士大夫，乐从之游。观其所与交接者，而当时学者社会之面影略可睹焉。今钩稽本集，参以他书，造此表。其人无关学术者不录，弟子及后辈附见。

归　庄　字玄恭，昆山人，明诸生，国变后改名祚明。与亭林少同学，最相契，尝同举义于苏州。其卒，亭林哭以诗，极称其学。著有《归元恭文钞》。

万寿祺　字年少，徐州人，明孝廉，入清服僧服，易名慧寿，著有《隰西草堂集》。亭林早年游淮上与定交，有诗赠之。

路泽溥　字安卿，曲周人，尝拯亭林于难。亭林《广师篇》云：“险阻备尝，与时屈伸，吾不如路安卿。”

潘柽章　字力田，吴江人，次耕之兄。亭林早年挚友。长于史学，与吴赤溟合著《明史》，亭林以所储史料尽供给之。后死于湖州庄氏史狱。亭林哭以诗甚恸。所著书未成，今存者仅《国史考异》《松陵文献》两种。

吴　炎　字赤溟，吴江人，与潘力田同学同难，亭林哭之。

贾必选　字徙南，上元人，明孝廉，入清杜门，著书有《松荫堂学易》。《亭林诗集》有《贾仓部必选说易》一首。

王　潢　字元倬，上元人，有《南陔集》。亭林集中有赠诗。

任唐臣　字子良，掖县人。亭林从假吴才老《韵谱》读之，自此始治音韵学。

张尔岐　字稷若，号蒿庵，济南人。著有《仪礼郑注句读》十七卷。亭林为之序。清儒治礼学，自稷若始也。长亭林一岁，亭林长称之曰先生。《广师篇》云："独精三礼，卓然经师，吾不如张稷若。"《亭林集》中《与友人论学书》（见前），所与者即稷若也。稷若答书略云："《论学书》粹然儒者之言，特拈'博学''行己'二事，为学鹄，真足砭好高无实之病。……愚见又有欲质者：性命之理，夫子固未尝轻以示人，其所与门弟子详言而谆复者，何一非性命之显设散见者欤！苟于博学有耻，真实践履，自当因标见本，合散知总，心性天命将有不待言而庶几一遇者。故性命之理，腾说不可也，未始不可默喻；侈于人不可也，未始不可验诸己；强探力索于一日不可也，未始不可优裕渐渍以俟自悟。如谓于学人分上了无交涉，是将格尽天下之理，而反遗身以内之理也。……"盖稷若与亭林，不苟异亦不苟同如此。所著除《仪礼句读》外，尚有《蒿庵集》《蒿庵闲话》等。

徐　夜　字东痴，济南人。以诗名，举博学鸿词不就，与亭林有酬答诗。

马　骕　字宛斯，邹平人，著《绎史》百六十卷，专研古史，时人称为"马三代"。亭林极服其书，常与游郊外访碑。

刘孔怀　字果庵，长山人，精于考核，亭林游山东常主其家，与辨析疑义。著有《四书字征》《五经字征》《诗经辨韵》等书。

傅　山　字青主，阳曲人。亭林游山西主其家。《广师篇》云："萧然物外自得天机，吾不如傅青主。"著有《霜红龛集》。

李因笃　字子德，一字天生，洪洞人。康熙戊午征鸿博，授检讨，不就职。与亭林交最笃，尝徒步往济南急其难。后亭林垦荒雁门，卜居华阴，皆子德董其事。《亭林集》中与子德论学书最多。子德于经学、史学俱深粹，著有《受祺堂集》。

王宏撰　字无异，号山史，华阴人，明诸生。康熙戊午征鸿博，不赴。耆学好古，著有《易象图述》《山志》《砥斋集》等书。亭林常主其家，《广师篇》云："好学不倦，笃于朋友，吾不如王山史。"

李　颙　别见。二曲晚年反闭土室，惟亭林至乃启关相见。《广师篇》云："坚苦力学，无师而成，吾不如李中孚。"

申涵光　字凫孟，永平人。孙夏峰弟子，著有《聪山集》。亭林有赠答诗。

孙奇逢　别见。亭林曾亲至辉县访夏峰，有赠孙徵君诗。

朱彝尊　别见。亭林在关中始交竹垞，有赠答诗。《广师篇》云："文章尔雅，宅心和厚，吾不如朱锡鬯。"

屈大均　字翁山，番禺人。著有《翁山文外》。在关中交亭林，有赠答诗。

颜光敏　字修来，曲阜人。著有《乐圃集》。亭林下济南狱时，修来奔走最力。

张　弨　字力臣，山阳人。贫而耆古，喜集金石文字。亭林著《音学五书》，力臣任校刻。《广师篇》云："精心六书，信而好古，吾不如张力臣。"

王锡阐　别见。《广师篇》云："学究天人，确乎不拔，吾不如王寅旭。"集中有《赠王高士锡阐》诗。

吴志伊　字任臣，莆田人。著有《周礼大义》《礼通》《十国春秋》《山

海经广注》等书。《广师篇》云："博闻强记，群书之府，吾不如吴任臣。"

阎若璩　别见。百诗谒亭林于太原，出《日知录》相质，为改订若干条。

杨　瑀　字雪臣，武进人。著有《飞楼集》百二十卷。《广师篇》云："读书为己，探赜洞微，吾不如杨雪臣。"

钱澄之　原名秉镫，字饮光，桐城人。在明末声誉已高。福王立于南京，马、阮兴大狱捕清流，饮光与焉，后从永历帝入滇，间关九死。永历亡，易僧装终老。著有《田间易学》《田间诗学》《藏山阁稿》《田间集》《明末野史》等书。《亭林集》中有《赠钱编修秉镫》一诗。

戴廷栻　字枫仲，祁县人。博学好古，著有《半可集》。尝为亭林筑室于祁之南山，且藏书供众览。

戴　笠　初名鼎立，字耘野，吴江人。潘次耕之师。亭林有书与论学。

黄宗羲　别见。亭林六十四岁时，曾与梨洲通书，见梨洲所著《思旧录》中。但两人似始终未交晤。

汤　斌　字孔伯，号荆岘，相州人。孙夏峰弟子，在清为达官，谥文正。孔伯修《明史》，以书来问义例，亭林答之。

朱鹤龄　字长孺，吴江人。明诸生，入清不仕，著《毛诗通义》《尚书埤传》《春秋集说》等书。又注杜工部李义山诗。《亭林集》中有赠诗。

陈芳绩　字亮工，常熟人。父鼎和，为亭林友。亮工著有《历代地理沿革表》四十七卷。《亭林集》中有赠亮工诗数首。

潘　耒　字次耕，号稼堂，吴江人。力田之弟。遭家难，年甫数岁，易姓为吴，从母姓也。既壮，从亭林学于汾州。亭林视之犹子，集中与论学书最多。次耕，康熙戊午鸿博荐入翰林，与修《明史》，参订义例，分纂志传，用力最勤。亭林著述自《日知录》及《文集》其他多种，皆由次耕编定校刻。次耕又师事徐俟斋、戴耘野，皆经纪其后事，风义独绝。著有《遂初堂集》。

徐乾学　字原一，号健庵，昆山人。亭林外甥。官至刑部尚书，主修《大清一统志》。著有《读礼通考》《憺园集》。

徐元文　字公肃，号立斋，健庵之弟。官至大学士。尝主修《明史》。

说亭林是清代经学之建设者，因为他高标"经学即理学"这句话，成为清代经学家信仰之中心。其实亭林学问，决不限于经学，而后此之经学，也不见得是直衍亭林之传。其纯以经学名家，而且于后来经学家学风直接有关系者，或者要推阎百诗，其次则胡朏明和万充宗。

阎百诗，名若璩，别号潜丘居士，山西太原人，寄籍江苏之山阳，生明崇祯九年（1636），卒清康熙四十三年（1704），年六十九。他的父亲名修龄，号牛叟，本淮南盐商，但很风雅，也可算一位名士或一位遗老。百诗人格之峻整，远不如亭林，生平行谊，除学者日常生活外，无特别可记。康熙十七年，他应博学鸿儒科，下第，很发牢骚。其后徐健庵（乾学）在洞庭山开局修《大清一统志》，聘他参与其事。他六十八岁的时候，清圣祖南巡，有人荐他，召见，赶不上，他很懊丧。时清世宗方在潜邸，颇收罗名士，把他请入京，他垂老冒病而往，不久便卒于京寓。其行历可记者仅如此。所著书曰《古文尚书疏证》八卷、《毛朱诗说》一卷、《四书释地》六卷、《潜丘札记》六卷、《孟子生卒年月考》一卷、《困学纪闻注》二十卷。

百诗仅有这点点成绩，为什么三百年来公认他是第一流学者呢？他的价值，全在一部《古文尚书疏证》。《尚书》在汉代，本有今、古文之争。伏生所传二十八篇，叫作“今文尚书”。别有十六篇，说是孔安国所传，叫作“古文尚书”。然而孔安国这十六篇，魏晋之间，久已没有人看见。到东晋，忽然有梅赜其人者，拿出一部《古文尚书》来，篇数却是比今文增多二十五篇，而且有孔安国做的全传——即全部的注。到初唐，陆德明据以作《经典释文》，孔颖达据以作《正义》。自此以后，治《尚书》者，都用梅赜本，一千余年，著为功令。中间虽有吴棫、朱熹、吴澄、梅鷟诸人稍稍怀疑，但都未敢昌言攻击。百诗著这部《古文尚书疏证》，才尽发其覆，引种种证据证明那二十五篇和孔传都是东晋人赝作。百诗从二十岁起就着手著这部书，此后四十年间，随时增订，直至临终还未完成。自这部书出版后，有毛西河（奇龄）著《古文尚书冤词》和他抗辩，在当时学术界为公开讨论之绝大问题，结果（阎）胜毛败。《四库提要》评阎书所谓“有据之言，先立于不可败也”。自兹以后，惠定宇（栋）之《古文尚书考》，段茂堂（玉裁）之《古文尚书撰异》等，皆衍阎绪，益加绵密，而伪古文一案，遂成定谳。最后光绪年间，虽有洪右臣（良品）续作冤词，然而没有人理他，成案到底不可翻了。

请问，区区二十篇书的真伪，虽辨明有何关系，值得如此张皇推许吗？答道，是大不然。这二十几篇书和别的书不同。二千余年来公认为神圣不可侵犯之宝典，上自皇帝经筵进讲，下至蒙馆课读，没有一天不背诵他。忽焉真赃实证，发现出全部是假造，你想，思想界该受如何的震动呢？学问之最大障碍物，莫过于盲目的信仰。凡信仰的对象，照例是不许人研究的。造物主到底有没有？耶稣基督到底是不是人？这些问题，基督教徒敢出诸口吗？何止不敢出诸口，连动一动念也不敢哩。若使做学问的都如此，那么，更无所谓问题，更无所谓研究，还有什么新学问发生呢？新学问发生之第一步，是要将信仰的对象一变为研究的对象。既成为研究的对象，则因问题引起问题，自然有无限的生发。中国人向来对于几部经书，完全在盲目信仰的状态之下。自《古文尚书疏证》出来，才知道这几件“传家宝”里头，也有些靠不住，非研究一研究不可。研究之路一开，便相引于无穷。自此以后，今文和古文的相对研究，六经和诸子的相对研究，乃至中国经典和外国经典相对研究，经典和“野人之语”的相对研究，都一层一层的开拓出来了。所以百诗的《古文尚书疏证》，不能不认为近三百年学术解放之第一功臣。

百诗为什么能有这种成绩呢？因为他的研究方法实有过人处。他的儿子说道：“府君读书，每于无字句处精思独得，而辩才锋颖，证据出入无方，当之者辄失据。常曰：‘读书不寻源头，虽得之，殊可危！’手一书至检数十书相证，侍侧者头目为眩，而府君精神涌溢，眼烂如电，一义未析，反复穷思，饥不食，渴不饮，寒不衣，热不扇，必得其解而后止。”（阎咏《左汾近稿·先府君行述》）他自己亦说：“古人之事，应无不可考者。纵无正文，亦隐在书缝中，要须细心人一搜出耳。”（《潜丘札记》卷六）戴东原亦说：“阎百诗善读书。百诗读一句书，能识其正面背面。”（段玉裁著《戴先生年谱》）大抵百诗学风，如老吏断狱，眼光

极尖锐，手段极严辣，然而判断必凭证据，证据往往在别人不注意处得来。《四库提要》赞美他说：“考证之学，未知或先。”（《古文尚书疏证》条下）百诗在清学界位置之高，以此。

《四库提要》又说：“若璩学问淹通，而负气求胜，与人辩论，往往杂以毒诟恶谑，与汪琬遂成雠衅，颇乖著书之体。”（《潜丘札记》条下）据他的著述和传记看来，这种毛病，实所不免，比顾亭林的虚心差得多了。又以著书体例论，如《古文尚书疏证》，本专研究一个问题，乃书中杂入许多信札日记之类，与全书宗旨无涉。如《四书释地》，标名释地，而所释许多溢出地理范围外，如《孟子生卒年月考》，考了一大堆，年月依然无着。诸如此类，不能不说他欠谨严。虽然，凡一个学派的初期作品，大率粗枝大叶，瑕类很多，正不必专责备百诗哩。

清初经师，阎、胡齐名。胡朏明，名渭，号东樵，浙江德清人，卒康熙五十三年（1714），年八十二。他行历更简单，不过一老诸生，曾和阎百诗、万季野、黄子鸿同参一统志局。晚年清圣祖南巡，献颂一篇，圣祖赐他“耆年笃学”四个大字。他一生事迹可记者仅此。他著书仅四种：一，《禹贡锥指》二十卷，附图四十七幅；二，《易图明辨》十卷；三，《洪范正论》五卷；四，《大学翼真》七卷。他的学风，不尚泛博，专就一个问题作窄而深的研究，开后人法门不少。几部书中，后人最推重的是《禹贡锥指》。这部书虽然有许多错处，但精勤搜讨，开后来研究地理沿革的专门学问。价值当然也不可磨灭。但依我看，东樵所给思想界最大影响，还是在他的《易图明辨》。《易图明辨》是专辨宋儒所传“太极”“先天”“后天”——即所谓“河图”“洛书”等种种矫诬之说。这些图是宋、元、明儒讲玄学的唯一武器，闹得人神昏眼乱，始终莫名其妙。但他们说是伏羲、文王传来的宝贝，谁也不敢看轻他，看不懂只好认自己笨拙罢了。明清之交，黄梨洲（宗羲）、晦木（宗炎）兄弟，始著专书辟其谬，东樵曾否见他们的书不可知，但他却用全副精力做十卷的书，专来解决这问题。他把这些图的娘家找出来，原来是华山道士陈抟弄的把戏，展转传到邵雍。又把娘家的娘家寻根究底，原来是误读谶纬等书加以穿凿附会造出来的。于是大家都知道这些都是旁门左道，和《易经》了无关系。我们生当今日，这些鬼话，久已没人过问，自然也不感觉这部书的重要。但须知三百年前，像周濂溪《太极图说》、朱子《易本义》一类书，其支配思想界的力量，和四书五经差不了多少。东樵这种廓清辞辟，真所谓“功不在禹下”哩。《洪范正论》的旨趣，也大略相同，专扫荡汉儒“五行灾异”之说，破除迷信。所以我说，东樵破坏之功，过于建设。他所以能在学术界占重要位置者，以此。

万充宗也是初期经学界一位重要人物。充宗名斯大，浙江鄞县人，康熙二十二年卒（1683），年五十一。父泰，字履安，黄梨洲老友。履安有八子，都以学问著名。充宗行六，最幼的是季野（斯同）。八兄弟皆从学梨洲，但都不大理会他的阳明学。季野称史学大师，而充宗以经学显。梨洲替充宗作墓志铭，述其治学方法曰：“充宗以为，非通诸经不能通一经，非悟传注之失则不能通经，非以经释经则亦无由悟传注之失。何谓通诸经以通一经？经文错互，有此略而彼详者，有此同而彼异者。因详以求其略，因异以求其同，学者所当致思也。何谓悟传注之失？学者入传注之重围，其于经也，无庸致 思；经既不思，则传注无失矣，若之何而悟之！何谓以经解经？世之信传注者过于信经，试拈二节为例（文繁不引）。……充宗会通各经，证坠辑缺，聚讼之议，涣然冰释，奉正朔以批闰位，百注遂无坚城。……”读这段话，充宗的经学怎样做法，可以概见了。充宗著书，有《学春秋随笔》十卷，《学礼质疑》二卷，《仪礼商》三卷，《礼记偶笺》三卷，《周官辨非》二卷。依我看，《周官辨非》价值最大。《周官》这部书，历代学者对他怀疑的很不少，著专书攻击而言言中肯者，实以此书为首。万氏兄弟皆讲风节，充宗尤刚毅。张苍水（煌言）就义，他亲自收葬，即此可想见其为人。可惜死得早了，若使他有顾、黄、阎、胡的年寿，他所贡献于学界怕不止此哩。

同时还有一位学者，不甚为人所称道而在学术史上实有相当位置者，曰姚立方。立方名际恒，一字首源，安徽休宁人，寄籍仁和，为诸生，（生卒年待考据《古文尚书疏证》知道，他比阎百诗小十一岁，但未知卒在何年）。毛西河《诗话》云：“亡兄为仁和广文，尝曰：‘仁和只一学者，犹是新安人。’谓姚际恒也。予尝作《何氏存心藏书序》，以似兄，兄曰：‘何氏所藏有几？不过如姚立方腹笥已耳。’……”据此则立方学问之博可以概见。立方五十岁着手注九经，阅十四年而成，名曰《九经通论》；又著《庸言录》，杂论经史、理学、诸子。这两部书，我都未得见，不知其内容如何？所见者只有他的《古今伪书考》。自《易经》的孔子十翼起，下至许多经注，许多子书，他都怀疑，真算一位“疑古的急先锋”了。他别有书十卷，专攻《伪古文尚书》。阎百诗说他“多超人意外”，喜欢极了，手钞许多，散入《疏证》各条下。（见《古文尚书疏证》卷八）我想，立方这个人奇怪极了，我希望将来有机会全读他的著作再下批评。

附：初期经学家表

清代经学，至惠定宇、戴东原而大成，前此只能算启蒙时代。除本讲及前后诸讲特举论列之诸家外，就忆想所及，表其姓名，其蹈袭明学绪余者不入。

黄宗炎　字晦木，余姚人，梨洲之弟。著有《忧患学易》一书，内分《周易象辞》十九卷，《寻门馀论》二卷，《图学辨惑》一卷，《图学辨惑》即辨先后天方圆等图也，又有《六书会通》，论小学。

张尔岐　见亭林学友表。

朱鹤龄　同上。

钱澄之　同上。

陈启源　字长发，吴江人，著《毛诗稽古编》三十卷。

冯　景　字山公，钱塘人。与阎若璩友，尝助其著《古文尚书疏证》。所著有《解春集》二十卷。卢文弨其外孙也。

臧　琳　字玉林，武进人，著《经义杂记》三十卷，《尚书集解》百二十卷。阎若璩极称其书，且谓为隐德君子。嘉庆间其玄孙庸始校刻其书。

清代两畸儒

——王船山　朱舜水

《中庸》说:“君子之道，暗然而日章。”南明有两位大师，在当时，在本地，一点声光也没有，然而在几百年后，或在外国，发生绝大影响。其人曰王船山，曰朱舜水。

船山,名夫之,字而农,一号薑斋,湖南衡阳人。因晚年隐居于湘西之石船山，学者称为船山先生。生明万历四十七年（1619），卒清康熙三十一年（1692），年七十四。他生在比较偏僻的湖南，除武昌、南昌、肇庆三个地方曾作短期流寓外，未曾到过别的都会。当时名士，除刘继庄（献廷）外，没有一个相识。又不开门讲学，所以连门生也没有。张献忠蹂躏湖南时候，他因为不肯从贼，几乎把命送掉。清师下湖南，他在衡山举义反抗。失败后走桂林，大学士瞿文忠（式耜）很敬重他，特荐于永历帝，授行人司行人。时永历帝驻肇庆，王化澄当国，纪纲大坏，独给谏金堡等五人志在振刷，不为群小所容，把他们下狱，行将杀害。船山奔告少傅严起恒，力救他们。化澄于是参起恒，船山亦三上疏参化澄。化澄恨极，誓要杀他，有降帅某救他，才免返桂林，依瞿（式耜）。因母病回衡阳。其后式耜殉节桂林，起恒也在南宁遇害。船山知事不可为，遂不复出。当时清廷严令剃发，不从者死。他誓死抵抗，转徙苗瑶山洞中，艰苦备尝。到处拾些破纸或烂帐簿之类充着稿纸。著书极多，二百年来几乎没有人知道，直至道光、咸丰间邓湘皋（显鹤）才搜集起来，编成一张书目。同治间曾沅圃（国荃）才刻成《船山遗书》，共七十七种二百五十卷。此外未刻及已佚的还不少。内中说经之书,关于《易经》者五种,(《周易内传》《周易大象解》《周易稗疏》《周易考异》《周易外传》) 关于《书经》者三种，(《书经稗疏》《尚书考异》《尚书引义》) 关于《诗经》者三种,(《诗经稗疏》《诗经考异》《诗广传》) 关于《礼记》者一种,(《礼记章句》) 关于《春秋》者四种,(《春秋稗疏》《春秋家说》《春秋世论》《续春秋左传博议》) 关于《四书》者五种,(《四书训义》《四书稗疏》《四书考异》《四书大全说》《四书详解》) 关于“小学”者一种,(《说文广义》)。其解释诸子之书,则有《老子衍》《庄子解》《庄子通》《吕览释》《淮南子注》。其解释宋儒书，则有《张子正蒙注》《近思录释》。其史评之书,则有《读通鉴论》《宋论》。其史料之书,则有《永历实录》。其杂著,则有《思问录内外篇》《俟解》《噩梦》《黄书》《识小录》《龙源夜话》等。此外诗文集、诗余、诗话及诗选、文选等又若干种。内中最特别的,有《相宗络索》及《三藏法师八十规矩论赞》之两种。研究法相宗的著述，晚唐来千余年，此为仅见了。邓湘皋既述其目,系以叙论曰:“先生生当鼎革,窃自维先世为明世臣,存亡与共,甲申后崎岖岭表,备尝险阻。既知事不可为,乃退而著书,窜伏祁、永、涟、邵山中，流离困苦，一岁数徙其处……故国之戚，生死不忘。……当是时，海内儒硕，北有容城，西有盩厔，东南则有昆山、余姚。先生刻苦似二曲，贞晦过夏峰，多闻博学，志节皎然，不愧顾、黄两先生。顾诸君子肥遯自甘，声名亦炳，虽隐逸之荐，鸿博之征，皆以死拒。而公卿交口，天子动容，其志易白，其书易行。先生窜身瑶峒，绝迹人间，席棘饴荼，声影不出林莽。门人故旧，又无一有气力者，为之推挽。殁后遗书散佚。后生小子，至不能举其名姓，可哀也已。”这段话可谓极肃括，极沉痛，读之可以想见船山为人了。

船山和亭林，都是王学反动所产生人物。但他们不但能破坏，而且能建设。拿今日的术语来讲，亭林建设方向近于“科学的”，船山建设方向近于“哲学的”。

西方哲家，前此惟高谈宇宙本体，后来渐渐觉得不辨知识之来源，则本体论等于瞎说，于是认识论和论理学，成为哲学主要之部分。船山哲学正从这个方向出发。他有《知性论》一篇，把这个问题提出，说道：

> 言性者皆曰吾知性也。折之曰性弗然也，犹将曰性胡弗然也，故必正告之曰：尔所言性者，非性也。今吾勿问其性，且问其知。知实而不知名，知名而不知实，皆不知也。……目击而遇之，有其成象，而不能为之名，如是者，于体非茫然也，而不给于用，无以名之，斯无以用之也；曾闻而识之，谓有名之必有实，而究不能得其实，如是者，执名以起用，而茫然于其体，虽有用，固异体之用，非其用也。夫二者则有辨矣。知实而不知名，弗求名焉，则用将终绌，问以审之，学以证之，思以反求之，则实在而终得乎名，体定而终伸其用。……知名而不知实，以为既知之矣，则终始于名而惝　以测其影，斯问而益疑，学而益僻，思而益甚其狂惑，以其名加诸迥异之体，枝辞日兴，愈离其本。……夫言性者，则皆有名之可执，有用之可见，而终不知何者之为性。盖不知，何如之为“知”，而以知名当之？……故可直折之曰：其所云性者非性，其所自谓知者非知。……（《薑斋文集》卷一）

然则他对于“知”的问题怎样解答呢？他排斥“唯觉主义”。他说：

> 见闻可以证于知已知之后，而知不因见闻而发。（《正蒙注》卷四上）

> 耳与声合，目与色合，皆心所翕辟之牖也。合，故相知；乃其所以合之故，则岂耳目声色之力哉！故舆薪过前，群言杂至，而非意所属，则见如不见，闻如不闻，其非耳目之受而即合，明矣。（同上）

前文所录《知性》篇言“知名不知实”之弊，其意谓向来学者所论争只在名词上，然而名词的来源，实不过见闻上一种习气。他说：

> 感于闻见，触名思义，不得谓之知能。……闻见习也，习所之知者有穷。（同上）

又说：

> 见闻所得者，象也。……知象者本心也，非识心者象也。存象于心而据之以为知，则其知者象而已；象化其心。而心唯有象，不可谓此为吾心之知也明矣。（同上）

“象化其心”怎么解呢？他说：

> 其所为信诸己者，或因习气，或守一先生之言，渐渍而据为亡心。（《俟解》）

他根据这种理论，断言“缘见闻而生之知非真知”（同上）。以为因此发生二蔽：其一，“流俗之徇欲者以见闻域其所知”；其二，则“释氏据见闻之所穷而遂谓无”。他因此排斥虚无主义，说道：

目所不见，非无色也；耳所不闻，非无声也；言所不通，非无义也；故曰："知之为知之，不知为不知。"知其有不知者存，则既知有之矣是知也。……（《思问录·内篇》）

他又从论理方面难虚无主义，说道：

言无者激于言有者而破除之也，就言有者之所谓有而谓无其有也，天下果何者而可谓之无哉？……言者必有所立，而后其说成。今使言者立一"无"于前，博求之上下四维、古今存亡而不可得穷矣。（同上）

他于是建设他的实有主义，说道：

无不可为体。人有立人之体，百姓日用而不知尔，虽无形迹而非无实。使其无也，则生理以何为体而得存耶？……（《正蒙注》卷三下）

他所认的实体是什么？就是人的心。他说：

过去，吾识也；未来，吾虑也；现在，吾思也。天地古今，以此而成，天下之亹亹，以此而生。（《思问录·内篇》）

他的本体论重要根据，大概在此。我们更看他的知识论和本体论怎么的结合。他所谓"真知"是："诚有而自喻，如暗中自指其口鼻，不待镜而悉"。（《正蒙注》卷四上）这种知，他名之曰"德性之知"。但他并不谓知限于此。他说：

因理而体其所以然，知以天也（超经验的）；事物至而以所闻所见者证之，知以人也（经验的）。通学识之知于德性之所喻而体用一源，则其明自诚而明也。（《正蒙注》卷三下）

又说：

谁知有其不知，而必因此（所知者）以致之（即大学致知之致），不迫于其所不知而索之。（《思问录·内篇》）

又说：

内者，心之神，外者，物之法象。法象非神不立，神非法象不显。多闻而择，多见而识，乃以启发其心思而令归于一，又非徒恃存神而置格物穷理之学也。（《正蒙注》卷四上）

欲知船山哲学的全系统，非把他的著作全部仔细紬绎后，不能见出。可惜，我未曾用这种苦功，而且这部小讲义中也难多讲。简单说：

一、他认"生理体"为实有。

二、认宇宙本体和生理体合一。

三、这个实体即人人能思虑之心。

四、这种实体论，建设在知识论的基础之上。其所以能成立者，因为有超出见闻习气的"真知"在。

五、见闻的"知"，也可以辅助"真知"，与之骈进。

依我很粗浅的窥测，船山哲学要点大略如此。若所测不甚错，那么，我敢说他是为宋明哲学辟一新路。因为知识本质、知识来源的审查，宋明人是没有注意到的。船山的知识论对不对，另一问题。他这种治哲学的方法，不能不说比前人健实许多了。他著作中有关于法相宗的书两种，或者他的思想受法相宗

一点儿影响，也未可知。

亭林极端的排斥哲理谈，最不喜讲“性与天道”。船山不然，一面极力提倡实行，一面常要研求最高原理。为什么如此呢？船山盖认为有不容已者。他说：

> 人之生也，君子而极乎圣，小人而极乎禽兽。苟不知所以生，不知所以死，则为善为恶，皆非性分之所固有，职分之所当为。下焉者何弗荡弃彝伦，以遂其苟且私利之欲。其稍有耻之心而厌焉者，则见为寄生两间，去来无准，恶为赘疣，善亦弁髦。生无所从，而名与善皆属沤瀑，以求异于逐而不返之顽鄙。乃其究也不可以终日，则又必佚出猖狂，为无缚无碍之邪说，终归于无忌惮。自非究吾之所始与其所终，神之所化，鬼之所归，效天下之正而不容不惧以终始，恶能释其惑而使信于学？……（《张子正蒙注·自序》）

船山之意以为，要解决人生问题，须先讲明人之所以生。若把这个问题囫囵躲过不讲，那么，人类生活之向上便无根据，无从鞭策起来。否则为不正当的讲法所误，致人生越发陷于不安定。船山所以不废哲理谈者，意盖在此。

船山虽喜言哲理，然而对于纯主观的玄谈，则大反对。他说：

> 经云“事有终始，知所先后，则近道矣”；递推其先，则曰“在格物，物格而后知至”。……盖尝论之。何以谓之德？行焉而得之谓也。何以谓之善？处焉而宜之谓也。不行胡得？不处胡宜？则君子之所谓知者，吾心喜怒哀乐之节，万物是非得失之几，诚明于心而不昧之谓耳。……今使绝物而始静焉，舍天下之恶而不取天下之善，堕其志，息其意，外其身，于是而洞洞焉，晃晃焉，若有一澄澈之境……庄周、瞿昙氏之所谓知，尽此矣。然而求之于身，身无当也；求之于天下，天下无当也。行焉而不得，处焉而不宜，则固然矣。于是曰：“吾将不行，奚不得？不处，奚不宜？”乃势不容已，而抑必与物接，则又洸洋自恣，未有不蹶而狂者也。……有儒之驳者起焉，有志于圣人之道，而惮至善之难止也……于是取《大学》之教，疾趋以附二氏之途，以其恍惚空明之见，名之曰：此明德也，此知也，此致良知而明明德也。体用一，知行合，善恶泯，介然有觉，颓然任之，而德明于天下矣。乃罗织朱子之过，而以穷理格物为其大罪。天下之畏难苟安以希冀不劳无所忌惮而坐致圣贤者，翕然起而从之。……（《大学衍补传》）

船山反对王学的根本理由大概如此，他所以想另创新哲学的理由亦在此。至于他的哲学全系统如何？我因为没有研究清楚，不敢多说。有志研究的人，请把他所著《正蒙注》《思问录·内篇》做中坚，再博看他别的著作，或者可以整理出来。

自将《船山遗书》刻成之后，一般社会所最欢迎的是他的《读通鉴论》和《宋论》。这两部自然不是船山第一等著作，但在史评一类书里头，可以说是最有价值的。他有他的一贯精神，借史事来发表；他有他的特别眼光，立论往往迥异流俗。所以这两部书可以说是有主义、有组织的书。若拿出来和吕东莱的《东莱博议》、张天如的《历代史论》等量齐观，那便错了。“攘夷排满”是里头主义之一种，所以给晚清青年的刺激极大。现在事过境迁，这类话倒觉无甚意义了。

船山本来不是考证学派，但他的经说，考核精详者也不少。邓湘皋说："当代经师，后先生而兴者无虑百十家，所言皆有根柢。然诸家所著，有据为新义，辄为先生所已言者，《四库总目》于《春秋稗疏》曾及之。以余所见，尤非一事，盖未见其书也。"湘皋这话很不错，越发可见船山学问规模之博大了。

船山学术，二百多年没有传人。到咸同间，罗罗山（泽南）像稍为得着一点。后来我的畏友谭壮飞（嗣同）研究得很深。我读船山书，都是壮飞教我。但船山的"复活"，只怕还在今日以后哩。

有一位大师，在本国几乎没有人知道，然而在外国发生莫大影响者，曰朱舜水。日本史家通行一句话，说"德川二百余年太平之治"。说到这句话，自然要联想到朱舜水。

舜水，名之瑜，字鲁屿，浙江余姚人。生明万历二十八年（1600），卒清康熙二十一年（1682），年八十三。他是王阳明、黄梨洲的胞同乡。他比梨洲长十一岁，比亭林长十四岁，他和亭林同一年死，仅迟三个月。最奇怪的，我们研究他的传记，知道他也曾和梨洲同在舟山一年，然而他们俩像未曾相识。其余东南学者，也并没有一位和他有来往。他的"深藏若虚"，可比船山还加几倍了。

崇祯十七年明亡时候，他已经四十五岁了。他早年便绝意仕进，那时不过一位贡生，并无官职。福王建号南京，马士英要罗致他，他不就，逃跑了。从南京失陷起，到永历被害止，十五年间，他时而跑日本，跑安南，跑暹罗，时而返国内，日日奔走国事。他曾和张苍水（煌言）在舟山共事，他曾入四明山助王完勋（翊）练寨兵，他曾和冯跻仲（京第）到日本乞师，他曾随郑延平（成功）入长江北伐。到最后百无可为，他因为抵死不肯剃发，只得亡命日本以终老。当时日本排斥外人，不许居住，有几位民间志士敬重他为人，设法破例留他住在长崎。住了七年，日本宰相德川光国，请他到东京，待以宾师之礼。光国亲受业为弟子。其余藩侯藩士，（日本当时纯为封建制，像我国春秋时代）请业的很多。舜水以极光明俊伟的人格，极平实淹贯的学问，极肫挚和蔼的感情，给日本全国人以莫大感化。德川二百年，日本整个变成儒教的国民，最大的动力实在舜水，后来德川光国著一部《大日本史》，专标"尊王一统"之义。五十年前，德川庆喜归政，废藩置县，成明治维新之大业，光国这部书功劳最多，而光国之学全受自舜水。所以舜水不特是德川朝的恩人，也是日本维新致强最有力的导师。

舜水并没有开门讲学，也没有著书。我们研究这个人，只靠他一部文集里头的信札和问答。他以羁旅穷困之身，能博邻国全国人的尊敬，全恃他人格的权威。他说："不佞生平，无有言而不能行者，无有行而不如其言者。"（《文集》卷九《答安东守约书》）又说："弟性直率，毫不犹人，不论大明、日本，唯独行其是而已，不问其有非之者也。"（《文集》卷十二《答小宅朱顺问》）又说："自流离丧乱以来，二十六七年矣，其濒于必死，大者十余。……是故青天白日，隐然若雷霆震惊于其上，至于风涛险巇，倾荡颠危，则坦然无疑，盖自信者素耳。"（《文集》卷十八《德始堂记》）又说："仆事事不如人，独于'富贵不能淫，贫贱不能移，威武不能屈。'似可无愧于古圣先贤万分之一。一身亲历之事，固与士子纸上空谈者异也。"（《文集》卷八《答小宅生顺书》）他是个德行纯粹而意志最坚强的人，

常常把整个人格毫无掩饰的表现出来与人共见。所以当时日本人对于他，“如七十子之服孔子”，殊非偶然。

他的学风，主张实践，排斥谈玄。他说：“先儒将现前道理，每每说向极微极妙处，固是精细工夫，然圣狂分于毫厘，未免使人惧。不佞举极难重事，一概都说到明明白白平平常常，似乎肤浅庸陋，然‘人人皆可为尧舜’之意也。……末世已不知圣人之道，而偶有问学之机，又与人辨析精微而逆折之，使智者诋为刍狗，而不肖者望若登天。……此岂引掖之意乎？”（《文集》卷九《答安东守约书》）又说：“颜渊问仁，孔子告以非礼勿视、听、言、动。夫视、听、言、动者，耳、目、口、体之常事；礼与非礼者，中智之衡量；而‘勿’者下学之持守。岂夫子不能说玄说妙言高言远哉！抑颜渊之才不能为玄为妙骛高骛远哉！……故知道之至极者，在此而不在彼也。”（《文集》卷十八《勿斋记》）舜水之教人者，大略如此。

这种学风，自然是王学的反动。所以他论阳明，许以豪杰之士，但谓其多却讲学一事。（《文集》卷六《答佐野回翁书》）不惟王学为然，他对于宋以来所谓“道学家”，皆有所不满。他说：“有良工能于棘端刻沐猴，此天下之巧匠也，然不佞得此，必诋之为砂砾。何也？工虽巧，无益于世用也。……宋儒辨析毫厘，终不曾做得一事，况又于其屋下架屋哉？”（《文集》卷九《与安东守约书》）

他论学问，以有实用为标准。所谓实用者，一曰有益于自己身心，二曰有益于社会。他说：“为学之道，在于近里着己，有益天下国家，不在掉弄虚脾，捕风捉影。……勿剽窃粉饰自号于人曰‘我儒者也’。处之危疑而弗能决，投之艰大而弗能胜，岂儒者哉？”（《文集》卷十《答奥村庸礼书》）他所谓学问如此，然则不独宋明道学，即清儒之考证学，也非他所许，可以推见了。

舜水娴习艺事，有巧思。“尝为德川光国作《学宫图说》。图成，模之以木，大居其三十分之一，栋梁枅椽，莫不悉备。而殿堂结构之法，梓人所不能通晓者，舜水亲指授之，及度量分寸，凑离机巧，教喻缜密，经岁乃毕。光国欲作石桥，舜水授梓人制度，梓人自愧其能之不及。此外，器物衣冠，由舜水绘图教制者甚多”。（据今井弘济、安积觉合撰《舜水先生行实》）我们因这些事实，可以见舜水不独为日本精神文明界之大恩人，即物质方面，所给他们的益处也不少了。

总而言之，舜水之学和亭林、习斋皆有点相近。博学于文功夫，不如亭林，而守约易简或过之；摧陷廓清之功不如习斋，而气象比习斋博大。舜水之学不行于中国，是中国的不幸，然而行于日本，也算人类之幸了。

夏峰、梨洲、亭林、船山、舜水这些大师，都是才气极倜傥而意志极坚强的人。舜水尤为伉烈。他反抗满洲的精神，至老不衰。他著有《阳九述略》一篇，内分“致虏之由”“虏祸”“灭虏之策”等条，末题“明孤臣朱之瑜泣血稽颡谨述”。此外，《文集》中关于这类话很多。这类话入到晚清青年眼中，像触着电气一般，震得直跳，对于近二十年的政治变动，影响实在不小。他死后葬在日本，现在东京第一高等学校，便是他生前的住宅、死后的坟园。这回大震灾，侥幸没有毁掉。听说日本人将我们的避难学生就收容在该校。我想，这些可爱的青年们当着患难时候，瞻仰这位二百多年前蒙难坚贞的老先生的遗迹，应该受不少的感化吧！

清代程朱学派及其依附者

——张杨园　陆桴亭　陆稼书　王白田　附：其他

王学反动，其第一步则返于程朱，自然之数也。因为几百年来好谈性理之学风，不可猝易，而工学末流之敝，又已为时代心理所厌，矫放纵之敝则尚持守，矫空疏之敝则尊博习；而程朱学派，比较的路数相近而毛病稍轻。故由王返朱，自然之数也。

清初诸大师，夏峰、梨洲、二曲，虽衍王绪，然而都有所修正。夏峰且大有调和朱王的意味了。至如亭林、船山、舜水，虽对于宋明人讲学形式，都不大以为然，至其自己得力处，大率近于朱学，读诸家著作中关于朱王之批评语可见也。其专标程朱宗旨以树一学派，而品格亦岳然可尊者，最初有张杨园、陆桴亭，继起则陆稼书、王白田。

杨园，名履祥，字考夫，浙江桐乡县人。所居曰杨园里，故学者称杨园先生。生明万历三十九年（1611），卒清康熙十三年（1674），年六十四。九岁丧父，母沈氏授以《论语》《孟子》，勉励他说："孔孟只是两家无父儿也。"他三十二岁，谒黄石斋问学；三十四岁，谒刘蕺山，受业为弟子。当时复社声气甚广，东南人士，争相依附。杨园说："东南坛坫，西北干戈，其为乱一也。"又说："一入声气，便长一'傲'字，便熟一'伪'字。百恶都从此起矣。"于是龂龂自守，不肯和当时名士来往。甲申闻国变，缟素不食者累日，嗣后便杜门谢客，训童蒙以终老。晚年德望益隆，有事以师礼者，终不肯受，说道："近见时流讲学之风，始于浮滥，终于溃败，平日所深恶也，岂肯躬自蹈之！"黄梨洲方以绍述蕺山鼓动天下，杨园说："此名士，非儒者也。"杨园虽学于蕺山，而不甚墨守其师说，尝辑《刘子粹言》一书，专录蕺山矫正阳明之语。他极不喜欢阳明的《传习录》，说道："读此书使人长傲文过，轻自大而卒无得。"又说："一部《传习录》，吝、骄二字足以蔽之。"他一生专用刻苦工夫，暗然自修，尝说："人知作家计须苦吃、苦挣，不知读书学问与夫立身行己，俱不可不苦吃、苦挣。"晚年写《寒风伫立图》，自题云："行己欲清，恒入于浊。求道欲勇，恒病于怯。噫！君之初志，岂不曰'古之人古之人'，老斯至矣，其仿佛乎何代之民？"他用力坚苦的精神，大略可见了。他所著有《经正录》《愿学记》《问目》《备忘录》《初学备忘》《训子语》《言行见闻录》《近鉴》等书。他居乡躬耕，习于农事，以为"学者舍稼穑外别无治生之道。能稼穑则无求于人而廉耻立；知稼穑之艰难，则不敢妄取于人而礼让兴。"《补农书》这部书，有海昌人范鲲曾刻之。陈梓做的《杨园小传》，说这书"不戒于火，天下惜之"。据钱林《文献征存录》说，因为某次文字狱，怕有牵累，把板毁了。《农书》尚且遭此厄，可谓大奇。杨园因为是清儒中辟王学的第一个人，后来朱学家极推尊他，认为道学正统。依我看，杨园品格方严，践履笃实，固属可敬，但对于学术上并没有什么新发明、新开拓，不过是一位独善其身的君子罢了。当时像他这样的人也还不少，推尊太过，怕反失其真罢。

陆桴亭，字道威，江苏太仓人。生明万历三十九年（1611），卒清康熙十一年（1672），年六十二。早岁有志事功。尝著论论平流寇方略，语极中肯。明亡，尝上书南都，不见用，又尝参人军事，被清廷名捕。事既解，返乡居，

凿池十亩，筑亭其中，不通宾客，号曰桴亭，故学者称桴亭先生。所著有《思辨录》，全谢山谓其“上自周汉诸儒以迄于今，仰而象纬律历，下而礼乐政事异同，旁及异端，其所疏证剖析盖数百万言，无不粹且醇。……而其最足废诸家纷争之说，百世俟之而不惑者，尤在论明儒”（《鲒埼亭集·陆桴亭先生传》）。桴亭不喜白沙、阳明之学，而评论最公，绝不为深文掊击。其论白沙曰：

> 世多以白沙为禅宗，非也。白沙曾点之流，其意一主于洒脱旷间以为受用，不屑苦思力索，故其平日亦多赋诗写字以自遣，便与禅思相近。……是故白沙“静中养出端倪”之说，《中庸》有之矣，然不言戒慎恐惧，而惟咏歌舞蹈以养之，则近于手持足行无非道妙之意矣。……其言养气，则以勿忘勿助为要。夫养气必先集义，所谓必有事焉也，白沙但以勿忘勿助为要，失却最上一层矣……（《思辨录·诸儒异学篇》）

其论阳明曰：

> 阳明之学，原自穷理读书中来。不然，龙场一悟，安得六经皆凑泊？但其言朱子格物之非，谓尝以庭门竹子试之，七日而病。是则禅家参竹篦之法，元非朱子格物之说，阳明自误会耳。盖阳明少时，实尝从事于禅宗，而正学工夫尚寡。初官京师，虽与甘泉讲道，非有深造。南中三载，始觉有得，而才气过高，遽为致良知之说，自树一帜，是后毕生鞅掌军旅之中，虽到处讲学，然终属聪明用事，而少时之熟处难忘，亦不免逗漏出来，是则阳明之定论也。要之，致良知固可入圣，然切莫打破敬字。乃是坏良知也，其致之亦岂能废穷理读书？然阳明之意，主于简易直捷以救支离之失。故聪明者喜从之。而一闻简易直捷之说，则每厌穷理读书之繁，动云“一切放下”“直下承当”。心粗胆大，只为断送一敬字，不知即此简易直捷之一念，便已放松脚跟也。故阳明在圣门，狂者之流，门人昧其苦心以负之耳。（同上）

此外论各家的话很多，大率皆极公平极中肯。所以桴亭可以说是一位最好的学术批评家——倘使他做一部《明儒学案》，价值只怕还在梨洲之上。因为梨洲主观的意见，到底免不掉，桴亭真算得毫无成心的一面镜子了。桴亭常说：“世有大儒，决不别立宗旨。譬之国手，无科不精，无方不备，无药不用，岂有执一海上方而沾沾语人曰‘舍此更无科、无方、无药也’？近之谈宗旨者，皆海上方也。”这话与梨洲所谓“凡学须有宗旨，是其人得力处，亦即学者用力处”者，正相反了。由此言之，后此程朱派学者，硬拉桴亭为程朱宗旨底下一个人，其实不对。他不过不宗陆王罢了，也不见得专宗程朱。程朱将“性”分为二，说：“义理之性善，气质之性恶。”此说他便不赞同。他论性却有点和颜习斋同调。他教学者止须习学六艺，谓“天文、地理、河渠、兵法之类，皆切于世用，亟当讲求”，也和习斋学风有点相类。他又不喜欢讲学，尝说：“天下无讲学之人，此世道之衰；天下皆讲学之人，亦世道之衰也。”又说：“近世讲学，多似晋人清谈。清谈甚害事。孔门无一语不教人就实处做。”他自述存养工夫，对于程朱所谓“静中验喜怒哀乐未发气象”者，亦有怀疑。他说：“尝于夜间闭目危坐，屏除万虑以求其所谓‘中’。究之念虑不可屏，一波未平，一波又起。

间或一时强制得定，嗒然若忘，以为此似之矣，然此境有何佳处，而先儒教人为之？……故除却‘戒慎恐惧’，别寻‘未发’，不是槁木死灰，便是空虚寂灭。”据此看来，桴亭和程朱门庭不尽相同，显然可见了。

他的《思辨录》，颜习斋、李恕谷都很推重，我未得见原本。《正谊堂丛书》里头的《思辨录辑要》，系马肇易（负图）所辑，张孝先（伯行）又删订一番，必须与程朱相合的话始行录入，已经不是桴亭真面了。

陆稼书，名陇其，浙江平湖人，生明崇祯三年（1630），卒清康熙三十一年（1692），年六十三。他是康熙间进士出身，曾任嘉定、灵寿两县知县，很有惠政，人民极爱戴他。后来行取御史，很上过几篇好奏疏。他是鲠直而恬淡的人，所以做官做得不得意，自己也难进易退。清朝讲理学的人，共推他为正统。清儒从祀孔庙的头一位便是他。他为什么独占这样高的位置呢？因为他门户之见最深最严，他说：“今之论学者无他，亦宗朱子而已。宗朱子为正学，不宗朱子即非正学。董子云：‘诸不在六艺之科、孔子之术者，皆绝其道勿使并进，然后统纪可一而法度可明。’今有不宗朱子者，亦当绝其道勿使并进。”质而言之，他是要把朱子做成思想界的专制君主，凡和朱学稍持异同的都认为叛逆。他不惟攻击陆王，乃至高景逸、顾泾阳学风介在朱王之间者，也不肯饶恕。所以程朱派的人极颂他卫道之功，比于孟子距杨、墨。平心而论，稼书人格极高洁，践履极笃实，我们对于他不能不表相当的敬意。但因为天分不高，性情又失之狷狭，或者也因王学末流猖狂太甚，有激而发，所以日以尊朱黜王为事。在他自己原没有什么别的作用，然而那些戴假道学面具的八股先生们，跟着这条路走，既可以掩饰自己的空疏不学，还可以唱高调骂人，于是相争捧他捧上天去，不独清代学界之不幸，也算稼书之不幸哩。稼书办事是肯认真肯用力的，但能力真平常，程朱派学者大率如此，也难专怪他。李恕谷尝记他一段轶事道：“陆稼书任灵寿，邵子昆任清苑，并有清名，而稼书以子昆宗陆王，遂不相合，刊张武承所著《王学质疑》相诟厉。及征嘎尔旦，抚院将命稼书运饷塞外。稼书不知所措，使人问计子昆。子昆答书云：‘些须小事，便尔张皇，若遇宸濠大变，何以处之？速将《王学质疑》付之丙丁，则仆之荒计出矣。’……”（恕谷著《中庸传注问》）我们对于稼书这个人的评价，这种小事，也是该参考的资料哩。

王白田，名懋竑，字予中，江苏宝应人，生康熙八年（1668），卒乾隆六年（1741），年七十四。他是康熙间进士出身，改授教官，雍正间以特荐召见授翰林院编修，不久便辞官而归。他是一位极谨严方正的人。王安国（念孙父）说他：“自处闺门里巷，一言一行，以至平生出处大节，举无愧于典型”（《王文肃公集·李子年谱序》）。他生平只有一部著作，曰《朱子年谱》四卷，附《考异》四卷。这部书经二十多年，四易稿然后做成，是他一生精力所聚，也是研究朱学唯一的好书。要知道这部书的价值，先要知道明清以来朱王两派交涉的形势。

朱子和陆子是同时讲学的朋友，但他们做学问的方法根本不同。两位见面和通信时已经有不少的辩论。后来两家门生，越发闹成门户水火，这是公然的事实，无庸为讳的。王阳明是主张陆学的人，但他千不该万不该做了一部书，叫作《朱子晚年定论》。这部书大意说，朱子到了晚年，也觉得自己学问支离，渐渐悔悟，走到陆象山同一条路上去了。朱子学问是否免得了支离两个字，朱陆两家学问谁比谁好，另一问题。但他们俩的出发点根本不同，这是人人共见的。阳明是一位豪杰之士，他既卓然有所自信，又何必依傍古人？《晚年定论》这部书，明明是援朱入陆，有高攀朱子、借重朱子的意思。既失朱子面目，也失自己身份，这是我们不能不替阳明可惜的。这部书出来之后，自然引起各方面反动。晚明时候，有一位广东人陈清澜（建）著一部《学蔀通辨》专驳他，朱王两派交换炮火自此始。后来顾亭林的《日知录》也有一条驳《晚年定论》，驳得很中要害。而黄梨洲一派大率左袒阳明，内中彭定求的《阳明释毁录》最为激烈。争辩日烈，调停派当然发生。但调停派却并非第三者，乃出于两派之自身，一边是王派出身的孙夏峰，一边是朱派出身的陆桴亭，都是努力想把学派学说异中求同，省却无谓的门户口舌。但这时候，王学正值盛极而衰的末运；朱学则皇帝喜欢他，大臣恭维他，一种烘烘热热的气势。朱派乘盛穷追，王派的炮火渐渐衰熄了。这场战争里头，依我看，朱派态度很有点不对。陈清澜是最初出马的人，他的书纯然破口谩骂，如何能服人？陆稼书比较稳健些，但太褊狭了，一定要将朱派造成专制的学阀，对于他派要应用韩昌黎“人其人，火其书”的手段，如何行得去呢？尤可恨的，许多随声附和的人，对于朱陆两派学说内容并未尝理会过，一味跟着人呐喊瞎骂，结果当然惹起一般人讨厌，两派同归于尽。乾嘉以后，“汉学家”这面招牌出来，将所有宋明学一齐打倒，就是为此。在这个时候，朱陆两派各有一个人将自己本派学说平心静气忠忠实实的说明真相，既不作模棱的调和，也不作意气的攻击。其人为谁？陆派方面是李穆堂，朱派方面是王白田。而白田的成绩，就在一部《朱子年谱》。

《朱子年谱》，从前有三个人做过：一，李果斋（晦），朱子门人，其书三卷，魏了翁为之序；二，李古冲（默），明嘉靖间人；三，洪去芜（璟），清康熙间人。果斋本今不存，因为古冲本以果斋本作底本而改窜一番，后者行而前者废了。洪本则将古冲本增删，无甚特识。古冲生王学正盛之时，脑子里装满了《朱子晚年定论》一派话，援朱入陆之嫌疑，实是无可解免。白田著这部新年谱的主要动机，自然是要矫正这一点。但白田和陈清澜一派的态度截然不同。清澜好用主观的批评（虽然客观方面也有些）。白田则尽力搜罗客观事实，把年月日调查得清清楚楚，令敌派更无强辩的余地，所以他不用说闲话争闲气，自然壁垒森严，颠扑不破。我常说王白田真是“科学的研究朱子”。朱子著作注释纂辑之书无虑数百卷，他钻在里头寝馈几十年，没有一个字不经过一番心，而且连字缝间也不放过。此外别派的著作，如张南轩、吕伯恭、陆梭山、象山、陈同甫、陈止斋等，凡和朱子有交涉的，一律忠实研究，把他们的交情关系和学术异同，都照原样介绍过来。他于《年谱》之外，又附一部《年谱考异》，凡事实有须考证的都严密鉴定一番，令读者知道他的根据何在；又附一部《朱子论学切要语》，把朱子主要学说都提挈出来。我们要知道朱子是怎样一个人，我以为非读这部书不可，而且读这部书也足够了。

白田其他的著述，还有一部《白田草堂存稿》，内中也是研究朱子的最多。他考定许多伪托朱子的书或朱子未成之书由后人续纂者，如《文公家礼》《通鉴纲目》《名臣言行录》及《易本义》前面的九个图和筮仪等等，都足以廓清障雾，为朱子功臣。此外许多杂考证也有发明，如考汉初甲子因《三统历》窜乱错了

四年，也是前人没有留意到的事。

清初因王学反动的结果，许多学者走到程朱一路，即如亭林、船山、舜水诸大师，都可以说是朱学者流。自馀如应潜斋（㧑谦）、刁蒙吉（包）、徐俟斋（枋）、朱柏庐（用纯）等气节品格能自异于流俗者不下数十辈，大抵皆治朱学（别详附表）。故当晚明心学已衰之后，盛清考证学未盛以前，朱学不能不说是中间极有力的枢纽。然而依草附木者流亦出乎其间，故清代初期朱派人独多而流品亦最杂。

清初依草附木的，为什么多跑朱学那条路去呢？原来满洲初建国时候，文化极朴陋。他们向慕汉化，想找些汉人供奔走，看见科第出身的人便认为有学问。其实这些八股先生，除了《四书大全》《五经大全》外，还懂什么呢？入关之后，稍为有点志节学术的人，或举义反抗，或抗节高蹈。其望风迎降及应新朝科举的，又是那群极不堪的八股先生，除了《四书集注》外，更无学问。清初那几位皇帝，所看见的都是这些人，当然认这种学问便是汉族文化的代表。程朱学派变成当时宫廷信仰的中心，其原因在此。古语说："城中好高髻，四方高一尺。"专制国皇帝的好尚，自然影响到全国。靠程朱做阔官的人越发多，程朱旗下的喽啰也越发多。况且挂着这个招牌，可以不消读书，只要口头上讲几句"格物穷理"，便够了。那种谬为恭谨的样子，又可以不得罪人。恰当社会人心厌倦王学的时候，趁势打死老虎，还可以博卫道的美名。有这许多便宜勾当，谁又不会干呢？所以那时候的程朱学家，其间伏处岩穴暗然自修者，虽未尝没有可以令我们佩服的人；至于那些"以名臣兼名儒"的大人先生们，内中如汤斌，如魏裔介，如魏象枢等，风骨尚可钦，但他们都是孙夏峰门生，半带王学色彩，汤斌并且很受排挤不得志。其余如熊赐履、张玉书、张伯行等辈，不过一群"非之无举，刺之无刺"的"乡愿"。此外越爱出风头的人，品格越不可问。诚有如王昆绳所谓"朝乞食墦间，暮杀越人于货，而摭拾程朱唾余狺狺焉言阳明于四达之衢"者，今试举数人为例。

孙承泽　他是明朝一位阔官，李闯破北京投降李闯，满洲入关，投降满洲，他却著了许多理学书，摆出一副道貌岩岩的面孔。据全谢山说，清初排陆王的人，他还是头一个领袖哩。（看《鲒埼亭集·陈汝咸墓志》）

李光地　他号称康熙朝"主持正学"的中坚人物，一双眼睛常常钉在两庑的几块冷猪肉上头，他的官却是卖了一位老朋友陈梦雷换来的。他的老子死了，他却贪做官不肯奔丧，他临死却有一位外妇所生的儿子来承受家产。（看全祖望《鲒埼亭集·李文贞遗事》、钱林《文献征存录》李光地条）

方苞　他是一位"大理学家"，又是一位"大文豪"，他曾替戴南山做了一篇文集的序。南山着了文字狱，他硬赖说那篇序是南山冒他名的。他和李恕谷号称生死之交，恕谷死了，他作一篇墓志铭说恕谷因他的忠告背叛颜习斋了。（看刘辰纂的《恕谷年谱》）他口口声声说安贫乐道，晚年却专以殖财为事，和乡人争乌龙潭鱼利打官司。（看萧奭龄著《永宪录》）

此外像这一类的程朱学家还不少，我不屑多污我的笔墨，只举几位负盛名的为例罢了。我是最尊崇先辈，万分不愿意说人坏话的人。但对于这群假道学先生实在痛恨不过，破口说那么几句，望读者恕我。

总而言之，程朱学派价值如何，另一问题。清初程朱之盛，只怕不但是学术界的不幸，还是程朱的不幸哩。

清代学者整理旧学之总成绩

——经学　小学及音韵学

以乾嘉学派为中坚之清代学者，一反明人空疏之习，专从书本上钻研考索，想达到他们所谓“实事求是”的目的。依我们今日看来，他们的工作，最少有一半算是白费，因为他们若肯把精力用到别个方向去，成就断不止此。但这是为时代性所限，我们也不能太过责备。至于他们的研究精神和方法，确有一部分可以做我们模范的，我们万不可以看轻他。他们所做过的工作，也确有一部分把我们所应该的已经做去，或者替我们开出许多门路来，我们不能不感谢。今将他们所表现的总成绩，略分门类择要叙述，且评论其价值。我个人对于继续整理的意见，也顺带发表一二。

一、经学

自顾亭林高标“经学即理学”之徽帜，以与空谈性命之陋儒抗，于是二百年来学者家家谈经，著作汗牛充栋。阮氏《皇清经解》、王氏《皇清经解续编》所收作者凡百五十七家，为书都三百八十九种，二千七百二十七卷，亦云盛矣；而未收及续出者尚不在其列。几部古经，是否值得费那么大工夫去研究，另为一问题。他们费这些工夫，到底把这几部古经研究清楚没有，以下请逐部说明。

（甲）《易经》《易经》是一部最带神秘性的书。孔子自称“假年以学”，相传还有“韦编三绝”的故事，可见得这书自古已称难懂了。汉代今文博士有施、孟、梁邱三家，又有费氏的古文，又有京、焦的别派。自王弼注出，盛行江左，唐人据之以作正义，自是汉《易》诸家俱废。今官书之《十三经注疏》，所宗者，弼学也。而五代、北宋间道士陈抟始以道教中丹鼎之术附会《易》文，展转传至邵康节、周濂溪，于是有《先天》《太极》诸图，《易》益棼乱不可理。程伊川作《易传》，少谈天道，多言人事，稍称洁净。朱晦庵又综合周、邵、程之说作《易本义》，为明清两朝功令所宗，盖自王、韩（康伯）以后，《易》学与老庄之道家言混合；自周、邵以后，《易》学与后世矫诬之道教混合。清以前《易》学之重要流别变迁，大略如此。

清代《易》学第一期工作，专在革周、邵派的命，黄梨洲的《易学象数论》首放一矢。其弟黄晦木（宗炎）著《图书辨惑》，把濂溪《太极图说》的娘家——即陈抟自称从累代道士传来的《无极图》——找出来了。同时，毛西河有《河图洛书原舛》，大致与二黄之说相发明。其后胡朏明著《易图明辨》，引证详博，把所有一切怪诞的图——什么无极太极，什么先天后天，什么太阳少阳太阴少阴，什么六十四卦的圆圈方位，一概打扫得干干净净，一千年蒙罩住《易经》

的云雾算是开光了，这不能不说是清初学者的功劳。

他们对于周邵派的破坏算是成功了。建设的工作怎么样进行呢？论理，他们专重注疏，自应归到王韩一派，但王注援老庄以谈名理，非他们所喜。而且“辅嗣《易》行无汉学”，前人已经说过，尤为汉学先生们所痛恨。所以他们要另辟一条新路来。

清儒说《易》之书收入《皇清经解》者，最先的为毛西河之《仲氏易》。但这部书专凭个人臆见，学无渊源，后来学者并不重视他，所以影响也甚小 。可以代表清儒《易》学者不过三家，曰惠定宇，曰张皋文，曰焦里堂。

惠定宇所著书,曰《周易述》二十一卷,《易汉学》七卷,《易例》二卷。其《九经古义》中关于《易》者亦不少。定宇的见解是，愈古愈好，凡汉人的话都对，凡汉以后人的话都不对。然则汉人的《易》说一部无存，怎么办呢？幸而有唐李鼎祚的《周易集解》，内中征引许多汉儒各家遗说，定宇把他们都搜集起来，爬梳整理一番，用的劳力真不小。我们读这几部书，才知道汉人《易》学的内容如何。这便是惠氏在学界一大成绩，然成绩亦止于此而已。若说他已经把这部《易经》弄通了，我们绝对不敢附和。为什么呢？因为汉儒说《易》是否合于《易》旨,我们先已根本怀疑。汉儒讲的什么“互体”,什么“卦变”,什么“半象”“两象”，什么“纳甲”“纳音”“爻辰”，什么“卦气六日七分”，依我们看来，都是当时燕齐方士矫诬之说，和陈、邵《太极》《先天》等图没有什么分别。王辅嗣把他们廓清辞辟，一点都不冤枉。定宇辈因为出自汉人，便认作宝贝，不过盲从罢了。而且定宇还有一个大毛病，是不知家法。同为汉儒，而传受渊源不同，彼此矛盾的地方便不少。定宇统而名之曰“汉学”，好像汉人只有此学，又好像汉人个个都是此学，这便大错了。定宇说的不过东汉末年郑康成、荀慈明、虞仲翔等几个人之学，顶多可以代表一两派，而且各人所代表的派也不能相通。惠氏凡汉皆好的主张，只怕汉儒里头先自打起架来，他已无法和解了。

张皋文所著书，主要的是《周易虞氏义》九卷，还有《虞氏易礼》《易言》《易事》《易候》，及《荀氏九家义》《易义别录》等。皋文凭藉定宇的基业，继长增高，自然成绩要好些。他的长处在家法明了，把虞仲翔一家学问，发挥尽致，别家作为附庸，分别搜择，不相杂厕。我们读这几部书，可以知道汉《易》中最主要的部分——《虞氏易》有怎样的内容，这是皋文的功劳。若问皋文的《易》学是否真《易》学，便要先问仲翔的《易》学是否真《易》学。可惜这句话我是回答不出来的。

焦里堂所著书，有《易章句》十二卷，《易通释》二十卷，《易图略》八卷。统名《雕菰楼易学三书》。阮芸台说他：“石破天惊，处处从实测而得，圣人复起，不易斯言。”王伯申说他：“凿破混沌，扫除云雾，可谓精锐之兵。”阮、王都是一代大儒，不轻许可，对于这几部书佩服到如此，他的价值可推见了。里堂之学，不能叫作汉学，因为他并不依附汉人。不惟不依附，而且对于汉人所纠缠不休的什么“飞伏”“卦气”“爻辰”“纳甲”之类一一辨斥，和黄、胡诸人辨斥陈、邵易图同一摧陷廓清之功。里堂精于算理，又精于声音训诂，他靠这种学问做帮助，而从本经中贯穴钩稽，生出妙解。王伯申说：“要其法，则比例二字尽之。所谓比例者，固不在他书而在本书也。”里堂这几部书，是否算得《易经》真解，虽不敢说，但他确能脱出二千年传注重围，表现他极大的创作力。他的

创作却又非凭空臆断，确是用考证家客观研究的方法得来，所以可贵。他发明几个重要原则，曰旁通，曰相错，曰时行，曰当位、失道，曰比例，都是从象、象、系辞所说中推勘出来。我细绎里堂所说明，我相信孔子治《易》确曾用这种方法。我对于里堂有些不满的，是嫌他太骛于旁象而忽略本象。“旁通”“相错”等是各卦各爻相互变化孳衍出来的义理，是第二步义理；本卦本爻各自有其义理，是第一步义理。显堂专讲第二步，把第一步几乎完全抛弃，未免喧宾夺主了。

此外说《易》之书，虽然还有许多，依我看，没有什么价值，一概不论了。专就这三家看来，成绩还不算坏。《易经》本是最难懂的一部书，我们能否有方法彻底懂他，很是问题。若问比较上可靠的方法吗？我想，焦里堂带我们走的路像是不错。我们应用他以本书解本书法，把他所阙略的那部分——即本卦本爻之意义，重新钩稽一番，发现出几种原则来驾驭他，或者全部可以彻底真懂也未可知。这便是我对于整理《易经》的希望及其唯一方法了。

（乙）《尚书》《尚书》是一部最罗唣问题最多的书。相传本有三千余篇，孔子删成百篇，已算得骇人听闻的神话了。所谓百篇者，在汉初已有人见过，只传得二十八篇，却是有百篇的序文见于《史记》。不久又有什么河内女子得着一篇《泰誓》，变成二十九篇。那篇《泰誓》是真是假，当时已成问题，然而不管真假，他只是昙花一现，忽然又隐身不见了。二十八篇或二十九篇，正立于学官，人人诵习了二百年。到西汉末，忽然有所谓《古文尚书》者出，说是孔安国家藏，献入中秘，比原来的《今文尚书》多出十六篇来。因此惹起今古文之争，学界生出绝大波澜。西汉末的《古文尚书》是否靠得住，已成千古疑案。到东汉末，这新出的十六篇又隐身不见了。经一百多年，到东晋之初，忽然又说《古文尚书》复活转来，却是由十六篇变成二十五篇，还带着一部孔安国的注，离奇怪诞，莫此为甚了。今文的二十八篇，到最近还有人对于它发生真假问题，这是后起之义，姑且不说。至所谓《古文尚书》者，伪中出伪，至再至三，说起来便令人头眩，内中夹着一个《书序》真假问题，越发麻烦极了。自唐人撰诸经正义，采用东晋晚出的《古文尚书》及孔安国传，自是这部书著为功令、立于学官者一千多年。直到清初，然后这种罗唣问题才解决十之八九了。

清初学者对于《尚书》第一件功劳，在把东晋《伪古文尚书》和伪孔安国传宣告死刑。这件案最初的告发人，是宋朝的朱子，其后元吴澄、明梅鷟等继续控诉。到清初，黄梨洲当原告律师，做了一部《授书随笔》给阎百诗，百诗便自已充当裁判官，著成《古文尚书疏证》八卷，宣告那部书的死刑。还有一位姚立方（际恒）可以算做原告律师，他做一部《尚书通论》，关于这问题搜出许多证据，其书似已失传，但一部分已被阎氏采入《疏证》了。同时被告律师毛西河不服判决，做了一部《古文尚书冤词》提起上诉。再审的裁判官便是惠定宇，著了一部《古文尚书考》，把被告的罪名越发弄确实了。还有两位原告律师：一是程绵庄（延祚）做一部《晚书订疑》；一是段茂堂做一部《古文尚书撰异》，把毛律师强辩的话驳得落花流水，于是这件案总算定谳了。到光绪末年有一位洪右臣（良品）想再替被告上诉，却是“时效”已过，没有人受理了。这件案的决定，算是清儒在学术史上极有价值的事业。

假的部分剔出了，真的部分如何整理呢？《今文尚书》二十八篇，本属春秋以前的语体文，佶屈聱牙，最称难读。自伪孔传通行之后，汉儒传注一概亡佚，更没有一部完书可为凭藉。怎么办呢？乾隆中叶的学者，费了不少的劳力，著成三部书：一是江艮庭（声）的《尚书集注音疏》十二卷；一是王西庄（鸣盛）的《尚书后案》三十卷；一是孙渊如（星衍）的《尚书今古文注疏》三十卷。他们三位是各不相谋的同时分涂去著自己的书，他们所用的方法也大致相同，都是拿《史记》《尚书大传》当底本，再把唐以前各种子书及笺注类的书，以至《太平御览》以前之各种类书，凡有征引汉儒解释《尚书》之文慢慢搜集起来，分缀每篇每句之下，成为一部汉儒的新注。三部书里头江艮庭的比较最坏。艮庭是惠定宇嫡派，一味地好古，没有什么别择剪裁。王西庄搜罗极博，但于今古文学说分不清楚，好为调和，转成矛盾，是其短处。孙渊如算是三家之冠了。他的体例，是“自为注而自疏之”。注文简括明显，疏文才加详，疏出注文来历，加以引申，就组织上论，已经壁垒森严。他又注意今古文学说之不同，虽他的别择比不上后来陈朴园的精审，但已知两派不可强同，各还其是，不勉强牵合，留待读者判断从违。这是渊如极精慎的地方，所以优于两家。

江、孙、王三家都是绝对的墨守汉学，非汉儒之说一字不录。他们著书的义例如此，本也甚好，但汉儒所说一定就对吗？怕未必然。伪孔传虽伪，但都是采录魏晋人旧说而成，安见所解没有过于汉人处？宋儒经说，独到之处甚多，时亦可以补汉人之阙失。乾嘉间学者对于他们一概排斥，也未免堕门户之见。光绪末年简竹居（朝亮）补救这种缺点，著一部《尚书集注述疏》，也仿渊如例，自注自疏，惟汉宋兼采，旁及伪孔。这书成于江、孙、王之后，自然收功较易。他的内容也稍嫌过繁，但采择汉宋各家说很有别裁，不失为一良著。

汉代今古文之争，本由《尚书》而起。东晋伪古文不必论矣，即所谓西汉真古文者来历已很不分明。嘉道以降，今文学兴，魏默深著《书古微》，提出《古文尚书》根本曾否存在之问题，是为阎百诗以后第二重公案，至今未决。

西汉晚出古文，真伪且勿论，其学说传于东汉而为马（融）、郑（玄）所宗述，则甚明也。其与西汉今文博士说牴牾殊多，又甚明也。江、孙、王之书，以辑采马、郑注为中坚，只能代表古文说，不能代表今文说。（郑君虽云兼通今古，择善而从，但仍祖古文为多。）道咸间陈朴园（乔枞）著《今文尚书说经考》三十三卷，《欧阳夏侯遗说考》一卷，很费些劳力才搜集得来，我们从此可以知《尚书》最古的解释了。

《尚书》里头的单篇，最复杂的是《禹贡》。胡朏明著《禹贡锥指》十卷，是为清代研究古地理之首，虽其书许多疏舛经后人补正（最著者成芙卿蓉镜《禹贡班义述》，丁俭卿晏《禹贡锥指刊误》等，其余单篇及笔记中，此类著作甚多），然创始之劳，应该纪念的。

《尚书大传》为汉初首传《尚书》之伏生所著，而郑康成为之注。这书在《尚书》学里头位置之重要自不待言，但原书在宋时已残缺不完，明时全部亡佚了。清儒先后搜辑的数家，最后陈左海（寿祺）的《尚书大传辑校》最称完善，而皮鹿门（锡瑞）继著《尚书大传疏证》，更补其阙失而续有发明，也算《尚书》学中一附带的成功了。（互见辑佚书条。）

《书序》问题，亦至今未决。别于辨伪书条叙其经过，此不述。

总括起来，清儒之于《尚书》学，成绩总算不坏。头一件功劳，是把东晋

伪古文打倒了，拨开无限云雾。剩下真的二十八篇，也经许多人费很大的劳力，解释明白了十之六七。我稍为不满意的，是他们有时拘守汉儒说太过。（例如“粤若稽古”，郑注训“稽古”为“同天”，甚可笑，但以出于郑而强从之。）关于校勘文字，时或缺乏判断的勇气。（例如“在治忽”之或作“七始咏”，或作“来始滑”；“心腹肾肠”之或作“优贤扬”。诸家往往好为穿凿曲护，致晦真意。）关于研究制度，好引异代之书强为比附。（例如，释“六宗”，附会《月令》之明堂，或《周官》大宗伯之日月、星辰、司中、司命、风师、雨师等。）这类都是多数清儒公共的毛病。后有治此经者，专从训诂上平实解释，不要穿凿，不要贪多，制度有疑则阙之。能泐成一部简明的注，或者这部书有人人能读的一天了。

（丙）《诗经》《诗经》和《尚书》相反，算是问题最少的书。三百篇本文，几乎绝无疑议之余地。其最为聚讼之鹄者，惟一《毛诗序》。《诗序》问题，别详辨伪书条下，现在暂且少讲。但略讲清朝以前诗学变迁形势。西汉十四博士，《诗经》惟鲁、齐、韩三家。毛氏则哀平间晚出古文，来历颇不分明。自郑康成依毛作笺，此后郑学孤行，而三家俱废。六朝经学，南北分派，惟《诗》则同宗毛、郑无异辞。唐初正义因之，郑学益成统一之局。惟自唐中叶以后，异论寖生，其发难大率由《诗序》，驯至“程大昌之妄改旧文，王柏之横删圣籍”（《四库提要》语）猖披极矣。朱晦翁亦因不满于《诗序》而自作《集传》。元明以还，朱传立于学官，而毛、郑亦几废。清儒则乘此反动，以光复毛、郑之学为职志也。

清儒在《诗》学上最大的功劳，在解释训诂名物。康熙间，有陈长发（启源）的《毛诗稽古编》，有朱长孺（鹤龄）的《毛诗通义》，当时称为名著。由今观之，乾隆间经学全盛，而专治《诗》者无人，戴东原辈虽草创体例，而没有完书。到嘉道间，才先后出现三部名著：一、胡墨庄（承珙）的《毛诗后笺》；二、马元伯（瑞辰）的《毛诗传笺通释》；三、陈硕甫（奂）的《诗毛氏传疏》。胡、马皆毛、郑并释，陈则专于毛；胡、马皆有新解方标专条，无者阙焉，陈氏则纯为义疏体，逐字逐句训释。三书比较，胡、马贵宏博而陈尚谨严，论者多以陈称最。陈所以专毛废郑者，以郑固笺毛，而时复破毛，严格绳之，亦可谓为“不守师法”，又郑本最长于礼，恒喜引礼解《诗》，转生轇轕。孔冲远并疏毛、郑，疏家例不破注，故遇有毛、郑冲突之处，便成了“两姑之间难为妇”，勉强牵合打完场，那疏便不成片段了。硕甫专宗其一，也可以说他取巧。但毛传之于训诂名物，本极矜慎精审，可为万世注家法程。硕甫以极谨严的态度演绎他，而又常能广采旁征以证成其义，极洁净而极通贯，真可称疏家模范了。

名物训诂之外，最引人注意的便是作诗的本事和本意。讲到这一点，自然牵连到《诗序》问题了。清学正统派，打着“尊汉”“好古”的旗号，所以多数著名学者，大率群守毛序。然而举叛旗的人也不少，最凶的便是姚立方，著有《诗经通论》，次则崔东壁（述）著有《读风偶识》，次则方鸿濛（玉润）著有《诗经原始》，这三部书并不为清代学者所重，近来才渐渐有人鼓吹起来。据我们看，《诗序》问题早晚总须出于革命的解决。这三部书的价值，只怕会一天比一天涨高吧？《诗经通论》我未得见，仅从《诗经原始》上看见片段的征引，可谓精悍无伦。《读风偶识》谨严肃穆，纯是东壁一派学风。《诗经原始》稍带帖括气，训诂名物方面殊多疏舛，但论《诗》旨却有独到处。

今文学复活，古文的毛氏《诗》，当然也在排斥之列。最初做这项工作者，则为魏默深之《诗古微》。《诗古微》不特反对毛序，而且根本反对毛传，说全是伪作。我以为序和传要分别论。序呢，无疑是东汉人妄作，传呢，我并不敢说一定出自“子夏所传”，（《汉书·儒林传》述毛氏语）也许是西汉末年人造出来，但他对于训诂名物解释得的确好，虽以我向来崇尚今文的人也不敢鄙薄他。老实说，我是厌恶毛序而喜欢毛传的，因为年代隔远的人作序，瞎说某篇某篇诗的本事本意万不会对的，这种作品当然可憎。至于训释文句，何必问他子夏不子夏，毛公不毛公？我们现在悉心研索还可以做一部好极的来哩。所以我对于攻击毛传认为不必，但默深这部书，偏激的地方不少，但亦有许多崭新的见解，可以供将来新《诗》学之参考。

齐、鲁、韩三家学说，汉以后便亡了。宋王应麟有《三家诗考》一卷，是为搜辑之始。到清嘉道以后，继起渐多。冯柳东（登府）有《三家诗异文疏证》九卷，有《三家诗异义遗说》二十卷，陈朴园有《三家诗遗说考》十五卷，《四家诗异文考》五卷，《齐诗翼氏学疏证》二卷，严铁桥（可均）有辑《韩诗》二十一卷，这都是兴灭继绝、不无微劳的了。

总括起来，清儒的《诗》学，训诂名物方面，我认为成绩很优良；《诗》旨方面，却不能满意，因为受毛序束缚太过了。但研究《诗》旨，却不能有何种特别的进步的方法，大约索性不去研究倒好。戴东原说：“就全《诗》考其字义名物于各章之下，不必以作《诗》之意衍其说。盖字义名物，前人或失之者，可以详核而知，古籍具在，有明证也。作《诗》之意，前人既失其传者，难以臆见定也。”（《诗补传》序目）我想，往后研究《诗经》的人，只好以东原这话自甘。那么，清儒所做工作，已经给我们不少的便利了。

（丁）三礼　三礼依普通的次序，是一《周礼》，二《仪礼》，三《礼记》，有时加上《大戴礼》，亦叫作四礼。这几部书的时代真伪，都很有问题，留着在辨伪书条下再讨论，今且不说。三礼都是郑康成作的注。在康成毕生著述中，也可说是以这三部注为最。所以“三礼学”和“郑学”，几成为不可分的名词。虽然，自古说“议礼之家纷如聚讼”。自孔门诸子，已经有许多交锋争辩，秦汉以后更不必说了，一部《白虎通义》便是汉儒聚讼的小影，一部《五经异义》，是郑康成和许慎对垒，一部《圣证论》，是王肃和郑康成对垒。这种笔战，我们一看下去便头痛。六朝、隋、唐的争也不少。昔战国诸子诋斥儒家，大都以“穷年不能究其礼”为口实，何况在千余年异论更多之后。所以宋学兴起，把这些繁言缛语摆脱不谈，实是当然的反动。中间虽经朱子晚年刻意提倡，但他自己既没有成书，门生所做又不对，提倡只成一句空话。宋、元、明三朝，可以说是三礼学完全衰熄的时代了。

这门学问是否有研究的价值，俟下文再说。现在且说清朝“礼学”复兴的渊源。自黄梨洲、顾亭林惩晚明空疏之弊，提倡读古书，读古书自然触处都感觉礼制之难懂了。他们两位虽没有关于礼学的专门著作，但亭林见张稷若（治礼）便赞叹不置，他的外甥徐健庵便著有《读礼通考》。梨洲大弟子万充宗、季野兄弟经学的著述，关于训诂方面的甚少，而关于礼制方面的最多，礼学盖萌芽于此时了。其后惠、戴两家，中分乾嘉学派。惠氏父子著《禘说》《明堂大道录》等书，对于某项的礼制，专门考索。戴学出江慎修，慎修著《礼书纲目》，对于礼制为通贯的研究。而东原所欲著之《七经小记》中，礼学篇虽未成，而散篇见于文集者不少。其并时皖儒如程易畴、金檠斋、凌次仲辈，皆笃嗜名物数制之学。而绩溪、泾县两胡（竹村）、（景庄）以疏礼名其家，皆江、戴之遗风也。自兹以往，流风广播，作者间出，而最后则孙仲容、黄儆季称最善云。

今先分经举其最有名之著述，而关于贯通的研究次于后。

（1）《周礼》清儒礼学虽甚昌，然专治《周礼》的人很少。（两经解所收，如江永《周礼疑义举要》，沈彤《周官禄田考》，段玉裁《周礼汉读考》，庄存与《周官记》《周官说》，徐养原《周官故书考》，王聘珍《周礼学》，不过寥寥数部，又皆属于局部的研究，未有贯穴全书者。）唯一的《周礼》专家就是孙仲容（诒让）。他费二十年工夫成《周礼正义》八十六卷，这部书可算清代经学家最后的一部书，也是最好的一部书。其价值留待下文论新疏条下另行批评。

《考工记》本另为一部书，后人附入《周礼》。清儒对于这部书很有几种精深的著作。最著者为戴东原之《考工记图注》。（阮芸台之《考工记车制图考》，乃其少作，亦精核。）次则王宗涑之《考工记考辨》。

（2）《仪礼》清儒最初治《仪礼》者为张稷若（尔岐），著《仪礼郑注句读》，顾亭林所称“独精三礼，卓然经师”也。乾嘉间则有凌次仲（廷堪）的《礼经释例》十三卷，将全部《仪礼》拆散了重新比较整理贯通一番，发现出若干原则。（凡通例四十，饮食之例五十有六，宾客之例十有八，射例二十，变例（即丧例）二十有一，祭例三十，器服之例四十，杂例二十有一。）其方法最为科学的，实经学界一大创作也。次则有张皋文（惠言）的《仪礼图》，先为宫室衣服之图；（宫室七，衣服十二。）次则十七篇，每篇各为之图；（士冠十，士昏十二，士相见一，乡饮酒九，乡射十三，燕十七，大射十二，聘三十，公食大夫十二，觐八，丧服三十九，既夕十一，士虞六，特牲馈食十七，少牢馈食八，有司彻十八。）其不能为图者则代以表，（凡六篇）每图每表皆缀以极简单之说明。用图表方法说经，亦可谓一大创作。（宋人有《三礼图》等书，仅图器物，且多臆揣，不能援以为比。）道咸间，则有邵位西（懿辰）《礼经通论》，专明此经传授源流，斥古文《逸礼》之伪。有这三部书振裘挈领，把极难读的《仪礼》变成人人可读，真算得劳苦功高了。其集大成者则有道光间胡竹村（培翚）之《仪礼正义》，为极佳新疏之一，当于新疏条下别论之。（与竹村同时合作者有胡墨庄、胡承洪之《仪礼今古文疏义》，但主于辨正文字，非为全书作新疏也，勿混视。）

（3）《礼记》清儒于《礼记》，局部解释之小书单篇不少，但全部笺注，尚未有人从事。其可述者，仅杭大宗（世骏）之《续礼记集说》。其书仿卫湜例，为录前人说，自己不下一字。所录自宋元人迄于清初，别择颇精审，遗佚之说多赖以存。例如姚立方的《礼记通论》，我们恐怕没有法子再得见，幸而要点都采撷在这书里头，才能知道立方的奇论和特识，这便是杭书的功德。次则郭筠仙（嵩焘）的《礼记质疑》，对于郑注所匡正不少。将来有著《礼记》新疏的人，这两部书总算最好的资料了。（朱彬的《礼记训纂》未见，不敢批评。）

《礼记》单篇别行之解释，有皮鹿门（锡瑞）之《王制笺》，康长素（有为）之《礼运注》，刘古愚（光蕡）之《学记臆解》，各有所新发明。

（4）《大戴礼》《大戴礼》旧惟北周卢辩一注，疏略殊甚，且文字讹脱亦不少。乾嘉间戴东原、卢抱经从事校勘，其书始稍稍可读。阮芸台欲重注之，未成，而孔巽轩（广森）著《大戴礼记补注》，汪少山（照）著《大戴礼记补注》，二君盖不相谋，而其书各有短长，汪似尤胜也。（孔书刻于乾隆五十九年，有自序及阮元序。汪书年代无考，然有王昶序自称同学弟，则汪年辈或稍先于孔也。）

《大戴礼》单篇别行之解释，则有黄相圃（模）之《夏小正分笺》《夏小正异义》。书中《曾子立事》等十篇，清儒以为即《汉书·艺文志》“曾子十八篇”中之遗文，阮芸台（元）把他抽出单行，为《曾子注释》四卷。

（5）礼总 礼学家往往不专一经，因这门学问的性质本贯通群经也。通贯群经的礼学著作有几部书应该论列者，最初的一部为徐健庵（乾学）的《读礼通考》，百二十卷，这部书是健庵居丧时编的，为言丧礼最详备之书，虽题健庵著，其实全出万季野，所以甚好。（健庵为亭林之甥也，有相当的学问，礼学尤其所好。观《憺园集》论礼制诸篇可知。）中间的一部是秦味经（蕙田）的《五礼通考》二百六十二卷。这书为续补《读礼通考》而作，我很疑心有一大部分也出万季野手，但未得确证，不敢断言。曾涤生大佩服此书，说他“体大物博，历代典章具在；三礼之外，得此而四”。俞荫甫则说他“按而不断，无所折衷，可谓礼学之渊薮，而未足为治礼者之艺极”。（俱见《礼书通故》俞序。）此书之短长，这两段话尽之了。此书成于众手，非味经自著。分纂的人确实可考者有戴东原、王兰泉，也许钱竹汀、王西庄都在里头，其余二三等学者当更不少。所以全书各篇价值不同，有很好的，有较次的，不如《读礼通考》之画一谨严。依我看，这书是一部很好的类书，价值在《文献通考》上。（专指礼制一部分言，《文献通考》范围比他更广，所无的门类，自无从比较。）或者也可以说是中国礼制史的长编。“按而不断，无所折衷”，固然是他的毛病，但我总觉得“折衷”这句话是空的，自己以为折衷，别人看来不过多一重聚讼的公案。（汉代的石渠奏议、白虎观讨论，何尝不是想折衷？况且在场的人都是第一流学者了，你看算不算空论？）所以按而不断，或者也是此书的最好处理。最后的一部是黄儆季（以周）的《礼书通故》一百卷。儆季为薇香（式三）之子，传其家学，博而能精；又成书最晚（草创于咸丰庚申，告成于光绪戊寅。）先辈所搜辑所考证，供给他以较丰富的资料。所以这部书可谓为集清代礼学之大成。他对于每项礼制都博征古说而下以判断，正和《五礼通考》的性质相反，他的判断总算极矜慎极通明，但能否件件都算为定论，我却不敢说了。

以上三种，是卷帙最浩博、材料最丰富的。此外，礼学重要著作，在初期则有惠天牧（士奇）的《礼说》，江慎修（永）的《礼书纲目》，算是这门学问中筚路蓝缕的书。《礼书纲目》的体例，为后来秦、黄两家所本，虽后起者胜，而前人之功万不容没。在中叶则任幼植（大椿）、程易畴（瑶田）、金辅之（榜）、凌次仲（廷堪）都有精到的著作，檠斋的《礼笺》，易畴的《通艺录》最好。他们纯粹是戴东原一派的学风，专做窄而深的研究，所选的题目或者是很小的，但在这个题目的范围内，务把资料搜齐。类书式的案而不断，他们是不肯的，但判断总下得极审慎。所以他们所著虽多属小篇，但大率都极精锐。（《东原集》中考证礼制之文有十几篇，正是如此。）又焦里堂之《群经宫室图》，虽标题“群经”，而所重在三礼，考证宫室最通瞻之书也。此外则孔巽轩的《礼学卮言》，武虚谷（亿）的《三礼义证》，金城斋（鹗）《求古录礼说》，凌晓楼（曙）的《礼说》，陈朴园的《礼说》，性质大略相同，都各有独到处。又如凌晓楼之《公羊礼疏》，侯君模之《榖梁礼证》等，虽择他经，然专明彼中礼制一部分，亦礼学之流别也。其余各家文集笔记论礼精核之专篇极多，不能具录。

试总评清代礼学之成绩，就专经解释的著作论，《仪礼》算是最大的成功。凌、张、胡、邵四部大著，各走各的路，各做到登峰造极，合起来又能互相为用，这部经总算被他们把所有的工作都做尽了。《周礼》一向很寂寞，最后有孙仲容一部名著，忽然光芒万丈。剩下的就是《礼记》，我们很不满意。《大戴礼》本来是残缺的书，有好几位学者替他捧场，也还罢了。

就通贯研究的著作论，有徐、秦、黄三部大著，分量总算很重；其余碎金式的零册数篇，好的也不少。用从前经学家的眼光看，成绩不能不算十分优良了。但这门学问到底能否成立，我们不能不根本怀疑。头一件，所根据的几部经，先自有无数问题。《周礼》之难信不必说了，《仪礼》成立的时代，也未有定论，《礼记》则各篇之真伪及时代，亦纠纷难理。万一所凭藉的资料或全部或一部分是假的，那么，所研究的岂非全部或一部分落空？第二件，就让一步说都是真的，然而几部书成立年代有很大的距离，总不能不承认。（如说《周礼》《仪礼》是周公作，《礼记》是七十子后学者所记，首尾便一千多年了。）然而里头所记各项礼制，往往东一鳞西一爪，非互勘不能说明。互勘起来，更矛盾百出。（例如五等封建的里数，井田的亩数，《孟子》和《周礼》和《王制》何等矛盾。五帝的祀典，《月令》和《帝系姓》何等矛盾。国学、乡学的制度及所在地，《礼记》各篇中相互何等矛盾。此类悉举，不下数十事。）学者对于那部经都不敢得罪，只好四方八面弥缝会通。根本不能全通的东西，越会通越弄到一塌糊涂。议礼所以纷如聚讼，就是为此。从古已然，墨守汉学的清儒为尤甚。（解释专经时稍为好些，《仪礼》问题比较的少，所以《仪礼》独多好书。）所以他们的成绩虽然很好，我恐怕这些成绩多半是空的。

礼学的价值到底怎么样呢？几千年很琐碎很繁重的名物（宫室、衣服、饮食之类，）制度（井田、封建、学校、军制、赋役之类，）礼节（冠昏、丧祭之类，）劳精敝神去研究他，实在太不值了。虽然，我们试换个方向，不把他当作经学，而把他当作史学，那么，都是中国法制史、风俗史、×× 史、×× 史的第一期重要资料了。所以这门学问不必人人都学，自无待言。说他没有学问的价值，却大大不对。清儒的工作，最少也算替后人把所需要的资料搜集在一处，而且对于各种资料相互的关系，和别择资料的方法，有许多意见足供后人参考，这便是他们不可没的功劳。我们若用新史家的眼光去整理他，可利用的地方多着哩。

（戊）《春秋》三传 《春秋》是孔子唯一的著作。孟子、董仲舒、司马迁说得如彼其郑重，这部书地位之尊不待言了。但文字简单到如彼，非传不能明白，所以治《春秋》者不能舍传而专言经。西汉博士，只有《公羊》底下严、颜两家，也可以说《春秋》只有一传。后来《穀梁》出来，又后来《左氏》出来，东汉时便三传并行，各有专家，然终以《公羊》为最盛。六朝以后，《公羊》《穀梁》日废，《左氏》孤行。唐代便渐渐的“《春秋》三传束高阁，独抱遗经究终始”了。啖助、赵匡之流，把三传都攻击得一钱不值。自此以后，纷纷奋臆作传，而宋人胡安国的传盛行。明永乐将胡传立于学官，三传真皆废了。间有治《左传》者，不过拿来做策论的资料。清以前《春秋》学的形势，大略如此。清儒刻意复古，三传之学渐渐的都恢复转来。今分论之。

（1）《左氏传》《左传》的真伪及著作年代很有问题，等到辨伪书条下再说。这部书本是史的性质而编在经部，所以学者对于他也有“史的研究”“经的研究”之两派。史的研究派有一部极好的书，是顾震沧（栋高）的《春秋大事表》，其内容及价值前文已经说过。经的研究派，大抵对于杜注、孔疏摭拾纠补。乾隆以前未有专治此传之人，到嘉道间刘孟瞻（文淇）、伯山（毓崧）父子继续著一部《左传正义》，可惜迄未成书。当于新疏条下别论之。

（2）《公羊传》清儒头一位治《公羊传》者为孔巽轩（广森），著有《公羊通义》，当时称为绝学。但巽轩并不通公羊家法，其书违失传旨甚多。公羊学初祖，必推庄方耕（存与），他著有《春秋正辞》，发明公羊微言大义，传给他的外孙刘申受（逢禄），著《公羊何氏释例》，于是此学大昌。龚定庵（自珍）、魏默深（源）、凌晓楼（曙）、戴子高（望）都属于这一派，各有散篇的著述。而陈卓人（立）费毕生精力，成《公羊义疏》七十六卷，实为董、何以后本传第一功臣。其内容及价值，别于新疏条下论之。晚清则王壬秋（闿运）著《公羊笺》，然拘拘于例，无甚发明。其弟子廖季平（平）关于公羊著述尤多，然穿凿过甚，几成怪了。康先生（有为）从廖氏一转手而归于醇正，著有《春秋董氏学》《孔子改制考》等书，于新思想之发生，间接有力焉。

（3）《穀梁传》穀梁学自昔号称孤微，清中叶以后稍振，其著作有钟朝美（文烝）之《穀梁补注》，有侯君谟（康）之《穀梁礼证》，有柳宾叔（兴思）之《穀梁大义述》。柳书较佳。

综校清代春秋学之成绩，《左》《穀》皆微不足道。（刘氏《左传正义》若成，则左氏重矣。）惟《公羊》极优良，诸经除《仪礼》外，便算他了。今文学运动以公羊为中心，开出晚清思想界之革命，所关尤重。

（己）四书“四书”之名，是朱子以后才有的。明人及清的理学家关于四书的著作颇多，清的汉学家却很少。最著名的，前有阎百诗之《四书释地》，后有翟晴江（灏）的《四书考异》，但都是局部的考证，无关宏旨。清儒有价值的著作，还是将《大学》《中庸》璧回《礼记》，《论语》《孟子》各别研究。

（1）《论语》《论语》有一部名著，曰刘楚桢（宝楠）、叔俛（恭冕）继续著成的《论语通义》，其价值及内容，在新疏条下别论之。今文派有戴子高的《论语注》，引《公羊》为解，虽多新见，恐非真义。别有焦里堂的《论语通释》，虽寥寥短册，发明实多。而简竹居之《论语集注述疏》，则疏解朱注。宋人经注之有疏，此为创见云。

《论语》单篇别行之解释，则有江慎修之《乡党图考》，盖礼学之流。

（2）《孟子》《孟子》也有一部名著，曰焦里堂（循）的《孟子正义》，别于新疏条论之。戴东原的《孟子字义疏证》，为清代第一流著述，但其目的不专在释《孟子》，别于戴氏学专篇论之。

（庚）诸经新疏合评　现在之《十三经注疏》，其注出汉人者六，（《毛诗》《周礼》《仪礼》《礼记》《公羊传》《孟子》）出魏晋人者五，（《周易》《左传》《穀梁传》《论语》《尔雅》）伪托汉人者一，（《尚书》）出唐人者一，（《孝经》）其疏出唐人者九，（自《周易》至《穀梁传》）出宋人者四。（《孝经》《论语》《孟子》《尔雅》）清代提倡经学，于是注疏之研究日盛。然愈研究则愈发见其缺点。就疏的方面论，唐人孔、贾诸疏，本成于众手，别择不精，牴牾间出。且六朝经学，本分南北两派，北尊实诂，南尚空谈；初唐诸疏，除三礼外，率宗南派，大为清儒所不喜。宋人四疏，更不足道了。就注的方面论，除汉人六种外，其余七种，皆大为汉学家所不满意。以此之故，他们发愤另著新疏，旧注好的便疏旧注，不好的便连注一齐改造。自邵二云起到孙仲容止，作新者十余家。十三经中，有新疏者已得其十，这些新疏的作者，都是竭毕生之力，熔铸几百种参考书才泐成一稿，真算得清朝经学的结晶体了。今列举各书，稍为详细点说明，备将来汇刻《新十三经注疏》者采择焉。（一经有两部以上之新疏者，只采一部，余部附论。）次第以著作年代先后为序。

《尔雅正义》二十卷。（余姚邵晋涵二云著，乾隆四十年属稿，五十年成，凡经十年。）

附：《尔雅义疏》二十卷。（栖霞郝懿行兰皋著。）

邵二云是头一位作新疏的人。这部《尔雅正义》，在清学史中应该特笔记载。旧注疏本《尔雅》，为晋郭璞注，宋邢昺疏。“邢疏多摭拾《毛诗正义》，掩为己说。南宋人已不满其书，后采列诸经之疏，聊取备数而已。”（原序语）二云此书，仍疏郭注。但旧本经文有讹舛，注亦多脱落。二云先据唐石经及宋椠本，详为增校，又博采汉舍人。（姓名也，旧认为官名，误。）刘歆、樊光、李巡、孙炎、梁沈旋，陈顾野王，唐裴瑜诸君佚注，以郭为主，而分疏诸家于下。郭注云未详者，则博征他经之汉人注以补之。《尔雅》缘音训义者颇少，二云更取声近之字，旁推交通，申明其说。书凡三四易稿乃定。

《郝氏义疏》成于道光乙酉，后邵书且四十年，近人多谓郝优于邵。然郝自述所以异于邵者不过两点，一则“于字借声转处词繁不杀”，二则“释草木虫鱼异旧说者皆由目验”。（胡培翚撰郝墓表引）然则所异也很微细了，何况这种异点之得失，还很要商量呢。因前人成书增益补苴，较为精密，此中才以下尽人而可能。郝氏于发例绝无新发明，其内容亦袭邵氏之旧者十六七，实不应别撰一书。（其有不以邵为然者，著一校补或匡正误等书，善矣。）《义疏》之作，剿说掠美，百辞莫辨。我主张公道，不能不取邵弃郝。

《尚书今古文注疏》三十卷。（阳湖孙星衍渊如著，乾隆五十九年属稿，嘉庆二十年成，凡经二十二年。）

附：《尚书集注音疏》十二卷。（吴县江声艮廷著。）

《尚书后案》三十卷。（嘉定王鸣盛西庄著。）

《尚书集注述疏》三十五卷。（顺德简朝亮竹居著。）

自《伪古文尚书》定案之后，旧注疏里头的《伪孔传》跟着根本推翻，孔颖达疏也自然“树倒猢狲散”了。于是这部经需要新疏，比别的经更形急切。孙、江、王三家和段茂堂的《古文尚书撰异》，都是供给这种需要的应时著述。但这件事业甚难，因为别的疏都是随注诠释，有一定范围。这部经现行的注既要不得，而旧注又皆散佚，必须无中生有造出一部注来，才可以做疏的基本。孙、江、王、段年辈相若，他们着手著述，像是不相谋，而孙书最晚成。四家中除段著专分别今古文字，罕及义训外，余三家皆诠释全经，纯属疏体。江氏裁断之识较薄，其书用篆体写经文，依《说文》改原字，其他缺点甚多。王氏用郑注而兼存伪传，又不载《史记》及《大传》异说，是其所短。孙书特色，一在辨清今古文界限，二在所辑新注确立范围。他认定《史记》为古文说，（因司马迁从孔安国问故。）《尚书大传》及欧阳、大小夏侯为今文说，（因皆伏生所传）马融、郑玄为孔壁古文说。（因出自卫宏、贾逵）他名之曰“五家三科”。这些人的遗说

都升之为注，其余先秦诸子及纬书、《白虎通》等之今古说，许氏《说文》中之古文说，皆附之疏中。取材矜慎，树例谨严，故最称善本。（据钱衎石《记事稿》卷十说，渊如的经学书大半由李次白贻德续成，此书当亦在其列。）

现在《尚书》新疏中诚无出孙著之右，但孙著能令我们满足否？还不能。汉人注也有许多不对的地方，我在前段《尚书》条已经论过。但这一点姑且不管，即以汉注论，马、郑注和欧阳、夏侯遗说，孙氏搜集未到而再经后人辑出者也很不少。所以我想现在若有位郝兰皋，倒有一桩买卖可做。试把孙、江、王以后续辑的《尚书》古注重新审定一番，仍区画今古文，制新注新疏，一定可驾诸家之上而不算蹈袭，可惜竟无其人哩。

简竹居就是想做这桩买卖的人。可惜他学问不甚博，见解又迂滞一点。他的《集注述疏》，枝辞太多，还不能取孙渊如而代之哩。

《孟子正义》三十卷。（江都焦循里堂著，嘉庆二十年始为长编，二十三年属稿，二十四年成。）

《孟子》有赵岐注，实汉经师最可宝之著作。惟今注疏本之孙奭疏，纯属伪撰，钱竹汀及《四库提要》已辨之。其书芜秽踳驳处不可悉数，与孔、贾诸疏并列，真辱没杀人了。所以新注之需要，除《尚书》外，则《孟子》最为急切。里堂学问方面极多，其最用力者为《易学三书》。注《易》既成，才着手做此书，已经垂老，书才成便死了。他说："为《孟子》作疏者十难。"（见本书卷末，文繁不录。）但又说生在他的时代，许多难工夫都经前人做过，其难已减去七八。他备列所引当代人著述，从顾亭林、毛大可起到王伯申、张登封止，凡六十余家，可见他搜采之勤与从善之勇了。他以疏解赵注为主，但"于赵氏之说或有所疑，不惜驳破以相规正"。（卷三十，页九）是于唐人"疏不破注"之例，也并未尝墨守。这书虽以训释训诂名物为主，然于书中义理也解得极为简当。里堂于身心之学，固有本原，所以能谈言微中也。总之，此书实在后此新疏家模范作品，价值是永永不朽的。

《诗毛氏传疏》三十卷。（长洲陈奂硕甫著，嘉庆十七年属稿，道光二十年成，凡经二十八年。）

这部书和并时胡、马两家书的比较，前在《诗经》条下已略为说明。孔颖达《毛诗正义》，合毛传郑笺而并疏之。硕甫以为郑康成本治《韩诗》，后改从毛，而作笺又时杂鲁说，实为不守家法。（他自序虽未明斥郑，言外实含此意。）所以舍郑而专疏毛。他自述撰著方法，说道："初仿《尔雅》，编作义类。凡声音训诂之用，天地山川之大，宫室衣服制度之精，鸟兽草木鱼虫之细，分别部居，各为探索，久乃铲除条例章句，揉成作疏。"（原书自序）可见他这部书，先有一番分类的草稿，后来才通贯成书，所以全书没有一点矛盾罅漏。硕甫是段茂堂弟子，最长于训诂，毛传是最古最好的训诂书，所以此书所疏训诂，最为精粹。至于礼数名物，则毛传阙而不详，郑笺所补，以这部分为多。而硕甫不满于郑，他"博引古书，广收前说，大抵用西汉以前之说，而与东汉人不苟同"。（原书条例十九）这一点是他很用力的地方，但成功如何，我却未敢十分相信。总之这部书，硕甫"毕生思虑，会萃于兹"。（自序语）其价值与《毛诗》同悬天壤，可断言也。

《仪礼正义》四十卷。（绩溪胡培翚竹村著。此收属稿及告成年月难确考，惟卷首有道光己酉十月罗惇衍序，称“先生力疾成书，书甫成，而遽归道山”。己酉为道光二十九年，竹村正以其年七月卒，然则书亦成于其年也。罗序又言此书“覃精研思，积四十余年”。然则嘉庆十年前后已属稿矣。）

竹村为胡朴斋（匡衷）之孙。朴斋著有《仪礼释官》，甚精洽，故《仪礼》实其家学。竹村又受业凌次仲，尽传其礼学，所以著《仪礼》新疏的资格，他总算最适当了。他以为“《仪礼》为周公所作，有残阙而无伪托。郑注而后，惟贾公彦疏盛行，然贾疏疏略，失经注意”，于是发愤著此书。自述“其例有四：曰补注，补郑君所未备也；曰申注，申郑君注义也；曰附注，近儒所说虽异郑恉，义可旁通，广异闻祛专己也；曰订注，郑君注义偶有违失，详为辨正，别是非，明折衷也”。（胡培系著《族兄竹村先生事状》引，见《研六室文抄》卷首。）我们看这四个例，就可以知道此书内容大概了。

《春秋公羊传义疏》七十六卷。（句容陈立卓人著。此书著作年月无考。因我仅见《经解》续编本，序例皆失载，无从考定。惟据《句溪杂著》卷六《论语正义序》云：“道光戊子秋，立随刘孟瞻、梅蕴生两师，刘楚桢、包孟开两先生赴乡闱。孟瞻师、楚桢先生病十三经旧疏多踳驳，欲仿江氏、孙氏《尚书》，邵氏、郝氏《尔雅》，焦氏《孟子》，别作义疏。孟瞻师任《左氏传》，楚桢先生任《论语》，而以《公羊》属立……”则是书发意著述当在道光八年，时卓人年仅二十耳。惟《杂著》有刘文淇（孟瞻）癸卯七月叙，语意全在敦促卓人之著此书，则似癸卯时尚未有端绪。《杂著》自序称庚申出守滇南，不克履任，以后蹀躞道路，不能著述，又遭乱，藏书尽毁云云；《论语正义序》又言“近甫辑成稿本，复橐笔游楚越”。刘叔俛为作墓志铭，则其游楚越，正在授云南曲靖府不克到任之后。然则是书当成于癸卯（道光二十三年）之间，前后可十八年。惟戊子至癸卯间，预备工夫亦当不少耳。）

注《公羊》的何邵公与郑康成齐名，自然是诸经注中之最好者。但徐彦的旧疏空言敷衍，毫无发明，因为唐时公羊之学久绝，也难怪他。然疏之当改造，则学界所同认了。凌晓楼尝锐意以此自任，晚年病风，精力不逮，仅成《公羊礼疏》十一卷。（据刘孟瞻《句溪杂著序》。孟瞻，晓楼外甥也。）卓人为晓楼弟子，继师志以成此书。此书严守“疏不破注”之例，对于邵公只有引申，绝无背畔，盖深知公羊之学专重口说相承，不容出入也。其所征引，自董仲舒、司马迁以下，凡汉儒治公羊家言者，殆网罗无遗；清儒自孔、庄、刘以下，悉加甄采，而施以严正的裁断；礼制一部分，则多采师（凌）说而笃宗郑氏，程易畴、金辅之驳正最多。其余公羊家三世九旨诸说——邵公所谓“非常异义可怪之论”者，阐发无余蕴，不独非巽轩所梦见，即方耕、申受亦逊其精锐。在公羊学里头，大约算登峰造极的著作了。（此书序例失传，不能知其义例要点。我是二十七八年前曾读过一遍，久已忘记，这段批评总不能写出原书的特色。）

《论语正义》二十四卷。（宝应刘宝楠楚桢著，子恭冕叔俛续。叔俛后序云：“道光戊子，先君子与刘先生文淇、梅先生植之、包先生慎言、柳先生兴思、陈丈立，约各治一经。先君子发策得《论语》。先为长编数十巨册，次乃荟萃折衷之。……既而精力就衰，后所阙卷，畀恭冕，使续成。咸丰乙卯，将卒业，而先君子不起。又十年，及乙丑之秋，而后写定。”某某部分有叔俛所续，难确考。李莼客《越缦堂日记》谓所续为《雍也篇》以后，当有据。然莼客又指出，《公冶篇》以前所引书，有为楚桢未见及者。然则全书殆皆经叔俛增订矣。）

附：《论语集注补正述疏》十卷。（顺德简朝亮竹居著。）

《论语》学在汉有齐、鲁、古三家，自张禹合齐于鲁，郑康成复合齐、鲁于古，师法不可复辨。何晏集解，自言“集诸家之善，其不安者颇为改易”。然去取多乖，义蕴粗略，皇、邢二疏，益无所发明。（皇疏近人已疑其伪。）刘氏此书，仍疏何注。叔俛所述凡例云：“注用集解者，所以存魏晋人著录之旧。而郑君遗注，悉载疏内。至引申经文，实事求是，不专一家。故于注义之备者则据注以释经，略者则依经以补疏；其有违失未可从者，则先疏经文，次及注义。”据此可知，他对于何平叔集解实深致不满，不过不得已而用之。故各章之疏，破注居半，在诸疏中算是最例外的了。陈卓人说：“视江、孙、邵、焦诸疏义，有过之无不及。”我未细读，不敢多评，大概总不错吧。

竹居疏晦翁集注，当然与汉学家不同调。但平心而论，晦翁集注实比平叔集解强。若把汉宋门户搁在一边，则疏他也何尝不可？只是竹居的疏，我总嫌他空话太多一点。

《左传旧注疏证》八十卷。（仪征刘文淇孟瞻著，子毓崧伯山、孙寿曾恭甫续，未成。）

这部书始终未成，真是学界一件憾事。孟瞻、伯山父子之学，我们读青溪旧屋、通义堂两集可以想见一斑。这部书之发起，据陈卓人说是道光八年和《论语正义》《公羊义疏》同时动议的。（见前）据伯山说“草创四十年，长编已具，然后依次排比成书”。（《通义堂集》卷六《先考行略》）但《左传》卷帙如彼其繁重，卒业自属大难。孟瞻未及写定而卒，伯山继之，时值乱离，年仅五十卒，迄未能成，恭甫又继之，年四十五卒，至襄公而绝笔。三世一经，赍志踵没，可哀矣！（据《国史儒林传》稿）此书既未得见，自无从妄下批评。但据伯山所述，知道他是革杜注的命。《左传》自刘歆创通义训后，贾逵、服虔两注盛行，自杜预剽窃成今注，而旧注尽废。预助司马氏篡魏，许多诐邪之说夹在注中，所谓“饰经术以文奸言”者，前人论之甚多，大概不为冤枉。这些且不管它。至于盗窃成书，总不能不说是破坏著述家道德。孟瞻父子，就是要平反这重公案。此书体例，“先取贾、服、郑三君之注疏通证明。凡杜氏所排击者纠正之，所剿袭者表明之，其沿用韦氏《国语注》者，亦一一疏记。他如《五经异义》所载左氏说，皆本左氏先师，《说文》所引《左传》，亦是古文家说，《汉书·五行志》所载刘子骏说，实左氏一家之学。又如经疏史注及《御览》等书所引《左传》注，不载姓名而与杜注异者，亦是贾、服旧说。凡若此者，皆称为旧注而加以疏证。其顾、惠补注及洪稚存、焦里堂、沈小宛等人专释左氏之书，以及钱、戴、段、王诸通人说，有可采，咸与登列。末始下以己意，定其从违。上稽先秦诸子，下考唐以前史书，旁及杂家笔记文集，皆取为证佐。期于实事求是，俾左氏之大义炳然复明。”（伯山《先考行略》）此事若成，价值或为诸家新疏之冠，也未可知。今既不得见，所以我不嫌繁重，把伯山的话全录如右。刘家子弟闻尚有人，不审能把家藏稿本公之于世否？就是缺了昭、定、哀三公，也无妨呀！

《周礼正义》八十六卷。（瑞安孙诒让仲容著，同治季年草创，光绪二十五年成。）

此书和黄儆季的《礼书通故》，真算得清代经师殿后的两部名著了。此书重要的义例有如下诸点：其一，释经语极简，释注语极详。就这点论，和刘楚桢的《论语正义》正相反。盖楚桢本不信任何氏集解，仲容则谓“郑注详博渊奥，注明即经明，义本一贯也”。其二，多存旧疏，声明来历。盖贾疏在诸旧疏中

本较好，原非《孟子》伪孙疏，《公羊》徐疏，《尚书伪孔传》之孔疏等可比也。唐疏多乾没旧义，近儒重修，时亦不免。如胡竹村《仪礼正义》袭用贾疏处盖不少，而每没其名。仲容则绝不攘善，于著述家道德守之最严。其三，虽极尊郑注，而不墨守回护。他说："唐疏例不破注，六朝义疏家原不尽然。"且康成对于杜（子春）、郑（众）亦时有纠正。所以他窃比斯义，"寻绎经文，博稽众家，注有牾违，辄为匡纠"。其四，严辨家法，不强为牵合。清儒治礼，嗜博太过，每揉杂群书，强事会通。仲容谓"《周礼》为古文学，与今古师说不相同，曲为傅合，非惟于经无会，弥复增其纷纠"。所以他主于以本书解本书，他书不合之处，疏通别白使不相淆。就这点论，最合守约之法。综而论之，仲容斯疏，当为清代新疏之冠，虽后起者胜，事理当然，亦其学识本有过人处也。《周礼》本书价值问题，迄未解决。仲容极端的尊信，是否适当，原很有商榷的余地，但这部书最少也是西汉末一种古籍，就令出于汉人理想的虚构，也很值得细心研究。仲容这部疏，总算替原书做一个大结束了。

以上所举九部新疏，（附见四部）十三经中已得九经了，余下四经，还要附带一讲。

一、《孝经》有善化皮鹿门（锡瑞）的《孝经义疏》，但我未见，不敢批评。《孝经》价值本来仅等于《礼记》之一篇，我想有无不甚足为轻重的。

二、《穀梁传》这部传可谓"数奇"。据我所知，邵二云曾著一部《穀梁正义》，像是未成。（洪稚存《邵学士家传》说他著有《穀梁古注》；钱竹汀《邵君墓志铭》说他著有《穀梁正义》。我想或是《古注》已成，《正义》正在属稿。盖二云以五十四误药暴卒，著作多未成也。）其后梅蕴生植之又拟著《穀梁集解正义》，亦未成而卒。〔薛寿《学诂斋文集》卷下《嵇庵集后序》云："丁亥、戊子间，先生欲仿孙氏《尚书》、焦氏《孟子》例，撰《穀梁集解正义》，草创疏证而书未成。"案蕴生为刘孟瞻、刘楚桢之友，陈卓人之师。卓人述道光戊子与蕴生、二刘及包孟开赴乡闱时，相约著各书（看前文《公羊义疏》条注）。当时，楚桢任《论语》，孟瞻任《左氏》，卓人任《公羊》，蕴生则任《穀梁》。蕴生《嵇庵集》中有赠薛子寿诗，云："泛舟及包、刘，遂结著书约。"即指此事也。蕴生中年咯血，寿仅五十（见孟瞻所为《梅君墓志铭》），故此书独不成。〕

大概邵著拟另集古注，（如孙氏《尚书》例）梅著拟仍疏范宁集解，（如焦氏《孟子》例）但都未成，不必多讲了。

三、《礼记》这部书始终未有人发心做新疏，总算奇事。

四、《易经》做这部书的新疏，我想怕是不可能的。因为疏王、韩旧注，不独清儒所不肯，且亦没有什么引申发明的余地，除非疏李鼎祚的集解或另辑一注。但汉儒异说纷歧，遍疏亦穷于术。（在我们看是"一丘之貉"，在尊崇汉学的清儒看是"两姑之间难为妇"。）所以，或如焦里堂之空诸依傍，独抒己见；（毛奇龄之《仲氏易》，姚配中之《周易姚氏学》等亦近此类。）或如张皋文之专释仲翔，抱残守缺。（皋文之《周易虞氏义》亦全经通释，但非疏体。）若要作一部"惠氏《易汉学》式"之新疏，恐怕谁也没有这种勇气。

以上所举诸家新疏，是否算已经把这几部经完全弄明白？这几部经是否值得下恁么大的工夫？都是别问题，我不敢轻下判断。但和现行的《十三经注疏》比较，最少有两种优异之点：第一，每一部疏由一人独力做成，不像旧疏成于众手；第二，每人只做一部疏，不像孔、贾辈之“包办的”“万能的”。（此专指唐疏言，几部恶劣的宋疏更不足齿论。）我们对于几位著作家不能不十二分感服，因为他们的忠实和努力是很不容易学的。他们不为名，不为利，只是为学问而学问，把全生涯费在一部书，卒能贯彻初志。他们的学问有用无用另一问题，但他们做学问的方法真可学。做一门学问便要把他的内容彻底了解，凡一切关系的资料搜集一无遗漏。着手著述之时，先定计画，各有别裁。每下一判断，必待众证都齐之后。（判断对不对另一问题，也许证甚博而断仍错，但待证乃断，便是忠实于学。）所以这几部书，无论如何，总是在学术史上有纪念的价值。至于他们所以能著成这几部书，也非专靠他们个人之力。九部之中，两部成于乾隆末年，七部在嘉道以后，实由先辈已经做过许多工作，他们才利用而集其成。倘使他们生于明代或清初，也不能有这种成绩。所以，我名之为“清代经学的结晶体”。有好事者能把诸书汇刻为一编，亦一佳话也。

（辛）其他通释群经之著作　清儒以经学为学问中心。凡笔记类如《日知录》《十驾斋养新录》《东塾读书记》等，文集类如戴、段、阮、钱……诸集等，说经之文占大部分。想完全了解清人经学，这类书实极重要，但内容既不尽属于经，我只得别标一题评它们的价值。这里有几部书，应该特提：

朱竹垞（彝尊）的《经义考》三百卷。这部书把竹垞以前的经学书一概网罗，簿存目录，实史部谱录类一部最重要的书，研究“经史学”的人最不可少。还有谢蕴山（启昆）的《小学考》，也是踵朱书而成，其内容价值当于谱录条下论之，今互见于此。

臧玉林（琳）的《经义杂记》三十卷。这书若出在乾嘉以后，并不稀奇，因为它是康熙初年作品，而饶有乾嘉学派精神，所以要另眼看待。（这书久藏于家。嘉庆间，才由他的玄孙臧在东庸刻出。有人说，内中一部分是在东所著，归美先人，但无确据，不敢遽认为事实。）

王伯申（引之）的《经义述闻》三十二卷。王石臞、伯申父子，为清学第一流大师，人人共知。这书名为“述闻”，盖伯申自言闻于石臞者，其实他们以父子而兼师友，此书亦可称父子合作也。这部书最大的价值，在校勘和训诂方面，许多难读或前人误解的文句，读了他便涣然冰释。王氏父子理解直凑单微，下判断极矜慎，所以能为一代所宗。（试留心读嘉道以后著作，罕有能引《经义述闻》而驳之者。）世所称“王氏四种”者，乃此书与《经传释词》《读书杂志》《广雅疏证》合称。实则四种合起来，才见得出王氏经学之全豹。今为叙述方便起见，那几部在小学及子书两条下别论。

俞荫甫（樾）的《群经平义》十卷。此书全应用《经义述闻》的方法，继续有所发明，价值也仅下《经义述闻》一等。

平心论之，清代风尚所趋，人人争言经学，诚不免汉人“碎义逃难”“说三字至二十余万言”之弊。虽其间第一流人物尚或不免，承流望风者更不待言。所以，在清末已起反动，现在更不消说无人过问了。他们若能把精力和方法用到别的方面，成就或者可以很大，仅用之几部古经，已觉十分可惜。即以经学论，讲得越精细，越繁重，越令人头痛，结果还是供极少数人玩弄光景之具，岂非愈尊经而经愈遭殃吗？依我看，这种成绩，只好存起来算做一代学术的掌故，将来有专门笃嗜此学之人，供他们以极丰富的参考。至于整理经学，还要重新辟一条路，令应读之经，（非全数都应读也。注意！）人人能读而且乐读。我虽然还没有具体方法，但大概在用简明的方法解释其文句，而用有趣味有组织的方法发明其义理。义理方面且另说，文句方面则清儒替我们做过的工作实不少。大约清儒经学诸书，名物制度一类，聚讼不结者尚很多；训诂一类，工夫已经做到八九成。这便是各位经师对于一般人最大的贡献了。

（二）小学及音韵学

小学本经学附庸，音韵学又小学附庸，但清儒向这方面用力最勤，久已“蔚为大国”了。方才说他们最大的贡献在训诂，他们为什么能有这种贡献？就因为小学音韵学成为专门之业。今为叙述方便起见，所以于经学之外，别立一节论他。

“小学”是袭用汉人的术语，实际上应该叫作文字学。这门学问，可以分为两大类：一是研究一个字或一个辞的意义，二是研究字和辞的联缀用法。我为下文说明便利起见，杜撰两个新术语：第一类叫作“字义学”；第二类叫作“字用学”。音韵学也是字义学的一部分。所有的小学书，什有九是字义学。“字用学”现在还幼稚得很哩。

字义学即是字典之学。我国古来之字典有三种组织法：一，以各字（或辞）所含意义分类组织，《尔雅》《方言》《释名》《广雅》等书便是。二，以各字的形体及所从偏旁分类组织，《说文》《玉篇》等书便是。三，以各字的读音分类组织，《切韵》《集韵》《广韵》等书便是。本书所讲，以第一、二类归入小学，以第三类归入音韵学。

崇祯十五年出版之方密之（以智）《通雅》五十卷，实为近代研究小学之第一部书，体例略仿《尔雅》，而门类稍有增减。此书有许多新理解，先乾嘉学者而发明，但后来人征引很少，不知何故。《尔雅》一类书之专门的研究，盖始于戴东原。他著有《尔雅文字考》十卷，其书成而未刻，今恐已佚。据自序所说，原系随手札记之书，大约于舍人、刘歆、樊光、李巡、郑康成、孙炎旧注多所搜辑，补郭注之漏，正邢疏之失，至于“折衷前古，使《尔雅》万七百九十一言，合之群经、传记靡所扞格，则俟诸异日”。据此，知东原对于整理《尔雅》尚有许多计画，此书尚非满意之作也。其此类书现存者则有：

《方言疏证》十三卷。（休宁戴震东原著。互见本节音韵条。）

扬雄《方言》为西汉最好的小学书，东原首先提倡他。但这部书虽名为疏证，然而注重校勘，诠释的工作尚少。自序说：“广按群籍之引用《方言》及注者交互参订，改正伪字二百八十一，补脱字二十七，删衍字十七，逐条详证之。”盖自得此校本，然后《方言》可读。《四库》所著录，聚珍板所印行，即此本也。（段茂堂著《东原年谱》，称“东原曾将《方言》分写于《说文》每字之上”，亦是一种整理法。）次则：

《尔雅正义》二十卷。（邵晋涵著，见前。）

《尔雅释义》十卷，《释地以下四篇注》四卷。（嘉定钱坫献之著。）

《尔雅义疏》二十卷。（郝懿行著，见前。）

此为疏释《尔雅》之专书，皆乾嘉间作品。《尔雅》这部书，清儒认定他是周公所作，把他捧得很高。依我们看，不过西汉末刘歆一派人将汉儒传注采辑而成，年代也许在《方言》之后。但他把各字的性质意义分类排纂，又不但解释单字，而且兼及二字以上连缀而成的“辞”，在当时确是一种很进步的字典或辞典，价值当然不朽。清儒提倡小学，于是这部书的研究日盛。邵二云的《正义》，就是把戴东原所计画的事业赓续成功，在这门学问里头算是创作。郝兰皋补缀一番，愈益精密。这两部书的比较价值，前节已论过，不再赘了。（钱著未细读，不敢妄评。）此外有专释《尔雅》名物之书，（如程瑶田《通艺录》中释宫、释草、释虫诸小记，任大椿之《释绘》，洪亮吉之《释舟》，刘宝楠之《释谷》，钱大昕之《释人》等。）有专辑《尔雅》古注之书，（如臧庸之《尔雅汉注》、黄奭之《尔雅古义》等。）有释《尔雅》著作体例之书，（王国维之《尔雅草木鸟兽虫鱼释例》甚好，惜仅限于一部分。）这部书经二百年学者之探索，大概已发挥无余蕴了。又次则：

《释名疏证》八卷，《补遗》一卷，《续释名》一卷。（秋帆著。）

《释名》为汉末刘熙撰，时代较《说文》稍晚。这书体例和《尔雅》略同，但专以同音为训，为以音韵治小学之祖。《释名疏证》题毕秋帆著，实则全出江艮庭（声）之手。旧本讹脱甚多，毕、江据各经史注、唐宋类书及道释二藏校正之，复杂引《尔雅》以下诸训诂书证成其义。虽尚简略，然此二书自是可读。其最博洽精核者，则：

《广雅疏证》十卷。（高邮王念孙石臞著。）

《广雅》为魏张揖著，出《尔雅》《方言》《释名》之后，搜集更博。石臞本著，先校正其讹舛，继诠释其义训。（校正讹字五百八十，脱者四百九十，衍者三十九，先后错乱者百二十三，正文误入音内者十九，音内字误入正文者五十七。）自序其著作宗旨及体例云：“训诂之旨本于声音，故有声同字异，声近义同，虽或类聚群分，实亦同条共贯。……此之不寤，则有字别为音，音别为义，或望文虚造而违古义，或墨守成训而鲜会通。……今则就古音以求古义，引申触类，不限形体。……其或张君误采，博考以证其失；先儒误说，参酌而寤其非。”所谓“就古音以求古义，引申触类”，实清儒治小学之最大成功处。而这种工作，又以高邮王氏父子做得最精而最通。《广雅疏证》实为研究“高邮学”者最初应读之书。读了他，再读《读书杂志》《经传释词》《经义述闻》，可以迎刃而解。石臞七十六岁才着手著此书，每日限定注若干个字，一日都不旷课，到临终前四年才成，（石臞年八十九）所以这部书可算他晚年精心结撰之作。昔郦道元作《水经注》，论者咸谓注优于经。《广雅》原书虽尚佳，还不算第一流作品，自《疏证》出，张稚让倒可以附王石臞的骥尾而不朽了。以石臞的身份，本该疏《尔雅》才配得上，因为邵疏在前，耻于蹈袭，所以走偏锋，便宜了张稚让。然和郝兰皋相比，兰皋也算笨极了。此外应附记者有：

《小尔雅疏》八卷。（上虞王煦汾原著。）

《小尔雅训纂》六卷。（长洲宋翔凤于庭著。）

《小尔雅疏证》五卷。（嘉定葛其仁铁生著。）

《小尔雅义证》十三卷。（泾县胡承珙墨庄著。）

《小尔雅》，本是伪《孔丛子》中之一篇。清儒因他存辑汉人训诂不少，抽出来单行研究。以上四书，大略同时所著，不相谋而各有短长，也算是走偏锋而能成家的。

以上各书，都是清儒把汉、魏以前分义编纂的字典，用极绵密的工作去解释，成绩真可佩服。至于他们新编的字典则有：

《经籍纂诂》一百六十卷。（仪征阮元芸台编。互见类书条。）

这部书是阮芸台任浙江学政时候，手创义例，命诂经精舍学生臧在东（庸）、臧礼堂（和贵）、洪筠轩（颐煊）、洪百里（震煊）、陈仲鱼（鳣）、周郑堂（中孚）等二十几位分途编辑的。各字依《佩文韵府》的次序排列。每字的解释，专辑集古书成说。所收者约为下列各种：一，古经古子本文中之训诂。（如"仁者人也，义者宜也"，"元者善之长也，亨者嘉之会也"之类。所收子书最晚者为《颜氏家训》。）二，各经注。（以《十三经注疏》为主，佐以清儒所辑古佚注。）三，汉、魏以前子书及古史注。（自《国语》韦注，《战国策》《吕览》《淮南子》高注，下至《列子》张注，《管子》房注，《荀子》杨注等。）四，古史部集部注。（限于《史记》裴集解、司马索隐、张正义，《汉书》颜注，《后汉书》李注，《三国志》裴注，《楚辞》王注，《文选》李注。）五，小学古籍。（《尔雅》《方言》《说文》《广雅》《释名》《小尔雅》《字林》《埤苍》《声类》《通俗文》《匡谬正俗》《经典释文》《一切经音义》《华严经音义》《翻译名义》《隶释》《隶续》等。）唐以前训诂，差不多网罗具备，真是检查古训最利便的一部类书。这书虽依韵编次，但目的并非在研究韵学。所以我不把他编在音韵条而编在本条。

最简朴的古字典，（出在《尔雅》《方言》以前。）为《汉书·艺文志》所述的秦时李斯的《仓颉》七章，赵高的《爰历》六章，胡母敬的《博学》七章。（《汉志》说《史籀》十五篇，周宣王时书，我们不相信。）汉兴，闾里书师把这三种揉合起来，每章六十字，共五十五章，名为《仓颉篇》。其后司马相如的《凡将》，史游的《急就》，扬雄的《训纂》，班固的《续训纂》，相继而起。这类字典，很像后世的《千字文》《百家姓》，又像医家的《汤头歌诀》，挑选几百或几千个单字，编成韵语，意义联贯，专备背诵之用，并没有什么训释。西、东汉之交，研究日趋细密，便把所有的字分起类来——指事，象形，会意，形声，转注，假借，谓之六书。（六书两字始见《周礼》，其六种名则首载《汉志》，次为《说文序》。东汉人说是起自周公时，我们不相信。大概是扬雄、刘歆、杜林这班小学家研究出来的。）和帝永元间许叔重根据六书义例，以各字的形体及所从偏旁分类，著成一部《说文解字》，遂为秦、汉以来小学一大结束，又为后来字书永远模范。

《说文》这部书，清以前的人并不十分作兴他。宋元间徐铉、徐锴、李焘、吾邱衍等，虽间有撰述，然发明甚少，或反把他紊乱了。明末有一群文学家好用僻字，拿来当枕中鸿秘，但并不了解他的价值和作用。（赵光宧著《说文长笺》，顾亭林极攻击他。）明清之交，方密之算是最初提倡《说文》的人，在《通雅》中常常称引或解释。康熙一朝经学家虽渐多，但对于《说文》也并没有人十分理会。乾隆中叶，惠定宇著《读说文记》十五卷，实清儒《说文》专书之首，而江慎修、戴东原往复讨论六书甚详尽。东原对于这部书，从十六七岁便用功起，虽没有著作，然传授他弟子段茂堂。自是《说文》学风起水涌，占了清学界最主要的位置。谢蕴山（启昆）《小学考》，说当时关于《说文》的名著有三部。

《说文解字注》三十卷。（金坛段玉裁茂堂著。《小学考》作《说文解字读》，想是原名，后来很少人知道。）

《说文统释》六十卷。（嘉定钱大昭晦之著。）

《说文解字正义》三十卷。（海宁陈鳣仲鱼著。）

茂堂的《说文》注，卢抱经序他说，“自有《说文》以来，未有善于此书者”。（《小学考》卷十引）王石臞序他说，“千七百年来无此作”。（本书卷首）百余年来，人人共读，几与正经正注争席了。《说文》自唐宋以来，经后人窜改或传钞漏落颠倒的不少。茂堂以徐锴本为主，而以已意推定校正的很多。后人或讥其武断，所以《段注订》（钮树玉著，八卷）《段注匡谬》（徐承庆著，八卷）《段注考正》（冯桂芬，十六卷）一类书继续出得不少。内中一部分，诚足为茂堂诤友。茂堂此注，前无凭藉，在小学界实一大创作。小有舛误，毫不足损其价值，何况后人所订所匡也未必尽对呢。茂堂又最长韵学，订古韵为十七部，每字注明所属之部，由声音以通训诂。王石臞序最称赞他这一点，我想这点自然是他的好处，但未足以尽之。

钱、陈两书未见，不知有无刻本？钱书有自序述十例：“一，疏证以佐古义；二，音切以复古音；三，考异以复古本；四，辨俗以证讹字；五，通义以明互借；六，从母以明孳乳；七，别体以广异义；八，正讹以订刊误；九，崇古以知古字；十，补字以免漏落。”（《小学考》引）晦之为竹汀弟，其书应有相当价值。陈仲鱼书，阮芸台谓其“以声为经，偏旁为纬”。（《论语古训序》，《小学考》）引果尔，则当与后此姚文田、朱骏声各书同体例，（参看次段）但书名“正义”似是随文疏释，颇不可解。

自段注以后关于《说文》之著作，如严铁桥（可均）之《说文校议》，（三十卷）钱献之（坫之）《说文斠诠》，（十四卷）皆主于是正文字，而严著号称精核。其通释之书最著者，则：

《说方义证》五十卷。（曲阜桂馥未谷著。）

《说文释例》二十卷。（安丘王筠箓友著。）

《说文句读》三十卷。（同上。）

桂书与段书不同之处：段书勇于自信，往往破字创义，然其精处卓然自成一家言；桂书恪守许旧，无敢出入，惟博引他书作旁证，又皆案而不断。桂之识力不及段，自无待言，但每字罗列群说，（颇似《经籍纂诂》）触类旁通，令学者细索而自得，（不为著者意见所束缚。）所以我常觉桂书比段书更为适用。王箓友《释例》，为斯学最闳通之著作。（价值可与凌次仲《礼经释例》、刘申受《公羊释例》相埒。）凡名家著书，必有预定之计画，然后驾驭材料，即所谓义例是也。但义例很难详细胪举出来，（近人著述方法进步，大率自标凡例，以便读者，然终不能十分详尽，古人则用此法者尚少。）全在好学者通观自得，《说文》自然也是如此。又《说文》自大徐（徐铉）以后窜乱得一塌糊涂，已为斯学中人所公认，怎么样才能全部厘整他呢？必须发见出原著者若干条公例，认定这公例之后，有不合的便知是窜乱，才能执简御繁，戴东原之校《水经注》即用此法。段茂堂之于《说文》，虽未尝别著释例，然在注中屡屡说“通例”如何如何，（我们可以辑一部“说文段注例”。）他所以敢于校改今本，也是以他所研究出的“通例”为标准。箓友这部《释例》就是专做这种工作。他所发见的例是否都对，我不敢说，（但我觉得六七成对的。）但他的创作力足与茂堂对抗，灼然无疑了。《说文句读》成于《释例》之后，随文顺释全书，自然与段氏不尽同者五事：一、删篆，二、一贯，三、反经，四、正雅，五、特识。（见自序，文繁不录。）此书最后出而最明通，最便学者。

学者如欲治《说文》，我奉劝先读王氏《句读》，因为简明而不偏诐；次读王氏《释例》，可以观其会通。（未读过《说文》原书，骤读《释例》不能了解。）段注呢？他是这门学问的“老祖宗”，我们不能不敬重他，但不可为他意见所束缚。（或与《句读》并读亦可。）桂氏《义证》摆在旁边当“顾问”，有疑义或特别想求详的字便翻开一查，因为他材料最丰富，其余别家的书，不读也罢了。（用我的方法，三个月足可以读通《说文》。我很盼望青年们送一个暑假的精力给这部书，因为是中国文字学的基础。）

清儒之治《说文》，本由古韵学一转手而来，所以段注后头附一部《六书音韵表》，注中各字于韵特详。戴东原的《转注二十章序》说：“昔人既作《尔雅》《方言》《释名》，余以为犹阙一卷书……”这“一卷书”是什么呢？就是以音韵为主的新字典。陈仲鱼的《说文正义》“以声为经，偏书为纬”，像是就想做这一卷书。后来姚秋农（文田），钱溉亭（塘）各著《说文声系》，（姚十四卷，钱二十卷。）苗仙麓（夔）著《说文声读表》（七卷），严铁桥（可均）著《说文声类》（二卷），张皋文（惠言）著《说文谐声谱》（二十卷），其他同类的作品尚不下十余家，最后则有：

《说文通训定声》十六卷。（吴县朱骏声允倩著。）

这些人都像是因东原的话触发出来，想把《说文》学向声韵方面发展，而朱氏书最晚出，算是这一群里头最好的。这部书把全部《说文》拆散了重新组织。“舍形取声贯穿联缀”，（凡例语，下同。）各字分隶于他所立古韵十八部之下，“每字本训外，列转注、假借二事”，“凡经传及古注之以声为训者，必详列各字之下，标曰声训”，双声字“命之曰转音”。总算把《说文》学这一片新殖民地开辟差不多了，可惜少了一张表。（姚秋农是这一派的先登者，他的书全部是表，但做得不好。）

此外尚有对于《说文》作部分的研究者。如，因《说文》有徐氏新附入之字往往与本文混乱，于是有《说文新附考》一类书；（郑珍著，六卷。）因《说文》引经多与今本有异同，于是有《说文引经考》一类书；（吴玉搢著二卷，陈瑑著八卷，臧礼堂著二卷。）因钟鼎文字学发达的结果，对于《说文》中之籀文引起研究兴味，于是有《说文古籀疏补》一类书。（庄述祖著六卷，潘祖荫著一卷。）此外这种局部的著述还不少，真算灿烂极了。

恁么多关于《说文》的书，这门学问被他们做完了没有？我说还不会。第一件，从姚秋农到朱允倩所做声系一类书，我都认为不满意，因为他们都注意收音，忽略发音，还不配戴东原所谓“那一卷书”。我对于这项意见，曾发表过《从发音上研究中国文字之源》一篇短文。（见梁任公近著第一辑下。）第二件，《说文》的会意字还没有人专门研究。《说文》标明“会意”的字虽不多，但凡云“从某、从某”，或云“从某、从某省”，都是会意；云“从某、从某、某亦声”者，都

是形声兼会意。而且依着“声系一派”（如我所说的发音来源才算彻底）的主张，每字所谐的声都有意义。然则形声字的全部都是形声兼会意了。会意字既如此其多，我们用社会学的眼光去研究，可以看出有史以前的状况不少。这是文字学上一件大事业。这项意见，我二十年前曾发表过《国文语原解》一篇短文，（见《饮冰室丛书》）可惜我的见解都未成熟，（《国文语原解》尤其要不得）近来学问兴味，又不向这方面发展，大概不会再往前研究了。但我确信这两条路是可走的，很愿意推荐给后起的青年们。

以上把“字义学”的成绩大概说过了，附带着要说说“字用学”。

最初的字总是从实物或实象（纯客观的一定之象，如方位、数目之类）造起，渐渐到人类的动作，（人类和外界发生关系，兼主客两体而成）渐渐到人类的心理，渐渐到纯抽象的名词，文字发展的次第大概如此。动作心理等已经有大部分来不及造，用旧字假借。还有所谓“语词”的一部分，（发语词、接续词、感叹词、停顿词、疑问词，等等）。最初纯用口语或手势表现，根本就没有这类字。书本上这类字都是假借同音之字来充数的。然而音是古今时时变化，地方又各各不同，既没有一定之字，便随人乱用。（例如“乎”“无”“么”“吗”，本是一个音变化出来，但现在读去音已经很不同，字形更是渺不相属。）而且用法摆（在一句话中间的位置之类）也常常因时而异，因地而异，因人而异。古书所以难读，最主要的就是这部分。（不独古书，白话亦然）所以有眼光的小学家发心做这部分工作，替后人减除困难。清儒头一部书是：

《助字辨略》五卷。（确山刘淇南泉著。）

南泉是素不知名的一位学者，这部书从钱警石、（《曝书杂记》）刘伯山（《通义堂集》）先后表章，才渐渐有人知道。书成于康熙初年，而和王伯申暗合的极多，伯山都把他们比较列出。（伯申断不是剽窃的人，当然是没有见过这部书。）清初许多怪学者，南泉也算其一了。至于这门学问的中间，自然要推：

《经传释词》十卷。（高邮王引之伯申著。）

伯申以为：“自汉以来，说经者宗尚雅训。凡实义所在，既明著之矣，而语词之例，则略而不究，或即以实义释之，遂使其文扞格而意亦不明。”（自序语，下同）他拿许多古书比较研究，发见出许多字是“其为古之语词较然甚著，揆之本文而协，验之他卷而通，虽旧说所无，可以心知其意者”。他于是“引而伸之以尽其义类，自九经三传及周、秦、西汉之书，凡助语之文遍为搜讨，分字编次”，成了这十卷书。我们读起来，没有一条不是涣然冰释，怡然理顺，而且可以学得许多归纳研究方法，真是益人神智的名著了。后此从伯申脱化出来而范围更扩大者，则有：

《古书疑义举例》七卷。（德清俞樾荫甫著。）

荫甫发见出许多古人说话行文用字之例，（卷一至卷四）又发见出许多后人因误读古书而妄改或传抄讹舛以致失真之例。（卷五至卷七）上半部我们可以叫他做“古代文法书”，下半部可以叫他做“校勘秘诀”。王、俞二书，不过各两小册，我想凡有志读秦汉以前书的人，总应该一流览的。最后则有：

《文通》十卷。（丹徒马建忠眉叔著。）

眉叔是深通欧文的人，这部书是把王、俞之学融会贯通之后，仿欧人的文法书把语词详密分类组织而成的。著书的时候是光绪二十一、二年，他住在上海的昌寿里，和我比邻而居。每成一条，我便先睹为快，有时还承他虚心商榷。他那种研究精神，到今日想起来，还给我很有力的鞭策。至于他创作的天才和这部书的价值，现在知道的人甚多，不用我赞美了。

音韵学为清儒治经之副产物，然论者或谓其成绩为诸学之冠。我素来没有研究，完全外行，对于内容得失不敢下半句批评，只把这门学问的来历和经过说说，还怕会说错哩。

清代的音韵学，从一个源头上分开两条支路发展，一是古韵学，一是切韵学。

古韵学怎样来历呢？他们讨论的是那几桩问题呢？稍有常识的人，总应该知道现行的《佩文韵府》，把一切字分隶于一百零六个韵。（上下平声合三十，上声二十九，去声三十，入声十七。）韵府本于南宋的《礼部韵略》。（《韵略》百七部，比《韵府》多一部。）《韵略》本于唐的《广韵》。《广韵》却是分为二百零六部，现在韵书最古而最完备的莫如《广韵》。所以研究此学都以《广韵》为出发点。为什么由二百零六变为一百零七？这是唐宋后音变的问题，古韵家懒得管他。《广韵》二百六部分得对不对？这是唐音的问题，古韵家也懒得管他。他们所讨论者，专在三代秦汉甚候韵之分部如何。古书中如《易经》《诗经》《楚辞》《老子》等几乎全书都协韵，然而拿《广韵》和《韵略》比对起来，却十有九并不同韵。宋以来儒者，没有法子解释这缘故，只好说是“借叶”。（本不同韵，勉强借来叶的。）清儒以为漫无范围的乱借乱叶，岂不是等于无韵吗？所以他们反对此说，一定要找出古人用韵的规律来，换句话说，就是想编一部“古佩文韵府”。

清代音韵学的鼻祖共推顾亭林。他著有《音学五书》，（一《音论》，二《易音》，三《诗本音》，四《唐韵正》，五《古音表》。）为生平得意之作，凡经三十年，五易其稿。自言：“据唐人以正宋人之失，据古经以正沈氏（约）、唐人之失，而三代以上之音，部分秩如，至赜而不可乱。”同时柴虎臣（绍炳）、毛稚黄（先舒）等皆治此学有著述，而理解远不逮亭林。毛西河喜立异争名，专著书和亭林作对，（书名《古今通韵》，凡十二卷。）然而所说话毫无价值，没有人理他。亭林以后中兴此学者为江慎修，著《古韵标准》。慎修弟子戴东原著《声类表》《声韵考》。东原复传其弟子段茂堂、王石臞、孔巽轩。茂堂著《六书音韵表》，据以注《说文》；石臞、巽轩都各有撰述。（石臞书近由上虞罗氏印行，巽轩书名曰《诗声类》。）而段、王后辈有江晋三（有诰）著《音学三书》，亦颇多创获。要之，乾嘉以后言古韵者虽多，而江、戴门下薪火相传，实为其中坚。

他们最主要的工作是研究古韵分部。他们以为《广韵》二百六部乃唐以后声音繁变派衍出来的，古代没有那么复杂，所以要把他归并成若干部，以求合古人所用之韵。

这种工作，不始于清儒。宋朝的郑庠是最先研究的，他把二百六部归并成六部。亭林拿他作研究基础，析为十部，慎修又析为十三部，茂堂又析为十七部，东原析为十八部，巽轩析为十九部，石臞析为二十一部，晋三也是二十一部，而和石臞又微不同，东原所谓“以渐加详”也。后人虽于诸家互有从违，然很少能出其范围。

我想读者一定要发问：“二百六部规定为六部、十部……不太少吗？怎样

归并法呢？”

勿惊！《广韵》的二百六部系兼包平、上、去、入四声的。四声虽有清浊、高低、舒促之别，韵总是一贯，所以拿平声可以代表上、去、入。《广韵》的平声也只有五十七部，将五十七归并为六或二十一，并非不可能之事。归并到怎样程度才能和古书所用的韵吻合？便是他们苦心研究的第一个问题。

平声和上声去声是容易印合的，“东”“冻”“动”一读下去，当然知道是同部。惟有入声最罗唣，每每调不出来。《广韵》平声有五十七韵，入声只得三十四韵。对照起来，便有二十二韵，只有平、上、去而无入。到底这三十四个入声韵该如何分配？最足令讲古韵的人头痛。这是他们苦心研究的第二个问题，许多辨难都从此起。

读以上所讲，大概可以知道他们问题焦点所在了。为力求明晰起见，将郑（庠），顾（炎武），江（永），段（玉裁）四家所分类列出一张表。把这表说明之后，再说戴、孔、王诸家所以异同之故。

郑、顾、江、段古韵分部比较表

（表的说明）

<table>
<tr><th colspan="2">郑氏六部</th><th colspan="2">顾氏十部</th><th colspan="2">江氏十三部</th><th colspan="2">段氏十七部</th></tr>
<tr><th>平声</th><th>入声</th><th>平声</th><th>入声</th><th>平声</th><th>入声</th><th>平声</th><th>入声</th></tr>
<tr><td rowspan="4">1 东冬江阳庚清蒸</td><td rowspan="4">屋沃觉药陌锡职</td><td>1 东冬钟江</td><td>无</td><td>1 东冬钟江</td><td>无</td><td>9 东冬钟江</td><td>无</td></tr>
<tr><td>7 阳唐</td><td>无</td><td>8 阳唐</td><td>无</td><td>10 阳唐</td><td>无</td></tr>
<tr><td>8 耕庚清青</td><td>无</td><td>9 耕庚清青</td><td>无</td><td>11 庚耕清青</td><td>无</td></tr>
<tr><td>9 蒸登</td><td>无</td><td>10 蒸登</td><td>无</td><td>6 蒸登</td><td>无</td></tr>
<tr><td rowspan="3">2 支微齐佳灰</td><td rowspan="3">无</td><td rowspan="3">2 支脂之微齐皆灰咍</td><td rowspan="3">质术栉物迄月没曷末黠辖屑薛麦昔锡职德</td><td rowspan="3">2 支脂之微齐皆灰咍</td><td rowspan="3">麦昔锡职德</td><td>1 之咍</td><td>职德</td></tr>
<tr><td>15 脂微齐皆灰</td><td>术物迄月没曷末黠辖薛</td></tr>
<tr><td>16 支佳</td><td>陌麦昔锡</td></tr>
<tr><td rowspan="3">3 鱼虞歌麻</td><td rowspan="3">无</td><td rowspan="2">3 鱼虞模侯</td><td rowspan="2">药铎陌</td><td rowspan="2">3 鱼虞模</td><td rowspan="2">药铎陌</td><td>4 侯</td><td>无</td></tr>
<tr><td>5 鱼虞模</td><td>药铎</td></tr>
<tr><td>6 歌戈麻</td><td>无</td><td>7 歌戈麻</td><td>无</td><td>17 歌戈麻</td><td>无</td></tr>
<tr><td rowspan="3">4 真文元寒删先</td><td rowspan="3">质物月曷黠屑</td><td rowspan="3">4 真谆臻文欣元魂痕寒极删山先仙</td><td rowspan="3">无</td><td rowspan="2">4 真谆臻文欣魂痕</td><td rowspan="2">质术栉物迄没</td><td>12 真臻先</td><td>质栉屑</td></tr>
<tr><td>13 谆文欣魂痕</td><td>无</td></tr>
<tr><td>5 元寒桓删山先仙</td><td>月曷末黠辖屑薛</td><td>14 元寒桓删山仙</td><td>无</td></tr>
<tr><td rowspan="2">5 萧宵尤豪</td><td rowspan="2">无</td><td rowspan="2">5 萧宵肴豪尤幽</td><td rowspan="2">屋沃浊觉</td><td>6 萧宵肴豪</td><td>无</td><td>2 萧宵肴豪</td><td>无</td></tr>
<tr><td>11 尤侯幽</td><td>屋沃烛觉</td><td>3 尤幽</td><td>屋沃烛觉</td></tr>
<tr><td rowspan="2">6 侵覃盐咸</td><td rowspan="2">缉合叶洽</td><td rowspan="2">10 侵覃谈盐添咸衔严</td><td rowspan="2">缉合盍叶怙洽狎业乏</td><td>12 侵</td><td>缉</td><td>7 侵盐添</td><td>缉业怗</td></tr>
<tr><td>13 覃谈盐添咸衔严凡</td><td>合盍叶怗狎业乏</td><td>8 覃谈咸衔严凡</td><td>合盍洽狎业乏</td></tr>
</table>

一　将《广韵》五十七个平声韵挑出三十个当代表，（此三十个就是现行《佩文韵府》所采用）再将他分成六部，这是郑氏作始之功。

二　把郑氏的第一部（东冬江阳庚青蒸）析为四部（一、东冬钟江，二、阳唐，三、庚耕清青，四、蒸登，）是顾氏的发明。江、段无改。

三　郑氏的第二部，（支微齐佳灰）顾、江无改。段氏把他析为三部，（一、之咍，二、脂齐皆灰，三、支佳。）这是段氏的大发明，东原、石臞都拍案叫绝。（“之”“脂”“支”，现在读起来毫无分别。茂堂从古书中考出他分别甚明，但亦没有法子读成三种音，晚年以书问江晋三云：“足下能知其所以分为三乎？仆老耄，倘得闻而死，岂非大幸！”）

四　郑氏的第三部，（鱼虞歌麻）顾氏析为二，（一、鱼虞模侯，二、歌麻。）江氏因之，但把“侯”剔出归并“尤幽”部。段氏则既不以“侯”合“鱼虞模”，也不以合“尤幽”，完全令他独立，所以共析成三部。这部分的问题，以“侯”之分合为最主要。

五　郑氏的第四部，（真文元寒删先）顾氏因之。江氏析为二，（一、真谆臻文欣魂痕，二、元寒桓删山先仙。）段氏复将江氏第一类析为二，变成三部，又将江氏第三类的“先”移入第一类的“真臻”。“真”和“文”之分，是段氏特点。

六　郑氏的第五部，（萧宵尤豪）顾氏因之。江氏析为二，（一、萧宵肴豪，二、尤侯幽。）段氏因之，但将“侯”剔出另立部。“侯”和“尤”之分，是段氏特点。

七　郑氏的第六部，（侵覃盐咸）顾氏因之。江氏析为二，（一、侵，二、覃谈盐添咸衔严凡。）段氏因之，但割“盐添”合于“侵”。

以上为平声五十七部之分合变迁，比较的还容易了解。最麻烦的是入声分配问题，另加说明：

八　郑氏六部，有入声者仅三。顾氏十部，有入声者四。江氏十三部，有入声者七。段氏十七部，有入声者八。这是将入声性质剖析逐渐精密的表征。

九　顾氏入声的分配和郑氏几乎全相反。除郑第六部与顾第十部相同外，郑第一、第四部有入声，顾无；郑第二、第三、第五部无入声，顾有。

十　顾、江、段公认为无入声者五部：一东冬钟江，二、阳唐，三、庚耕清青，四、蒸登，五、歌戈麻。江、段认为无入声者一部：萧宵肴豪。

十一　入声中问题较少者，“缉合”以下九韵配“侵覃”以下九韵，“质栉”配“真臻”，“屑”配“先”。其余皆有问题。

以上把四家异同之点大概说过。以下把余人改正的部分略说：

一　戴东原之特点。戴虽为段之师，然其《声类表》实作于段氏《六书音韵表》之后，进一步研究。他最主要的发明：（一）将段氏的“脂”部再剖析，立“祭泰夬废”一部，此部有去声而无平、上。（二）将“辑合”以下九韵另为一部，此部有入声而无上、去。盖四声之分，本起六朝，古人无此。戴氏分部，不限平声，是其通识。其余入声之分配各部，亦颇有异同，不具述。

二　孔巽轩之特点。巽轩对于段：析“东”“冬”为二，并“真文”为一，亦别出“缉合”等九韵为一部，共十八部。

三　王石臞之特点。石臞工作，专在剖析入声。他别立“质”“月”“缉”“盍”四部，合诸段氏所分，共为二十一部。（“质”“月”二部皆有去而无平、上，“缉”“盍”

二部则无平、上而并无去。)

四 江晋三之特点。晋三亦分二十一部,但不与王氏同。其分“东”“冬”为二,同孔氏;“祭”部独立,同戴氏;入声则别立“叶”“缉”两部。晋三于戴、孔之书皆未见。(据段茂堂信上说)盖暗合,非蹈袭也。

以上重要之古韵说略具。此后尚有庄葆琛之十九部,张皋文之二十部,乃至近人之二十三部、二十八部等,大抵衍江、戴、段、王之绪稍事补苴,不复述。至于各家所说谁是谁非,我完全外行,不敢参加讨论。

古韵学研究的对象,在各字的收音。还有专从发音方面研究的,名为切韵学。(用旧话来比附,也可以说古韵学是研究叠韵,切韵学是研究双声。)切韵之学,起于东汉孙炎,以两字切成一字之音,实我国音学初祖。后来魏李登作《声类》,(书已佚,见《隋书·经籍志》。)始整齐而衍其绪。隋陆法言作《切韵》,(书已佚,近在敦煌石室发见唐写残本。)为后此《广韵》所自本。自梵语随佛典入中国,中唐以后释神珙、释守温仿之创立字母,为斯学别创一蹊径,即“见溪群疑”第三十六母是也。宋人用之以治旧有之反切,则为等韵学。直到今日,创立注音字母及其他新字母之种种研究,皆从孙炎、陆法言、守温所走的线路逐渐发展出来。

清代切韵学,也是顾亭林提倡起,他的《音论》,论发音原理的不少。但亭林最大的成绩还在古韵学,其对于切韵学的贡献,像还比不上方密之。亭林弟子潘次耕(耒)著《类音》,《四库提要》述其内容云:“耒受业于顾炎武。炎武之韵学欲复古人之遗,耒之韵学则务穷后世之变。其法增三十六母为五十母;每母之字,横播为开口、齐齿、合口、撮口四呼;四呼之字,各纵转为平、上、去、入四声;四声之中,各以四呼分之……”据此可知次耕的工作全在创新字母。尤当注意者,字母和四声的关系,实近来新字母学一个颇费讨论的问题,次耕已顾及了。《类音》这书我未得见,但《遂初堂集》里头有《声音元本论》《南北音论》《古今音论》《全分音论》《反切音论》等篇,读之可见其学说大概。他说:“声音先文字而有。声止于一,字则多寡不论,或一音而数字,或有音而无字。后世字书韵书,不得其天然条贯,则如散钱乱卒而不可整齐。”他极赞字母为发天地之密,但以为旧行三十六母“有复有漏”,他把复的删去,(例如“知彻澄娘”之与“照穿床泥”。)而别增其缺漏者十余母。他最注重“无字之音”,说道:“今所厘正,皆出乎天然。天然者,人所本有之音也。本有之音而不能尽出,则以习诵有字之音,罕道无字之音也。”大抵次耕的目的,在把中国人口里所说得出的音都搜齐,改造一套科学的合理的字母。他的成绩如何我不敢说,眼光总算高极了。同时吴修龄亦治此学,“以二合翻切收尽诸法,立二十四条以尽谐声之变”,斥守温为“无知妄作,贻毒后人”。(见《广阳杂记》卷四。其书今不传。)

康熙末则刘继庄(献廷)治此学,他曾从几位怪僧研究等韵,又曾见过吴修龄。但他说:“修龄于天竺陀罗尼、泰西蜡顶(即罗马字)、天方、蒙古、女直诸书,皆未究心,特震旦一隅之学耳。”他创的新字母,以三十二音为韵父,二十二音为韵母,横转各有五子,又可以用来谱四方土音。他的书名《新韵谱》,可惜久已失传了。(看他所著《广阳杂记》及《鲒埼亭集》中刘继庄传。)

乾嘉大师之音韵学，全部精力耗在古韵上头。但江慎修的《音学辨微》，讲切韵的地方也不少。戴东原著《转语》二十章，已佚。其自序曰："人之语言万变，而声气之微，有自然之节限。……今各从乎声以原其义。声自微而之显，言者未终，闻者已解，辨于口不繁，则耳治不惑。人口始喉下抵唇末，按位以谱之，其为声之大限五，小限各四。于是互相参伍，而声之用盖备矣。……凡同位则同声，同声则可以通乎其义。……" 此书专由声音以究训诂，为戴氏独得之学。后此王氏父子即应用此法卓著成绩，然固是切韵之学，非古韵之学也。此外则钱竹汀亦极意切韵，考证沿革及新创理解颇多。（看《十驾斋养新录》卷五。）

专门研究古代切韵，（孙炎至陆法言）当以吾乡先辈陈兰甫先生的《切韵考》为绝作。书凡六卷，附外篇三卷，自言："仆考《切韵》，无一字漏略。盖专门之学必须如此，但恐有武断处，如段茂堂之于《说文》耳。仆为此甚辛苦，若有证误，亦犹亭林先生之古韵，后人因而加密可耳。"（《东塾集》卷四《与赵子韶书》）其书取《广韵》中所录陆法言《切韵》之反切语，（如"东，德红切"，"同，德红切"等。）综合剖析为科学的研究。"切韵之法，以二字为一字之音，上字与所切之字双声，下字与所切之字叠韵"。（原书条例语，见卷一。）他把上字——即双声字，分为四十类。他说切韵最要紧是辨清浊，（引孙愐《唐韵》序后论语）切语上字即清浊所由定，故四十类中复分为清声二十一类，浊声十九类。他说这四十类所用字，"实孙叔然（炎）以来，师师相传以为双声之标目，无异后世之字母"。（卷六页七）我曾用英语拼音印证他的四十类。其发音如 d 者一，如 ch 者四，如 chi 者三，如 s 者三，如 g 者一，如 k 者二，如 B 者二，如 J 者二，如 Ph 者一，如 y 者三，如 u 者二，如 Js 者三，如 JS 者二，如 x 者二，如 uh 者二，如 p 者三，如 hs 者一，如 sh 者一，如 j 者一，如 m 者一，如 qu 者一，如 e 者一，如 n 者二，如 Xh 者一，共为二十种发音。其重复者，当是从前实有分别而现在已经分不出来。（如段茂堂所讲的"支""之""脂"）汉至唐的发音，大约尽于此了。以上都是说上一字的双音。至于下一字的叠韵，则依《广韵》，以四声为类。（我们若用江、段诸人古韵分部为韵的标准，亦得。）他于是做成一篇表，分为两卷，"取《广韵》每一音之第一字，以其切语上字声同类者直写之，下字韵同类者横写之，平上去入，相承编排"。（卷四页一）守温以前中国固有的字母及其用法，大略可考见了。

这部书除对于《切韵》本身严密研究发明外，还有附带的价值。他对于切韵学发达的历史，叙述得详赡而有体要。他的外篇有一张表，切韵和守温字母对照，对于守温的长短得失，批评得最为公平。

唐以后韵学，专门研究的很少。亭林《唐韵正》以后，像没有几部书，（也许是我固陋）宋以后更不必说了。依我看，倒是越近越要紧。我们研究这门学问的目的，是要想知道现在中国话的来历。秦汉以前古韵虽讲得甚明，中间已脱去一截了。人的口音，日日转变，古有今无，古无今有的，不知凡几。若能仿钱竹汀研究"古无轻唇音"的法子，（看《十驾斋养新录》卷五）研究得若干原则，真是学界之宝。依我想，做这种工作有两条路可走：用《广韵》及《经典释文》之音，和《礼部韵略》《洪武正韵》《佩文韵府》之音，和现在读音逐一比较，此其一。隋唐以来，翻译佛典盛行，元代和中亚细亚及欧洲皆来往频繁，明中叶以后则欧人东来，译语输入，累代所译名词，现在尚有大部分有原语可以对照，从这里面最可以调查出各时代的读音。知道读音之后，便可以求出变化的原则。例如Bhuda，用现在话该译作“布达”，而佛经却译作“佛陀”。因这个“佛”字，我们可以推定唐时还没有F发音。竹汀所谓“古无轻唇音”，至唐犹然。因这个“陀”字，我们可以推定唐时“歌”“麻”不分，或者只有歌韵而无麻韵。从这方面用心研究，或者有意外收获也未可知，此其二。此外在各家笔记诗集中也许有零碎而可宝的资料。例如苏东坡的双声诗：（或称口吃诗）“江干孤居高关扃”，“皓鹤下浴红荷湖”。用广东话读起来，前一句都是K发音，后一句都是b发音，煞是可笑。当时以此作游戏，可见其发音必同一。用现在北京话读，便是好几个字不同发音了。某种音某时失掉，从这些地方都可以看得出来。（例如法国语h发音已经失掉，许多字头一母为h者都省却不念。我们亦然，原来的h发音多变为ch，拿广东话和北京话比对，可见广东话多唐宋旧音也。）我想这是音韵学的新殖民地，清儒还未有开辟，有志的青年不妨试试。

方言学是音韵学极重要一部门，所以最古的小学家扬雄便注意到他。清儒这方面用力很少。次耕、继庄虽知道注重，但他的成绩如何，今已不可考了。直到章太炎（炳麟）才特别提倡，太炎是现代音韵学第一人。他的《文始》，由音衍训，直凑单微。他还有一部《新方言》，极有价值。但这件事总算各地方人分担研究，才能得相当资料，恐怕非组织学会不可。

研究方言学主要目的，要发见各地方特别发音的原则。像陈兰甫先生的《广州音说》，（《东塾集》卷一）把广东话和北京话不同的那几点提出纲领来，才算学者的著述。

儒　家

《汉书·艺文志》谓儒家出于司徒之官，大旨是也。《周礼·大司徒》：“以乡三物教万民六德、六行、六艺。”“六德”者，智、仁、圣、义、中、和，此为普遍之德，无对象。“六行”者，孝、友、睦、姻、任、恤，此为各别之行，有对象。“六艺”者，礼、乐、射、御、书、数。礼乐不可斯须去身，射御为体育之事，书数则寻常日用之要，于是智育、德育、体育俱备。又师氏以“三德”教国子，曰：“至德以为道本，敏德以为行本，孝德以知逆恶。”盖以六德、六行概括言之也。又《大司徒》：“以五礼防万民之伪而教之中，以六乐防万民之情而教之和。”《大司乐》“以：乐德教国子，中和、祗庸、孝友。”《大宗伯》亦称“中礼和乐”。可知古人教士，以礼乐为重。后人推而广之，或云“中和”，或云“中庸”。孔子曰：“中庸之为德，其至矣乎！民鲜能久矣！”“中庸”联称，不始于子思，至子思乃谓：“喜怒哀乐之未发谓之中，发而皆中节谓之和”，其始殆由“中和、祗庸、孝友”一语出也。

儒者之书，《大学》是“至德以为道本”，《儒行》是“敏德以为行本”，《孝经》是“孝德以知逆恶”。此三书实儒家之总持。刘、班言儒家出于司徒之官，固然，然亦有出于大司乐者，“中庸”二字是也。以儒家主教化，故谓其源出于教官。

《荀子·儒效》称周公为大儒，然则儒以周公为首。《周礼》云：“师以贤得民，儒以道得氏。”师之与儒，殆如后世所称经师、人师。“师以贤得民”者，郑注谓以道行教民；“儒以道得民”者，郑注谓以六艺教民。此盖互言之也。

儒之含义綦广。《说文》：“儒，柔也。术士之称。”“术士”之义亦广矣，草昧初开，人性强暴，施以教育，渐渐摧刚为柔。“柔”者，受教育而驯扰之谓，非谓儒以柔为美也。受教育而驯扰，不惟儒家为然，道家、墨家未尝不然，等而下之，凡宗教家莫不皆然，非可以专称儒也。又《庄子·说剑》：“先生必儒服而见王，事必大逆。”庄子道家，亦服儒服。司马相如《大人赋》：“列仙之儒，居山泽间，形容甚臞。”仙亦可称为儒。而《宏明集》复有“九流皆儒”之说，则宗教家亦可称儒矣。今所论者，出于司徒之儒家，非广义之术士也。

周公、孔子之间，有儒家乎？曰：有，晏子是也。柳子厚称晏子为墨家，余谓晏子一狐裘三十年，尚俭与墨子同，此外皆不同墨道。春秋之末，尚俭之心，人人共有。孔子云：“礼，与其奢也，宁俭。”老子有三宝，二曰俭。盖春秋时繁文缛礼，流于奢华，故老、墨、儒三家，皆以俭为美，不得谓尚俭即为墨家也。且晏子祀其先人，豚肩不掩豆。墨家明鬼，而晏子轻视祭祀如此，使墨子见之，必颦蹙而去。墨子节葬，改三年服为三月服，而晏子丧亲尽礼，亦与墨子相反。可见晏子非墨家也。又儒家“慎独”之言，晏子先发之。所谓“独立不惭于影，独寝不惭于魂”是也。当时晏子与管子并称，晏子功不如管，而人顾并称之，非晏以重儒学而何？故孔子以前，周公之后，惟晏子为儒家。蘧伯玉虽似儒家，

而不见有书，无可称也。

孔子之道，所包者广，非晏子之比矣。夫儒者之业，本不过大司徒之言，专以修己治人为务。《大学》《儒行》《孝经》三书，可见其大概。然《论语》之言，与此三书有异。孔子平居教人，多修己治人之言，及自道所得，则不限于此。修己治人，不求超出人格，孔子自得之言，盖有超出人格之外者矣。“子绝四：毋意、毋必、毋固、毋我。”“毋意”者，意非意识之意，乃佛法之“意根”也。有生之本，佛说谓之阿赖耶识。阿赖耶无分彼我，意根执之以为我，而其作用在恒审思量。有意根即有我，有我即堕入生死。颠狂之人，事事不记，惟不忘我。常人作止语默，绝不自问谁行谁说，此即意根之力。欲除我见，必先断意根。“毋必”者，必即恒审思量之审。“毋固”者，固即意根之念念执著。无恒审思量，无念念执著。斯无我见矣。然则绝四，即是超出三界之说。六朝僧人好以佛、老、孔比量，谓老、孔远不如佛，玄奘亦云。皆非知言之论也。

儒者之业，在修己治人，以此教人，而不以此为至。孔门弟子，独颜子闻克己之说。“克己”者，破我执之谓。孔子以四科设教，德行，颜渊、闵子骞、冉伯牛、仲弓。然孔子语仲弓，仅言“出门如见大宾，使民如承大祭”而已，可知超出人格之语，不轻告人也。颜子之事不甚著，独《庄子》所称“心斋坐忘”，能传其意。然《论语》记颜子之语曰：“仰之弥高，钻之弥深。瞻之在前，忽焉在后。”盖颜子始犹以为如有物焉，卓然而立。经孔子之教，乃谓“如有所立卓尔。虽欲从之，末由也已”。此即本来无物，无修无得之意。然老子亦见到此，故云：“上德不德，是以有德。下德不失德，是以无德。”“德”者，得也。有所得非也，有所见亦非也。扬子云则见不到此，故云“颜苦孔子卓”。实则孔、颜自道之语，皆超出人格也。孟子亦能见到，故有“望道而未之见”语。既不见则不必望，而犹曰望者，行文不得不尔也。孔子曰：“吾有知乎哉？无知也。”此亦非谦辞。张横渠谓：“洪钟无声，待叩乃有声。圣人无知，待问乃有知。”其实答问者有依他心，无自依心。待问而知之知，非真知也，依他而为知耳。佛法谓“一念不起”，此即等于无知。人来问我，我以彼心照我之心，据彼心而为答，乌得谓之有知哉！横渠“待问有知”之语，犹未谛也。佛法立人我、法我二执，觉自己有主宰，即为人我执；信佛而执着佛，信圣人而执着圣人，即为法我执。推而至于信道而执着道，亦法我执也。“绝四”之说，人我、法我俱尽，“如有所立卓尔，虽欲从之，末由也已”者，亦除法我执矣。此等自得之语，孔、颜之后，无第三人能道。

子思之学，于佛法入天趣一流。超出人格而不能断灭，此之谓天趣。其书发端即曰“天命之谓性”，结尾亦曰“与天地参，上天之载，无声无臭”。佛法未入中土时，人皆以天为绝顶。佛法既入，乃知天尚非其至者。谢灵运言：“成佛生天，居然有高下。”如佛法衡量，子思乃中国之婆罗门。“婆罗门”者，崇拜梵天王者也。然犹视基督教为进。观基督教述玛利亚生耶稣事，可知基督教之上帝，乃欲界天，与汉儒所称感生帝无别。而子思所称之“无声无臭”，相当于佛法之色界天，适与印度婆罗门相等。子思之后有孟子，孟子之学，高于子思。孟子不言天，以我为最高，故曰“万物皆备于我”。孟子觉一切万物，皆由我出。如一转而入佛法，即三界皆由心造之说，而孟子只是数论，数论立

神我为最高。一切万物，皆由神我流出。孟子之语，与之相契。又曰“反身而诚，乐莫大焉”者，反观身心，觉万物确然皆备于我，故为可乐。孟子虽不言天，然仍入天界。盖由色界而入无色界天。较之子思，高出一层耳。夫有神我之见者，以我为最尊，易起我慢。孟子生平夸大，说大人则藐之。又云：“我善养吾浩然之气，至大至刚，以直养而无害，塞乎天地之间。”其我慢如此，何者？有神我之见在，不自觉其夸大耳，以故孟子之学，较孔、颜为不逮。要之，子思、孟子均超出人格，而不能超出天界，其所得与婆罗门、数论相等。然二家于修己治人之道，并不抛弃。则异于婆罗门、数论诸家。子思作《中庸》，孟子作七篇，皆论学而及政治者也。子思、孟子既入天趣，若不转身，必不能到孔、颜之地。惟庄子为得颜子之意耳。

荀子语语平实，但务修己治人，不求高远。论至极之道，固非荀子所及。荀子最反对言天者。《天论》云：“圣人不求知天。”又云：“星坠木鸣，日月有蚀，怪星常见，牛马相生，六畜为妖，怪之，可也，畏之，非也。”揆荀子之意，盖反对当时阴阳家一流，其意以为天与人实不相关。

《非十二子》云：“案往旧造说，谓之五行，子思唱之，孟轲和之。”今案：孟子书不见“五行”语，《中庸》亦无之。惟《表记》《坊记》《中庸》《缁衣》皆子思作。有“水尊而不亲，土亲而不尊，天尊而不亲，命亲而不尊，鬼尊而不亲”诸语。子思五行之说，殆即指此。孟子有“外书”，今不可见，或亦有五行语。荀子反对思、孟，即以五行之说为其的。盖荀子专以人事为重，怪诞之语，非驳尽不可也。汉儒孟、荀并尊，余谓如但尊荀子，则《五行传》、纬书一流，不致嚣张。今人但知阴阳家以邹衍为首。察荀子所云，则阴阳家乃儒家之别流也。墨子时，子思已生、邹衍未出。《墨经》有“五行无常胜，说在宜”一语。而邹衍之言，以五胜为主。“五胜”者，五行相胜，水胜火，火胜金，金胜木，木胜土，土胜水也。然水火间承之以釜，火何尝不能胜水？水大则怀山襄陵，土又何尝能胜水！墨子已言“五行无常胜”，而孟子、邹衍仍有五行之说，后乃流为谶纬。如荀子不斥五行，墨家必起而斥之。要之，荀子反对思、孟，非反对思、孟根本之学，特专务人事，不及天命，即不主超出人格也。

荀子复言隆礼乐，杀《诗》《书》。此其故由于孟子长于《诗》《书》，而不长于礼。《墨子》时引《诗》《书》，而反对礼乐。荀子偏矫，纯与墨家相反，此其所以隆礼乐、杀《诗》《书》也。其所以反对子思、孟子者，子思、孟子皆有超出人格处，荀子所不道也。

若以政治规模立论，荀子较孟子为高。荀子明施政之术，孟子仅言“五亩之宅，树之以桑，使民养生送死无憾”而已。由孟子此说，乃与龚遂之法相似，为郡太守固有余，治国家则不足。以其不知大体，仅有农家之术尔。又《孟子》云：“尧舜性之也、汤武反之也、五霸假之也。”又谓：“仲尼之门，无道桓文之事者。”于五霸甚为轻蔑。荀子则不然，谓“义立而王、信立而霸、权谋立而亡”，于五霸能知其长处。又《议兵》云：“齐之技击，不可以遇魏氏之武卒；魏氏之武卒，不可以遇秦之锐士；秦之锐士，不可以当桓文之节制；桓文之节制，不可以敌汤武之仁义。”看来层次分明，不如《孟子》一笔抹杀。余谓《议兵》一篇，非孟子所能及。

至于性善、性恶之辩，以二人为学入门不同，故立论各异。荀子隆礼乐而杀《诗》《书》。孟子则长于《诗》《书》。孟子由诗入，荀子由礼入。诗以道性情，故云人性本善。礼以立节制，故云人性本恶。又孟子邹人，邹、鲁之间，儒者所居，人习礼让，所见无非善人，故云“性善”。荀子赵人，燕、赵之俗，杯酒失意，白刃相仇，人习凶暴，所见无非恶人，故云“性恶”。且孟母知胎教，教子三迁，孟子习于善，遂推之人性以为皆善。荀子幼时教育殆不如孟子，自见性恶，故推之人性以为尽恶。

孟子论性有四端：恻隐为仁之端、羞恶为义之端、辞让为礼之端，是非为智之端。然四端中独“辞让之心”为孩提之童所不具，野蛮人亦无之。荀子隆礼，有见于辞让之心，性所不具，故云性恶。以此攻击孟子，孟子当无以自解。然荀子谓礼义辞让，圣人所为。圣人亦人耳，圣人之性亦本恶，试问何以能化性起伪？此荀子不能自圆其说者也。反观孟子既云性善，亦何必重视教育，即政治亦何所用之？是故二家之说俱偏，惟孔子“性相近、习相远”之语，为中道也。

扬子云迂腐，不如孟、荀甚远，然论性谓“善恶混”，则有独到处。于此亦须采佛法解之。若纯依儒家，不能判也。佛法阿赖耶识本无善恶，意根执着阿赖耶为我，乃生根本四烦恼：我见、我痴、我爱、我慢是也。我见与我痴相长，我爱与我慢相制。由我爱而生恻隐之心，由我慢而生好胜之心。孟子有见于我爱，故云性善，荀子有见于我慢，故云性恶，扬子有见于我爱、我慢交至为用，故云善恶混也。

孟、荀、扬三家，由情见性，此乃佛法之四烦恼。佛家之所谓性，浑沌无形，则告子所见无善无不善者是矣。扬子生孟、荀之后，其前尚有董仲舒。仲舒谓人性犹谷，谷中有米，米外亦有糠。是善恶混之说，仲舒已见到，子云始明言之耳。子云之学，不如孟、荀，惟此一点，可称后来居上。

然则论自得之处，孟子最优，子思次之，而皆在天趣。荀子专主人事，不务超出人格，则但有人趣。若论政治，则荀子高于思、孟。子云投阁，其自得者可知。韩昌黎谓孟子醇乎醇，荀与扬子大醇而小疵。其实扬不如荀远甚。孟疏于礼，我慢最重，亦未见其醇乎醇也。司马温公注《太玄》《法言》，欲跻扬子于孟、荀之上。夫孟、荀著书，不事摹拟，扬则摹拟泰甚，绝无卓然自立之处，若无善恶混一言，乌可与孟、荀同年而语哉！温公所云，未免阿其所好。至于孔、颜一路，非惟汉儒不能及，即子思、孟子亦未能步趋，盖逖乎远矣。以上略论汉以前之儒者。

论汉以后之儒家，不应从宋儒讲起，六朝、隋唐亦有儒家也。概而言之，须分两派：一则专务修己治人，不求高远；一则顾亭林所讥“明心见性”之儒是矣。修己治人之儒不求超出人格；明心见性，则超出人格矣。

汉以后专论修己治人者，隋唐间有文中子王通，宋有范文正、胡安定、徐仲车，南宋有永嘉派之薛士龙、陈止斋、叶水心，金华派之吕东莱，明有吴康斋、罗一峰，清有顾亭林、陆桴亭、颜习斋、戴东原。此数子者，学问途径虽不同，要皆以修己治人为归，不喜高谈心性。此派盖出自荀子，推而上之，则曾子是其先师。

明心见性之儒，首推子思、孟子。唐有李习之，作《复性书》，大旨一依《中

庸》。习之曾研习禅宗。一日，问僧某："'黑风吹堕鬼国'，此语何谓？"僧呵曰："李翱小子，问此何为！"习之不觉怒形于色。僧曰："此即是'黑风吹堕鬼国'。"今观《复性书》虽依《中庸》立论，其实阴袭释家之旨。宋则周濂溪开其端。濂溪之学本于寿涯。濂溪以为儒者之教，不应羼杂释理。寿涯教以改头换面，又授以一偈云："有物先天地，无形本寂寥。能为万象主，不逐四时凋。"后濂溪为《太极图说》《通书》，更玄之又玄矣。张横渠《正蒙》之意，近于回教。横渠陕西人，唐时景教已入中土，陕西有大秦寺，唐时立，至宋嘉祐时尚在，故横渠之言，或有取于彼。其云"清虚一大之谓天"，似回教语。其云"民吾同胞，物吾与也"，则似景教。人谓《正蒙》之旨，与《墨子》"兼爱"相同，《墨子》本与基督教相近也。然横渠颇重礼教，在乡拟兴井田，虽杂景教、回教意味，仍不失修己治人一派之旨。此后有明道、伊川，世所称"二程子"者。伊川天资不如明道。明道平居燕坐，如泥塑木雕，受濂溪之教，专寻孔、颜乐处，一生得力，从无忧虑，实已超出人格，著《定性书》，谓不须防检力索，自能从容中道。以佛法衡之，明道殆入四禅八定矣。杨龟山、李延平传之，数传而为朱晦庵。龟山取佛法处多，天资高于伊川，然犹不逮谢上蔡。上蔡为二程弟子天资最高者。后晦庵一派，不敢采取其说，以其近乎禅也。龟山较上蔡为有范围，延平范围渐小，迨晦庵出，争论乃起。时延平以"默坐澄心、体认天理"教晦庵。晦庵读书既多，言论自富，故陆象山、王阳明讥为支离。阳明有"朱子晚年定论"之说，据《与何叔京》一书，由今考之，此书乃庵晦三十四岁时作，非真晚年。晚年定论，乃阳明不得已之语。而东原非之，以为堕入释氏。阳明以为高者，东原反以为歧。实则晦庵恪守师训，惟好胜之心不自克，不得不多读书，以资雄辩，虽心知其故，而情不自禁也。至无极、及极之争，非二家学问之本，存而不论可矣。

宋儒出身仕宦者多，微贱起家者少。惟象山非簪缨之家，其学亦无师承。常以为二程之学，明道疏通，伊川多障。晦庵行辈，高出象山，论学则不逮。象山主先立乎其大者，不以解经为重，谓"《六经》注我，我不注《六经》"。顾经籍烂熟，行文如汉人奏议，多引经籍。虽不如晦庵之尽力注经，亦非弃经籍而不读也。其徒杨慈湖，作《绝西记》，多参释氏之言。然以意为意识，不悟其为意根，则于佛法犹去一间。又作《己易》，以为《易》之消息，不在物而在己，己即是《易》。又谓衣冠礼乐、娶妻生子，学周公、孔子。知其余不学周、孔矣。既没，弟子称之曰"圆明祖师"。宋儒至慈湖，不讳佛如此，然犹重视礼教，无明人猖狂之行。盖儒之有礼教，亦犹释之有戒律。禅家呵佛骂祖，猖狂之极，终不失僧人戒律。象山重视礼教，弟子饭次交足，讽以有过。慈湖虽语言开展，亦守礼惟谨，故其流派所衍，不至如李卓吾辈之披猖也。

明儒多无师承，吴康斋与薛敬轩同时，敬轩达官，言语谨守矩矱，然犹不足谓为修己治人一流。英宗复辟，于谦凌迟处死，敬轩被召入议，但谓三阳发生，不可用重刑，诏减一等。凌迟与斩，相去几何？敬轩于此固当力争，不可则去，乌得依违其间如此哉！康斋父溥，与解缙、王艮、胡广比舍居，燕兵薄京城，城陷前一夕皆集溥舍，缙陈说大义，广亦奋激慷慨，艮独流涕不言。三

人去，康斋尚幼，叹曰："胡叔能死，是大佳事。"溥曰："不然，独王叔死耳。"语未毕，隔墙闻广呼："外喧甚，谨视豚。"溥顾曰："一豚尚不能舍，肯舍生乎？"然已亦未尝死节。康斋之躬耕不仕，殆以此故。敬轩之学不甚传，而康斋之传甚广。康斋安贫乐道，无超过人格语。白沙讲学，不作语录，不解经，亦无论道之文。惟偶与人书，或托之于诗，常称曾点浴沂风雩之美，而自道功夫，则谓"静中养出端倪"。亦复时时静坐，然犹不足以拟佛法，盖与四禅八定近耳。弟子湛甘泉，与阳明同时。阳明成进士，与甘泉讲学甚相得，时阳明学未成也。阳明幼时，尝与铁柱宫道士交契。三十服官之后，入九华山，又从道士蔡蓬头问道。乃为龙阳驿丞，忧患困苦之余，忽悟"知行合一"之理。谓宋儒先知后行，于事未当。所谓"如恶恶臭、如好好色"，即知即行，非知为好色而后好之，知为恶臭而后恶之也。其"致良知"之说，在返自龙场之后。以为昔人之解"致知格物"，非惟朱子无当，司马温公辈亦未当。朱子以穷知事物之理为格物，阳明初信之，格竹三日而病，于是斥朱子为非是。朱子之语，包含一切事物之理。一切事物之理，原非一人之知所能尽，即格竹不病，亦与诚意何关？以此知阳明之斥朱子为不误。然阳明以为"格"当作"正"字解。"格物"者，致良知以正物。物即心中之念，致良知，则一转念间，知其孰善孰恶，去其恶，存其善，斯意无不诚。余谓阳明之语虽踔，顾与《大学》原文相反。《大学》谓物格而后致知，非谓致知而后物格。朱子改窜《大学》，阳明以为应从古本。至解格物致知，乃颠倒原文，又岂足以服朱之心哉。

格物致知之说，王心斋最优。心斋为阳明弟子。读书不多，反能以经解经，义较明白。谓《大学》有"物有本末,事有始终,知所先后,则近道矣"语。"致知"者，知事有终始也，"格物"者，知物有本末也。格物致知，原系空文，不必强为穿凿。是故诚意是始,平天下是终；诚意是本,平天下是末。知此即致知矣。刘蕺山等崇其说，称之曰"淮南格物论,谓是致知格物之定论。"盖阳明读书多，不免拖沓，心斋读书少，故能直截了当，斩除葛藤也。心斋解"在止于至善"，谓"身名俱泰,乃为至善,杀身成仁,便非至善",其语有似老子。而弟子颜山农、何心隐辈，猖狂无度，自取戮辱之祸，乃与师说相反。清人反对王学，即以此故。颜山农颇似游侠，后生来见，必先享以三拳，能受，乃可为弟子。心隐本名梁汝元，从山农时，亦曾受三拳而终不服。知山农狎妓，乃伺门外。山农出，以三拳报之。此诚非名教所能羁络矣。山农笃老而下狱遣戍,心隐卒为张江陵所杀。盖王学末流至颜、何辈，而使人怖畏矣。

阳明破宸濠，弟子邹东廓助之，而欧阳南野、聂双江辈，则无事功可见。双江主兵部,《明史》赞之曰:"豹也碌碌,弥不足观。"盖皆明心见性,持位保宠,不以政事为意。湛甘泉为南京吏部尚书亦然。罗念庵辞官后，入山习静，日以晏坐为事，谓："理学家辟佛乃门面语，周濂溪何尝辟佛哉！"阳明再传弟子万思默、王塘南、胡正甫、邓定宇官位非卑，亦无事功可见。思默语不甚奇，日以晏坐为乐。塘南初曾学佛,亦事晏坐,然所见皆高于阳明。塘南以为一念不动，而念念相续，此即生生之机不可断之意。思默自云静坐之功，若思若无思，则与佛法中"非想非非想"契合,即四空天中之非想非非想天耳。定宇语王龙溪曰：

“天也不做他，地也不做他，圣人也不做他。”张阳和谓此言骇听。定宇曰：“毕竟天地也多动了一下。此是不向如来行处行手段。”正甫谓，天地万物，皆由心造，独契释氏旨趣。前此理学家，谓天地万物与我同体，语涉含混，不知天地万物与我孰为宾主，《孟子》“万物皆备于我”之说亦然，皆不及正甫之明白了当。梨洲驳之，反为支离矣。甘泉与阳明并称。甘泉好谈体认天理，人有不成寐者，问于甘泉。甘泉曰：“君恐未能体认天理耳。”阳明讥甘泉务外，甘泉不服，谓心体万物而无遗，何外之有？后两派并传至许敬庵，再传而为刘蕺山。蕺山绍甘泉之绪，而不甚心服。三传而为黄梨洲。梨洲余姚人，蕺山山阴人。梨洲服膺阳明而不甚以蕺山为然，盖犹存乡土之见。蕺山以常惺惺为教。“常惺惺”者，无昏聩时之谓也，语本禅宗，非儒家所有。又蕺山所以不同于阳明者，自阳明之徒王心斋以致知为空文，与心、意二者无关，而心、意之别未明也。心斋之徒王一庵，以为意乃心之主宰，于是意与心始别。蕺山取之，谓诚意者，诚其意根，此为阳明不同者也。然蕺山此语，与《大学》不合。《大学》语语平实，不外修己治人。明儒强以明心见性之语附会，失之远矣。诚其意根者，即堕入数论之神我，意根愈诚，则我见愈深也。余谓《中庸》“诚者物之终始，不诚无物”二语甚确。盖诚即迷信之谓，迷信自己为有，迷信世界万物为有，均迷信也。“诚”之为言，无异佛法所称“无明”。信我至于极端，则执一切为实有。无无明则无物，故曰“不诚无物”。《中庸》此言，实与释氏之旨符合。惟下文足一句曰“是故，君子诚之为贵”，即与释氏大相径庭。盖《中庸》之言，比于婆罗门教，所谓“参天地、赞化育”者，是其极致，乃人摩醯首罗天王一流也。儒、释不同之处在此，儒家虽采佛法，而不肯放弃政治社会者亦在此。若全依释氏，必至超出时间，与中土素重世间法者违反，是故明心见性之儒，谓之为禅，未尝不可。惟此所谓禅，乃禅八定，佛家与外道共有之禅，不肯打破意根者也。昔欧阳永叔谓“孔子罕言性，性非圣人所重”，此言甚是。儒者若但求修己治人，不务谈天说性，则譬之食肉不食马肝，亦未为不知味也。

儒者修己之道，《儒行》言之甚详，《论语》亦有之，曰“行己有耻”，曰“见利思义，见危授命”。修己之大端，不过尔尔。范文正开宋学之端，不务明心见性而专尚气节，首斥冯道之贪恋。《新五代史》之语，永叔袭文正耳。其后学者渐失其宗旨，以气节为傲慢而不足尚也，故群以极深研几为务。于是风气一变，国势之弱，职此之由。宋之亡，降臣甚多，其明证也。明人之视气节，较宋人为重。亭林虽诮明心见性之儒，然入清不仕，布衣终身，信可为百世师表。夫不贵气节，渐至一国人民都无豪迈之气，奄奄苟活，其亡岂可救哉？清代理学家甚多，然在官者不可以理学论。汤斌、杨名时、陆陇其辈，江郑堂《宋学渊源记》所不收，其意良是。何者？炎黄之胄，服官异族，大节已亏，尚得以理称哉？若在野而走入王派者，则有李二曲、黄梨洲。其反对王派者，今举顾亭林、王船山、陆桴亭、颜习斋、戴东原五家论之。此五家皆与王派无关，而又非拘牵朱派者也。梨洲、二曲虽同祖阳明，而学不甚同。梨洲议论精致，修养不足，二曲教人以悔过为始基，以静坐为入手，李天生之友欲从二曲学，中

途折回，天生问故。曰："人谓二曲王学之徒也。"二曲闻之叹曰："某岂王学乎哉？"盖二曲虽静坐观心，然其经济之志，未曾放弃。其徒王心敬，即以讲求区田著称。此其所以自异于王学也。梨洲弟子万季野治史学，查初白为诗人，并不传其理学。后来全谢山亦治史学，而于理学独推重慈湖，盖有乡土之见焉。

阳明末流，一味猖狂，故清初儒者皆不愿以王派自居。顾亭林首以"明心见性"为诟病。亭林之学，与宋儒永嘉派不甚同，论其大旨，亦以修己治人为归。亭林研治经史最深，又讲音韵、地理之学，清人推为汉学之祖。其实，后之为汉学者仅推广其《音学五书》，以讲小学耳，其学之大体，则未有步趋者也。惟汪容甫颇有绍述之意，而目力未及。观容甫《述学》，但考大体，不及琐碎，此即亭林矩矱。然亭林之学，枝叶蔚为大国，而根本不传者，亦因种族之间，言议违禁，故为人所忌耳。种族之见，亭林胜于梨洲。梨洲曾奉鲁王命乞师日本，后遂无闻焉。亭林则始终不渝。今通行之《日知录》，本潘次耕所刻，其中"胡"字、"虏"字，或改作"外国"，或改作"异域"；"我朝"二字，亦被窜易；"素夷狄行乎夷狄"一条，仅存其目。近人发现雍正时抄本，始见其文，约二千余言。大旨谓：孔子云"居处恭、执事敬、与人忠，虽之夷狄不可弃也"，此之谓"素夷狄行乎夷狄"，非谓臣事之也。又言，管仲大节有亏而孔子许之者，以管仲攘夷，过小而功大耳。以君臣之义，较夷夏之防，则君臣之义轻，而夷夏之防重，孔子所以亟称之也。又"胡服"一条，刻本并去其目。忌讳之深如此，所以其学不传。亭林于夷夏之防，不仅腾为口说，且欲实行其志，一生奔驰南北，不遑宁居，到处开垦，隐结贤豪。凡为此故也，山东、陕西、山西等处，皆有其屯垦之迹。观其意，殆欲于此作发展计。汉末田子泰躬耕徐无山，百姓归之者五千余家。子泰为定法律，制礼仪，兴学校，众皆便之。乌丸、鲜卑，并遣译致贡。常忿乌丸贼杀冠盖，有欲讨之意，而曹操北征，子泰为向导，遂大斩获，追奔逐本。使当时无曹操，则子泰必亲自攘夷矣。亭林之意，殆亦犹是。船山反对王学，宗旨与横渠相近，曾为《正蒙》作注。盖当时王学猖狂，若以程朱之学矫之，反滋纠纷，惟横渠之重礼教乃足以惩之。船山之书，自说经外，只有抄本，得之者什袭珍藏，故《黄书》流传甚广，而免于禁网也。船山论夷夏之防，较亭林更为透澈，以为六朝国势不如北魏远甚，中间又屡革命，而能支持三百年之久者，以南朝有其自立精神故也。南宋不及百六十年，未经革命，而亡于异族，即由无自立精神故也。此说最中肯綮，然有鉴于南宋之亡，而谓封建藩镇，可以抵抗外侮，此则稍为迂阔。特与六朝人主封建者异趣。六朝人偏重王室，其意不过封建亲戚以为藩屏而已。船山之主封建，乃从诸夏夷狄着想，不论同姓异姓，但以抵抗外侮为主，此其目光远大处也。要之，船山之学，以政治为主，其理学亦不过修己治人之术，谓之骈枝可也。

陆桴亭《思辨录》，亦无过修己治人之语，而气魄较小。其论农田水利，亦尚有用，顾足迹未出江苏一省，故其说但就江苏立论，恐不足以致远。

北方之学者，颜、李、王、刘并称，而李行辈略后。习斋之意，以为程、朱、陆、王都无甚用处，于是首举《周礼》"乡三物"以为教，谓《大学》"格物"之物，即“乡三物”之物，其学颇见切实。盖亭林、船山但论社会政治，却未及个人体育。不讲体育，不能自理其身，虽有经世之学，亦无可施。习斋有见于此，于礼、乐、射、御、书、数中，特重射、御，身能盘马弯弓，抽矢命中，虽无反抗清室之语，而微意则可见也。崑绳、刚主，亦是习斋一流，惟主张井田，未免迂腐。继庄精舆地之学。《读史方舆纪要》之作，继庄周游四方，观察形势，顾景范考索典籍，援古证今，二人联作，乃能成此巨著。此后徐乾学修《一统志》，开馆洞庭山，招继庄纂修。继庄首言郡县宜记经纬度，故《一统志》每府必记北极测地若干度。此事今虽习见，在当时实为创获。

大概亭林、船山，才兼文武。桴亭近文，习斋近武。桴亭可使为地方官，如省长之属；习斋可使为卫戍司令。二人之才不同，各有偏至，要皆专务修己治人，无明心见性之谈也。

东原不甘以上列诸儒为限，作《原善》《孟子字义疏证》。其大旨有二：一者，以为程、朱、陆、王均近禅，与儒异趣。一者，以为宋儒以理杀人，甚于以法杀人。盖雍乾间，文字之狱，牵累无辜，于法无可杀之道，则假借理学以杀之。东原有感于此，而不敢正言，故发愤为此说耳。至其目程、朱、陆、王均近禅，未免太过。象山谓“《六经》注我，我不注《六经》”，乃扫除文字障之谓，不可谓之近禅。至其驳斥“以意见为理”，及以理为“如有物焉得于天而具于心”之说，只可以攻宋儒，不足以攻明儒。阳明谓理不在心外，则非如有物焉，凑拍附箸于气之谓也。罗整庵作《困知记》，与阳明力争“理气”之说，谓宋人以为理之外有气，理善，气有善有不善。夫天地生物，惟气而已，人心亦气耳。所谓理者，气之流行而有秩序者也，非气之外更有理也。理与气不能对立。东原之说，盖有取于整庵。然“天理”“人欲”，语见《乐记》。《乐记》本谓穷人欲则天理灭，不言人欲背于天理也，而宋儒则谓理与欲不能并立。于是东原谓“天理即人欲之有节文者，无欲则亦无理”，此言良是，亦与整庵相近。惟谓理在事物而不在心，则矫枉太过，易生流弊。夫能分析事物之理者，非心而何？安得谓理在事物哉！依东原之说，则人心当受物之支配，丧其所以为我，此大谬矣。至《孟子》“性善”之说，宋儒实未全用其旨。程伊川、张横渠皆谓，人有义理之性，有气质之性。义理之性善，气质之性不善。东原不取此论，谓《孟子》亦以气质之性为善，以人与禽兽相较而知人之性善，禽兽之性不善。余谓此实东原之误。古人论性，未必以人与禽兽比较。详玩《孟子》之文，但以五官与心对待立论。《孟子》云：“从其大体为大人，从其小体为小人。”“耳目之官不思而蔽于物，物交物，则引人而已矣。心之官则思，思则得之，不思则不得也。”其意殆谓耳目之官不纯善，心则纯善。心纵耳目之欲，是养其小体也。耳目之欲受制于心，是养其大体也。今依生理学言之，有中枢神经，有五官神经。五官不能谓之无知，然仅有欲而不知义理，惟中枢神经能制五官之欲，斯所以为善耳。《孟子》又云：“口之于味，目之于色，耳之于声，鼻之于臭，四肢之于安佚，性也，有命焉，君子不谓性也。”是五官之欲固可谓之性，以有心为之主宰，故不以五官之欲为性，而以心为性耳。由此可知，《孟子》亦不

谓性为纯善，惟心乃纯善。东原于此不甚明白，故不取伊川、横渠之言，而亦无以解《孟子》之义。由今观之，孟、荀、扬三家论性虽各不同，其实可通。《孟子》不以五官之欲为性，此乃不得已之论。如合五官之欲与心而为言，亦犹扬子所云善恶混矣。《孟子》谓恻隐、羞恶、辞让、是非四端，性所具有。《荀了》则谓“人生而有好利焉，顺是则争夺生而辞让亡矣”。是荀子以辞让之心非性所本有，故人性虽具恻隐、羞恶、是非三端，不失其为恶。然即此可知《荀子》但云性不具辞让之心，而不能谓性不具恻隐、羞恶、是非之心，是其论亦同于善恶混也。且《荀子》云:“途之人皆可以为禹。”《孟子》云:“人皆可以为尧舜。”是性恶、性善之说，殊途同归也。《荀子》云:“人皆有可以知仁义法正之质，皆有可以能仁义法正之具。”《孟子》云:“乃若其情则可以为善矣，乃所谓善也。”此其语趣尤相合。虽然，《孟子》曰:“仁、义、礼、知，非由外铄我也，我固有之也。”荀子则谓礼义法度，圣人所生，必待圣人之教，而后能化性起伪。此即外铄之义，所不同者在此。

韩退之《原性》有上、中、下三品说。前此，王仲任《论衡》记周人世硕之言，谓人性有善有恶。举人之善性，养而致之则善长；举人之恶性，养而致之则恶长，故作《养书》一篇。又言宓子贱、漆雕开、公孙尼子之徒，亦论情性，与世子相出入。又孔子已有“生而知之者上，学而知之者次，困而学之又其次，困而不学民斯为下”语。如以性三品说衡荀子之说，则谓人性皆恶可也。不然，荀子既称人性皆恶，则所称圣人者，必如宗教家所称之圣人，然后能化性起伪尔。是故荀子虽云性恶，当兼有“三品”之义也。

告子谓“性无善、无不善”，语本不谬。阳明亦以为然。又谓“生之谓性”，亦合古训。此所谓性，即阿赖耶识。佛法释阿赖耶为无记性，而阿赖耶之义即生理也。古人常借“生”为“性”字，《孝经》“毁不灭性”，《左传》“民力凋尽，莫保其性”皆是。《庄子》云:“性者，生之质也。”则明言“生”即“性”矣。故“生之谓性”一语，实无可驳。而孟子强词相夺，驳之曰:“犬之性犹牛之性，牛之性犹人之性欤？”若循其本，性即生理。则犬之生与牛之生，牛之生与人之生，有何异哉？至杞柳杯棬之辨，孟子之意谓戕贼杞以为杯棬可，戕贼人以为仁义不可。此因告子不善措辞，致受此难。如易其语云，“性犹金铁也，义犹刀剑也；以人性为仁义，犹以金铁为刀剑”，则孟子不能谓之戕贼矣。

东原以孟子举犬性、牛性、人性驳告子，故谓孟子“性善”之说，据人与禽兽比较而为言。余谓此非孟子本旨，但一时口给耳。后人视告子如外道，或曰异端，或曰异学。其实儒家论性，各有不同。赵邠卿注《孟子》，言告子兼治儒、墨之学。邠卿见《墨子》书亦载告子，故为是言。不知《墨子》书中之告子，本与墨子异趣，不得云兼治儒、墨之学也。宋儒以告子为异端，东原亦目之为异端，此其疏也。

《孟子字义疏证》一书，惟说“理气”语不谬，论理与欲亦当。至阐发“性善”之言，均属难信。其后承东原之学者，皆善小学、说经、地理诸学，惟焦里堂作《孟子正义》，不得不采《字义疏证》之说。要之，东原之说，在清儒中自可卓然成家，若谓可以推倒宋儒，则未敢信也。

道咸间方植之作《汉学商兑》，纠弹东原最力。近胡适尊信东原之说，假之以申唯物主义。然“理在事物而不在心”一语，实东原之大谬也。

儒术真论

昔韩非《显学》，胪列八儒，而传者独有孟、荀，其他种别，未易寻也。西京贾傅，为荀子再传，而董、刘诸公，已不能以一家名。且弘、汤之法盛行，而儒杂刀笔；参以灾祥鬼神，而儒杂墨术。自东京以来，盖相率如是。《荀子·儒效》云：其言议谈说，已无以异于墨子矣。然而明不能分别，是俗儒者也。然则七国之季，已有杂糅无师法者，后此何足论。今以《墨子·公孟》篇公孟子、程子与墨子相问难者，记其大略。此足以得儒术之真。其于八儒虽无可专属，要之微言故训，有上通于内圣外王之道，与夫混淆失真者，固大有殊矣。由斯推衍，其说可以卢牟六合，经纬冯生。盖圣道之大，无能出其范者。抑括囊无辩，谓之腐儒。今既摭拾诸子，旁采远西，用相研究，以明微旨，其诸君子亦有乐乎此欤？

惠定宇谓公孟子即公明子，为孔子之徒。近人孙诒让（仲容）则云：《潜夫论》志《氏姓》篇：卫公族有公孟氏，《左传·定十二年》疏谓公孟絷之后，以字为氏，则自有公孟氏，非公明氏也。《说苑·修文》篇有公孟子高见颛孙子莫及曾子，此公孟子疑即子高，盖七十子之弟子也。余谓子莫告公孟子高之言曰：“去尔外厉，与尔内色胜，而心自取之，去三者而可矣。”今公孟子谓墨子曰：“君子共己以待，问焉则言，不问焉则止。”又曰：“实为善人孰不知？今子遍从人而说之，何其劳也。”即本子莫去外厉之意，则公孟子即公孟子高明甚。然即此愈知公孟即公明。《孟子·万章》篇有长息问公明高，即为公孟子高。且孟子言舜之怨慕，而举公明高之言以为证。又言：“人少则慕父母，五十而慕者，独有大舜。”今公孟子则曰：“三年之丧，学吾之慕父母。”墨子驳之则曰：“夫婴儿子之知，独慕父母而已，父母不可得也。然号而不止，此其故何也？即愚之至也。然则儒者之知，岂有以贤于婴儿子哉！”是公孟子之言，与孟子所述慕父母义，若合镮印。则知公孟子、公孟子高、公明高为一人明甚。公孟、公明虽异族，然同声相借，亦有施之姓氏者。今夫司徒、申屠、胜屠，本一语也。而因其字异，遂为三族。荀与孙、虢与郭，本异族也，而因其声同，遂相假借。今公孟、公明，亦犹荀孙、虢郭，虽种胄有殊，而文字相贸，亦无不可。然既严事曾子，其不得为孔子之徒明矣。惠说亦未合也。今观其立说，亦醇疵互见，而宣尼微旨，于此可睹。捃摭秘逸，灼然如晦之见明者，凡数大端。呜呼！可不谓卓欤？

公孟子谓子墨子曰：“昔者圣王之列也，上圣立为天子，其次立为卿大夫。今孔子博于诗书，察于礼乐，详于万物。若使孔子当圣王，则岂不以孔子为天子哉！”

按玄圣素王，本见《庄子》。今观此义，则知始元终麟，实以自王，而河图不出，

文王既丧，其言皆以共主自任，非图谶妄言也。门人为臣，孔子以为行诈，诸侯卿尹之尊，非所以处上圣，进退失据，故斥言其欺。不然，子弓南面，任为天子。尚无所讳，而辞此区区乎？知此者独有梅子真尔？

公孟子曰:“无鬼神。”又曰:“君子必学祭祀。”子墨子曰:“执无鬼而学祭礼，是犹无客而学客礼也，是犹无鱼而为鱼罟也。”子墨子谓程子曰:“儒以天为不明，以鬼为不神，天鬼不说，此足以丧天下。”

按仲尼所以凌驾千圣，迈尧、舜，轹公旦者，独在以天为不明及无鬼神二事。《荀子》曰:“道者，非天之道，非地之道，人之所以道也，君子之所道也。”此儒者穷高极远测深厚之义。若夫天体，余尝谓苍苍之天，非有形质，亦非有大圜之气。盖日与恒星，皆有地球，其阿屯以太，上薄无际，其间空气复厚，而人视之苍然，皆众日之余气，固非有天也。王育说，天诎西北为无，其说稍诞。盖天本无物，故无字从天诎之以指事，因下民所见，不得无所指斥，故强以颠义引申之而曰天。六经言天言帝，有周公以前之书，而仲尼删述，未或革更，若曰道曰自然而已矣。郊祭大报天而主日，万物之主，皆赖日之光热，而非有赖于天。故假言曰帝，其真即日。或以北极为耀瑰宝，北极又大于日九十三倍，故亦尊之，此则恒星万数，上帝亦可云万数。六帝之说，不遍不赅，要非虚增，然恒星各帝其地球而已，于此地球何与？明堂宗祀，盖自外至者也。且太微五星，固玄远矣，即至昵之日，虽昭昭大明，而非有恩威生杀之志，因上帝而有福善祸淫之说，其害犹细，其识已愚，因是以及鬼神，则诬妄日出，而人伦殆废。

盖太古民俗，无不尊严鬼神，五洲一也。感生帝之说，中国之羲、农，日本之诺、册二神，印度之日朝、月朝，犹太之耶稣，无不相类。以此致无人伦者，中外亦复不异。惟其感生，故有炎、黄异德兄弟婚媾之说，盖曰各出一帝，虽为夫妇，不为黩也。尧之厘降，不避近属，实萫于是。其后以为成俗，则夏、商以来，六世而通婚姻，皆感生之说撼之矣。周道始隆，百世远别，此公旦所以什伯于尧、舜、汤、武，然依违两可，攻其支流，而未堙其源窟。《生民》之诗，犹曰履敏，则犷俗虽革，而精意未宣，小家珍说，反得以攻其阙。惟仲尼明于庶物，察于人伦，知天为不明，知鬼神为无，遂以此为拔本塞原之义，而万物之情状大著。由是感生帝之说诎，而禽兽行绝矣。此所以冠生民横大陆也。

何以知无鬼神？曰：斫卉木，磔羊彘，未闻其有鬼神，彼人固不得独有也。人所以有知者，分于父母，精虫胚珠是也。二者又摄引各点以为我有，使成官骸，而七情益扩，故成此知识，由于两精相搏，以生神明也。斯如两水相触，即便生浪。两味相和，乃生隽永，及精气相离而死，则神亦无存。譬之水既淤堙，浪即无有，两味化分，寻索隽永，了不可得。故精离则死，死则无知，其流定各质，久则合于他物，或入草木，或入胎卵，未有不化者。化之可见者，茅蒐是已。苌弘之血为碧，郑缓之精为秋柏之实，然已与他物合，则其质既杂，自有柏与碧之知，而非弘、缓之知矣。此精气为物也。气弗聚者，散而从于空气，涣然飘泊，此游魂为变也。夫焉有精化既离，而神识能独立者乎？《圆觉经》云：我今此身，四大和合，所谓发毛爪齿，皮肉筋骨，髓脑垢色，皆归于地。唾涕

脓血，津液涎沫，淡泪精气，大小便利，皆归于水。暖气归火，动转归风。四大各离，今者妄身，当在何处？《宝积经》云：此身生时，与其父母，四大种性，一类歌罗逻身。若唯地大。无水界者，譬如有人，握干麨灰，终不和合。若唯水界。无地界者，譬如油水，无有坚实，即便流散。若唯地水。无火界者，譬如夏月，阴处肉团，无日光照，即便烂坏。若唯地水火。无风界者，即不增长。《庵提遮女了义经》云：若能明知地、水、火、风四缘，毕竟未曾自得，有所和合，以为生义。若知地、水、火、风毕竟不自得，有所散，是为死义。是佛家亦以各质相磨而生，各质相离而死，而必言即合即离，生死一致，则黄马、骊牛之遁辞矣。然死后六道，不尽为鬼，则亦与精气为物之义相近。其终不决言无鬼者，盖既言真者离身而有如来藏，则不得不言妄者离身而为鬼。然又言饿鬼有胎生化生，则所谓鬼者，亦物魅之类，而与人死者有殊。然则释家盖能识此旨，而故为不了以自圆其说也。

难曰：若以知识为分于父母，则父母安始，追溯无尽，非如来藏而何？然如来藏者，彼岂能道其有始耶？于如来藏亦言无始，而必责万物以有始，亦惑矣。难曰：知识果分于父母，则瞽舜、鲧禹，曷为相反？曰：夫岂独神识然，形亦然矣。张苍之父，长不满五尺，苍长八尺余，苍子复长八尺，及孙类长六尺余。可得云形体非分于父母耶？要之形之短长，知之顽圣，此高下之分，非相反也。以神识言，又岂独父子然。虽一身亦有善恶是非先后相贸者。颜涿聚，梁父之大盗也，学于孔子；段干木，晋国之大驵也，学于子夏；高何县子石，齐国之暴者也，指于乡曲，学于子墨子；索卢参，东方之巨狡也，学于禽滑黎。并为名士显人，如是者多矣。或有諏政虑事，一念之间，而筹画顿异，至于疚心自讼者。子夏投杖，汉高销印，斯类亦众，夫岂得谓有两身与两心耶？父母与子，何以异是？原夫二气相凝，非亲莫效，及脂膏既就，即有染习，贾生《胎教》，明著其义。是时材性高下，又由其亲一时之行迹而成，斯则得于其亲者，与初凝又少殊矣。及夫免乳以后，则见闻之习，师友之导，情状万端，尟非殊族，其异于亲也固宜。荀子有言："涂之人可以为禹。"此则君师牧民，由斯以作。然具此可以为禹之材，非父母授之乎？大抵形体智识，一成不移，而形之肥瘠，识之优劣，则外感相因，可入熔冶，不移者由于胚珠，可移者由于所染。夫鲁鸡之伏鹄卵，其雏犹鹄；而桑枝之续桃本，则其实非桑。非物之形性，一可变更，一不可变更也。卵中之胚，是鹄非鸡，故鹄不以鸡伏而易。树木之胚，是桃非桑，故桃能以桑体为己，此胚珠不移之说也。啮蹄在辔，驯良从御，駃騠无牧，泛驾不习，此因染致移之说也。乃若时代逾久，则物之形体，亦有因智识优劣而渐变者。要之，改良则分剂增多，退化则分剂减少，上古之颠木，迹层之枯鱼，皆吾郊宗石室，惟其求明趋化，以有吾侪之今日。昊天罔极，如何可酬？抑亲亲之杀，既具斯形，则知爱类而已。

难曰：人见厉魃，经籍多有，近世民俗，亦有传言。宁得自守单辞，谓鬼神为诬惑？曰：以佛家言，六道之中，饿鬼居一，一在地下五百由旬，一在人天之间。是则畛域区处，与人隔绝，人未尝有至饿鬼处者，而饿鬼独能至人处乎？

且以阿修罗之强悍，诸天之智力，不至人处，而饿鬼以羸劣之质，独能至人处乎？是岂得以所见证其必有也。然则见者云何？曰：耳目有愆，齐襄之见彭生是也；心惑若寐，狐突之遇共君是也。二者皆一时假相，非有真形，乃其真者，则亦有之。太史公曰：“学者多言无鬼神，然言有物。”此最为豁然塙斯者。山精物魅，如龙夔魍魉者，固未尝无也，以其体不恒见，诡出都市，而人遂以鬼神目之，斯亦惑之甚矣。太古顽民，见锯惊鬼，有熊蚩尤，惑乱不异，见彼焄蒿，遂崇巫祝。清庙之守，后为墨家，敬天尊鬼，遂与儒术相訾。夫岂非先圣哲王之法，而以难儒术，则犹以金椎攻太山矣。无鬼而祭者，亦知其未尝食，而因是以致思慕。至胙肉必餍饫之者，亦以形体神识，分于二人，已在则亲之神识所分，犹在吾体，故食胙无异亲之食之也。然则祭为其名，而胙致其实，何无客学礼无鱼作罟之可比乎？若夫天神地祇，则因是而准则之，苟有圣王，且当厘汰焉。呜呼！如太史公言，则秦汉间儒者，犹知无鬼神义。然武、昭以后，儒者说经，已勿能守。独王仲任有《论死》篇，晋人无鬼神论，而儒者又群哗焉。然则荀子谓言议谈说，无以异于墨子者，汉后诸儒，顾不然欤？

公孟子谓子墨子曰：“有义不义，无祥不祥。”公孟子曰：“贫富寿夭，齰然在天，不可损益。”子墨子曰：“儒以命为有，贫富寿夭、治乱安危有极矣，不可损益也。”

按墨子背周而从夏，《洪范》五行之说，以义不义，推祥不祥。禹陈九畴，而墨子畅之，皆天鬼之说所流行也。惟墨子于五行，信其德而不信其方位。阴阳家之言，则所必绝，故其答日者曰：“帝以甲乙杀青龙于东方，以丙丁杀赤龙于南方，以庚辛杀白龙于西方，以壬癸杀黑龙于北方。若用子之言，则是禁天下之行者也。”《洪范》之言，则因五行以施五德，而顺之者吉，逆之者凶，故墨子独所尊信。汉初伏生，可谓大儒，然《五行传》犹拘牵天道。西京尊尚此学，实墨者之余烬也。荀子曰：夫日月之有蚀，风雨之不时，怪星之尝见，是无世而不常有之，上明而政平，则是虽并世起无伤也。上暗而政险，则是虽无一至者无益也。是则于五行感应之说，儒者已显斥之。而仲尼删《书》犹登《洪范》者，明夷六五，赵宾以为阴阳气亡箕子。箕子者，万物方荄兹也。盖《易》与箕子，若为两途。《彖传》于明夷，一曰文王以之，一曰箕子以之，独以二人并称。缘伏羲以河图为《周易》，而文王衍其词；禹以洛书为《洪范》，而箕子畅其义。文王之说，当行于域中；而箕子之说，可被于营州玄菟之境，与中国之教殊矣。录之者见施政要服，有与京周异术者也。若夫督宗之教，于五福六极，固非所信焉尔。

虽然，禹与箕子之陈《洪范》，亦草创之初得其粗义耳！其精者则固异于祸福感应之说，而知各质散点相吸相离之自然。此其说在《庄子·天运》。其言曰：天其运乎？地其处乎？日月其争于所乎？孰主张是？孰维纲是？孰居无事推而行是？意者其有机缄而不得已耶？意者其运转而不能自止耶？云者为雨乎？雨者为云乎？孰隆施是？孰居无事淫乐而劝是？风起北方，一西一东，有上彷徨，孰嘘吸是？孰居无事而披拂是？敢问何故？巫咸祒曰：来！吾语女，天有六极五常，帝王顺之则治，逆之则凶，九洛之事，治成德备，监照下土，天下载之，

此谓上皇。九洛，即洛书九畴；六极五常，即六极五福。而其事由于帝王之自取，非由上皇为主宰，亦渗无眚符瑞以为劝戒，其成败治乱，应其行政而致。若天运地处，竟无主张维纲也，此则非墨子所知矣。

命之为说，公孟只言贫富寿夭，而墨子后增以治乱安危，盖诬儒者矣。治乱安危，惟人所措。至于贫富寿夭，则固有说，如伯夷之夭，原思之贫，此其志愿，又不可言命也。若夫单豹之遇虎，则夭有命矣；邓通之寄死，则贫有命矣。所谓命者，词穷语绝，不得已之借名，其所自出，则佛氏亦以为因果，是又以祸福感应与定命合而为一，其论巧矣。然师子尊者受挥刀断首之祸，而佛亦罹木枪马麦之患，虽至成道，尚不能免难，是则其所谓因果者，乃恩怨之报酬，而非善恶之赏罚矣。余谓报酬之义，异于《洪范》。盖非自主宰，而在私相予夺，此固理之必然者。悬土囊而击之，则土囊亦反触人，物莫不有跃力，况有知者乎？《吕览·诬徒》云："草木鸡狗牛马，不可谯诟遇之，谯诟遇之，则亦谯诟报人。"然则命固有偶遇者，而亦有由于报酬者，然非如佛家所谓前生事也。自吾始祖以往，鱼鸟兽猿之祖，不知其更数百世，吾岂能知其恩怨所在哉？德几无小，灭宗无大，九世之仇，百年之德，至于今而始报之子孙，即报者亦不知其所以。盖先人之神识伏藏体中也是。故《易》说余庆余殃，必以家言，明其报复在种胄也。凡言命者，斯亦一端。至夫禄命推验，则非可凭矣。故古之言知命者，谓知其不可如何，而非谓其禨祥算数也。要之一人际遇，非能自主，合群图事，则成败视其所措。故一人有命，而国家无命。荀子曰："人之命在天，国之命在礼，君人者隆礼尊贤而王，重法爱民而霸，好利多诈而危，权谋倾覆幽险而尽亡矣。"此以见一人之命有定限，而一国之命无定限也。又曰："从天而颂之，孰与制天命而用之。"是则以天为不足称颂，而国命可自己制，其何有天哉？曰：天者自然而已。曰：命者遭遇而已。从俗之言，则曰天命，夫岂以苍苍者布令于下哉？嗟乎！愚者之颂天，宋偃之射天，上官安之骂天，其敬慢不同，而其以天为有知，或则哀吁，或则怨望，其愚一也。汉世之儒，勿信祸福感应而独言命者，惟王仲任耳！然执泥小数，至谓项羽用兵，实过高祖，其兴亡亦由天命。若国之安危，亦不能不出于此者，是亦固矣。若夫大儒之说，天无威庆而人有报施，一人则成亏前定，而合群则得丧在我，斯所以异于阴骘下民之说也。

右三事，儒术所以深根宁极，无出其范者。神怪之教，婴之自溃，昧此而言儒，汉后所以无统纪也。非儒有抵诬孔子语，则所举儒说，亦必不可尽信。其驳昏丧诸礼，又皆小节，故勿论。

清儒

古之言虚，以为两栌之间，当其无栌。六艺者，古《诗》积三千余篇，其他益繁，鳜触无协；仲尼剟其什九，而弗能专施于一术。故曰：达于九流，非儒家擅之也。

六艺，史也。上古史官，司国命，而记注义法未备，其书卓绝不循。《易》

最恢奇，《诗》《书》亦时有盈辞；《礼》《春秋》者，其言径直易见观，故荀子为之，隆礼义，杀《诗》《书》。礼义隆，则《士礼》《周官》与夫公冠、奔丧之典，杂沓并出，而偕列于经。《诗》《书》杀，则伏生删百篇而为二十九；《齐诗》之说五际六情，庋《颂》与《国风》，而举二《雅》。

虽然，治经恒以诵法讨论为剂。诵法者，以其义束身，而有隆杀；讨论者，以其事观世，有其隆之，无或杀也。西京之儒，其诵法既狭隘，事不周浃而比次之，是故齵差失实，犹以师说效用于王官，制法决事，兹益害也。杜、贾、马、郑之伦作，即知“抟国不在敦古”；博其别记，稽其法度，核其名实，论其群众以观世，而六艺复返于史，秘祝之病不渍于今。其源流清浊之所处，风化芳臭气泽之所及，则昭然察矣。变于魏晋，定于唐，及宋明始荡。继汉有作，而次清儒。

清世理学之言，竭而无余华；多忌，故歌诗文史楛；愚民，故经世先王之志衰。家有智慧，大凑于说经，亦以纾死，而其术近工眇踔善矣。

始故明职方郎昆山顾炎武为《唐韵正》《易诗本音》，古韵始明，其后言声音训诂者禀焉；太原阎若璩撰《古文尚书疏证》，定东晋晚书为作伪，学者宗之；济阳张尔岐始明《仪礼》；而德清胡渭审察地望，系之《禹贡》，皆为硕儒，然草创未精博，时糅杂宋明谰言。其成学著系统者，自乾隆朝始：一自吴，一自皖南。吴始惠栋，其学好博而尊闻。皖南始江永、戴震，综形名，任裁断。此其所异也。

先栋时有何焯、陈景云、沈德潜，皆尚洽通，杂治经史文辞。至栋，承其父士奇学，揖志经术，撰《九经古义》《周易述》《明堂大道录》《古文尚书考》《左传补注》，始精眇，不惑于谀闻；然亦泛滥百家，尝注《后汉书》及王士祯诗，其余笔语尤众。栋弟子有江声、余萧客。声为《尚书集注音疏》，萧客为《古经解钩沉》，大共笃于尊信，缀次古义，鲜下己见。而王鸣盛、钱大昕亦被其风，稍益发舒。教于扬州，则汪中、刘台拱、李惇、贾田祖，以次兴起；萧客弟子甘泉江藩，复缵续《周易述》，皆陈义尔雅，渊乎古训是则者也。

震生休宁，受学婺源江永，治小学、礼经、算术、舆地，皆深通。其乡里同学有金榜、程瑶田，后有凌廷堪、三胡。三胡者，匡衷、承珙、培翚也，皆善治《礼》，而瑶田兼通水地、声律、工艺、谷食之学。震又教于京师，任大椿、卢文弨、孔广森皆从问业，弟子最知名者，金坛段玉裁、高邮王念孙。玉裁为《六书音均表》以解《说文》，《说文》明。念孙疏《广雅》，以经传诸子转相证明，诸古书文义诘诎者毕理解；授子引之，为《经传释词》，明三古辞气，汉儒所不能理绎，其小学训诂，自魏以来，未尝有也。近世德清俞樾、瑞安孙诒让，皆承念孙之学。樾为《古书疑义举例》，辨古人称名抵牾者，各从条列，使人无所疑眩，尤微至。世多以段、王、俞、孙为经儒，卒最精者乃在小学，往往得名家支流，非汉世《凡将》《急就》之侪也。凡戴学数家，分析条理，皆参密严瑮，上溯古义，而断以己之律令，与苏州诸学殊矣。

然自明末有浙东之学。万斯大、斯同兄弟，皆鄞人，师事余姚黄宗羲，称说《礼经》，杂陈汉、宋，而斯同独尊史法。其后余姚邵晋涵、鄞全祖望继之，尤善言明末遗事。会稽章学诚为文史、校雠诸《通义》，以复歆、固之学，其卓约近《史通》。而说《礼》者羁縻不绝。定海黄式三传浙东学，始与皖南交通。其子以周作《礼书通故》，三代度制大定。唯浙江上下诸学说，亦至是完集云。

初，太湖之滨，苏、常、松江、太仓诸邑，其民佚丽。自晚明以来，喜为文辞比兴，饮食会同，以博依相问难，故好浏览而无纪纲，其流风遍江之南北。惠栋兴，犹尚该洽百氏，乐文采者相与依违之。及江永、戴震起徽州，徽州于江南为高原，其民勤苦善治生，故求学深邃，言直核而无温藉，不便文士。震始入四库馆，诸儒皆震竦之，愿敛衽为弟子。天下视文士渐轻，文士与经儒始交恶。而江淮间治文辞者，故有方苞、姚范、刘大櫆，皆产桐城，以效法曾巩、归有光相高，亦愿尸程、朱为后世，谓之桐城义法。震为《孟子字义疏证》，以明材性，学者自是疑程、朱。桐城诸家，本未得程、朱要领，徒援引肤末，大言自壮，故尤被轻蔑。从子姚鼐欲从震学，震谢之，犹亟以微言匡饬。鼐不平，数持论诋朴学残碎。其后方东树为《汉学商兑》，徽识益分。阳湖恽敬、陆继辂，亦阴自桐城受义法。其余为俪辞者众，或阳奉戴氏，实不与其学相容。夫经说尚朴质，而文辞贵优衍，其分涂自然也。

文士既以熙荡自喜，又耻不习经典，于是有常州今文之学，务为瑰意眇辞，以便文士。今文者:《春秋》，公羊;《诗》，齐;《尚书》，伏生。而排摈《周官》《左氏春秋》《毛诗》，马、郑《尚书》。然皆以公羊为宗。始武进庄存与，与戴震同时，独喜治公羊氏，作《春秋正辞》，犹称说《周官》。其徒阳湖刘逢禄，始专主董生、李育，为《公羊释例》，属辞比事，类列彰较，亦不欲苟为恢诡。然其辞义温厚，能使览者说绎。及长洲宋翔凤，最善傅会，牵引饰说，或采翼奉诸家，而杂以谶纬神秘之辞。翔凤尝语人曰:“《说文》始一而终亥，即古之《归臧》也。”其义瑰玮，而文特华妙，与治朴学者异术，故文士尤利之。道光末，邵阳魏源夸诞好言经世，尝以术奸说贵人，不遇；晚官高邮知州，益牢落，乃思治今文为名高。然素不知师法略例，又不识字，作诗、书《古微》，凡《诗》今文有齐、鲁、韩，《书》今文有欧阳、大小夏侯，故不一致，而齐、鲁、大小夏侯，尤相攻击如仇雠，源一切混合之，所不能通，即归之古文，尤乱越无条理。仁和龚自珍，段玉裁外孙也，稍知书，亦治《公羊》，与魏源相称誉。而仁和邵懿辰为《尚书通义》《礼经通论》，指《逸书》十六篇、《逸礼》三十九篇为刘歆矫造，顾反信东晋古文，称诵不衰，斯所谓倒植者。要之，三子皆好姚易卓荦之辞，欲以前汉经术助其文采，不素习绳墨，故所论支离自陷，乃往往如谇语。惟德清戴望述《公羊》以赞《论语》，为有师法。而湘潭王闿运遍注五经。闿运弟子，有井研廖平，自名其学，时有新义，以庄周为儒术，《左氏》为六经总传，说虽不根，然犹愈魏源辈绝无伦类者。

大抵清世经儒，自今文而外，大体与汉儒绝异。不以经术明治乱，故短于风议；不以阴阳断人事，故长于求是。短长虽异，要之皆征其通雅。何者？传记、通论，阔远难用，固不周于治乱；建议而不雠，夸诬何益？鬾鬼、象纬、五行、占卦之术，以神教蔽六艺，怪妄。孰与断之人道，夷六艺于古史，徒料简事类，不曰吐言为律，则上世人事污隆之迹，犹大略可知。以此综贯，则可以明流变；以此裂分，则可以审因革。故惟惠栋、张惠言诸家，其治《周易》，不能无捃摭阴阳，其他几于屏阁。虽或琐碎识小，庶将远于巫祝者矣。

历代名家谈儒学

晚有番禺陈澧，善治声律、《切韵》，为一家言。当惠、戴学衰，今文家又守章句，不调洽于他书，始鸠合汉、宋，为《通义》及《读书记》，以郑玄、朱熹遗说最多，故弃其大体绝异者，独取小小翕盍，以为比类。此犹剪毫于千马，必有其分刌色理同者。澧亦絜行，善教授，诸显贵务名者多张之。弟子不能传其声律韵书，稍尚记诵，以言谈勦说取人。及翁同龢、潘祖荫用事，专以谀闻召诸小儒；学者务得宋元雕椠，而昧经记常事，清学始大衰。仲长子曰："天下学士有三奸焉。实不知，详不言，一也；窃他人之说，以成己说，二也；受无名者，移知者，三也。"

自古今文师法散绝，则唐有《五经》《周礼》《仪礼》诸疏，宋人继之，命曰《十三经注疏》。然《书》用梅颐，《左氏春秋》用杜预，《孝经》用唐玄宗，皆不厌人望。《周易》家王弼者，费氏之宗子，道大而似不肖，常见笑世儒，《正义》又疏略。枚颐伪为古文，仍世以为壁藏于宣父，其当刊正久矣。《毛诗传》最笃雅，《笺》失其宗，而《诗谱》能知远。郑氏《三礼》无间也，疏人或未通故言旧事，多违其本。

至清世为疏者，《易》有惠栋《述》，江藩、李林松《述补》，张惠言《虞氏义》虽拘滞，趣以识古；《书》有江声《集注音疏》，孙星衍《古今文注疏》；《诗》有陈奂《传疏》；《周礼》有孙诒让《正义》；《仪礼》有胡培翚《正义》；《春秋左传》有刘文淇《正义》；《公羊传》有陈立《义疏》；《论语》有刘宝楠《正义》；《孝经》有皮锡瑞《郑注疏》；《尔雅》有邵晋涵《正义》，郝懿行《义疏》；《孟子》有焦循《正义》。诸《易》义不足言，而《诗》疏稍胶固，其他皆过旧释。用物精多，时使之也。惟《礼记》《穀梁传》独阙，将孔疏翔实，后儒弗能加；而穀梁氏淡泊鲜味，治之者稀，前无所袭，非一人所能就故？他《易》有姚配中，《书》有刘逢禄，《诗》有马瑞辰、胡承珙，探啧达旨，或高出新疏上。若惠士奇、段玉裁之于《周礼》，段玉裁、王鸣盛之于《尚书》，刘逢禄、凌曙、包慎言之于《公羊》，惠栋之于《左氏》，皆新疏所采也。焦循为《易通释》，取诸卦爻中文字声类相比者，从其方部，触类而长，所到冰释，或以天元术通之，虽陈义屈奇，诡更师法，亦足以名其家。黄式三为《论语后案》，时有善言，异于先师，信美而不离其枢者也。《穀梁传》惟侯康为可观，其余大抵疏阔。《礼记》在《三礼》间独寡训说。朱彬为《训纂》，义不师古；陈乔枞、俞樾并为《郑读考》，江永有《训义择言》，皆短促，不能具大体。其他《礼笺》《礼说》《礼书通故》诸书，博综《三礼》，则四十九篇在其中矣。而秦蕙田《五礼通考》，穷尽二千余年度法，欲自比《通典》，喜以世俗正古礼，虽博识，固不知量也。

然流俗言十三经，《孟子》故儒家，宜出；唯《孝经》《论语》，《七略》入之六艺，使专为一种，亦以尊圣泰甚，徇其时俗。六艺者官书，异于口说。礼堂六经之策，皆长二尺四寸。《孝经》谦半之；《论语》八寸策者，三分居一，又谦焉，以是知二书故不为经，宜隶《论语》儒家，出《孝经》，使傅《礼记》通论。即十三经者，当财减也。独段玉裁少之，谓宜增《大戴礼记》《国语》《史记》《汉书》《资治通鉴》及《说文解字》《周髀算经》《九章算术》，皆保氏书数之遗，集是八家，为二十一经。其言闳达，为雅儒所不能论。

至于古之六艺，唐、宋注疏所不存者，《逸周书》则校释于朱右曾，《尚书》

欧阳、夏侯遗说则考于陈乔枞，三家《诗》遗说考于陈乔枞，《齐诗》翼氏学疏证于陈乔枞，《大戴礼记》补注于孔广森，《国语》疏于龚丽正、董增龄。其扶微辅弱，亦足多云。及夫单篇通论，醇美确固者，不可胜数。一言一事，必求其征，虽时有穿凿，弗能越其绳尺，宁若计簿善承展视而不惟其道，以俟后之咨于故实而考迹上世污隆者，举而措之，则质文蕃变，较然如丹墨可别也。然故明故训者，多说诸子，唯古史亦以度制事状征验，其务观世知化，不欲以经术致用，灼然矣！

若康熙、雍正、乾隆三世，纂修七经，辞义往往鄙倍，虽蔡沈、陈澔为之臣仆而不敢辞；时援古义，又椎钝弗能理解，譬如薰粪杂糅，徒睹其污点耳。而徇俗贱儒，如朱彝尊、顾栋高、任启运之徒，瞢学冥行，奋笔无怍，所谓乡曲之学，深可忿疾，譬之斗筲，何足选也！

原儒

儒有三科，关达、类、私之名。达名为儒，儒者，术士也。太史公《儒林列传》曰："秦之季世坑术士，而世谓之坑儒。"司马相如言："列仙之儒，居山泽间，形容甚臞。"赵太子悝亦语庄子曰："夫子必儒服而见王，事必大逆。"此虽道家方士言儒也。《盐铁论》曰："齐宣王褒儒尊学，孟轲、淳于髡之徒，受上大夫之禄，不任职而论国事。盖齐稷下先生千有余人，湣王矜功不休，诸儒谏不从，各分散，慎到、捷子亡去，田骈如薛，而孙卿适楚。"王充《儒增》《道虚》《谈天》《说日》是应，举儒书所称者，有鲁般刻鸢；由基中杨；李广射寝石，矢没羽；荆轲以匕首擿秦王，中铜柱入尺；女娲炼石；共工触柱；觟䚦治狱；屈轶指佞；黄帝骑龙；淮南王犬吠天上，鸡鸣云中；日中有三足乌；月中有兔蟾蜍。是诸名籍，道、墨、刑法、阴阳、神仙之伦，旁有杂家所记，列传所录，一谓之儒，明其皆公族。

儒之名盖出于需。需者，云上于天，而儒亦知天文、识旱潦。何以明之？鸟知天将雨者曰鹬，舞旱暵者以为衣冠。鹬冠者，亦曰术氏冠，又曰圜冠。庄周言儒者冠圜冠者知天时，履句屦者知地形，缓佩玦者事至而断，明灵星舞子吁嗟以求雨者谓之儒，故曾皙之狂而志舞雩，原宪之狷而服华冠，皆以忿世为巫，辟易放志于鬼道。古之儒知天文占候，谓其多技，故号遍施于九能，诸有术者，悉晐之矣。

类名为儒，儒者，知礼、乐、射、御、书、数。《天官》曰儒以道得民，说曰：儒，诸侯保氏，有六艺以教民者。《地官》曰联师儒，说曰：师儒，乡里教以道艺者。此则躬备德行为师，效其材艺为儒。养由基射白猿，应矢而下；尹儒学御三年，受秋驾。《吕氏》曰："皆六艺之人也。"明二子皆儒者，儒者则足以为桢干矣。

私名为儒。《七略》曰："儒家者流，盖出于司徒之官，助人君顺阴阳明教化者也。游文于六经之中，留意于仁义之际，祖述尧、舜，宪章文、武，宗师仲尼，以重其言，于道为最高。"周之衰，保氏失其守，史籀之书，商高之算，蜂门之射，范氏之御，皆不自儒者传。故孔子曰："吾犹及史之阙文也，有马者借人乘之，今亡矣夫。"盖名契乱，执辔调御之术，亦浸不正，自诡鄙事，言君子不多能，为当世名士显人隐讳。及《儒行》称十五儒，《七略》疏《晏子》以下五十二家，皆粗明德行政教之趣而已，未及六艺也。其科于《周官》为师，儒绝而师假摄其名。然自孟子、孙卿，多自拟以天子三公，智效一官，德征一国则劣矣。而末流亦弥以哗世取宠，及郦生、陆贾、平原君之徒，哺歠不廉，德行亦败，乃不如刀笔吏。

是三科者，皆不见五经家。往者商瞿、伏胜、穀梁赤、公羊高、浮丘伯、高堂生诸老，《七略》格之，名不登于儒籍。儒者游文，而五经家专致，五经家骨鲠守节过儒者，其辩智弗如。此其所以为异。自太史公始以儒林题齐、鲁诸生，徒以润色孔氏遗业，又尚习礼乐弦歌之音，乡饮大射，事不违艺，故比而次之。及汉有董仲舒、夏侯始昌、京房、翼奉之流，多推五胜，又占天官风角，与鹬冠同流。草窃三科之间，往往相乱。晚有古文家出，实事求是，征于文不征于献，诸在口说，虽游、夏犹黜之，斯盖史官支流，与儒家益绝矣。

冒之达名，道、墨、名、法、阴阳、小说、诗赋、经方、本草、蓍龟、形法，此皆术士，何遽不言儒。局之类名，蹴鞠弋道近射，历谱近数，调律近乐，犹虎门之儒所事也。今独以传经为儒，以私名则异，以达名类名则偏，要之题号由古今异。儒犹道矣，儒之名于古通为术士，于今专为师氏之守；道之名于古通为德行道艺，于今专为老聃之徒。道家之名，不以题诸方技者，嫌与老氏棍也。传经者复称儒，即与私名之儒淆乱。孔子曰今世命儒亡常，以儒相诟病，谓自师氏之守以外，皆宜去儒名便，非独经师也。以三科悉称儒，名实不足以相检，则儒常相伐，故有理情性陈王道，而不丽保氏，身不跨马，射不穿札，即与驳者，则以呰窳诟之，以多艺匡之，是以类名宰私名也。有审方圆正书名，而不经品庶，不念烝民疾疢，即与驳者，则以他技诟之，以致远匡之，是以私名宰类名也。有综九流亹万物，而不一孔父，不蹩躠为仁义，即与驳者，则以左道诟之，以尊师匡之，是以私名宰达名也。今令术士艺人闳眇之学，皆弃捐儒名，避师氏贤者路，名喻则争自息。不然，儒家称师，艺人称儒，其余各名其家，泛言曰学者，旁及诗赋，而泛言曰文学，亦可以无相鏖矣。礼乐世变易，射御于今粗粗，无参连白矢交衢和鸾之技，独书数仍世益精博。凡为学者，未有能舍是者也。三科虽殊，要之以书数为本。

《儒行》要旨

“儒”之一字，古人解作“柔”字。草昧之初，残杀以为常。教化渐兴，暴戾之气亦渐祛。所谓“柔”者，驯扰之意也。然周初儒字，未必与此同义。《周礼》“师以贤得民，儒以道得民”。贤者道德之谓，道者学问之谓，固非“柔”字之意。司马相如《大人赋》序“列仙之儒”，列仙而可称儒，可见儒为有道术者之通称。利玛窦入中国，人以“西僧”呼之，利曰：“我儒也，非僧也。”此非有道术者得名为儒之证乎？

“儒”之一字，春秋时尚不甚见于称谓，只《论语》有“女为君子儒，毋为小人儒”之语。盖当时九流未兴，不必特别表明。降及七国，九流朋兴，孟子首蒙儒者之名。《庄子·说剑》赵太子请庄周论剑，谓“先生必儒服而见王，事必大逆”。庄周非儒，赵太子称之曰儒。盖古之九流，学术有别，衣服无异。

《儒行》孔子见哀公，哀公问:“夫子之服，其儒服与？”孔子对:“丘不知儒服。”以衣服为辨别学术之标准，无意义极矣！此殆孔子不肯承认儒服之故乎？《儒行》所说十五儒，大抵坚苦卓绝，奋厉慷慨。儒专守柔，即生许多弊病。汉张禹、孔光，阉然媚世，均由此故。然此非孔子意也。奇节伟行之提倡,《儒行》一篇，触处皆是。是则有学问而无志节者，亦未得袭取“儒”之名也。

人性本刚，一经教化，便尔驯扰。宗教之作用，即在驯扰人性，以故宗教无不柔者。沙门势利，是佛教之柔；天主、基督教徒，亦带势利，是天主、耶稣之柔。其后之趣于柔固非，其前之主于柔则是。试观南洋婆罗洲人，向无教化，以杀人为当然，男女结婚，聘以人头。人类本性刚暴如此，则不能相养以生，势不得不以教化柔之。然太柔而失其天性，则将并其生存之力而亦失之。以故，国家形成而后，人民不可不保留刚气，以相撑拄。近人病儒者之柔，欲以墨子之道矫之，孙仲容先生首撰《墨子间诂》以为倡，初意欲施之于用，养成风气，补救萎靡。不意后人专注力于经上下、《经说》上下论理学上之研究，致孙氏辈一番救世之心，淹没不彰。然使墨子之说果行，尊天明鬼，使人迷信，充其极，造成宗教上之强国，一如摩哈默德之于天方，则宗教之争，必难幸免。欧洲十字军之祸，行且见之东方。且近人智过往昔，天志压人，未必乐从。以故孙氏辈救世之心，固可敬佩，而揭橥号召，亦未尽善也。窃以为与其提倡墨子，不如提倡《儒行》。《儒行》讲解明白，养成惯习，六国任侠之风，两汉高尚之行，不难见之于今。转弱为强，当可立致。即有流弊，亦不过造成几个为害不甚重大之暴人，较之宗教战争，相去固不可以道里计也。

宋人多反对《儒行》，高闶即其代表。宋人柔退，与《儒行》本非同道。至于近人，以文字上之关系，斥《儒行》为伪，谓非孔子之言。其理由：鲁昭公讳“宋”，凡“宋”皆代以“商”，《儒行》孔子对哀公:“丘少居鲁，长居宋。”孔子不应在哀公前公然言“宋”。殊不知《儒行》一篇，非孔子自著，由于弟子笔录。当时孔子言“宋”言“商”，无蓄音机留以为证，笔记之人，容有出入，安可据以为非？常人读《论语》子路初见孔子，孔子有“君子有勇无义为乱，小人有勇无义为盗”二语，以为孔子不尚武力，以此致疑《儒行》“鸷虫攫搏，不程勇者；引重鼎，不程其力”二语。不知卞庄子刺虎，孔子亦称其勇，而弟子澹台灭明曾有斩蛟之举，不过孔子不为而已。《儒行》中复有“其过失可微辨而不可面数也”一语，与“子路人告之以有过则喜”意相反，亦为读者所疑。不知在古人中此等行为，屡有记载。淳于髡讥孟子“在三卿之中，名实未加于上下”。又云“是故，无贤者也，有则髡必识之”。而孟子则对以“贤者之所为，众人固不识也”。以“众人”二字,反唇相讥,可知孟子确系“可微辨而不可面数”者。宋世理学诸公，朱晦庵主张无极而太极，陆象山反之。二人因起争论，彼此信札，有面红耳赤，声色俱厉之概。二人学问之根本，本不在此，为一二枝叶问题，双方即妄加意气，各不相下，更甚于《儒行》之“可微辨而不可面数”矣。降至清代，毛西河、李天生讨论音韵，西河厉声对天生，天生拔刀向之。二人意气，岂不更甚于晦翁、象山乎？盖儒者本有此一类人，孔子并未加以轻视。十五儒中，有其一种，即可尊贵，非谓十五儒个个须与孔子类也。如此，吾人之疑可解，而但举“宋”字一端，固不足推倒《儒行》矣。

《儒行》十五儒中，亦有以和平为尚者，然不敌坚苦卓绝奋厉慷慨者之多。有一派表面似有可疑，如云“毁方而瓦合”。细绎其意，几与明哲保身，混俗和光相同。然太史公传季布、栾布，二人性质相近，行义亦同，栾布拼命干去，季布卖身为奴。太史公称季布“摧刚为柔”。“摧刚为柔”，即“毁方瓦合”之意。试观张禹、孔光，终身无刚果之事，至于季布一流，前后皆不屈不挠，不过暂时为权宜之计，有谦柔之表示耳。所谓“毁方瓦合”者，谓此也。

细读《儒行》一篇，坚苦奋厉之行，不外高隐、任侠二种。上不臣天子，下不臣诸侯，当孔子时，即有子臧、季札一流人物。至汉，更有严子陵、梁伯鸾等。汉人多让爵，此高隐一流也。至于任侠，在昔与儒似不相容，太史公《游侠列传》有“儒墨皆摈不载”之语，然《周礼·六行》“孝友睦姻任恤”，“任”即任侠之任，可知任侠本不为儒家所废。太史公传信陵、孟尝，颇有微词；于朱家、郭解，即极口称道。良以凭借势位，易于为力；民间仗义，难于通行，为可实贵耳。《儒行》“合志同方，营道同术，久不相见，闻流言不信”。此即任侠之本。近世毁誉无常，一入政界，更为混淆。报纸所载，类皆不根之谈，于此轻加信从，小则朋友破裂，大则团体分散。人人敦任侠之行，庶几朋友团体，均可保全。此今日之要务也。又有要者，《儒行》所谓“谗谄之民，有比党而危之者，身可危也，而志不可夺也”。又谓“劫之以众，临之以兵，见死不更其守”。此种守道不阿、强毅不屈之精神，今日亦当提倡。诸君试思！当今之世，情况何似？何者为“谗谄之民”？何方欲“比党危之”？吾人鉴于今日之情况，更觉《儒行》之言为有味矣！

十五儒中，类别綦多。以上所举，不过最切要于今日者耳。高隐一层，非所宜于今日；任侠一层，则与民族存亡，非常相关。虽小团体，非此亦不能存在。不可不三致意也！

试以《论语》相较，《论语》载“子路问成人，子曰：若臧武仲之知，公绰之不欲，卞庄子之勇，冉求之艺，文之以礼乐，亦可以为成人矣”。继而曰：“今之成人者何必然？见利思义，见危授命，久要不忘平生之言，亦可以为成人矣。”以今日通行之语言之，所谓成人，即人格完善之意。所谓儒者，亦即人格完善之谓也。“闻流言不信”，非即“久要不忘平生之言”乎？“见死不更其守”，“身可危也而志不可夺也”，非即“见危授命”乎？《论语》《儒行》，本相符合，惟《论语》简约，《儒行》铺张，文字上稍有异趣，然守道之士，乌可以文害辞者？不知宋人何以排斥之也？

东汉人之行为，与《儒行》甚近；宋人去之便远。《后汉书·党锢传》中人物，微嫌标榜太过，不能使吾人俯首；至《独行传》中人，则逖乎远矣！如田子春之居乡，整饬一方，俨然有后世团练之风。曹操征乌桓，迷不得路，赖子春指导，得获大胜。操回，欲以关内侯爵之，子春坚辞不受。此与严子陵不同科，虽不受爵，依然干事，宋人乌能如此！周濂溪、程明道开宋朝一代学风，《儒林》《道学》二传，鲜有奇节伟行之士，一遇危难，亦不能尽力抵抗，较之东汉，相去甚远。大概《儒行》一篇，无高深玄奥之语，其精神汉人均能做到。高隐一流，非所宜于今日，而任侠之风，非提倡不可也。

曩讲《孝经》《大学》，诸君均已听过。鄙意若缺少刚气，即《孝经》《大学》

所说，完全做到，犹不足以自立。诸君于此诸书，皆曾读过，窃愿深长思之。

儒家之利病

儒者之称，有广狭二义。以广义言，凡士子皆得称之；以狭义言，如汉儒、宋儒始可谓儒。今姑论狭义之儒。

儒自古称柔，少振作。《汉书·艺文志》云“儒家议论多而成功少”。惟孔子及七十子则不然。春秋以后，儒家分为二宗：一曰孟子，二曰荀子。大氐经学之士多宗荀，理学之士多宗孟。然始儒者能综合之，故兼有修身、齐家、治国、平天下之功。汉儒如贾谊之徒，言词虽涉铺张，然文帝纳之，施之于政，灿然可观。是时儒者，非惟能论政治，善用兵者亦多。段颎、张奂平西羌，度尚平南蛮，卢植平黄巾，植经学、政治、军略，均卓尔不群，即三分鼎足之刘备，亦师事卢植。及后即帝位，犹谆谆教其子读《礼记》，非儒而何？曹操、孙权，皆举孝廉，亦儒之流也。唐之儒亦能综合孟、荀，故如魏徵、陆贽辈之相业，彪炳千古。至有宋理学之儒出，尊孟抑荀，于是儒者皆绌于军国大事。窃谓孟子之学，虽抗言王道，然其实郡县之才也。如“五亩之宅，树之以桑。七十者可以衣帛矣”云云，足征其可造成循吏。即孟子得时乘权，亦不过如黄霸、龚遂耳，不如荀之规模扩大。如宋儒服官者，多循吏，而于国家大政则疏，其所由来者渐矣。

昔人言，儒相推葛、陆、范、马。然诸葛治蜀全任综核，法家之流，非儒家也。当推魏徵为宜，明之刘健、徐阶，亦堪称之。余定古今儒相为魏、陆、范、马、刘、徐六人。若姚崇、宋璟亦法家也，李泌则道家也。李德裕、杨一清、张居正则善用权谋者也。

后世之儒，少有论兵者。于王阳明之武功，亦非群儒所喜，盖孟子之不论兵有以致之。若荀子则有《议兵》篇在。《荀子·议兵》篇论古兵制曰：“齐之技击，不可以遇魏氏之武卒；魏氏之武卒，不可以遇秦之锐士；秦之锐士，不可以当桓文之节制；桓文之节制，不可以敌汤武之仁义，有遇之者，若以焦熬投石焉。”

骄吝，亦儒者之深病。子曰：“如有周公之才之美，使骄且吝，其余不足观也已。”而宋儒率多自尊大，其悭吝亦深。林栗远道求学于朱子，朱子待之以脱粟饭，致林栗怀恨去，然此非徒理学诸公有之。英雄如曹操，良相如司马温公，亦不免有吝字。操临终时，尚恋其裘服，最为可笑。温公遇某生欲纳妾，贷钱二千缗，以公长函责之。如清末所称之曾国藩，政治不足述，军事有足纪，其战胜之关键，在熟读《方舆纪要》，知地理，明形势，以扼敌于死地，然亦辞不得吝字。闻李鸿章为其幕僚，月得薪水十二两。又观其家书，嘱其夫人日纺纱四两，何异臧文仲之妾织蒲，张安世家僮七百各有手技？公仪休为相，拔园葵，去织妇，以不欲与民争利也，而后世乃以此为美，亦异乎吾所闻矣。大氐儒之吝者，皆杂有墨家之风。荀子曰“墨子汲汲为天下忧不足”。惟孟、荀时，儒颇阔大，多不吝啬，以后之儒，则似不然。范文正、顾亭林则出泥不染，可法也。

理学至宋之永嘉派陈止斋、叶水心，专述制度，较余派为有实用，亦尚不免迂阔。如慕唐府兵，而以为不须縻饷。此盖信三时务农、一时讲武之说。然欲兵之选练，征兵亦须在行伍，岂得三时务农乎？至清颜习斋、李恕谷之学，重礼、乐、射、御、书、数，而射、御尤重，可谓扼要。其说之夸大者，则谓一人可兼水、火、工、虞。若陆桴亭之学，亦甚切实，惟误信致知格物之说，《思辨录》中喜论天文，其于兵法信八阵图、戚继光鸳鸯阵，亦不免于迂也。

孔子之门甚广大，非皆儒也，故云：“夫子之门，何其杂也？”子贡纵横家，子路任侠之士而又兼兵家。然儒家之有权谋者，亦仍本乎道家。即前所指六相中，除魏、马、刘外，陆、范、徐皆善用权谋。即尚论周公，岂非儒家之首？然其用太公主兵，足征亦任权谋矣。太公，道家也。然其所使权谋，皆露而不隐，范蠡、陈平即其流亚。反不如管仲处处守正，深沉不露，若老子则尤微妙不可测矣。如范蠡在孔子之门，亦未必见摈也。至孟、荀皆不尚权谋，其反间燕世子事，如邯郸效颦，卒致于败。故知任天下之重者，权谋本非所禁，然亦非迂儒之所可效也。

订孔

上

日本有远藤隆吉者，自以为习汉事，其言曰：“孔子出于支那，则支那之祸本也。夫差第《韶》《武》，制为邦者四代，非一意循旧也，以其卓跞过人，后生自以瞻望弗及，神葆其言，革一义，若有刑戮，则一意循旧自此始。故更八十世而无进取者，咎亡于孔氏。祸本成，其胙尽矣。”

章炳麟曰：一意循旧者，汉世博士有之，魏、晋以后亡是也。追惟仲尼闻望之隆，则在六籍。六籍者，道、墨所周闻。故墨子称《诗》《书》《春秋》多太史中秘书。而老聃为守臧史，得其本株。异时倚相、苌叔诸公，不降志于删定六艺。墨翟虽博闻，务在神道，珍秘而弗肯宣。继志述事，缵老之绩，而布彰六籍，令人人知前世废兴，中夏所以创业垂统者，孔氏也。遭焚散复出，则关轴自持于孔氏。诸子却走，职矣。且古者世禄，子就父学，为畴官。后世虽已变更，九流犹称家。孟轲言法家拂士，荀卿称家言邪学，百家无所窜，小家珍说之所愿皆衰，其遗迹也。宦于大夫，谓之“宦御事师”。言仕者又与学同，明不仕则无所受书。周官宾兴万民，以礼、乐、射、御、书、数，六籍不与焉。尚犹局于乡遂。主畿方百万里，被教者六分一耳。及管子制五官技，能为《诗》《易》《春秋》者，予之一马之田，一金之衣。甿庶之识故事者，若此其寡也。管子虽厉学，不遍九服，又令细民以是干小禄、致末秩。其学蕞陋，长见笑于大方之家。自老聃写书征臧，以诒孔氏，然后竹帛下庶人。六籍既定，诸书复稍出金匮石室间。民以昭苏，不为徒役。九流自此作，世卿自此堕，朝命不擅威于肉食，国史不聚歼于故府。故直诸夏覆亡，虽无与立，而必有与毙也。不曰“贤于尧舜”，岂可得哉？

夫神化之道，与时宜之，故五帝不同礼，三王不沿乐。布六籍者，要以识前事，非谓旧章可永循也。汉初古文既不远布，而仲尼名实已高岩矣。诸儒睹秦余敝法，欲有更易，持之未有其故，由是破碎六籍，定以己意，参之天官、历象、五行、神仙诸家，一切假名孔氏，以为魁柄，则六籍为巫书。哀、平之间，《周官》《左氏》始兴，神道渐禠。更二百年，而得黄初。后王所以更制者，未尝不随时经变，何乃无进取哉！且旧章诚不可与永守，政不骤革，斟酌向今，未有不借资于史。先汉之史，则谁乎？其惟姬周旧典，见于六籍者。故虽言通经致用，未害也。迁、固承流，而继事者相次十有余家。法契之变，善败之数，则多矣。犹言通经致用，则不与知六籍本意。

章炳麟曰：仲尼，良史也。辅以丘明，而次《春秋》，料比百家，若旋机玉斗矣。谈、迁嗣之，后有《七略》。孔子殁，名实足以抗者，汉之刘歆。

下

往时定儒家，莫若孟、荀。私以《论语》晻昧，《三朝记》与诸告饬，总纰经记，辞义映如也。下比孟轲，博习故事则贤，而辩察少歉矣。荀卿以积伪俟化治身，以隆礼县群众。道不过三代，以绝殊瑰；法不贰后王，以綦文理。始终以礼穿敹，故科条皆淢然无自戾者。其正名也，与墨子相扶持。有所言缘，先于西来桑门之书。由斯道也，虽百里而民献比肩可也。其视孔子，长幼断可识矣。夫孟、荀道术，皆踊绝孔氏，惟才美弗能与等比，故终身无鲁相之政，三千之化。才与道术本异出，而流俗多视是崇堕之。故仲尼名独尊，其道术固未逮也。怀是者十余年，中间颇论九流旧闻。上观庄生，为《齐物论释》。又以闲暇，质定老聃、韩非、惠施诸书。方事改革，负绁东海，独抱持《春秋》，窥识前圣作史本意，卒未知其道术崇庳也。

以炎、黄、喾、尧之灵，幸而时济，光复旧物。间气相搰，逼于舆台，去食七日，不起于床，叡然叹曰：余其未知羑里、匡人之事！夫不学《春秋》，则不能解辫发，削左衽。不学《易》，则终身不能无大过，而悔吝随之。始玩爻象，重籀《论语》诸书，奰然若有寤者。圣人之道，罩笼群有，不亟以辩智为贤。上观《周易》，物类相召，势数相生，足以彰往察来。审度圣人之所忧患，与其卦序所次时物变迁，上考皇世而不缪，百世以俟后王群盗而不惑。洋洋美德乎！诚非孟、荀之所逮闻也。诸所陈说，列于《论语》者，时地异制，人物异训，不以一型锢铸，所谓大道固似不肖也。

人亦有言：西极之圣，守其一术，强聒而不舍，娄遇而不异辞，大秦三哲以之；东极之圣，退臧于密，外虞机以制辞言，从其品物，因变流形，浮屠、老聃、仲尼、庄周以之。虞机虽审，权议虽变，岂直无本要哉？道在一贯。持其枢者，忠恕也。躬行莫先，而方迻以为学，则守文者所不省已。心能推度曰恕，周以察物曰忠。故夫闻一以知十，举一隅而以三隅反者，恕之事也。夫彼是之辩，正处正色正味之位，其侯度诚未可壹也。守恕者善比类，诚令比类可以遍知者，是絜矩可以审方圆。物情之纷，非若方圆可以量度也。故用矩者困，而务比类者疑。周以察物，举其征符而辨其骨理者，忠之事也。故疏通知远者恕，文理密察者忠。身观焉忠也，方不障恕也。上者寂然不动，感而遂通天下之故，无有远近幽深，遂知来物。中之方人，用法察迩言也。下者至于原本山川，极命草木，合契比律，审曲面势，莫不依是。以知忠恕于学，犹鸟有两翮，而车之左右轮。学不兼是，菩沛将蔽之，日中而主爝，水沫为谪也，而况于躬行乎？

荀卿盖云："万物莫形而不见，莫见而不论，莫论而失位。"此谓用忠者矣。"坐于室而见四海，处于今而论久远，疏观万物而知其情，参稽治乱而通其度，经纬天地而材官万物，制割大理而宇宙里。"此谓用恕者矣。夫墨子者，辩以经说，

主以天志，行以兼爱、尚同。天志、尚同之末，以众暴寡惟尽恕，远忠也。荀卿虽解蔽，观其约束，举无以异于墨氏。

体忠恕者，独有庄周。《齐物》之篇，恢诡谲怪，道通为一。三子之乐蓬艾，虽唐尧不得更焉。兹盖老聃之所流传，儒道所以不相舛牾，夫何晻昧矣哉？《三朝记》小辨，亦言忠恕。其余华泽也。

在孔子诞辰纪念会上的演说

今日为纪念孔子诞辰，开此大会，且先之以祭祀。在孔子固不在此一祭，而在国人心理中则不得不纪念之。从前圣朝列入中祀，清末始升为大祀，民国初元犹然。祭孔与祭祀鬼神不同，大家须知我辈祭孔系纪念至圣先师，与宗教家心目中之鬼神迥不相牟也。尊重孔子是应当的，若认为宗教之教主则大误矣。孔子所应尊重者在何几点？从前天坛宪法以孔子之道为修身之大本，说亦近是。实则犹不止于此。自生民以来，未有甚于孔子，虽关于人事者较少，无意、无必、无固、无我，所谓子绝四者，佛教独然。现为救世计，亦不必讲太高远之道，最平易成近之道，是为人伦，为儒，孔子云“行已有耻，使于四方，不辱君命，可以为士矣”。又云“见利思义，见危授命，久要不忘平生之言，亦可以为成人矣”。人苟能做到此八句，人心世道之坏，决不至如今日之甚。从春秋到今日，二千四百年，一切环境，当然迭有变迁，具体的政治，《论语》不讲，《论语》单讲抽象的政治，道德齐礼，古今无异。宋赵普之“半部《论语》治天下，半部《论语》治太平”，果然欺人之语，然彼何不说半部《周礼》乎？《周礼》具体的，《论语》抽象的，故后者可行，而前者不可行也。

复次，中国立国根本在民族主义，三民主义中亦讲及之。孔子称赞管仲而曰“微管仲吾其披发左衽矣”。内中国外夷狄，后人以为《春秋》之大义。孔子之自议者为夷狄之有君，不如诸夏之无也。盖言夷狄虽有君，犹不如诸夏之无君。朱子反之，遂成倒语。皇侃《论语新疏》，中国以前久成佚书，后从日本得来，清修四库，觉对于此节引申阐发处，颇触忌讳，遂讳其原文，原增鲍氏刻知不足斋丛书，亦讳其语。而东洋书庄中则抄本、刻本均与中国本相反，晋孙绰《文选》中天台山赋之著作者有语云，诸夏有时无君，道不荆棘，夷狄强者为主，形同禽兽，即本此邢昺疏，尚存在其意义亦然也，此最痛切语。要之，从孔子以来二千余年，中国人人受外国欺侮，不知凡几。自汉以来，迭受外人欺侮，无有不能恢复者，晋受五胡逼至江南而尚不与之通款，南宋则甚至称臣称侄，元则不必论矣。然韩林儿辈并不读书，尚能恢复一部分故业，无他，孔子学说深中于人心耳。明末满人攘我神州近三百年，我人今日独能恢复我固有之国土，盖亦以儒者提倡民族主义已深入人心，故满夷一推倒，即能还我中原耳。今日国难当前，尊重孔子犹为当务之急。纪念孔子，必须以自己身体当孔子看，又须将中华民族当孔子看。如此纪念，方得纪念之道也。

“四书”第七

“四书五经”到现在还是我们口头上一句熟语。“五经”是《易》《书》《诗》《礼》《春秋》；“四书”按照普通的顺序是《大学》《中庸》《论语》《孟子》，前二者又简称《学》《庸》，后二者又简称《论》《孟》；有了简称，可见这些书是用得很熟的。本来呢，从前私塾里，学生入学，是从“四书”读起的。这是那些时代的小学教科书，而且是统一的标准的小学教科书，因为没有不用的。那时先生不讲解，只让学生背诵，不但得背正文，而且得背朱熹的小注。只要囫囵吞枣地念，囫囵吞枣地背；不懂不要紧，将来用得着，自然会懂的。怎么说将来用得着？那些时候行科举制度。科举是一种竞争的考试制度，考试的主要科目是八股文，题目都出在“四书”里，而且是朱注的“四书”里。科举分几级，考中的得着种种出身或资格，凭着这种资格可以建功立业，也可以升官发财；作好作歹，都得先弄个资格到手。科举几乎是当时读书人唯一的出路。每个学生都先读“四书”，而且读的是朱注，便是这个缘故。

将朱注“四书”定为科举用书，是从元仁宗皇庆二年（公元 1313）起的。规定这四种书，自然因为这些书本身重要，有人人必读的价值；规定朱注，也因为朱注发明书义比旧注好些，切用些。这四种书原来并不在一起，《学》《庸》都在《礼记》里，《论》《孟》是单行的。这些书原来只算是诸子书，朱子原来也只称为“四子”；但《礼记》《论》《孟》在汉代都立过博士，已经都升到经里去了。后来唐代的“九经”里虽然只有《礼记》,宋代的“十三经”却又将《论》《孟》收了进去。《中庸》很早就被人单独注意，汉代已有关于《中庸》的著作，六朝时也有，可惜都不传了。关于《大学》的著作，却直到司马光的《大学通义》才开始，这部书也不传了。这些著作并不曾教《学》《庸》普及，教《学》《庸》和《论》《孟》同样普及的是朱子的注，“四书”也是他编在一起的，“四书”的名字也因他而有。

但最初用力提倡这几种书的是程颢、程颐兄弟。他们说：“《大学》是孔门的遗书，是初学者入德的门径。只有从这部书里，还可以知道古人做学问的程序。从《论》《孟》里虽也可看出一些，但不如这部书的分明易晓。学者必须从这部书入手，才不会走错了路。”这里没提到《中庸》。可是他们是很推尊《中庸》的。他们在另一处说：“‘不偏’叫作‘中’，‘不易’叫作‘庸’；‘中’是天下的正道，‘庸’是天下的定理。《中庸》是孔门传授心法的书，是子思记下来传给孟子的。书中所述的人生哲理，意味深长；会读书的细加玩赏，自然能心领神悟，终身受用不尽。”这四种书到了朱子手里才打成一片。他接受二程的见解，加以系统的说明，四种书便贯串起来了。

他说，古来有小学、大学。小学里教洒扫进退的规矩，和礼、乐、射、御、书、数，所谓“六艺”的。大学里教穷理、正心、修己、治人的道理。所教的都切于民生日用，都是实学。《大学》这部书便是古来大学里教学生的方法，

规模大，节目详；而所谓“格物、致知、诚意、正心、修身、齐家、治国、平天下”，是循序渐进的。程子说是“初学者入德的门径”，就是为此。这部书里的道理，并不是为一时一事说的，是为天下后世说的。这是“垂世立教的大典”，所以程子举为初学者的第一部书。《论》《孟》虽然也切实，却是“应机接物的微言”，问的不是一个人，记的也不是一个人。浅深先后，次序既不分明，抑扬可否，用意也不一样，初学者领会较难。所以程子放在第二步。至于《中庸》，是孔门的心法，初学者领会更难，程子所以另论。

但朱子的意思，有了《大学》的提纲挈领，便能领会《论》《孟》里精微的分别去处；融贯了《论》《孟》的旨趣，也便能领会《中庸》里的心法。人有人心和道心：人心是私欲，道心是天理。人该修养道心，克制人心，这是心法。朱子的意思，不领会《中庸》里的心法，是不能从大处着眼，读天下的书，论天下的事的。他所以将《中庸》放在第三步，和《大学》《论》《孟》合为“四书”，作为初学者的基础教本。后来规定“四书”为科举用书，原也根据这番意思。不过朱子教人读“四书”，为的成人；后来人读“四书”，却重在猎取功名；这是不合于他提倡的本心的。至于顺序变为《学》《庸》《论》《孟》，那是书贾因为《学》《庸》篇页不多，合为一本的缘故；通行既久，居然约定俗成了。

《礼记》里的《大学》，本是一篇东西，朱子给分成经一章，传十章；传是解释经的。因为要使传合经，他又颠倒了原文的次序，并补上一段儿。他注《中庸》时，虽没有这样大的改变，可是所分的章节，也与郑玄注的不同。所以这两部书的注，称为《大学章句》《中庸章句》。《论》《孟》的注，却是融合各家而成，所以称为《论语集注》《孟子集注》。《大学》的经一章，朱子想着是曾子追述孔子的话；传十章，他相信是曾子的意思，由弟子们记下的。《中庸》的著者，朱子和程子一样，都接受《史记》的记载，认为是子思。但关于书名的解释，他修正了一些。他说，“中”除“不偏”外，还有“无过无不及”的意思；“庸”解作“不易”，不如解作“平常”的好。照近人的研究，《大学》的思想和文字，很有和荀子相同的地方，大概是荀子学派的著作。《中庸》，首尾和中段思想不一贯，从前就有人疑心。照近来的看法，这部书的中段也许是子思原著的一部分，发扬孔子的学说，如“时中”“忠恕”“知仁勇”“五伦”等。首尾呢，怕是另一关于《中庸》的著作，经后人混合起来的；这里发扬的是孟子的天人相通的哲理，所谓“至诚”“尽性”，都是的。著者大约是一个孟子学派。

《论语》是孔子弟子们记的。这部书不但显示一个伟大的人格——孔子，并且让读者学习许多做学问做人的节目：如“君子”“仁”“忠恕”，如“时习”“阙疑”“好古”“隅反”“择善”“困学”等，都是可以终身应用的。《孟子》据说是孟子本人和弟子公孙丑、万章等共同编定的。书中说“仁”兼说“义”，分辨“义”“利”甚严；而辩“性善”，教人求“放心”，影响更大。又说到“养浩然之气”，那“至大至刚”“配义与道”的“浩然之气”；这是修养的最高境界，所谓天人相通的哲理。书中攻击杨朱、墨翟两派，辞锋咄咄逼人。这在儒家叫作攻异端，功劳是很大的。孟子生在战国时代，他不免“好辩”，他自己也觉得的。他的话流露着“英气”，“有圭角”，和孔子的温润是不同的。所以儒家只称为“亚圣”，次于孔子一等。《孟子》有东汉的赵岐注。《论语》有孔安国、

马融、郑玄诸家注，却都已残佚，只零星的见于魏何晏的《集解》里。汉儒注经，多以训诂名物为重；但《论》《孟》词意显明，所以只解释文句，推阐义理而止。魏晋以来，玄谈大盛，孔子已被道家化；解《论语》的也多参入玄谈，参入当时的道家哲学。这些后来却都不流行了。到了朱子,给《论》《孟》作注，虽说融会各家，其实也用他自己的哲学作架子。他注《学》《庸》，更显然如此。他的哲学切于世用，所以一般人接受了，将他解释的孔子当作真的孔子。

他那一套“四书”注实在用尽了平生的力量，改定至再至三；直到临死的时候,他还在改定《大学· 诚意》章的注。注以外又作了《四书或问》,发扬注义，并论述对于旧说的或取或舍的理由。他在“四书”上这样下功夫，一面固然为了诱导初学者，一面还有一个用意，便是排斥老、佛，建立道统。他在《中庸章句序》里论到诸圣道统的传承，末尾自谦说，“于道统之传，不敢妄议”；其实他是隐隐在以传道统自期呢。《中庸》传授心法，正是道统的根本。将它加在《大学》《论》《孟》之后而成“四书”，朱子自己虽然说是给初学者打基础，但一大半恐怕还是为了建立道统，不过他自己不好说出罢了。他注“四书”在宋孝宗淳熙年间（公元 1174 至 1189）。他死后,朝廷将他的“四书”注审定为官书，从此盛行起来。他果然成了传儒家道统的大师了。

诸子第十

春秋末年，封建制度开始崩坏，贵族的统治权，渐渐维持不住。社会上的阶级，有了紊乱的现象。到了战国，更看见农奴解放，商人抬头。这时候一切政治的、社会的、经济的制度，都起了根本的变化。大家平等自由，形成了一个大解放的时代。在这个大变动当中，一些才智之士，对于当前的情势，有种种的看法，有种种的主张；他们都想收拾那动乱的局面,让它稳定下来。有些倾向于守旧的，便起来拥护旧文化、旧制度，向当世的君主和一般人申述他们拥护的理由，给旧文化、旧制度找出理论上的根据。也有些人起来批评或反对旧文化、旧制度；又有些人要修正那些；还有人要建立新文化、新制度来代替旧的；还有人压根儿反对一切文化和制度。这些人也都根据他们自己的见解各说各的，都“持之有故，言之成理”。这便是诸子之学，大部分可以称为哲学。这是一个思想解放的时代，也是一个思想发达的时代，在中国学术史里是稀有的。

诸子都出于职业的“士”。“士”本是封建制度里贵族的末一级；但到了春秋、战国之际,“士”成了有才能的人的通称。在贵族政治未崩坏的时候,所有的知识、礼、乐，等等，都在贵族手里，平民是没份的。那时有知识技能的专家，都由贵族专养专用，都是在官的。到了贵族政治崩坏以后，贵族有的失了势，穷了，养不起自用的专家。这些专家失了业，流落到民间，便卖他们的知识技能为生。凡有权有钱的都可以临时雇用他们；他们起初还是伺候贵族的时候多，不过不限于一家贵族罢了。这样发展了一些自由职业；靠这些自由职业为生的，渐渐形成了一个特殊阶级，便是“士农工商”的“士”。这些“士”，这些专家，后来居然开门授徒起来。徒弟多了，声势就大了，地位也高了。他们除掉执行自己的职业之外，不免根据他们专门的知识技能，研究起当时的文化和制度来了。

这就有了种种看法和主张。各“思以其道易天下”。诸子百家便是这样兴起的。

第一个开门授徒发扬光大那非农、非工、非商、非官的“士”的阶级的，是孔子。孔子名丘，他家原是宋国的贵族，贫寒失势，才流落到鲁国去。他自己做了一个儒士；儒士是以教书和相礼为职业的，他却只是一个“老教书匠”。他的教书有 个特别的地方，就是“有教无类”。他大招学生，不问身家，只要缴相当的学费就收；收来的学生，一律教他们读《诗》《书》等名贵的古籍，并教他们礼、乐等功课。这些从前是只有贵族才能够享受的，孔子是第一个将学术民众化的人。他又带着学生，周游列国，说当世的君主；这也是从前没有的。他一个人开了讲学和游说的风气，是“士”阶级的老祖宗。他是旧文化、旧制度的辩护人，以这种姿态创始了所谓儒家。所谓旧文化、旧制度，主要的是西周的文化和制度，孔子相信是文王、周公创造的。继续文王、周公的事业，便是他给他自己的使命。他自己说，“述而不作，信而好古”；所述的，所信所好的，都是周代的文化和制度。《诗》《书》《礼》《乐》等是周文化的代表，所以他拿来作学生的必修科目。这些原是共同的遗产，但后来各家都讲自己的新学说，不讲这些；讲这些的始终只有“述而不作”的儒家。因此《诗》《书》《礼》《乐》等便成为儒家的专有品了。

孔子是个博学多能的人，他的讲学是多方面的。他讲学的目的在于养成“人”，养成为国家服务的人，并不在于养成某一家的学者。他教学生读各种书、学各种功课之外，更注重人格的修养。他说为人要有真性情，要有同情心，能够推己及人，这所谓“直”“仁”“忠”“恕”；一面还得合乎礼，就是遵守社会的规范。凡事只问该作不该作，不必问有用无用；只重义，不计利。这样人才配去干政治，为国家服务。孔子的政治学说，是“正名主义”。他想着当时制度的崩坏，阶级的紊乱，都是名不正的缘故。君没有君道，臣没有臣道，父没有父道，子没有子道，实和名不能符合起来，天下自然乱了。救时之道，便是“君君，臣臣，父父，子子”；正名定分，社会的秩序，封建的阶级便会恢复的。他是给封建制度找了一个理论的根据。这个正名主义，又是从《春秋》和古史官的种种书法归纳得来的。他所谓“述而不作”，其实是以述为作，就是理论化旧文化、旧制度，要将那些维持下去。他对于中国文化的贡献，便在这里。

孔子以后，儒家还出了两位大师，孟子和荀子。孟子名轲，邹人；荀子名况，赵人。这两位大师代表儒家的两派。他们也都拥护周代的文化和制度，但更进一步的加以理论化和理想化。孟子说人性是善的。人都有恻隐心、羞恶心、辞让心、是非心；这便是仁、义、礼、智等善端，只要能够加以扩充，便成善人。这些善端，又总称为“不忍人之心”。圣王本于“不忍人之心”，发为“不忍人之政”，便是“仁政”“王政”。一切政治的、经济的制度都是为民设的，君也是为民设的——这却已经不是封建制度的精神了。和王政相对的是霸政。霸主的种种制作设施，有时也似乎为民，其实不过是达到好名、好利、好尊荣的手段罢了。荀子说人性是恶的。性是生之本然，里面不但没有善端，还有争夺、放纵等恶端。但是人有相当聪明才力，可以渐渐改善学好；积久了，习惯自然，再加上专一的工夫，可以到圣人的地步。所以善是人为的。孟子反对功利，他却注重它。他论王霸的分别，也从功利着眼。孟子注重圣王的道德，他却注重圣王的威权。

他说生民之初，纵欲相争，乱得一团糟；圣王建立社会国家，是为明分、息争的。礼是社会的秩序和规范，作用便在明分；乐是调和情感的，作用便在息争。他这样从功利主义出发，给一切文化和制度找到了理论的根据。

儒士多半是上层社会的失业流民；儒家所拥护的制度，所讲、所行的道德，也是上层社会所讲、所行的。还有原业农工的下层失业流民，却多半成为武士。武士是以帮人打仗为职业的专家。墨翟便出于武士。墨家的创始者墨翟，鲁国人，后来做到宋国的大夫，但出身大概是很微贱的。“墨”原是做苦工的犯人的意思，大概是个浑名；“翟”是名字。墨家本是贱者，也就不辞用那个浑名自称他们的学派。墨家是有团体组织的，他们的首领叫作“巨子”；墨子大约就是第一任“巨子”。他们不但是打仗的专家，并且是制造战争器械的专家。

压根儿反对一切文化和制度的是道家。道家出于隐士。孔子一生曾遇到好些“避世”之士；他们着实讥评孔子。这些人都是有知识学问的。他们看见时世太乱，难以挽救，便消极起来，对于世事，取一种不闻不问的态度。他们讥评孔子“知其不可而为之”，费力不讨好；他们自己便是知其不可而不为的、独善其身的聪明人。后来有个杨朱，也是这一流人，他却将这种态度理论化了，建立“为我”的学说。他主张“全生保真，不以物累形”；将天下给他，换他小腿上一根汗毛，他是不干的。天下虽大，是外物；一根毛虽小，却是自己的一部分。所谓“真”，便是自然。杨朱所说的只是教人因生命的自然，不加伤害；“避世”便是“全生保真”的路。不过世事变化无穷，避世未必就能避害，杨朱的教义到这里却穷了。老子、庄子的学说似乎便是从这里出发，加以扩充的。杨朱实在是道家的先锋。

老子，相传姓李名耳，楚国隐士。楚人是南方新兴的民族，受周文化的影响很少，他们往往有极新的思想。孔子遇到那些隐士，也都在楚国，这似乎不是偶然的。庄子名周，宋国人，他的思想却接近楚人。老学以为宇宙间事物的变化，都遵循一定的公律，在天然界如此，在人事界也如此。这叫作“常”。顺应这些公律，便不需避害，自然能避害。所以说，“知常曰明”。事物变化的最大公律是物极则反。处世接物，最好先从反面下手。“将欲翕之，必固张之；将欲弱之，必固强之；将欲废之，必固兴之；将欲夺之，必固与之。”“大直若屈，大巧若拙，大辩若讷。”这样以退为进，便不至于有什么冲突了。因为物极则反，所以社会上政治上种种制度，推行起来，结果往往和原来目的相反。“法令滋彰，盗贼多有”。治天下本求有所作为，但这是费力不讨好的，不如排除一切制度，顺应自然，无为而为，不治而治。那就无不为，无不治了。自然就是“道”，就是天地万物所以生的总原理。物得道而生，是道的具体表现。一物所以生的原理叫作“德”，“德”是“得”的意思。所以宇宙万物都是自然的。这是老学的根本思想，也是庄学的根本思想。但庄学比老学更进一步，他们主张绝对的自由，绝对的平等。天地万物，无时不在变化之中，不齐是自然的。一切但需顺其自然，所有的分别，所有的标准，都是不必要的。社会上、政治上的制度，硬教不齐的齐起来，只徒然伤害人性罢了。所以圣人是要不得的；儒、墨是“不知耻”的。按庄学说，凡天下之物，都无不好，凡天下的意见，都无不对；无所谓物我，无所谓是非。甚至死和生也都是自然的变化，都是可喜的。明白这些个，便能与自然打成一片，成为“无入而不自得”的至人了。老、庄两派，汉代总称为道家。

庄学排除是非，是当时“辩者”的影响。“辩者”，汉代称为名家，出于讼师。辩者的一个首领郑国邓析，便是春秋末年著名的讼师。另一个首领梁相惠施，也是法律行家。邓析的本事在对于法令能够咬文嚼字的取巧，“以是为非，以非为是。”语言文字往往是多义的；他能够分析语言文字的意义，利用来作种种不同甚至相反的解释。这样发展了辩者的学说。当时的辩者有惠施和公孙龙两派。惠施派说，世间各个体的物，各有许多性质；但这些性质，都因比较而显，所以不是绝对的。各物都有相同之处，也都有相异之处。从同的一方面看，可以说万物无不相同；从异的一方面看，可以说万物无不相异。同异都是相对的，这叫作“合同异”。

公孙龙，赵人。他这一派不重个体而重根本，他说概念有独立分离的存在。譬如一块坚而白的石头，看的时候只见白，没有坚；摸的时候只觉坚，不见白。所以白性与坚性两者是分离的。况且天下白的东西很多，坚的东西也很多，有白而不坚的，也有坚而不白的。也可见白性与坚性是分离的，白性使物白，坚性使物坚；这些虽然必须因具体的物而见，但实在有着独立的存在，不过是潜存罢了。这叫作“离坚白”。这种讨论与一般人感觉和常识相反，所以当时以为“怪说”“琦辞”，“辩而无用”。但这种纯理论的兴趣，在哲学上是有它的价值的。至于辩者对于社会政治的主张，却近于墨家。

儒、墨、道各家有一个共通的态度，就是托古立言；他们都假托古圣贤之言以自重。孔子托于文王、周公，墨子托于禹，孟子托于尧、舜，老、庄托于传说中尧、舜以前的人物；一个比一个古，一个压一个。不托古而变古的只有法家。法家出于“法术之士”，法术之士是以政治为职业的专家。贵族政治崩坏的结果，一方面是平民的解放，一方面是君主的集权。这时候国家的范围，一天一天扩大，社会的组织也一天一天复杂。人治、礼治，都不适用了。法术之士便创一种新的政治方法帮助当时的君主整理国政，做他们的参谋，这就是法治。当时现实政治和各方面的趋势是变古——尊君权、禁私学、重富豪。法术之士便拥护这种趋势，加以理论化。

他们中间有重势、重术、重法三派，而韩非子集其大成。他本是韩国的贵族，学于荀子。他采取荀学、老学和辩者的理论，创立他的一家言；他说势、术、法三者都是“帝王之具”，缺一不可。势的表现是赏罚，赏罚严，才可以推行法和术。因为人性究竟是恶的。术是君主驾御臣下的技巧。综核名实是一个例。譬如教人做某官，按那官的名位，该能做出某些成绩来；君主就可以照着去考核，看他名实能相副否。又如臣下有所建议，君主便叫他去做，看他能照所说的做到否。名实相副的赏，否则罚。法是规矩准绳，明主制下了法，庸主只要守着，也就可以治了。君主能够兼用法、术、势，就可以一驭万，以静制动，无为而治。诸子都讲政治，但都是非职业的，多偏于理想。只有法家的学说，从实际政治出来，切于实用。中国后来的政治，大部分是受法家的学说支配的。

古代贵族养着礼、乐专家，也养着巫祝、术数专家。礼、乐原来的最大的

用处在丧、祭。丧、祭用礼、乐专家，也用巫祝；这两种人是常在一处的同事。巫祝固然是迷信的；礼、乐里原先也是有迷信成分的。礼、乐专家后来沦为儒士；巫祝、术数专家便沦为方士。他们关系极密切，所注意的事有些是相同的。汉代所称的阴阳家便出于方士。古代术数注意于所谓“天人之际”，以为天道人事互相影响。战国末年有些人更将这种思想推行起来，并加以理论化，使它成为一贯的学说，这就是阴阳家。

当时阴阳家的首领是齐人邹衍。他研究“阴阳消息”，创为“五德终始”说。“五德”就是五行之德。五行是古代的信仰。邹衍以为五行是五种天然势力，所谓“德”。每一德，各有盛衰的循环。在它当运的时候，天道人事，都受它支配。等到它运尽而衰，为别一德所胜、所克，另一德就继起当运。木胜土，金胜木，火胜金，水胜火，土胜水，这样“终始”不息。历史上的事变都是这些天然势力的表现。每一朝代，代表一德；朝代是常变的，不是一家一姓可以永保的。阴阳家也讲仁义名分，却是受儒家的影响。那时候儒家也在开始受他们的影响，讲《周易》，作《易传》。到了秦汉间，儒家更几乎与他们混和为一；西汉今文家的经学大部便建立在阴阳家的基础上。后来“古文经学”虽然扫除了一些“非常”“可怪”之论，但阴阳家的思想已深入人心，牢不可拔了。

战国末期，一般人渐渐感觉统一思想的需要，秦相吕不韦便是做这种尝试的第一个人。他教许多门客合撰了一部《吕氏春秋》。现在所传的诸子书，大概都是汉人整理编定的；他们大概是将同一学派的各篇编辑起来，题为某子。所以都不是有系统的著作。《吕氏春秋》却不然；它是第一部完整的书。吕不韦所以编这部书，就是想化零为整，集合众长，统一思想。他的基调却是道家。秦始皇统一天下，李斯为相，实行统一思想。他烧书，禁天下藏“《诗》《书》百家语”。但时机到底还未成熟，而秦不久也就亡了，李斯是失败了。所以汉初诸子学依然很盛。

到了汉武帝的时候，淮南王刘安仿效吕不韦的故智，教门客编了一部《淮南子》，也以道家为基调，也想来统一思想。但成功的不是他，是董仲舒。董仲舒向武帝建议：“‘六经’和孔子的学说以外，各家一概禁止。邪说息了，秩序才可统一，标准才可分明，人民才知道他们应走的路。”武帝采纳了他的话。从此，帝王用功名利禄提倡他们所定的儒学，儒学统于一尊；春秋战国时代言论思想极端自由的空气便消灭了。这时候政治上既开了从来未有的大局面，社会和经济各方面的变动也渐渐凝成了新秩序，思想渐归于统一，也是自然的趋势。在这新秩序里，农民还占着大多数，宗法社会还保留着，旧时的礼教与制度一部分还可适用，不过民众化了罢了。另一方面，要创立政治上、社会上各种新制度，也得参考旧的。这里便非用儒者不可了。儒者通晓以前的典籍，熟悉以前的制度，而又能够加以理想化、理论化，使那些东西秩然有序，粲然可观。别家虽也有政治社会学说，却无具体的办法，就是有，也不完备，赶不上儒家；在这建设时代，自然不能和儒学争胜。儒学的独尊，也是当然的。

图书在版编目(CIP)数据

图解名家批注论语 / 朱熹等注疏，崇贤书院释译. —合肥：黄山书社，2015.11

(经典传家系列丛书)

ISBN 978-7-5461-5299-8

Ⅰ. ①图… Ⅱ. ①朱… ②崇… Ⅲ. ①儒家 ②《论语》- 通俗读物
Ⅳ. ①B223.1 -49

中国版本图书馆 CIP 数据核字(2015)第 286614 号

出 品 人　任耕耘
总 策 划　任耕耘　李　克
选题策划　汤吟菲　白剑峰
项目统筹　刘　春
责任编辑　程　景
装帧设计　未　氓
责任印制　戚　帅
出版发行　时代出版传媒股份有限公司(http://www.press-mart.com)
　　　　　黄山书社(http://www.hspress.cn)
地址邮编　合肥市政务文化新区翡翠路 1118 号出版传媒广场 7 层　230071
印　　刷　安徽联众印刷有限公司
版　　次　2016 年 3 月第 1 版
印　　次　2016 年 3 月第 1 次印刷
开　　本　700mm×1000mm　1/16
字　　数　380 千
印　　张　24.5
书　　号　ISBN 978-7-5461-5299-8
定　　价　29.80 元

服务热线　0551-63533706

销售热线　0551-63533761

官方直营书店(http://hsssbook.taobao.com)